U0887855

PUHUA BOOKS

我们一起解决问题

债券投资完全指南（第三版）

[美] 安妮特·托（Annette Thau）◎著
傅婧瑛◎译

THE BOND BOOK

Everything Investors Need to Know about Treasuries, Municipals, GNMAs,Corporates, Zeros, Bond Funds,Money Market Funds, and More

Third Edition

人民邮电出版社
北 京

图书在版编目（CIP）数据

债券投资完全指南 : 第三版 / (美) 安妮特·托
(Annette Thau) 著 ; 傅婧瑛译. -- 北京 : 人民邮电出
版社, 2022.4
ISBN 978-7-115-58527-1

Ⅰ. ①债… Ⅱ. ①安… ②傅… Ⅲ. ①债券投资—指
南 Ⅳ. ①F830.59-62

中国版本图书馆CIP数据核字(2022)第044041号

内容提要

股市的动荡和利率的降低，让越来越多的人开始寻求固定收益类的投资产品来实现资产保值增值，债券作为固定收益类产品的基础品种，越来越受到人们的青睐。

本书是债券交易的一本完全指南，既适合中短期债券投资者，也适合寻求长期固定收益的投资者。作者在书中详细介绍了国债、市政债券、企业债券等不同债券的基础知识，讲解了债券投资的盈利逻辑，以及投资者该如何选择适合自己投资目标的债券或债券基金等，使读者可以用一本书了解有关债券的从入门到精通的完备知识。

本书适合债券相关从业人员、债券类金融产品投资者及金融专业师生阅读。

◆ 著 [美] 安妮特·托（Annette Thau）
译 傅婧瑛
责任编辑 王飞龙
责任印制 彭志环
◆ 人民邮电出版社出版发行 北京市丰台区成寿寺路 11 号
邮编 100164 电子邮件 315@ptpress.com.cn
网址 https://www.ptpress.com.cn
涿州市京南印刷厂印刷
◆ 开本：720×960 1/16
印张：23.5 2022 年 4 月第 1 版
字数：350 千字 2022 年 4 月河北第 1 次印刷
著作权合同登记号 图字：01-2020-6820 号

定 价：118.00 元

读者服务热线：（010）81055656 印装质量热线：（010）81055316
反盗版热线：（010）81055315
广告经营许可证：京东市监广登字20170147号

前言 The Bond Book

这是本书自 1991 年 12 月首次出版以来的第三版。当时，我在做了几年信用分析师后，开始投资债券。那时我想找到一本能够清楚地解释专业人士管理债券投资组合时会用到的一些基本概念的书，其中包含个人投资者所能接触到的各种债券投资产品的详细信息。可找来找去没有一本符合我的要求。大多数认真研究债券的书对非金融专业人士来说都过于晦涩。几年后，我决定动笔写一本自己愿意读的那种书。显然，这本书满足了某些市场需求。在第一版出版时，我完全没有想到，这本书会在近 20 年后第三次修订出版。

过去 20 年，债券市场和股票市场均出现了巨幅震荡，投资者对债券市场的态度也随之上下起伏。比方说，本书第二版出版于 2000 年左右。现在回想起来，那一年大概是那个起始于 1982 年的大牛市（美国股市）的最后一年。那时的权威都在说，我们身处一个“新的时代”，“专家们”建议，个人可以把 100% 的资产投资于股票（或者仅留出少部分，比如将 10% 以现金方式持有），完全不要投资债券。但在 2000 年到 2010 年的 10 年中，市场走势证明“专家们”的观点是错的。从 2000 年到 2010 年，美国股市分别在 2002 年和 2008 年出现了两次灾难性的熊市。尽管债券市场的很多板块在 2008 年的金融危机中也遭受了大幅下滑，但那 10 年中对债券市场很多板块的投资还是获得了正向回报，使这类投资者得以平安度过股市失落的 10 年。

如今（2011 年），投资者的心理似乎又一次发生了变化：在过去的一年，流入债券基金的资金比流入股票基金的更多。可如果资金流动方向反映出人们寻找避风港的心理，那么一些投资者就有可能遇到令人不快的“意外”。投资者需要明白，债券市场不同板块的安全性和可预测性并不相同。很多债券和债券基金的走势像股票基金一样难以预测，波动性很强，前一年获得接近股票的回报，后一年又会损失惨重。实际上，投资者就是在一些被认为投资风险极低的债券基金上遭受了大幅亏损。

和之前的版本一样，这本书希望为读者提供详尽完整的介绍，帮助读者了解债券市场以及债券的不同投资方式，比如个人如何购买债券及不同种类的债券基金。

这本书的几乎每一部分都进行了大量改动，甚至彻底重写。我的重点集中在2000年的版本出版后市场发生的变化上。其中一个重大变化在于，投资者现在可以接触到大量信息，比如定价数据这种过去只有通过经纪人才能获得的数据。这些信息现在在互联网上就能查到，而且是免费的。此外，在新版书中，与单个债券有关的章节均包含了全新的信息，关于债券基金的章节则全部被重写。其中包括对2008年金融危机期间及之后一段时间各种类型债券基金表现的详细分析，也包含截至2009年12月的10年收益数据。本书还新增了与交易所交易基金（ETF）有关的内容，关于封闭式债券基金的内容也得到了扩充。

本书分为四部分。第一部分的主要作用是介绍入门知识，包含理解后续所有内容所需的基础知识。这部分对债券投资的基本原理进行了解释，包括债券投资的基础条款、债券如何上市与出售、债券的定价与加价、如何研究债券价格的历史数据、债券及债券基金价格波动的原因、衡量债券收益的核心概念等。读者应当首先完整地阅读这部分内容。

本书的第二部分对不同种类的债券进行了讲解，包括国库券、市政债券、企业债券、吉利美（GNMA）债券、其他抵押贷款担保类债券和国际债券，每种债券专门用一章的篇幅进行讨论。

本书的第三部分对开放式共同基金、封闭式基金和新出现的ETF这些主流债券基金进行了分析。

本书的第四部分从更宏观的角度讨论了管理债券投资组合的问题。读者可以根据喜好按照不同顺序阅读第二部分、第三部分和四部分的内容。

尽管本书使用的大部分资料是全新的，但我最初的目标并没有改变。这本书几乎没有涉及债券投资实务操作的内容，而是对人们购买各种债券时所需的关键信息做出了解释，不管是国债、市政债券还是债券基金。

全书贯穿着几个基本的主题。

第一，我详细说明了购买债券自带的风险。解释这个问题的主要目的在于，让你避免因为买入一个自认为没有风险但实际上只是风险因素未知的债券而亏损。读完这本书后，这种情况基本上就不会再出现。同样重要的是，尽管不可能预测利率的走势，可如果你理解了某种债券投资的风险，你就能控制自己所要承受的风险。若你想确保自己投资于债券市场最安全的领域，那么这本书能够明确说明这些领域的情况；如果你想投资债券市场里风险更高的领域，那么这本书也能为你指明方向。

第二，本书会帮你确定哪个领域存在机会。正如你可能因为没有意识到投资风险而遭受损失一样，你也可能因为对自身不必要的限制而导致获得较少的收益。市场上可能还存在你不知道的机会。

第三，至少，每个投资者都需要了解足够的技术信息，才能分辨什么是扎实可靠的分析，什么是吹牛。你会学到很多技术术语和概念，这样才不会在未来被那些高深的词汇吓住。如果你听起来像一个见多识广的投资者，未来和债券销售人员交流时，被骗的可能性就会更低。

第四，本书的另一个主题就是投资者该如何获取信息。不少章节里含有数据表和图，也配有解读这些信息的说明。如今，最有用的信息在互联网上都可以查到。本书很多章节的结尾都给出了一些获取信息的渠道。

我明白，不同投资者的投资时间和投资兴趣是不一样的。在这本书里，我为投资时间有限、安全意识强的投资者提供了可以最大程度减少风险的技巧和方法。

总的来说，我希望这本书具有实用性，能够回答如下基本问题。

- 我应该投资某个债券还是投资债券基金？
- 开放式基金和封闭式基金及 ETF 的区别是什么？
- 我该投资应税债券还是免税债券？
- 如果我对某个债券投资的判断是正确的，那我能赚到多少钱？如果进展不顺，我会损失多少钱？
- 不管是什么类型的债券投资，这本书都能解答一个最根本的问题：想要获得更高收益，投资者需要承担什么风险？

最后，这本书能够帮助你选择符合自身风险承受能力、符合自身整体投资目标和策略的固定收益投资。

以下是与书中用词有关的问题。首先是“债券”，这是用于表述市场上存在的债务票据或固定收益证券的术语。目前不存在能够描述这类票据的单个词汇。为了不让文字显得过于单调，我在书中使用的债券、固定收益证券或债务票据这些说法可以互相替换。第二，提到投资者或销售人员时，我们有必要确定他们的性别。我曾经考虑使用“他 / 她”的写法，但又觉得不合适。最后，我决定随机使用“他”或“她”，这也能让文字不那么单调。

最后一点，我没有任何特别的目的。这本书既不支持也不反对债券。债券投资比公众想的更加复杂，也更难以预测，这本书将对此做出解释。读完这本书，你既有可能决定将更多资金用于配置债券，也有可能减少投资。写作这本书，我的目的是帮助读者更加深入地了解债券市场，未来的市场发展并不属于我的考量范围。

希望大家都能获得更多收益！

致谢

我非常幸运地在这本书每一版的写作中，都受益于许多业内人士提供的观点、建议和知识，他们愿意从繁忙的日程中抽出时间，帮助我完成这本书的写作。我要再一次感谢这些让这本书成功出版的人。

首先，我要感谢那些读过本书初稿并提出宝贵修改建议的人。这些人包括前*AAII*期刊主编玛利亚·克劳福德·斯科特、托马斯·赫兹菲尔德顾问公司执行副总裁西西莉亚·冈多、贝莱德固定收益投资组合管理集团常务董事马特·塔克，还有债券集团有限公司营销传播主管、注册分析师克里斯·谢恩。

我还要感谢很多不仅提供了数据，同时抽出时间回答我提出的无数问题、与我讨论不同债券细微区别的人。这些人包括：托马斯·赫兹菲尔德顾问公司执行副总裁西西莉亚·冈多、债券集团有限公司营销传播主管、注册金融分析师克里斯·谢恩、摩根士丹利常务董事多米尼克·麦斯特、摩根士丹利副总裁克莉丝汀·波拉克、纽约大学所罗门中心教授爱德华·奥特曼、贝莱德通信公司董事克里斯汀·胡达克、Investinginbonds 网站的团队负责人凯瑟琳·艾德蒙森，以及

Uniform Practices 集团的董事贾斯汀·皮卡。

我要特别感谢迈克尔·理柏公司（如今是汤森路透）美国及加拿大地区的研究主管杰夫·托内乔，他不仅慷慨地为我提供了债券基金的数据，而且在我写作这本书和完成其他写作项目时尤其慷慨地为我付出了大量时间。

最后，还有一些帮助过我的人，因为他们受雇公司的规定，我无法明确地向他们表示感谢。但他们知道我说的是他们，并且非常感谢他们提供的帮助；他们也知道，不能在此写出他们的名字也让我非常遗憾。

致每一个帮助这本书问世的人：谢谢！本书中表达的都是我自己的观点，如有任何遗漏与错误，也都由我承担全部责任。

目录 The Bond Book

第一部分　基础中的基础

第三部分　通过基金投资债券

第四部分　管理债券投资组合和资产配置

THE BOND BOOK

01

第一部分

基础中的基础

本书的这一部分属于入门级内容，是理解后续内容的基础。这一部分内容的目的，就是讲解债券投资的基础知识，让读者熟悉投资于不同债券的预期收益及投资风险的有关概念。

- 第一章对债券作出了定义，解释了如何发行及出售债券。
- 第二章是债券市场概述，同时也会介绍讨论债券及债券市场时涉及的核心条款。
- 第三章是本书的核心。这一章通过详细讨论债券市场中的两种主要风险，即利率风险和信用风险，对债券价格波动的原因做出了解释。这一章还简单回顾了利率的历史，同时简单讨论了美联储在决定利率时扮演的角色。
- 第四章介绍的是基础的债券数学原理。这一章界定了衡量债券投资回报（也就是实际收入）的核心概念，也对债券现金流做出了定义，并且介绍了债券存续期，从而帮助读者评估债券投资的风险。
- 第五章讨论了媒体及互联网上经常用来分析债券市场的话题和数据。这一章还介绍了三个由监管部门和交易机构开发的网站，分别是：FINRA 网站、Investinginbonds 网站和 EMMA.msrb 网站。这些网站向投资者提供了过去只对经纪人开放的信息，比如交易日的后 15 分钟内债券交易的数据。最后，第五章还介绍了购买债券时的一些指导原则。

第一章
债券的生命周期

本章内容包括：

- 债券的定义；
- 解释如何发行、交易债券；
- 明确买入、卖出债券时用到的一些关键条款。

什么是债券

本质上来说，债券是一种债，也可以说是一种借据。购买债券时，我们等于把钱借给具备一定规模的借款人，比如公司或政府机构。这些借款人通常需要通过出售（用华尔街的专业术语说就是“发行”）债券的方式筹集资金，这些债券的有效期最短可能只有几天，最长可能达到30或40年。债券最显著的特点就是，借款人（发行人）需要达成合法的协议，通过利息这种定期利益补偿的方式补偿出借人（也就是你我这样的债券持有者），并且在约定日期全额偿还本金，而这个约定的日期就是债券的“到期日”。

债券如何发行、交易

债券的发行过程很复杂。由于涉及的金额巨大，发行人并非直接向公众发行债券。因此，债券通常由投资银行（即承销商）引入市场。投资银行在债券发行人和公众投资者之间扮演了中介的角色。发行人和承销商双方都会聘请律师起草正规的销售协议，确保债券的销售符合美国证券交易委员会（SEC）的规定。

为便于说明，我们假设新泽西州政府需要为一个重大项目筹款5亿美元。新泽西州政府通过行业公报公布了发行债券的意愿，征求竞标者。承销商（一般为大型证券经销商，比如美林证券、高盛集团、摩根士丹利等）或者知名度较低的小型公司（这种公司的数量一般为几十个）互相竞争，向新泽西州政府竞标。一家公司可能独立竞标，但更多时候是多家公司组成承销团联合竞标。新泽西州政府会选择一个利息成本最低的公司或承销团，再由其销售债券。

承销商，或者说承销团负责债券销售的所有环节，他们从发行人（新泽西州政府）那里买下债券，再向公众出售。公众投资者由大型机构（比如银行）、养老基金、保险公司、个人投资者以及债券基金构成。大型机构投资者是目前债券市场中的最大玩家。

债券一旦被售出，承销商与债券之间便再无任何关联。支付利息并偿还本金仍然是发行人（新泽西州）的责任。债券销售后，支付利息、保存记录等工作，则是由第三方信托机构代替发行人进行。这个第三方信托机构是债券的受托人，一般是家银行。

债券的关键条款

发行人（新泽西州政府）与债券购买者（个人或者机构购买者）之间的具体借贷协议，完整记录在名为“债券契约”的法律文件中。在债券未偿付期间，发行人都会受到这份协议的法律约束。

首先，债券契约规定了支付利息的日期，以及偿还本金的日期，即到期日。

接下来，债券契约会记录大量对债券持有者具有重要意义的内容。其中描述了发行人偿还债务的方式，也就是偿债资金的来源。在新泽西州这个案例中，债券契约会明确指出，州政府将通过税收的方式筹集资金。同时，为了进一步证明州政府的偿债能力，债券契约还会提到新泽西州的经济情况。债券契约还对发行人或债券持有者在到日期前可全额赎回债券的情形做出了描述。债券契约中的“赎回”及“信贷质量”条款会对这部分内容进行详细的解释。

债券契约的所有主要条款，包括利息的支付日期、债券的到期期限、赎回条款、偿债资金来源等，均集中在“债券募集说明书”中。债券募集说明书值得仔细阅读。过去，人们只能查到新发债券募集说明书，这种情况直到近些年才有所改变。以前，债券承销商可以在债券发行 6 个月后销毁债券募集说明书，不过，如今所有新发市政债券及很多过去发行的债券的债券募集说明书均得到存档保管，可供人们在线阅读（见第五章）。

在债券销售前就被印制出来的募集说明书被称为“初步募集说明书”，也被戏称为“红鲱鱼”——之所以有这样一个名字，是因为这份说明书封面上的某些法律条款必须用红字印刷。债券销售后，债券募集说明书有时会被称作“官方声明（OS）”。

不同债券之间最基本的区别源自债券的发行主体。直接由美国政府发行的债券属于国债；公司发行的债券属于企业债券；而那些由地方或州政府发行的债券（通常可豁免联邦税）则是市政债券（英文可简写为 MUNIS）。每种债券销售的具体流程各有区别，但总体过程大致相同。

多数债券的发行额非常高，企业债券和市政债券的发行规模一般在 1 亿美元到 5 亿美元，国债可高达数十亿美元。为了向公众出售债券，投资银行需要将债券拆分为更小数额。按照惯例，最小的债券单位是“一份”，每一份债券在到期日可以以 1 000 美元赎回。“票面价值（par value）”和“本金价值（principal value）”均可以指债券到期时的 1 000 美元价值。但实际上，债券通常会以更大的数额交易，一般最低为 5 000 美元（票面价值）。

任何对新泽西州政府发行的债券感兴趣的人都可以在承销商最初向大众发行债券时购买，也可以从其他持有债券的投资者处购买。在发行时购买债券被称为在“初级市场”购买债券。人们既可以一直持有债券直到到期，也可以在发行日与到期日之间的任何时候将其出售。一般来说，债券持有者会通过经纪人出售债券，而后者将会为此收取一定费用。

交易已经发行的债券的市场被称为“二级市场”。一些债券（比如 30 年期国债）的交易行情非常活跃。可很多债券一旦从投资者面前“消失”（这是交易员经常用的说法），这些债券的市场就会陷入停滞或不活跃的状态。我们几乎在任何时候都能卖出老债券；可如果债券的交易行情一直不活跃，那么债券交易的佣金就有可能极高。我们将会在第二章和第四章里详细讨论债券的定价、购买、出售及债券收益的话题。

在二级市场交易期间，债券价格会持续波动，几乎不会以票面价值交易。实际上，债券在生命周期内以票面价值交易的情况基本只会出现两次：一次是上市发行时，另一次则是到期赎回时。但是，不管购买价格是多少，债券总是按照票面价值赎回。

读者也许要问了，假如一份债券的发行价格总是 1 000 美元，到期价值也总是 1 000 美元，那么债券价格为什么会发生波动？这就是有意思的地方了，请继续读下去。

第二章
债券市场概述

本章内容包括：

- 债券市场概述；
- 债券定价——溢价与佣金；
- 债券如何销售——自营商、经纪商和电子平台；
- 购买、销售及讨论债券时用到的术语。

债券市场概述

尽管提到债券市场时我们把它当作一个市场，但现实中并不存在一个可以购买、出售债券的集中地和交易所。事实上，和股票不同，债券并不在交易所交易。因此债券市场也没有与股市对应的滚动行情播报，债券价格不会在交易完成后立刻公示。相反，债券市场是一个无比庞大的场外交易市场，由独立经纪商网络构成，按证券类型组织，存在一定的重叠。

这个市场的核心是几十个超大型债券自营商，他们只向银行、养老基金或其他大型债券经纪商这样的机构买家出售债券。这些自营商中存在一个“一级自营商”网络，能进入这个网络的都是顶尖的自营商：他们直接从美联储购买国债，再出售给大型银行和大型经纪自营商。而经纪自营商再向小型机构投资者及投资大众转售债券。股票在三个独立交易所（纽约证券交易所、美国证券交易所和纳斯达克）交易，而很多债券还是在经纪商之间转手。虽说听起来让人意外，但很多金额达数百万的债券交易仍然是通过电话或者当面交易完成。（一个例外是在纽约证券交易所挂牌交易的少数企业债券，且其数量也在不断减少。）

债券市场极其庞大，我们难以想象它的总体量有多大。尽管金融媒体主要关注的是股市，但债券市场的体量其实数倍于股市（具体估算结果各不相同）。这是一个无可争议的机构市场，它为最大的债券发行人筹集资金，比如美国政府、州和地方政府，以及大型企业。而债券的买家主要为机构投资者，比如养老基金、保险公司、银行、企业，以及越来越多的共同基金。这些交易金额对个人投资者来说几乎是天价。美国政府债券的交易额是 100 万美元，而 1 亿美元的交易也经常出现。最小的交易单位出现在市政债券市场中，一手交易为 10 万美元。换一种说法，我们可以将其理解为一个批发市场。

再来说说个人投资者。在债券市场中，即便是非常有钱的个人投资者，也不过是在大型经纪商占统治地位的市场中摸索的小人物。事实上，过去 20 年新出现的很多固定收益证券（简称“固收证券”）都是为了满足养老基金和保险公司的需求而设计的，这些证券的结构并不适合个人投资者的需求。

在债券市场中，与机构相比，个人投资者面临诸多不利因素。个人投资者需要支付更高的佣金，此外，机构投资者积累了大量与债券有关的信息，设计了与买卖债券相关的数学模型和复杂的交易策略，这些都是个人投资者接触不到的东西。

债券定价：溢价与佣金

购买债券与购买股票有着很多区别。其中一个主要区别在于买卖债券的实际支出。换句话说，就是溢价与佣金。

“买入价（bid）”“卖出价（ask）”与“价差（spread）”

买卖债券时，溢价和佣金大部分时候都被隐藏了。我们看到的价格都是净值。

债券市场的交易者对债券的报价一般成对出现：也就是以“买入价”和“卖出价”形式出现，这一对价格也被称为“报价”。“买入价”与“卖出价”之间的差额，就是“价差”。价差属于溢价：这是自营商购买债券的价格与他希望卖出的价格之间的差别。（顺便提一下，“价差”这个说法在债券市场很常见。我们在后面会发现这个词的更多含义。）

严格来说，“买入价”是出售时的买方报价，“卖出价”则是卖方的报价。记住哪个是买入价、哪个是卖出价并不难。你只需要记：想要买入，你得接受更高的价格；想要卖出，就会得到更低的价格。举个例子，假设一支债券的报价是“买入价 98/ 卖出价 100”。如果购买债券，你需要支付 100；如果卖出，你会收到 98。

然而，当债券报价时，价差实际上被隐藏起来了。债券的报价是净值，溢价情况并没有明示。这种情况自从债券诞生时起就存在了，也许令人惊讶的是，大部分时候，情况会一直如此。

不同债券的价差差别极大。决定价差的一个主要因素就是债券的需求度，即出售债券的难易程度。当你出售一支行情不活跃的债券时（这个描述适用于很多债券），经纪商会确保从你手中买入的价格足够低，好让自己在转手时不会亏损。

对个人投资者而言，价差的区间一般在交易活跃的国债价值的 1% 的四分之一（或更少）到不活跃的债券价值的 4%。不同债券存在不同价值的原因如下。

- 自营商的买入价格以及按照惯例进行的溢价。
- 出售的债券类型（国债、市政债券、抵押担保债券还是企业债券）。
- 被交易的债券数量（也就是交易规模）。
- 债券的到期日。
- 债券的信用质量。
- 利率的总体走势。
- 某支债券的市场需求程度。
- 某一类债券的市场需求程度。

一般来说，市场需求度高，或者风险低、信用质量高的债券价差更小（或者说更低），而风险较大，或者信用质量低的债券，价差就会更大。价差越大，收益通常也会越高。然而我们需要牢记一条重要的规则：在债券的世界里，更高的收益也意味着更大的风险。

价差的大小反映的是债券的“流动性”，也就是交易某种债券的难易程度和成本。较小的价差意味着市场需求度高、风险低。与此相反，价差较大说明经纪商不愿意在没有足够价格缓冲的情况下持有某支债券。任何导致债券受欢迎程度降低的特点，比如较低的信用质量或者较长的到期日时间都会导致价差变大。

不同债券的价差和流动性差别也很大。首先，债券所属种类不同就会导致出现上述差别。国债是公认“流动性最好”的债券，因此，它们往往价差最小。不管何时到期，国债的收益总是低于其他债券。与国债相比，市政债券和企业债券的流动性明显较差，这两种债券出售时的价差也比国债大得多。由此不管距离到期日还有多久，这些债券的收益也会高于国债。需要注意的是，同一种类中的债券流动性也各不相同，具体还是取决于信用质量和到期时长。

让我们用一些实例解释一下上面的概念。无论债券的数量或利率走向，国债的价差最小（低至 0.25% 到 0.5%）。高质量的中级市政债券（AA 或 AAA 级，期限在 3 到 7 个月）的价差一般在 1% 或 2%。30 年市政债券的价差在 2% 到 4%。一支债券面对的负面因素越多，出售的难度就会越大。想在市场疲软时出售一支长期、低信用质量的债券可以说是最困难的，你可能需要疯狂推销才能有人愿意出价。与此类似，少见的大价差（4% 或更多）也是一种危险信号。这是在警告你，这支债券不只是转售成本高，而且很可能让持有者陷入困顿。靠买卖债券生存的经纪商们拥有一个非常活跃的信息和流言网络，有时他们能比信用评级机构更快地发现潜在问题。

随着时间推移，价差和流动性也会发生变化。在市场强劲时，价差通常会缩小；在市场疲软时，价差就会变大。在 2008 年金融恐慌期间，价差扩大到远超正常水平，导致很多债券挂出什么价格都卖不出去。事实上，在很短的一段时间里，只有信用质量最高的债券才能找到买家，而且要价都打了极大折扣。

顺便说一下，如果在发行时购买债券，即便价差已经包含在交易中，但与日后债券在二级市场上交易时相比，这个价差通常与自营商那时愿意支付的价格更接近。因此，和在二级市场中买入债券相比，个人投资者在发行时买入债券的价格可能更为公平。

债券如何销售：自营商、经纪商和电子平台

自营商与经纪商

确定、挑选、购买债券的具体过程与购买股票有着很大区别。一方面，购买股票时，你很可能已经确定了自己有意买入的个股，比如苹果公司的股票。接下来，你可以搜索苹果公司股票的股票代码和最新的卖出价，这些信息会实时展示在一条“播报带”上。假如决定买入这只股票，不管你是从全服务型券商、折扣经纪商还是网上购买，不管你买入的是 10 股还是 1 000 股，每股的价格就是市场价格。

另一方面，购买债券时，你有可能购买的不是某支特定的债券。相反，你会设定一系列标准，然后购买符合这些标准的债券。举个例子，假设你决定投资免税市政债券。你的标准可能包括：发行债券的州（以此避免州税），债券的大致

到期日，债券的信用评级，目标收益率，或许还有债券是否可以赎回。很有可能出现的情况是，在你决定投资时，你并没有锁定某支债券，而是在大量资源中搜索，寻找能够满足自身标准的债券。

如今，我们可以从很多出售股票的服务机构购买债券，比如全服务型券商、折扣经纪商和理财顾问。实际上，现在我们可以在网上交易很多类型的债券，完全不需要打电话通知经纪商。但债券交易与股票交易的相似之处也仅限于此。

购买债券时，你会发现不同自营商能够提供的债券大相径庭，尤其是在市场上流动性较差的债券种类，比如企业债券和市政债券。你不能简单地以为任何服务机构都拥有，或者能够获得某种特定债券。事实上，有时候你可能找不到符合自己标准的债券。此外，如果你接触了多家服务机构，他们不仅会向你推荐不同债券，其价格、期限、票面利率和收益率都会不一样，但这些债券均符合你提出的标准。

出现这种情况的原因之一，就是存在“自营商社区”这种架构，我暂时还没有找到更合适的词汇描述这种状态。尽管“自营商”“经纪商”这些说法经常互换使用，但在债券市场中，“自营商”有着非常明确的定义。自营商指的是自担风险，用自己的资金买卖债券的人，这在某些债券里也被称为“持仓”，或者称为“出资者”。持有债券是有风险的，找到买家前，自营商也不知道自己需要持有多长时间，而且债券的未来价格也不确定。我们在第三章会看到，债券的价格会出现波动。在自营商之间，“买入价 / 卖出价”的价差，或者说溢价，被视作买入并持有债券时所承担风险的补偿。自营商分别对各自持有债券加价；不同自营商出售的相同债券，价格可能存在差别。

而“经纪商”指的是为客户执行交易（无论是买还是卖）并赚取佣金的人。经纪商不需要持有被交易的债券，而且很多经纪商确实也不持有他们销售的债券。折扣经纪商和理财顾问主要依靠“电子平台”销售债券。（本章后面“电子平台”一节会详细讨论这方面的内容）。从法律角度看，经纪商不过是客户代理人。换句话说，和自营商不同，经纪商不会将资金置于风险之中。

以上并不只是学术上的区别，而是不同机构获得债券及债券定价存在区别的原因之一。销售债券的机构之间存在巨大差异，不论规模大小，大部分交易机构会持有债券。但也有很多销售债券的公司并不持有债券（比如折扣经纪商和理财顾问）。如果从折扣经纪商或理财顾问处购买债券，他们需要找到特定债券，才能出售给你。这样的交易如今越来越多地通过“电子平台”完成。

电子平台

过去十年，电子平台在债券市场中的存在感越来越强。你可能没有注意到它们，可如果在网上搜索过债券，或者在网上买过固收证券，那你实际上就是通过“电子平台”进行的这些活动。

电子平台如何运行

电子平台是提供数据的商业机构：它们收集自营商有意出售的债券清单，再将信息传递给经纪公司。在电脑出现之前的“黑暗时代”里，上述事情由同业经纪公司完成；他们每天会给几百家公司打电话，了解对方持有哪些债券、想要出售哪些债券。整理完收集到的信息后，他们用传真传送的这份总清单会在自营商和经纪商之间传递。这些清单实际上就是中央数据库。随着计算机的诞生和软件的发展，以上清单变成了可搜索的数据库。下一步，就是把这些数据提供给网上经纪商。当我们在网上经纪商的网站搜索债券时，大多数时候我们是在一个由电子平台提供的数据库里搜索。

最初，电子平台只能让投资者在网上搜索债券。除了少数例外情况，在线经纪商均要求有意购买债券的投资者向某个经纪商下单。不过现在已经不是这种情况了。如今，很多在线经纪商允许投资者在网上购买。投资者可能没有意识到，在网上完成购买时，他们实际上通过电子平台进行交易。除非你在交易前咨询过经纪商，否则你所使用的网站背后的互联网公司扮演的就是一个中介机构的角色。由于这家公司并未购买债券，也没有持有债券，那么这家公司实际上进行的就是无风险业务。

简单来说，我们可以把电子平台看作电子布告栏，数百个卖家（自营商、银行、养老基金等）在这里挂出有意出售的债券及其价格。此外，电子平台还能提供大量额外的信息和软件，其中包括信息披露、对债券的详细分析、收益率与价格信息，还包括能让投资者搜索满足特定标准的债券的复杂软件。

电子平台列出了来自债券市场几乎各个角落的固收证券，比如国债、代理行证券、企业债券、市政债券、定期存款，等等。互联网上的很多大型折扣经纪商，比如 E Trade、Schwab（嘉信）和 Fidelity（富达）挂出的信息，基本上都是靠一个或多个电子平台提供。不过自营商也有可能通过一个或多个电子平台充实自身的数据。

以上挂牌信息的技术细节并不明确。首先，标价包括至少一次，有时甚至多达数次的加价。这是因为价格按照自营商的指示进行了加价，同时也根据经纪商的指示进行了加价。自营商和经纪商的加价各不相同，这意味着你可能在 A 经纪网站上看到某支债券的价格是 100，在 B 网站上就是 102，到了 C 网站就变成了 103。当然，平台也要分一杯羹。

你可能没意识到自己正在咨询电子平台，其中一个原因在于，所有网上经纪商均拥有独特的设计。此外，很多公司利用特有的筛选设计“过滤”电子平台提供的信息。因此，即便使用了相同的电子平台，不同经纪商也可能会得到完全不同的债券清单。有些公司会过滤掉价格过高的债券，比如价格比最近一次同业交易价高出 3% 的债券。但也有经纪商会排除某些自营商持有的债券，只是因为他们不喜欢那些自营商，或者因为其他特殊的原因。不管怎样，这些筛选系统就是不同经纪商提供的债券存在巨大差异的原因之一。

在网上购买债券是一个相对直接的过程。你看到一支喜欢的债券，点击后就会形成一张票据。不过需要注意的是，电子平台总是动态变化的，价格在一天内会随着市场变动。有些网站意识到这个问题，并据此提出了“价格、收益率及供应情况取决于市场变化”的免责条款。

当你提交购买债券的申请时，就会产生一张“票据”。如果价格与最初买入价不同，你就没有义务完成交易。只有点击“提交（Submit）”后，你才有义务完成交易。一小部分购买指令（大约为 5%）会“不通过”：经纪商有时可能决定不完成用户提交的交易，不过大多数自营商会在客户点击“提交”后努力满足订单要求。同样需要注意的是，有些挂牌的债券，特别是企业债券，同时包含了“买入价”和“卖出价”信息，这表明挂牌的自营商愿意按照“买入价”向投资者支付价款购买债券。如果没有列出“买入价”，有意出售债券的投资者可以填写“寻价”申请：自营商随后对债券提交“买入价”，这份买入价就会被传送到你所咨询的网站上。

2000 年到 2002 年这段时间里，电子平台受到了大量关注。几十家公司进入了这一领域，但生存下来的却很少。那时市场上有四个主要电子平台，为经纪商和个人投资者提供服务。这四个平台分别是（排名不分先后）：Bond Desk、MuniCenter、Knight Bond Point 和 Trade Web。为了和其他三家竞争，每个平台都想开发出独特的细分市场。这毫无疑问会导致它们的商业模式出现变化。比如MuniCenter（市政债券中心），从名字就能看出他们有意把自己打造成市政债券市场上的巨头。这个平台不仅有自己的市政债券目录，而且挂牌了其他电子平台没有的市政债券，此外，挂牌在其平台上的债券可实时按照列明的价格买卖。而Bond Desk把焦点放在了开发复杂的支持软件上，帮助个人投资者管理投资组合。

与零售（也就是个人投资者）相比，电子平台在机构中变得更加复杂，应用也更为广泛。在机构层面，电子平台也被称为“替代交易系统（或者简写为ATS)”，为大型机构投资者及其他自营商提供服务。ATS中包含可以进行多种类型交易的系统，其中包括拍卖系统、交叉配对系统、同业交易系统和单一自营商系统。这些ATS平台可以同时进行几百支证券的买卖交易。大体上而言，个人投资者并不了解这些交易系统，可这些系统就是新型快速交易模式发展的原因，也是交易所交易基金（ETF）得到发展的原因。

电子平台的优势与代价

使用电子平台究竟在多大程度上改变了债券的上市与买卖？这个问题的答案尚不明确。比方说，我们并不知道，在电子平台挂牌后，和直接从自营商处购买相比，某一类型的债券究竟有多大比例在电子平台上进行交易。我咨询过的人给出的数字差别很大，从30%到50%不等。但这些数据并非基于任何经验证据。

增加电子系统的使用是目前的趋势。对经纪公司来说，电子平台能给他们带来巨大利好，它们让经纪商可以以极低成本为客户提供更多债券选择；他们不需要投入自己的资金，就能提供“库存清单”。

投资者通过查询更大的数据库而获益——而且人们越来越多地匿名在网上查询信息。电子平台的另一个优势在于，很多平台现在提供软件让投资者搜索符合特定标准的债券，比如按照期限、信用质量、期望收益率等条件进行搜索。（后面章节包含了类似搜索的例子。）最后，电子平台能够提供大量不同类型债券的购买与定价信息。此外，平台在信息披露方面做得非常好：它们会按照美国证券交易委员会的要求，列出投资者需要了解的某支债券的全部特点。

可电子平台是否让成交价降低了呢？在某些情况下，答案是肯定的。对于交易活跃的债券，如果多个自营商挂牌出售同一支债券，那么平台只会列出最低价格。这样的竞争显然是一种利好。可对于流动性较差的债券，比如市政债券，平台上通常只会有一个自营商挂出少量债券。这种环境下显然不存在竞争。

不过现实中还存在一些投资者没有意识到的代价。最重要的一点是，投资者在没有咨询经纪商的情况下就买入债券，会独自承担交易的全部风险。即便信息披露做得非常充分，可如果投资者没能完全理解买入某支债券时的固有风险，他就没有追索权。

此外，如果完全在网上购买债券，你就等于放弃了“讨价还价”的机会。大多数情况下，如果找经纪商协商购买，包括折扣经纪商在内，对方通常都愿意联系销售债券的自营商，并询问其是否愿意接受更低的报价。别忘了，电子平台上的债券标价包括自营商的全部加价。根据当时的市场情况，自营商可能愿意为有意出售及购买债券的投资者降价。

你是否能分辨出，自己在经纪网站上咨询时看到的，究竟是自营商的持仓还是电子平台的持仓？我们可以假定，所有大型在线折扣经纪商都主要依靠电子平台。但对于其他公司而言，情况就不那么明确了。有时屏幕上会公布数据来源的一个或多个电子平台，通常是在免责声明里。有些经纪商也将自身持仓与电子平台的数据混合在一起，如果一家公司持有一些债券，他们显然会急着先卖掉这部分债券。

使用电子平台也带来了一些问题。其中之一就是，在不与经纪商讨论的前提下完全在网上购买债券到底值不值得。很多经纪公司，尤其是那些折扣经纪商，会将宣传重点放在每一支债券交易的佣金上。这个价格通常很低：每支债券 2 到 5 美元。这会让你产生以“更低的价格”买入了债券的想法。但单支债券佣金成本仅仅是经纪公司执行交易时收取的费用，即便这是购买债券时唯一得到披露的成本，但严格来说这部分成本并不包含在溢价之中。事实上，这只是冰山一角。自营商加价与经纪商加价仍未公开，你按照标明的价格，实际支付了自营商和经纪商的全部加价。

但另一方面，如果你面对的是全服务型经纪商，获得的债券价格就是净值，佣金（也就是经纪商完成交易时收取的费用）不会被披露，而这些佣金成本可能非常高。

那么，从折扣经纪商手中购买债券到底有没有优势？这仍然要视情况而定。折扣经纪商公示的佣金非常低，但自营商加价并未披露。因此，除非你消息灵通、可以对比价格，否则很难知道债券的定价是否合理。

怎么确定网上的某个债券定价是否合理？好消息是，现在我们可以利用一些"辅助"工具来帮我们做出评估。监管机构和行业协会已经开发出了一些网站，比如 FINRA 网站、EMMA.msrb 网站，还有为了让债券市场变得更"透明"而开发的 Investinginbonds 网站。如今，很多在线经纪商的网站上也设置了导向上述一个或多个网站的链接。这些网站可以让个人投资者了解包括溢价信息在内的情况。这些网站也能让用户搜索对比信息，这些信息是免费开放给所有人的。我会在第五章末介绍这三个网站，并在第七章到第十章分别解答与不同证券有关的问题，其中的例子会说明市面上有哪些可用的信息，以及如何利用这些信息购买不同类型的债券。

购买、销售及讨论债券时用到的术语

债券市场拥有一套专有的词汇表。本节将会介绍一些在购买、销售及讨论债券时用到的核心专业术语。

票面价值、溢价与折扣债券

债券的"票面价值"指的是它到期时的价值，也就是 1 000 美元。开始交易后，债券通常不再以票面价值出售。如果出售价格低于票面价值（低于 1 000 美元），债券就是"折价"出售。如果出售价格高于票面价值（高于 1 000 美元），债券就会被称为"溢价"债券。

库斯普号码（CUSIP Numbers）

库斯普号码系统设立于 1967 年，目的是为债券识别提供一种统一的方法。（CUSIP 是统一债券识别程序委员会英文单词首字母缩写。）

库斯普号码是用于识别债券的九位数号码。它相当于股票代码，可以精准地识别出每一支债券。比方说，你拥有一支新泽西州发行的债券，这支债券只是新泽西州发行的数百支债券中的一支，每支债券都有着非常精细且独有的条款：比如票面利率、发行日期、到期日和赎回条款。这些债券不可互换。如果想购买或出售债券，库斯普号码就能帮你确定具体的债券。

市政债券、企业债券和转手债券均分配有库斯普号码，国际债券则通过 CINS 号码识别（CNIS 指的是 CUSIP 国际号码系统）。

债券定价惯例

当经纪商向你“展示”一支债券时（“展示”是一种常用说法），她一般会说出如下一段话：“我想向你展示我们刚刚入手的一支优质债券。这个是布利斯州债 15 年 5 又 1/4，买入价 96 卖出价 97（It is the State of Bliss 5 1/4 of 15, and it is priced at 96 bid and 97 ask）。”她说的这段话是什么意思呢？

实际上，这段话很容易解读。我们可以通过几部分信息辨别出债券的具体情况，比如发行人（布利斯州）、票面利率（5 又 1/4）、到期时间（2015 年）以及 97 这个挂牌价格。

我们再具体解释一下每个细节。首先是票面利率，票面利率总是以百分比的形式出现，这个百分比在发行时就已确定，指的是票面价值的百分比。不过这个百分比价值也可转化成固定金额，无论债券价格怎么变化，这个金额都会在债券生命周期内保持不变。在前面的案例中，5 又 1/4 的票面利率指的是 1 000 美元的 5.25%，即 52.5 美元。（如果买入这个债券，52.5 美元就是你每年的利息收入。）除非有其他规定，否则票面利率每半年支付一次。只要债券没有赎回，你就能一年两次、每次收到 26.25 美元的票面利率。（浮动利率债券有所不同，其票面利率会在预先确定的间隔期进行调整。）

到期时间由最后两位数字确定。这个案例中的两位数字就是 15，这只能是 2015 年。需要注意的是，债券的偿还期一般不超过 30 年，基本没有例外。

最后，这里的卖出价是 97。债券价格也是以百分比的形式出现，而且也是票面价值的百分比。所以 97 的卖出价应该解读为 97% 乘以 1 000 美元，也就是 970 美元。计算价格时，只需要给百分比后加一个零。

现在，你可以“翻译”经纪商说的话了：她想买给你布利斯州 2015 年到期的债券，这个债券每年的票面利息是 52.5 美元，出售价格是 970 美元。

应计利息

假设你决定购买布利斯州债券。当你收到确认通知时，最终价格很有可能高于你收到的 970 美元卖出价。经纪商并没有黑你的钱。你的实际支出与 970 美元卖出价之间的差别，属于“应计利息”。以下是详细解释。

还记得利息通过一年两次的形式支付吧？实际上，债券每天都在赚取利息（华尔街称其为“累积”）。债券所有者按照持有债券的天数赚取或者说累积利息。

现在假设你要在上一次票面利息支付的三个月后购买布利斯州债券（距离下一次支付票面利息还有三个月）。在三个月时间里，你会收到过去六个月的利息；可你只享有其中三个月的利息。有风度的做法就是把三个月的利息返还给债券的前一个持有人。

事实上，在购买债券时，你的确是这么做的——只不过你别无选择。应该交付给前一个持有人的三个月利息会自动加入购买价格。买家需要向卖家支付应计利息。当你（买家）收到下一笔票面利息时，你所收到的票面利息就包括了你赚取的三个月利息，以及向前一个持有人支付的三个月利息。

以票面价值计算的债券、溢价债券和折价债券都有应计利息，应计利息的数额完全取决于票面利率，除以应当支付利息的天数，与债券价格无关。

应计利息由标准公式计算得出。为了定价方便，很多债券一年按 360 天计算应计利息。为了计算应计利息，将年息除以 360，用这个结果乘以应当支付利息的天数，再把应计利息算入购买价格。债券种类不同，日数的计算也会有差别。

如今，计算应计利息变得极其简单：下面列出的网站，比如 FINRA 网站和 Investinginbonds 网站上有计算器，可以帮助你确定应计利息。

赎回风险

“赎回风险”是债券在到期前被发行人提前偿付（收兑）的风险。市政债券和企业债券都可能被提前赎回，而国债通常不会。有些较老的 30 年期国债可能允许在到期前 5 年提前赎回，不过目前已经不再发行可提前赎回的国债。

能够提前赎回债券是对发行人的一种保护，这使得他们可以以较高的票面利率收回债券，并以较低的利率再筹资金。可对债券持有者来说，提前赎回一般都是坏消息。提前赎回意味着总收益减少，因为通常情况下，市场利率低于赎回时债券的票面利率时，债券才会被提前赎回。提前赎回会从两个方面降低投资者的总收益：投资者认为已经“锁定”的高利率消失，而且被迫以较低利率重新投资。

招股说明书中有明确的赎回条款，规定了债券可被提前赎回的最早日期；同时也规定了赎回价格，一般略高于票面价值。按照法律规定，任何可提前赎回的债券都必须包含上述这些赎回条款。

所买债券种类不同，赎回条款也会存在差别。企业债券的赎回条款可能非常含糊；抵押担保债券不约定赎回日期，但提前支付本身就是一种赎回风险。我会在讨论市政债券和企业债券的章节中详细说明它们的提前赎回问题。需要记住的是，赎回条款不仅会对债券的购买价格产生影响，而且也可能对购买某支债券的潜在收益产生影响。

购买溢价债券时，投资者尤其需要注意赎回条款。如果以票面价值或者折扣价买入债券，那么提前赎回并不会导致本金出现损失。可如果溢价购买一支债券（比如一份债券 1 100 美元），那么出人意料地提前赎回，就会导致每份债券都遭受本金损失（也就是平均每份债券损失 100 美元）。

还需注意的是，如果购买了一支票面利率远高于现有利率的溢价债券，你就需要做好发生提前赎回的心理准备。举个例子，假如你买了一支发行时票面利率为 6% 的溢价债券，而同样时长的债券购买时的收益率为 4%，我们就可以预测，这支溢价债券会被提前赎回，我们应该以标明的赎回收益率而非到期收益率去评估这支债券。（第三章对这些术语做出了解释。）

债券形式：不记名债券、记名债券与记账式债券

如果在 1980 年之前购买债券，你会收到一份装裱精美、侧面附有票面利率票的文件，作为所有权证明。这份文件就是“债券凭证”。这份凭证上没有你的名字。为了收取利息，你需要剪下票面利率票交给托管人，后者再把利息寄给你。这就是“息票（coupon）”这个说法的由来。凭证的作用相当于纸币，人们假定持有者就是所有者。这种债券也被称为“不记名债券”。

20 世纪 80 年代初，印有所有者名字的债券凭证开始出现，这种债券就是“记名债券”。债券利息会自动发送给记录在案的所有者。

随着计算机的普及，以上流程现在基本完全实现了自动化。如今，所有债券均以“记账式”发行。不再发放凭证；相反，购买债券时，你会收到一份带有数字号码的确认声明。这个号码储存在计算机数据库中，是唯一的所有权证明。票面利率会自动汇至所有权人指定的支票账户或银行账户上。赎回通知也是自动发出。只有少数老债券可能仍以不记名债券的形式存在，但随着老债券不断到期，不记名债券注定会消亡。

你可以自行持有债券凭证，也可以把凭证留在在经纪商处开设的账户里。经纪商一般偏爱持有凭证。出于两个原因，投资者不妨让经纪商持有债券凭证：第

一，如果该公司受美国证券投资者保护公司（SIPC）的保护（大部分经纪公司都受其保护），债券就不会遭受损失——也就是不受凭证实体损失的影响，但因为市场情况发生变动而导致价格降低的损失则不在此列。第二，经纪公司更有可能早于投资者了解到赎回消息。如果一支债券被提前赎回，经纪公司应立刻兑付债券，这能保障投资者免受利息损失。

将债券留存在一个经纪账户中并不妨碍投资者通过另一个经纪商卖出债券。想转移记账式债券，你只需要通知经纪商，就通过电汇方式把它转移到任何一家公司。

可如果你持有的是凭证式债券，情况就会变得复杂一些，因为你需要在交易完成的三天内交付债券凭证。（一般建议在交易完成后一天完成交付，可除美国国债外，目前还没有这方面的正式规定。）因为这些文件通常不会存放在分支机构里实际获得凭证可能需要六周甚至更长时间，通过持有你的债券的经纪公司出售债券，你就不需要亲自拿到凭证文件，这样你也可以在任何时候出售债券。如果想通过不同经纪商出售债券，你必须为获取凭证留出足够多的时间。

基点

利率从 6% 上升到 7%，上升了多少？

答案并不是 1%。以百分比计算，这一增幅相差 16.67%。这种说法听起来可能过于细致了。可如果利率从 6% 上升到 6.12%，如果用百分比，我们又该怎么描述这种上升变化呢？

这个问题的答案要么不准确，要么让人困惑。由于百分比上的细微变化就会让机构投资者赚取或损失几千美元，所以他们把每个百分点分作 100 份，每一份也被称为“基点（简写为 bp）”。6% 的利率和 7% 的利率相差 100 个基点；5% 的利率和 6% 的利率之间也相差 100 个基点。利率收益从 6% 上升到 6.12%，意味着收益率上升了 12 个基点（记作 12 bp）。

“基点”这个说法可以同时用来对比价格和收益率。比方说，如果对比两支债券，你可能发现三年期债券的收益率为 6.58%，而两年前债券的收益率是 6.50%。这种情况下，三年期债券的收益率就比两年期债券高出 8 个基点。日利率或者年利率的变化均通过基点表示。

正常情况下，大部分债券每天收益率的变化只有几个基点。不过收益率偶尔也会出现较大波动。收益率在一天内上升或下降超过 10 个基点，就算得上重大价格波动，也就构成了利率变动方向的重大改变。需要记住的是，收益率变化会导致价格变化，反之亦然。经验丰富的投资者和销售人员总是从基点出发思考问题。和百分比相比，使用基点不仅更容易，而且更为精准。使用这个术语会立刻为你树立知识渊博投资者的形象，这个说法的使用也会贯穿整本书 。

第三章 波动性：为什么债券价格会上下波动

本章内容包括：

- 利率风险；
- 2008 年金融危机前后的信用评级；
- 利率简史；
- 美联储在设定利率上扮演的角色。

债券价格出现上下波动主要有两个原因：利率变化，以及信用评级变化。购买债券的个人投资者通常都很在意个人资金的安全。但总的来说，他们认为资金安全与信用程度挂钩。很多个人投资者没有完全理解利率变化对债券价格的影响。自 20 世纪 70 年代起，利率环境的变化已经成为债券收益率最重要的决定因素。管理利率风险也成为管理债券投资组合时最为关键的变量。我们将在这一章里对这些问题一探究竟。

究竟是利率风险，还是信用风险[1]

“利率风险”，也称“市场风险”，指的是债券价格受利率变化而波动的特点。

所有债券都有利率风险。

所有债券都有利率风险。

所有债券都有利率风险。

这句话我为什么要重复这么多遍？

因为就算记不住其他内容，也不管债券的发行人是谁、信用评级如何，或者债券是否“被保险”或“获得担保”，只要你知道了“所有债券均受利率风险影响”，那么这本书就至少起到了一定作用。

这个事实背后的道理解释起来并不困难。

[1] 信用风险是指发行人到期无法还本付息的风险。

假设你买了一支 30 年期债券，约定票面利率是 4%，假设你想在未来某天卖出该债券，然而当时的市场利率上涨到 10%，你如何在其他人可以购买票面利率为 10% 的新发债券时说服他们购买你 4% 收益率的债券？

你只能做一件事：就是降低自己债券的价格。事实上，想让买家像购买新发债券一样购买你的债券，意味着你的债券需要带给他们 10% 的收益率。也就是说，1 美元只能出价 40 美分，即每份债券售价 400 美元。

你可能要提出反对意见了。如果 1 000 美元的债券只卖 400 美元，那我每支债券就亏了 600 美元！这就是问题的关键。

显然，为了说明观点，我使用了一个利率大幅提高的例子。现实中像这样利率大幅度的提高并不会瞬间发生，而是会在几年时间里逐步变化。但在过去 30 年里，这种幅度，甚至更大幅度的利率波动都曾出现过。从 1980 年到 2009 年，30 年期国债的收益率在 1982 年高达 16%（没错，这不是印刷错误），而在 2008 年低至 3%。1% 的利率变动（100 个基点）有时会在几周或几个月内发生。20 世纪 80 年代初，几年内产生了 500 个基点的利率波动（500 个基点），而且是随机出现。

这里的基本原则是，利率变动与价格波动呈反比关系。利率上升，债券价格就会下降；反过来，当利率下滑时，债券的价格就会上升。

下面的问题和答案就是在讨论如何管理利率风险。

为了让自己的资金不受利率波动影响，你可以做些什么？

当然。你可以购买短期债券（不到 1 年）或中短期债券（2~7 年）。

原因很简单：尽管所有债券均受利率风险影响，但这个风险是与债券期限成正比的。随着债券期限增加，未来价格出现波动的可能性也在增加。与此相反，你买入的债券期限越短，因利率水平变动而导致的价格波动的风险就会越小。在这里，我们先不考虑利率变动究竟会导致债券价格出现多大波动。重点是要记住，债券价格波动与债券期限直接成正比。即使利率上升，期限非常短的债券（一年以下）价格也只会出现些许变动。正是因为这个原因，这种债券也被视作现金。债券期限每增加一年，就会增加一定程度的波动性。根据一个非常粗略的经验法则，市场利率上升 100 个基点（比如从 5% 上升到 6%），将会导致 30 年期债券 10% 的本金损失（即每份票面价值 1 000 美元的债券损失 100 美元）。利率大幅上升将会导致更大的亏损。

为方便说明，我们可以看看表 3.1。下表格展示了在三种不同情况下，票面价值 1 000 美元、票面利率为 7% 的不同期限的债券的价格变化。这三种情况分别是：利率小幅上升 50 个基点，达到 7.5%；上升 100 个基点，达到 8%；或者大幅上升 200 个基点，达到 9%。

表 3.1　一份票面价值 1 000 美元、票面利率为 7% 的债券，当利率上涨 50 个基点到 7.5%、上涨 100 个基点到 8% 和上涨 200 个基点到 9% 时，分别会发生什么

期限	上涨至 7.5%	上涨至 8%	上涨至 9%
2 年	−0.9%	−1.1%	−3.6%
5 年	−2.1%	−3.5%	−4.7%
10 年	−3.5%	−6.8%	13.0%
30 年	−5.9%	−11.3%	−20.6%

来源：美林证券。

表 3.1 显示，如果利率温和地上升 50 个基点，两年期债券的价格变动就会非常微小。可即便利率只是适度上升，也会导致 10 年期和 30 年期债券的价格分别下跌 3.5%（35 美元）和 5.9%（59 美元）。对于一支 30 年期债券来说，价格下降 5.9% 几乎抵消了整整一年的利息收入。如果利率出现更大幅度的上升，比如从 7% 上升到 9%，价格下滑程度也会相应变得更大：从 2 年期的 3.6%（36 美元），到 10 年期的 13%（130 美元），再到 30 年期的 20.6%（206 美元）（所有数字均四舍五入）。如果利率上升，期限较短的债券的持有者显然会比较长期限债券的持有人舒心一点儿。

让人高兴的是，这种现象也会朝着相反方向发展：利率下跌时，债券价格就会上涨。表 3.2 对此进行了展示。

表 3.2 表明了三种情况下不同期限债券的价格变化：利率小幅下跌 50 个基点到 6.5%；利率下跌 100 个基点到 6%；或者更大幅度地下跌 200 个基点，到 5%。同样，2 年期债券的价格变化比较小，但随着期限逐渐变长，债券价格的变化也会不断加大。如果利率下跌 50 个基点，那么 2 年期债券的价格会略微上涨 0.9%（9 美元）；但 30 年期债券的价值却会上涨 6.6%（66 美元）。若利率下跌 200 个基点，所有期限的债券价格都会显著提高，从 2 年期的 3.8%（38 美元）

到 30 年期债券的 30.9%（309 美元）不等（还需要强调的是，这里也是四舍五入）。在这种情况下，投资者就会因为持有最长期限的债券而获得大量收益，因为期限越长，收益越多。这就是预计利率可能下跌的人们买入长期债券的原因。

表 3.2 一份票面价值 1 000 美元、票面利率为 7% 的债券，当利率下跌 50 个基点至 6.5%、下跌 100 个基点至 6% 和下跌 200 个基点到 5% 时，分别会发生什么

期限	下跌至 6.5%	下跌至 6%	下跌至 5%
2 年	0.9%	1.9%	3.8%
5 年	2.1%	4.3%	8.7%
10 年	3.6%	7.4%	15.6%
30 年	6.6%	13.8%	30.9%

来源：美林证券。

关于前面提到的表格，我们还要考虑几个限定条件。

第一，表格中显示的价格变动是收益的瞬间变化。但在现实中，这种变化往往需要数周、数月乃至数年才能完成。经过很长时间才完成的变化可能导致最终数字与表格显示的有所不同，因为如前所述，债券价格会随着到期日临近而逐渐接近票面价值，而这些价格变化与利率变化无关。

第二，表 3.1 和 3.2 显示的具体价格变化只适用于以票面价值出售、票面利率为 7% 的债券。票面利率低于或高于 7% 的债券，这些数字都会有所不同。如果票面利率低于 7%，那么价格上涨或下跌的幅度都会更大；如果票面利率高于 7%，那么价格变动幅度就会更小。

第三，如果观察两个方向的价格变化，你会发现这些变化并非线性改变。如果利率上升，债券价格会随着期限增长而减少，但增长的速度会下降。这样的变化趋势会在差不多 10 年后变得明显。与此类似，如果利率下降，债券价格也会随着期限增长而提高；但同样，在差不多 10 年的时候，价格增长的速度会明显减缓。但不管怎么说，期限最长的债券价格变动仍然是最大的。

第四，需要注意的是，当利率下跌时，因为利率变动导致的债券价格波动幅度相对更大。比方说，对 30 年期债券，如果利率上涨 100 个基点，债券价格就会下跌 11.3%；可如果利率下跌 100 个基点，那么同一支债券的价格就会上涨 13.8%。与此类似，如果利率上涨 200 个基点，那么 30 年期债券的价格就会下跌

20.6%；可如果利率下跌，同一支债券的价格就会上涨 30.9%。很显然，这是一个让人心动的差别：和上涨相比，利率下跌能让你的债券更值钱。债券的这个特点有一个听起来很高深的名字：凸度。

总而言之，尽管不同债券的变化数字各有不同，但表 3.1 和表 3.2 仍然体现出了两个基本原则：首先，债券价格与利率水平相反而动。如果利率下跌，债券价格就会上涨；如果利率上涨，债券价格就会下跌。其次，期限长的债券比期限短的债券承担着更高的利率风险。这是长期债券在利率上升时的劣势，却也是它们在利率下降时的优势。

现在我们了解了利率向上和向下波动时具有的两面性，即风险与机遇。这听起来可能很矛盾，但一个上升的，或者说强劲的债券市场是一个利率下跌的市场，因为债券价格会因此上涨，你可以用高于买入价的价格卖出债券从而获得利润。而下跌的、疲软的债券市场则是利率上升导致债券价格下跌的市场，这时出售债券就会承受损失。但在两种情况下，债券的价格也会与期限成正比。

关于利率与债券价格关系的更多内容，可见第四章债券存续期间部分的内容。

既然长期债券风险这么高，为什么还有人愿意购买？

主要原因是很多投资者相信，长期债券能够带来最大收益（收入最高）。可要获得这个结果，需要具备一些条件。如果其他因素相同，同等信用评级的长期债券的票面利率会高于短期债券。不过，评级为 A 到 AA 的中等水平债券的收益率通常比较接近那些期限长得多，同时波动性也小得多的 AAA 级债券。（需要注意，这种关系的前提是存在一个正常的向上倾斜的收益率曲线 。短期债券的利率偶尔会高于长期债券的利率，出现这种情况时，收益率曲线就会出现反转。我在第五章的收益率曲线部分讨论了这个问题。）

当然，你可能因为其他原因购买长期债券。其中一个原因可能是，如果你认为自己不会在到期前售出，你会尽可能长时间地“锁定”具有吸引力的收益。此外，如果你认为利率将要下跌，那么买入长期债券就能让你处于获得最大资本收益的有利位置上。这表明你认为潜在资本收益和利息收益同等重要（或者更重要），而且你很有可能在到期前转售债券。

如果我一直持有债券直至到期，利率波动又会如何影响债券的价格？

如果持有债券直至到期，你就能收回全部本金（假设不存在违约）。无论存续期间里利率经历了怎样过山车般的波动，债券到期时永远按照票面价值赎回。不管你是以超过票面价值（溢价债券）还是低于票面价值（折价债券）买入债券，赎回时均以票面价值计算。折价债券的价格会逐渐上涨至票面价值，而溢价债券的价格会逐渐回落只票面价值。以上变化会以很小的年增量缓慢发生，并在债券价格上得到体现。

我持有一支很多年前发行的、票面利率为4%的债券。如今市场利率要高得多。为了获得更多收入，我能不能卖掉旧债券、买入票面利率更高的新债券？

这种债券置换的行为本身并不会为你带来更高的收益：如果你购买的债券的期限和信用评级与前一支差不多，那么这种交易只能算冲销行为。因为你只能把出售价格定在买家或更高票面利率债券持有者认为的“中立（这是一个经济学用词）”价位，而这个价格只能让你的收益与市场主流持平。因此，你从债券中获得的收益没有发生改变。

举个例子，假设你拥有票面价值为10 000美元的债券，票面利率为4%。也就是说，每年你有400美元的利息收入。假设几年后利率上涨到8%。你以每份债券约500美元的价格出售债券，总价5 000美元，并用这笔钱重新投资。现在，你拥有5 000美元（票面价值）的债券，每年可获得8%的年息，也就是400美元。因此，即便现在你能赚到8%的票面利率，但实际的金额与债券置换前没有区别。此外，在出售旧债券、购买新债券时，你还需要付出交易成本（佣金）。

但这并不等于你不该考虑换掉债券的事，我们完全可以找到其他正当的理由。在上述交易中，你会产生大约5 000美元的资本损失，可能被用于税收，抵扣其他交易的资本收益。你可以换一支信用质量更高的债券，也可以通过购买信用评级较低的或者其他债券来增加自己的收益。

请注意两点。在前一个的案例中，你需要承受巨大的本金损失。此外，准确计算债券互换的成本是一个很复杂的问题。更多与债券互换有关的问题可见第十五章。

信用评级：信用质量如何影响债券价值

2008 年金融危机后，主要信用评级机构扮演的角色以及信用评级本身广受批评。外界对信用评级机构的攻击主要源于次贷市场上抵押贷款担保债券价值的崩盘。尽管没有进行常规的严格信用检查，前述抵押贷款担保债券仍然获得了 AAA 的评级。从 2007 年起，次级抵押贷款开始出现违约现象；随着违约情况成倍增加，数千亿抵押贷款担保债券价值崩盘。而这一崩盘为美国一些最顶级的金融机构带来了重大损失，其中包括跨国银行、保险公司、债券保险公司、投资银行和经纪商。这些损失最终对美国（及国外）金融系统整体造成了威胁。人们纷纷指责信用评级机构明显低估了风险。

2009 年到 2010 年，一些意求阻止再次发生重大金融危机的监管法案提案进入人们的视野。其中一些提案影响到了信用评级以及与之相关的法规。一部分提案已经获得通过，特别是对市政债券的信用评级标准的修改（本章后面及第七章对此有更深入的讨论）以及对货币市场基金的最低信用质量要求的修改（详见第十二章）。此外，在这本书出版的过程中，一个重大法案也正式生效，为金融系统的监管环境带来了一系列巨大改变。这个法案要求设立委员会研究信用评级机构，并要求公布信用评级全过程，但这个改变也需要数年时间才能完成。不管怎样，除了上面提到的例外，如今债券的发行与评级仍然与 2008 年金融危机前相差无几。

这一部分首先讨论的是至今仍然存在的评级流程：如何确定等级，评级符号的意义是什么，以及评级如何影响债券的收益。和与监管有关的部分相比，这一部分的信用评级系统未来的变化相对较小。我会在这一部分里简单讨论提案提出的一些变化。

信用风险与信用评级：解读信用评级

大多数个人投资者（以及很多机构投资者）并不进行广泛的信用分析。相反，他们会依靠信用评级去评估某支债券的信用质量。信用评级的作用是标示出债券违约的可能性，也就是债务到期后能否还本付息的能力。到期无法兑付本金即构成违约；未能按时支付利息（也就是向债券持有人支付票面利率）同样构成违约。简单地说，信用评级回答了两个问题：债券到期时，我取回自己钱的机会有多大？我按时收到利息的概率有多大？

所有由美国政府直接发行的债券均被认为无违约风险，其中包括所有国债，储蓄债券和由美国政府直接担保的 GNMA（吉利美）债券。尽管这些债券没有评级，但它们却被看作最安全、质量最高的债券，因为美国政府违约被视作一件不可能发生的事。

其他所有不由美国政府发行或担保的债券都具有一定违约风险（或者说信用风险）。债券的风险水平由专门评估信用质量的公司进行评估。其中最知名的包括穆迪（Moody's）、标准普尔（S&P）和惠誉国际（Fitch IBCA）。发行机构首次进入市场时债券会得到评级，后续新发行的债券也会得到评级。发行机构需要向评级机构支付费用，以获得评级。

表 3.3 从高到低列出了每个主流信用评级机构使用的评级符号。表格的左边栏是评级符号，右边栏则是对这些符号的解释。标准普尔的符号后面还会加入加号（+）和减号（-）。加号意味着信用质量更高；减号则意味着信用质量更低。比方说，B+ 的评价就略高于 B 评级，B- 就略低于 B；而穆迪的评级符号后增加了"1"，代表略高的评级。比方说，评级为 A1 的债券信用质量就高于评级为 A 的债券。

表 3.3 信用评级及含义

穆迪	标准普尔	惠誉国际	
Aaa	AAA	AAA	金边债券。就算发生意外，这些债券也能偿付债务。
Aa	AA	AA	按照标准看，信用质量非常高。
A	A	A	投资级别；优质。
Baa	BBB	BBB	最低投资级别评级；让人满意；但需要监控。
Ba	BB	BB	具有一定投机性；低信用评级。
B	B	B	投机性非常大。
Caa	CCC	CCC	投机性更大，具有显著风险。
Ca	CC	CC	投机性极强，可能违约。
C	C	C	违约，垃圾债券。

被视作"投资级别"的最低评级对应的分别是 BBB（标准普尔）和 Baa（穆迪）。"投资级别"是指，银行等信托机构按照法律规定，只能投资最低评级为

"投资级别"的债券。此外，这种评级也表明存在"公平"的安全边界，也就是说这些债券不是金边债券。仅被评为投资级别的债券需要及时监控，以应对发行机构的财务实力可能出现的变化。

评级如何确定

确定一支债券的信用级别，需要对发行机构当前财务实力的经济分析，也需要对其未来的经济实力做出前瞻。

尽管债券所属板块的评级方法有所区别，但确定债券评级的基本流程均遵循一个基本模式。评级机构指派一个团队，与发行人见面，他们会对发行人的财务实力进行基本分析，重点关注用于支付待评级债券利息的收入部分。评估团队对上述收入的评估周期为债券的整个存续期，接着再对比收入与债务清偿成本。记住，成本是已知的。这些成本就是债券的利息支付，而利息成本在债券发行时就固定下来了。与之相反，收入必须以未来经济行为模式为基础进行预测。

债券存续期间，与偿债成本相比，可用于偿债的资金越多，债券的信用评级就会越高。举个例子，如果一个发行人的收入按照估算是偿债成本的 10 倍，那么债券就会获得非常高的信用评级。在另一种极端情况下，如果预估收入低于偿债成本，因而无法清偿所有债务，那么债券的评级就会低于投资级别；低到什么程度，则取决于预估的资金短缺程度。大部分评级都会落在两个极端之间的不同区间里。

为什么评级也会出现变化……

当预测未来六个月，或者一年后的经济情况时，专家们的预测基础相对来说比较保险、稳固。但预测时期越久，预测结果的不准确性和不可靠性也会越来越大。所有超过五年的经济情况预测均变成了猜测。然而，即便长达 30 年，债券信用评级也会延伸至债券的整个生命周期。

因此，被重新评估后的评级通常都会出现变化。随着发行人的经济命运出现变化，债券评级也会随之改变。随着时间的推移，信用评级的改变可能很大，有时也很突然。2008 年金融危机前，很多最剧烈的信用评级变化发生在企业债券板块。比方说，当一家公司使用债券支付收购另一家公司时，就会发生这种情况。收购行为导致收购方的债务总量一夜间激增；而债务增长也会导致收购方的债券评级一夜间跳水。

信用评级与债券收益：信用评级如何影响利息收入

信用评级很重要，因为它们会影响发债的成本。你们想必还有印象，发债的成本即发行人用来吸引购买者的利率，也就是票面利率，这是投资者能够赚得的利息收入。

这个基本原理解释起来并不复杂。我们可以把债券想成一笔借款（若是仔细回想，这也是事实），把自己想象成银行，向借钱人放债。你会提出很多与还款可能性有关的问题。试想，一个苦苦挣扎、但没有抵押物却想开办企业的生意人，和 IBM 公司，你更愿意借钱给谁？你愿意借钱给一个有 100 万美元银行存款、想借钱买游艇的人，还是愿意借给收入仅仅够还房贷、借钱是为了装修房子的路人甲？答案显而易见。现在，假设你自己是苦苦挣扎的生意人或路人甲，假如一家银行拒绝了你，你大概会找到另一家银行，但对方会收取更高的利息。你甚至可能去找附近放高利贷（或类似）的人，他们也会借你钱，但会收取比银行高得多的利息。

债券也是如此。信誉最好的发行人，比如拥有多元化经济的大州、负债率很低的蓝筹企业或美国政府等能以最低的成本借到钱。信誉度较低的客户则需要支付更高的利息。因此，信用评级最高的债券收益率通常最低，而信用评级较低的债券收益率更高。从现实角度看，收益率其实表明了债券的信誉度：高收益率意味着高风险——收益率越高，风险越大。

需要注意的是，发行人需要付钱给评级机构为债券评定信用等级。这笔费用就是一部分发行人，尤其是小型发行人只有一个信用评级的原因——他们不愿意花钱获得两个或三个评级。理论上说，信用评级需要定期评估。但在实践中，当发行人发行新债券并支付评级费用时，信用评级才会被重新评估。

显然，发行人付钱获得信用评级导致了利益冲突。对评级机构来说这是笔大生意。除此之外，评级机构的作用在 2006 年得到了显著提升；美国证券交易委员会在那一年获得了监管评级机构的权力，他们可以将某些大型机构认定为“全国性获认可统计评级机构（NSROs）”。与此同时，养老基金、银行和保险公司这类机构被要求只能投资经过 NSROs 评级的债券，且只能投资高于指定最低信用评级的债券。货币市场基金投资监管方面也有类似的规定。

评级变化如何影响债券价格

如果债券被降级（也就是信用评级变低），债券价格就会下跌。如果评级上升，债券价格也会上涨。事实上，存在较大的升级或降级概率有时候也会导致债券价格出现变动。这是因为，焦虑的投资者会在信用质量下滑时出售债券，又会在信用质量改善时买入债券。

然而，除非真的存在违约风险，否则，因为升降级导致的价格变动远小于因利率水平变化导致的价格变动。评级上升或下降一个档次，债券价格只会上升或下降很小的百分点。价格只会变动到与其他同等评级的债券价格水平相当的程度。比方说，评级为 AA 的债券降级到 A+ 可能并不会使价格出现明显变化。

强调这一点是因为，很多个人投资者总是不必要地担心评级的微小变动，而这种担心有时会被财经媒体进一步加剧。对于评级很高的债券（AA 级或 AAA 级）来说，下降一级、甚至两级，都无需过度担心，这并不会导致债券价格出现严重下跌。评级的差别通常取决于极其微小的区别。即便遭到降级，任何投资级别债券或更高评级的债券均拥有良好的安全边界。

不过，有些降级的严重性高于其他降级，需要我们小心。这一类降级包括将债券评级降至低于投资级别；降级超过一个档次（比如从 AA 降级 A-）；或者出现连续降级。如果出现上述情况，你可能就需要考虑是否继续持有该债券了。

我的债券有担保，或者评级为 AAA，或者由政府担保。这是否意味着本金价值不会减少？

答案是否定的。可以保证的是，只是将利息按时支付，到期时能够全额兑付本金。这种担保与因为利率变化而导致的债券价格（或价值）波动之间没有关系。利率上升，债券价值就会下跌；利率下降，债券价值就会上涨。道理就是这么简单，没有例外。

之所以重复这个道理，是因为这是债券投资领域受到最多误解的一个方面。很多投资者认为，如果债券有了担保，或者是美国政府债券，那么它的价格永远就不会下跌。这是一个严重且代价高昂的错误。不论是信用低劣的航空公司发行的债券，还是美国政府担保的债券，利率变化会影响所有债券。影响贬值（或升值）幅度的主要变量，其实是债券的期限。

2008 年的金融恐慌就是这类投资者行为的最好例证。投资者把钱砸进了包括 10 年期和 30 年期在内的各种国债，这些债券的收益率已经跌到了历史最低（10 年期约为 2%，30 年期约为 3%）。收益率到了这个水平，任何有经验的投资者都知道，如果利率上升 100 个基点，10 年期上升到 3%、30 年期上升到 4%，就会导致债券价格出现约 25% 的下跌。显然，在 2008 年，恐慌的投资者忽视了利率风险。回过头来看，我们会注意到，投资长期债券的 ETF（代码为 TLT）如果以 2008 年约 120 美元的最高价为基准，确实下跌了大约 25%，跌至 2009 年的约 87 美元。

违约发生的频率有多高？

违约风险也分等级逐渐变化。任何直接由美国政府承担的债券均被视作零违约风险；由联邦机构发行的债券也被认为拥有几乎和国债一样高的信用质量；市政债券的信用评级区间较大，但总的来说违约率较低。企业债券就没那么容易预测了，而垃圾债券、也就是评级低于投资级别的债券违约率要高得多。所谓“新兴市场”的债务的可预测性更差，风险也更大。

不过需要注意，即便发生了违约情况，债券投资者也很少出现 100% 的本金损失。违约债券一般还有一些残值，而违约或破产发行人的债券也通常存在活跃的投机买卖交易。此外，很多违约的形式是暂停支付利息。这种债券的交易行情非常萧条，可如果恢复利息支付，这种债券的价格都会直线上升。如果发行人通过破产程序出售资产，债券持有人也可能从中获益。最后，有些破产公司成功地从破产程序中脱身，使得在违约期间买入其债券的投资者大发其财。

后面探讨债券时我会再次讨论违约问题。

信用价差

之所以在这里单独提出这个概念，是因为“信用价差”这种说法已经得到广泛使用。

因为信用评级差异导致的收益差异会直接体现在“信用价差”上。信用价差就是期限相同，但信用评级不同的债券之间的收益差别。这个现象背后还是那个原理，即信用评级低的债券收益率高于信用评级高的债券。比如说，一个评级为 A 的一年期企业债券，收益率就会高于评级为 AA 的一年期企业债券。一个评级为 BBB（标注普尔的最低投资级别）的 30 年期企业债券，也会比评级为 A 的债券拥有更高收益率。

信用价差会随着时间推移发生变化。在经济繁荣时期（普遍认为风险较低），信用价差会变小；经济衰退时期（普遍认为风险较高），信用价差会变大。

2008 年金融危机前，期限相同，但评级不同的债券之间的信用价差比较适中。比如说，期限在五年以内的债券，相差一个等级，如 A 和 AA 级、AA 和 AAA 级之间的信用价差大约在 10 到 20 个基点。期限变长，或是信用质量降低，都会导致风险变大，从而使信用价差变大。不论出现哪种情况，风险更高的债券收益率都会上涨，其价格则会下跌。因此，信用价差扩大将导致风险更高债券的持有者出现损失。反之亦然，信用价差变小导致高风险债券升值。

以上变化模式广为人知，在实践中也备受遵从，有很多专业交易人员以此为基础设计交易策略，按照这种策略，信用价差变化是“正常现象”。

信用价差与 2008 年金融恐慌

2008 年金融恐慌发生前，信用评级的突然变化以及导致恐慌的大规模违约主要出现在债券市场的两个板块：新兴市场债券和垃圾债券。（本书专门有章节讨论这种债券导致的恐慌情绪。）

然而，2007 年和 2008 年发生的一切，却完全属于另一个量级。随着房屋价格开始下跌，次级房屋抵押贷款的违约率开始螺旋式上升。因此，抵押担保债券板块（其债券评级为 AAA）突然崩盘。悲剧的是，这一债券市场板块的价值高达数千亿美元。这些债券被美国（实际上是全世界）的很多大型金融机构（跨国银行和保险公司）持有（现在仍然如此）。这个债券板块崩盘导致的最终损失数额至今仍不确定。

而金融恐慌的范围早已超越了抵押担保债券，蔓延到了股市，以及除国债外的其他所有债券市场领域。随着债券市场被恐慌情绪笼罩，信用价差扩大到了前所未有的程度。任何存在一丁点风险的债券，价格几乎都与垃圾债券相当。可真正有风险的债券，无论价格降到多低也没有买家。举个例子，在市政债券市场中，AAA- 级和 A- 级短期债券的信用价差过去一般在 50 到 70 个基点，但当时扩大到超过 300 个基点。期限更长的债券，信用价差扩大得更高。这些不断扩大的信用价差就是导致债券市场衰退的主要原因，而债券市场的衰退也在债券基金价格的巨幅下跌中表现得一览无余。（第十二章对此进行了相应讨论。）

2009 年的大部分时候，恐慌情绪似乎笼罩着除国债外的其他所有债券市场，这似乎将永久改变其他债券与国债以及不同债券市场板块内部的信用价差。不过2009年下半年，企业债券和市政债券均出现显著反弹。在我写本书的时候，信用价差已经显著缩小。在上述两个债券市场板块中，信用价差已经接近2008年金融恐慌前的程度。

尽管如此，有些债券市场板块仍然表现出了比较明显的恐慌情绪。最明显的证据就是5年期以下国债的超低收益率（5年前债券不到1%；1个月和3个月国债约为10个基点）。同时，抵押担保债券（除了由美国政府担保的吉利美债券）仍然部分被冻结。“新常态”会是什么样，至今仍不明确。

抛售风险

2008年金融恐慌期间债券市场出现的价格暴跌，以及类似垃圾债券及新兴市场债券板块间或出现的衰退，都是“抛售”这种风险的表现形式。任何恐慌期发展到一定程度，都是买家与卖家间出现了极大的不平衡。华尔街人士有时也会称之为“卖给谁”，或者说，“能卖给谁”的市场；这是一个买家消失，同时卖家竭尽全力想要退出的市场。

2008年债券市场的下跌，也许是这个市场遇到过的最极端情况，主要原因是它覆盖了债券市场中没有国债担保的所有债券市场板块，且市场上抛售债券的行为持续时间超过了一年。

不过值得注意的是，即便在那次抛售期间，短期到中期的高评级债券基本不受影响。我们可以在第十二章关于债券基金表现的内容中找到证据。

改变信用评级流程的提议

本章开始时我们就提到，金融危机因次级抵押贷款担保债券违约而起，主流信用评级公司因此广受批评。金融危机导致人们重新审视信用评级的整个流程，发行人支付评级费用导致的利益冲突首当其冲。人们指责评级机构对一些过于复杂的债券（尤其是源自次级抵押贷款及其衍生物的债券）进行评级，导致评级往好了说是猜测，往坏了说就是误导公众，评级机构之所以对这些令人难以理解的复杂债券做出评级，就是因为那让人难以抗拒的丰厚利润。甚至连评级机构的支持者也不得不承认，他们做出了极其糟糕的判断。不过，人们批评的范围远远超出与次级抵押贷款相关的债券评级。总的来说，人们指责评级公司未尽到审慎义务，没能对大部分债券的信用质量做出监督。

从 2008 年开始，美国证券交易委员会和国会的几个委员会召开了一系列听证会，审查与评级相关的信用评级机构、评级流程及监管问题。由此出现了牵涉广泛的提案，未来可能对银行、养老基金和保险公司产生影响，这些机构的债券投资一定程度上以信用评级为基础进行监管。很多提案的核心理念，就是降低信用评级机构在管理债券投资方面的作用。其中一种解决方案，就是制定其他评价风险的标准。有些提案要求评级公司接受更严格的监管；另一些提案则提出，允许对评级明显失准的评级公司提起诉讼。时至今日，还没有一个提案能够让人满意地解决发行人支付评级费模式带来的利益冲突问题。不过一些申请加入 NSROs 的公司提出了一种解决方案，他们希望由使用者，而非发行人支付评级价款。

出现在上述听证会上的另一大主题与评级范围标准有关。从传统上看，债券市场每个板块通过对比本板块内的其他发行人，从而确定某个发行人的经济实力。比方说，对企业债券的评级取决于一家公司与其他公司财务能力的对比。

很多观察者表示，这种分析方式具有误导性，因为这种分析低估了债券市场某些板块的违约风险，而夸大了其他板块的风险。与其对比同一板块内两个发行人的经济实力，人们要求评级公司采用一种“全球”评级标准，以实际的违约状况为基础评级信用质量。如果采用这种“全球”评级范围标准，那么收益最大的将是市政债券，因为和企业债券相比，市政债券的违约率较低，因此大多数市政债券将可能获得更高评级。

惠誉国际和穆迪均接受了对市政债券采用“全球”评级标准的提案，这两家机构宣布在 2010 年 4 月调整市政债券的评级范围标准（第七章讲到市政债券时详细讨论了这些变化）。

另有证据表明，这场金融危机带来的一个永久性结果是，信用评级遭遇的怀疑高于 2008 年金融危机发生前。比如 2009 年 10 月，《华尔街日报》报道称，欧洲几家知名公司未经评级就成功发行了企业债券。然而，尽管评级流程受到了广泛批评，目前仍未出现一个可行的替代方案。即便不是大多数，但还是有很多投资者继续依靠评级去评价债券的信用质量。

除非未来情况变得更加明朗，否则关于评级问题，你只需要记住以下要点。

- 大部分时候，不同评级机构对同一支债券会做出接近的评级。如果评级结果相差较大，为保险起见，可以假设最低的评级是准确的。

- 根据自己的风险承受能力，购买投资级别以上的债券。最保险的做法，就是把购买债券的最低标准至少设置在 A+ 级别。
- 确保自己了解了评级的主要依据：哪种收入来源将被用于偿还债务；发行人的信用历史如何；是否出现升级或降级；原因是什么。
- 持有一支债券时，你需要密切关注它的评级。
- 还要注意，有些债券的价格会在评级变动前下跌。市场有时会在评级机构之前发现某支债券可能遇到的潜在问题。
- 多样化投资，不要把所有资产投入到一支债券。假如你有 50 000 美元可供投资，那么更谨慎的做法是买入 5 支 10 000 美元的债券，而不是买入一支 50 000 美元的债券。可以购买不同发行人的债券来分散信用风险，并通过购买不同期限的债券分散利率风险。

最后，要记住，评级机构与发行人的债务清付行为没有任何关系。我们也不该把信用评级看作推荐购买或出售某个债券的建议。评级低并不等于未来就会发生违约；而评级高也不能保证安全。如果你对一支债券的评级心存疑虑，犹豫是否应该购买，那么请务必购买那些你认为信用质量无懈可击的债券。

利率简史

我们听说过各种与利率水平有关的讨论，专家们对利率究竟是高是低做出分析，最重要的是，他们会预测利率的趋势。然而，这些讨论几乎毫无意义，除非你对利率历史拥有一定了解，知道过去这种水平的利率发生过怎样的变化，才会知道这种变化未来是否会再次出现。图 3.1 展示的就是 1953 年到 2009 年的利率简史。

表中的利率对应的是 1953 年到 2009 年间美国政府发行的最长期限的债券。20 世纪 70 年代初之前，国债的最长期限为 10 年。1977 年开始发行 30 年期国债。从 1977 年到 2000 年，30 年期国债（也被称为“长期国债”）是世界上交易最广泛的债券。在那段时间里，长期国债每年发行四次。因其关键性，30 年期国债也被视为龙头债券。2000 年，美国财政部宣布每年只发行一次 30 年期债券（讽刺的是，这是因为当时的美国政府财政出现盈余，而且“在可见的未来”均预计盈余）。因此，10 年期债券成为新的龙头债券。目前，当金融界人士提到利率时，他们通常讨论的是 10 年期债券以及这一期限的利率水平。

如果回溯到图 3.1 之前的 20 世纪 30 年代至 40 年代，我们会发现，大萧条时期，期限最长的债券（那时为 10 年期）收益率低至约 2%。1940 年到 1950 年，利率基本没有发生变动。可到了 20 世纪 50 年代，如图 3.1 所示，利率开始了一段漫长，且几乎未被打断的上升。最初，利率上涨非常缓慢；随后陡然上升，从 50 年代的 2% 上涨到 60 年代的 4%（有些人可能还记得，那时的银行存单利息为 2% 到 2.5%）。到 60 年代末，债券收益率开始上涨；1970 年达到 6%，然后从 1979 年迅速爬高。1981 年，长期债券的收益率一度突破 15%，实际的顶峰出现在 1981 年 10 月，达到 15.2%。由于所有债券利率均受龙头债券影响，20 世纪 80 年代初，30 年期免税债券的收益率达到了如今看来不可思议的 12% 到 14%，具体数字取决于信用质量。

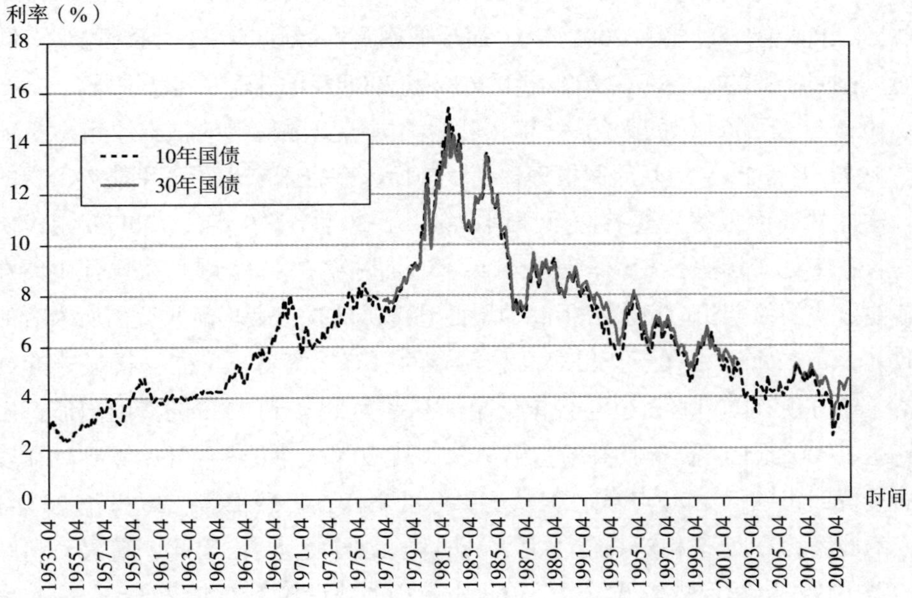

来源：联邦储备银行

图 3.1　1953 年到 2009 年利率变化

1950 年到 1982 年，是一段持续时间超过 30 年的债券熊市。其中很多年里，人们会说“债券没有赚到票面利率”，也就是说债券的本金价值下跌程度超过了利息收入水平。在灾难性的 70 年代，也就是那 30 年中最惨淡的时期，人们讽刺地把长期债券描述为“为了让价格下跌的固定利率工具”，以及“充公凭证”。随着长期债券的利率接近 15%，60 年代和 70 年代购买了票面利率为 4% 到 6% 的债券的投资者遭受了 50% 甚至更大（平均 1 000 美元的债券损失 500 美元）的惊人损失。

这些债券持有者还遭受了双重打击。不仅他们持有的债券价值大幅下跌，雪上加霜的是，连短期和免税债券的利率都达到两位数时，他们只有可怜的 4% 到 6% 的收益率；给这些投资者最后一击的，是那段时间两位数的通胀率也正不断侵蚀着美元的购买力。

然而，到了 1982 年，债券收益率却出现了大幅下跌，债券价格开始飙升！在 20 世纪 90 年代的大多数时间里，长期债券的收益率一般在 8% 的高点和 5% 的低点之间波动（准确地说，最低点是 1998 年的 4.78%）。2000 年后，债券收益率继续不规律地下滑：从 2000 年到 2009 年，10 年期债券的收益率最高只略高于 5%（出现在 2006 年和 2007 年），而最低则是在 2008 年 12 月接近 2%。同一时期，长期债券的收益率在 2006 年的 6% 与 2008 年的 3% 之间波动。

1981 年到 2009 年的大约 30 年，可谓美国历史上最大的债券牛市。长期债券在 1982 年到 2009 年间的回报率达到了前所未有且未来也不太可能再出现的程度。这样的高回报率主要有两个原因：第一，20 世纪 70 年代末和 80 年代初的债券收益率处于历史性高位，任何购买了票面利率在 11% 到 15% 国债（债券市场其他板块的债券相应也会有很高的票面利率）的投资者均能收获前所未有的利率收入；第二个原因在于，出售高息债券的所有投资者，都能获得显著的资本收益。比方说在 20 世纪 80 年代末，票面利率为 14% 到 15% 的美国国债每份售价高达 1 700 美元，资本收益率达到 70%。从 20 世纪 90 年代开始直到现在，债券的投资回报虽低于 80 年代，但从历史标准来衡量仍然很高。20 世纪 90 年代，国债的收益率仍处于相对高位（大部分时候在 6% 之上），因此，高票面利率债券的卖出价格继续保持较低位置，但投资者仍能获得显著资本收益。

听起来或许难以置信，尽管 1982 年到 2001 年股市出现了大牛市，可那些在 1982 年或 1983 年买下 30 年期国债的或聪明或幸运的人，都享受到了比投资股市还要高的回报。更惊人的是，1999 年到 2009 年期间，很多债券板块的投资回报超过了同期的股市回报。

由于所有债券板块的利率均以国债为基准，因此债券市场其他板块（企业债、市政债、抵押担保债券等）的利率也遵循着国债市场的总趋势。在你阅读这本书的过程中，请记住利率的这段历史，我们会反复参考它。除非把当时的利率水平，及回报中的资本收益部分计算在内，否则我们无法理解过去 30 年里的债券收益。当你评估是否应该投资债券时，记住，当前的 10 年期国债收益率在 3% 到 4% 之间。

最后，你可能注意到了图 3.1 中惊人的对称性：在 2008 年，10 年期到 30 年期国债的利率降回了深陷大萧条时期的20 世纪 40 年代的主流水平。更夸张的是，短期国债的收益率（前面提过）每年只有约 10 个基点（也就是 1% 的十分之一），而货币市场收益率，以及存款收益率也低于大萧条时期。

国债收益率在现有水平的基础上，是否有可能再回到 20 世纪 70 年代末的水平？确实有一些经济学家提出警告，奥巴马政府通过的史无前例的经济刺激计划，未来注定导致通货膨胀及利率上升。不过我们需要注意，利率变动是一个长周期行为。20 世纪 70 年代及 80 年代初的高峰期，实际上用了十多年时间才形成。而从 1982 年开始的利率下滑，则持续了超过 30 年时间。尽管有出现通货膨胀和高利率的可能，但未来同样有可能出现日本那样持续多年的极慢增长型经济，从长期看，利率也有不出现显著上升的可能。

“实际”收益率与“名义”收益率

谈及债券收益率时，我们有时会用到“实际”收益率和“名义”收益率的说法。这些术语其实是指根据通胀率调整债券收益率的一种方法。名义收益率衡量的是以利率收益率为基础的实际美元收入；而实际收益率则要从名义收益率中扣除通胀率。比方说，在我写这本书时，长期债券的票面利率约为 4.5%，这是名义收益率，扣除当时大约 2.5% 的通胀率，实际收益率约为 2%。

在过去的那个世纪里，真实收益率与名义收益率之间的关系发生过变化；利率水平也在变动。利率水平首先取决于价格变动（即通胀或通缩），其次取决于价格的预期变动。1950 年之前，尽管利率较低，不过因为通胀水平也很低，所以债券能够赚得真实收益率。随着通胀率上升，尽管名义收益率也在上升，债券的真实收益率却开始下滑。整个 60 年代和 70 年代，虽然利率很高，且在继续上涨，但真实收益率却是负的。此外，通货膨胀也会侵蚀较早发行的债券的购买力。

而这就是利率上涨到如此高水平的主要原因：名义收益率没有高到足以补偿因通胀率不断提高而带来的预期收益增长，所以很少有投资者愿意购买长期债券。

从历史上看，长期债券的真实收益率平均约比通胀率高 3%。因为这是平均数，所以实际数字有时更高，有时更低。20 世纪 90 年代的平均通胀率约为 3%，这是一个良性的数字。自大萧条以来，2008 年的金融危机第一次导致了长达数月的实际通货紧缩，而且经济严重衰退还有可能导致进一步的通货紧缩。这也是美联储将短期利率降到接近于零的部分原因。这些政策在未来究竟会导致持续的极低通胀率还是更高的通胀率，目前仍有待观察。

尽管过去几十年人们普遍认为 2% 到 3% 属于相对"温和"的通胀率，但需要注意的是，低通胀率并不等于没有通货膨胀。如果在过去 30 年里通胀率一直保持在每年 2% 的低水平，那么第一年花 100 美元买到的东西，到第 30 年的价格就会是 181 美元。如果在同样的 30 年里通胀率上升到 3%，那么第一年 100 美元的东西第 30 年时的价格就是 243 美元。除非存在长期的实际通缩，否则名义收益率很有可能保持在高于通胀率 2% 到 3% 的水平。但在现实中这都是没法预测的，没人知道未来 30 年到底会出现通缩还是高通胀率回归。而任何对未来利率变化的预测都是出了名的不可靠，这是唯一没有争议的一点。更重要的是，没人能在 30 年（即长期债券的生命周期）里持续对利率变动做出正确预测。

本书描述的一切策略，均建立在利率不可预测的假设基础之上。不过，你可以控制自身所承受的风险，这样，无论利率发生怎样的变化，你的投资都能得到保护。

同样需要注意的是，从 2000 年开始，美国财政部开始发行一种与通货膨胀挂钩的新型债券，这种债券由此可以保证"实际"收益率。这就是通货膨胀保值债券（TIPS）和"I 债券"，我会在第六章详细讨论这两种债券。

美联储与利率

美国联邦储备银行（简称美联储）在决定及改变利率水平过程中起到了主要且关键的作用，而美联储的这一职能也在一定程度上决定了经济表现。虽说美联储过去已经扮演了非常重要的角色，但因为其在 2008 年金融危机中起到的作用，这个机构如今变得越发关键。要想讲清楚美联储在影响利率以及整体经济上起到的作用恐怕需要再写一本书，不过我想讨论一下美联储近期的几个举措，这些举措在决定美国国债的利率水平及未来发展方向时都会起着至关重要的作用。

尽管极其重要，但美联储实际只直接控制两个利率：美国联邦基金利率和贴现率。两者均是债券市场的最短期利率。实际上，这两个都是隔夜利率：联邦基金利率是美联储向需要隔夜拆借的银行收取的费率，以便让银行的准备金达到要求的水平；贴现率则是银行彼此间隔夜拆借的费率。当美联储提高这些隔夜利率时，其他期限非常短的债券利率一般也会跟着上涨。在实践中，这些利率上涨的影响力一般会延伸到期限为两到五年的债券。但期限更长的债券却不一定会随之上涨。美联储可能希望，或者有意影响更长期限债券的利率，但他们并不总能如愿以偿。

美联储还有很多其他能够影响经济活动水平，并间接影响利率的职能。比方说，美联储可以通过一级自营商购买或出售国债，以此增加或减少市场上的货币供应量。购买国债时，美联储需要向一级自营商进行支付，由此增加了货币供应量，从而提高经济活动水平。美联储出售国债时同样经由一级自营商，这时则需要一级自营商向其支付，这就会导致流通中的货币量减少，从而减慢经济活动速度。

2008 年金融恐慌期间，美联储采取了一系列前所未见的措施。他们设立了很多新机构，通过购买问题证券（distressed securities）增加流通中货币，进而阻止金融系统崩溃。尤其值得一提的是，美联储买下了大量抵押担保债券，总额超过一万亿美元（在这段时间里，美联储成为美国最大的抵押担保债券的购买者和持有者）。这么做是为了提高已经陷入停滞的市场的流动性，同时让抵押贷款利率保持在低水平。直到 2010 年 3 月底，美联储才停止买入这些债券。

上述行动均为利率的未来发展带来了很多不确定性。美联储在未来的某一天必然会调高短期利率；从长远角度看，美联储目前为最短期利率设计的 0 到 25 个基点的目标显然不具有可持续性。当美联储调高短期利率时，我们无法预测长期利率（即 5 到 30 年的利率）会出现什么变化；长期利率并不一定会随之上调。美联储曾经在很长一段时期持续提高联邦基金利率，但长期利率反而下降了。最近的一个例子发生在 2004 年到 2006 年，美联储 17 次调高贴现率，但长期利率却在下跌。另外需要注意的一点是，调高短期利率的时机和上调幅度都存在不确定性。另一个值得注意的现象是，过去 15 年在日本，长期和短期债券的利率均极低（10 年期债券的利率低于 2%）。

还有一个重大不确定性在于，美联储未来总会想办法卖掉他们在2008年和2009年买入的那些证券。其中包括万亿级别的抵押担保债券和数十亿问题证券。注意，美联储并不是必须出售这些证券：他们可以一直持有这些证券，直到到期或债券完成偿付。但尽管如此，一些相关项目已经开始启动。有些共同基金表示，他们愿意设立专门用来投资问题证券的基金。但最大的不确定性仍然与美联储的抵押担保债券持仓有关。抵押贷款利率是左右住房市场的关键因素，而房产交易行为又是经济的重要组成部分。美联储出售抵押担保债券会对未来的抵押贷款利率产生什么影响，如今仍是一个巨大的问号。

因为上述所有活动，美联储极大地扩大了其在影响未来利率变动及经济走势时所起的作用。但美联储出售上述证券究竟会导致通胀还是通缩，即究竟导致利率上升还是持续的通货紧缩，目前仍未可知。

总结

本章简要回顾了债券市场的主要风险来源，即利率风险和信用风险。利率上升，债券价格就会下跌；利率下滑，债券价格就会上涨。价格上涨或下跌的幅度，与债券的期限长度直接相关。在过去30年里，利率变化是决定债券投资收益率的主要因素，其中长期国债的利率已经从1982年15%的最高点跌落至2010年的3%到4%。而这个下跌就是过去近30年来债券牛市背后的最主要原因。

对于至少为投资级别的债券来说，信用风险是排在利率风险之后的，属于不太严重的风险因素。在2008年前，大部分投资者依靠主流评级公司的信用评级去评估信用质量。2008年金融恐慌期间，由于多个“次级”抵押担保债券违约，最初评级为AAA级（即最高级别）的债券价值纷纷跳水。评级公司的一举一动因此被放在了更大的显微镜下，评级范围标准也是如此。由此导致的一个结果，就是市政债券的信用评级范围得到了彻底的“重新校准”。但大多数债券的发行和评级还是和过去一样。本章讨论了信用评级，还解释了信用评级对借贷及债券收益率的影响。

最后，本章简单谈及了美联储在决定利率水平及发展方向上的作用。

第四章

我能赚到多少钱？或者说债券的基础数学

本章将要讨论基础的债券数学知识。本章内容包括：

- 债券现金流及复利的魔力；
- 收益率的众多含义；
- 总收益；
- 债券久期与波动性。

讨论债券收益，我们总是从数字开始，再以数字结束。假如对数字和公式毫无兴趣，你可能有意跳过这一章。可跳过这一章是个错误，因为如果不理解基础的债券数学知识，我们就不可能对债券做出准确评估。不过不要害怕，我也是个不擅长数学的人。这一部分涉及的基本都是算数水平，最多也不过基础代数。重要的是，我们的重点是说明能帮助你理解并评估买卖债券实际收益的概念，数学公式并不是关键。

债券现金流

买下债券后，你可以从三个来源赚到钱。第一个来源我们已经提到过几次，就是简单的来自票面利率的利息收益，一般一年支付两次。第二个来源是债券买入价格与售出或赎回价格之间的差价。如果售出（或者赎回）债券的价格高于买入时的价格，你就能获得资本收益；如果售出（或者赎回）价格低于买入时的价格，你就会受到资本损失。第三个来源就是对票面利率进行再投资，就是依靠利息收入再获得利息。这种额外的收入来源有一个恰如其分的名字：复利。华尔街把以上每种收入来源都称为“现金流”。下面是依次对这些现金流的详细解释。

单利

让我们从单利（也就是票面利率给付）开始。

假设你投资 10 000 美元，购买了一份票面利率为 7% 的 30 年期债券，利息每年支付两次。每六个月，你会收到 350 美元的利息。到第一年年底，你会收到 700 美元。如果一直持有债券直至到期，你总共将收到 60 次票面利率，总额为 21 000 美元。这些就是票面利率收入，也被称为利息收入。

利滚利，或者说神奇的复利

如果你投资的主要目的是获得收入，一旦你花掉了所有票面利率，那么票面利率就是你的全部收入。可如果把票面利率用于再投资，你就能获得更多的利息；如果再将以上收入用于投资，你就能获得利息的利息，以此类推。这一系列收入流因此得到了很合逻辑的称呼，即"利滚利"，或者说"复利"。

上面这段话解释了复利的基本原理，但并没有说清复利究竟能在多大程度上增加原始投资的回报。解释复利的最简单办法，就是举例。

假设每次收到 350 美元票面利率后你都用于再投资。经过六个月，你会得到以下数额：

最初投入的本金：10 000 美元

利息收入（7% 的 1/2）：350 美元

总额：10 350 美元

你可以花掉票面利率，也可以用这些钱再去投资。假设你觉得把这 350 美元全部用于再投资，而且投资的还是这个票面利率为 7% 的债券，那么到第一年年底，你的手里就不是 10 700 美元，而是 10 712.25 美元。多出来的 12.25 美元，就是第一笔利息再投资带来的差别。和原始投资额相比，以下就是如何在第一年底获得以上数字的过程：

最初投入的本金：10 000 美元

第一笔票面利率：350 美元

第二笔票面利率：350 美元

第一笔票面利率的利息：12.25 美元

第一年年底的总额：10 712.25 美元

这看起来可能没多少区别，事实上，根据一年两次票面利率的支付，你获得的复利确实只是小钱。可这只是开始。表 4.1 展示的是如果持有债券 30 年，且持续再投资票面利率为 7% 的债券，你能获得的票面利率及复利情况。

我们从表 4.1 可以看出，30 年里，票面利率收入（也就是 21 000 美元）只占 10 000 美元投资总收入的有限比例。更多的收入（47 781 美元）来自复利。

此外，持有债券时间越长，复利收入在总收入中所占的比例就越大。经过五年，你将收到 10 次票面利率（每半年支付一次），票面利率总额为 3 500 美元，复利则是 606 美元。

此外，20 年后，复利收入就会超过票面利率收入：如表 4.1 所示，40 次票面利率总收入为 14 000 美元，而复利收入接近 15 593 美元。

表 4.1　票面价值 10 000 美元、票面利率 7% 的 30 年期债券的利息与复利；票面利率每半年进行一次再投资，再投资的收益率也是 7%

时间	支付票面利率次数	票面利率 A	复利（累积）B	总利息 A+B	投资总价值
第 1 年	2	$700	$12.25	$712.25	$10 712.25
第 5 年	10	$3 500	$605.99	$4 105.99	$14 105.99
第 10 年	20	$7 000	$2 897.89	$9 897.89	$19 897.89
第 20 年	40	$14 000	$15 592.60	$29 592.60	$39 592.60
第 30 年	60	$21 000	$47 780.91	$68 780.91	$78 780.91

* 第 30 年：以票面价值（10 000 美元）赎回债券。

30 年后，复利收入（47 781 美元）已经是 60 次票面利率收入（累积总额为 21 000 美元）的两倍多。在 30 年到期时，复利在债券总收入中所占比例超过 70%。

如表 4.1 所示，复利的数额与可用于累积复利的时长直接相关：时间越长，复利所占总收入的比例就越大。

对真正长期持有债券（30 年或更长）的人来说，复利在总收入中所占比例可能达到 80%。事实上，即便百分率上只有很小的区别，经过长时间的复利累积后也能获得明显更高的收益。比方说，将年收益率从 7% 调高到 7.5%，10 年时间的总收入就会增加近 5%；20 年的总收入提高的比例将会超过 10%；而 40 年后（对于从长远角度考虑的投资者），收入增加将达到惊人的 20%。

复利被称为“世界第八大奇迹”，而且这个奇迹适用于每一个人。获得复利不需要任何特殊才能，而且是自动获取的。实际上，获得复利只需要两个因素：再投资和时间。

附加投资的利率，是决定总收益的关键。每半年再投资一次，利率为 4%（免税），那么每 17.5 年，你的投资就会翻倍；如果利率是 6%，每 11.7 年投资就能翻倍；如果是 8%，投资翻倍时间就为 8.8 年；如果是 10%，那么每 7 年就能让投资翻倍。如果时间非常长，那么复利将会带来极其丰厚的回报。如果是 50 年，每半年累积 8% 的复利，那么 1 000 美元最终会变为 50 505 美元。如果真的是考虑长线的投资者，比如 100 年，每半年累积一次复利，那么 1 000 美元最终将滚为 2 550 750 美元。

虽说零息债券一直在大力宣传复利，但复利其实适用于所有金融投资，无论是股票、债券还是储蓄均可适用。只要咨询和投资有关的信息（如共同基金、股票或债券），你总能看到一张解释该投资优点的图表，告诉你如果投资你就是（或将要成为）非常有钱的人。这些图表本质上都是在解释复利的神奇作用。而最终结果的差别并非来自广告宣传的投资载体，这些差别由两个变量决定：一个是复利的实际利率（即实际再投资利率），另一个是时间。

对表 4.1 的详细解释，是为了让你对复利的原理有一个基本了解。这些内容可能看起来过于细致，但这就是我的目的。只有真正理解了复利，才算敲开了投资智慧的大门。复利让时间变成了你的朋友。即便是不怎么高的利率，但经过几年复利的积累，也能让你卓有成效地积累不少资金。

对于使用（个人退休金账户）IRA 和 401K[1] 这种税务延期计划的人来说，理解复利如何长期运行尤为重要。一般来说，通过上述计划进行投资的人大多数从 20 多岁开始投资，并且一直持续到 60 多岁，投资期限超过 40 年。此外，这种投资者在退休后的 20 到 30 年里，到他们 80 到 90 岁时每年定期取出一些钱的情况并不少见。最后需要注意的是，在取钱的时间里，留在税务延期计划里的钱仍然计算复利。因此，如果投资这种养老金计划，计算复利的时间可能超过 70 年。

与复利相反的，则是“资金损失”。让我们再以 10 000 美元投资为例。假设你突然承受了重大损失，比如出现了 50% 的损失（接近 2007—2008 年主要股市指数的损失）。你的 10 000 美元投资缩水到了 5 000 美元。

你需要多少百分比的收益才能挽回本金损失？（答案是 100%——50% 的回

[1] 两个均是美国常见的个人养老金账户。——译者注

报率只能让你的 5 000 美元变为 7 500 美元。）此外，即便未来几年你每年都能获得 10% 的收益率，你也需要八年才能赚到那 100%（因为复利，所以需要 8 年，而非 10 年）。可最后一根稻草却是，当你终于获得 100% 的收益时，你还是没赚到钱：你只是刚刚回到起点。

这一残酷的数学运算，就是很多明智的投资者始终强调的“不损失资金”是投资第一准则的原因。而投资的第二条准则，就是不忘记第一条准则。

收益率的众多含义

债券的宣传推销建立在收益的基础上。我们可以做出一个合理假设：如果收益率越高，你就能从债权投资上赚到越多的钱。如果了解到现实并非如此，你大概会非常意外。

“收益率”这个说法其实有好几种不同的含义。其中最常见的一种用法，指的是“到期收益率”（一般缩写为 YTM）。但在现实中，YTM 报价并不是预测你能赚到多少收益。相反，YTM 是对满足某些条件时你所能获得收益的一种估算。

当你购买某支债券时，有三个报价是确定的：买入价格、票面利率，以及债券到期时赎回价值。不过想要了解自己究竟能从债券投资上赚到多少钱，你就需要了解收益率真正衡量的是什么。对此，我在下面关于收益率的不同含义中进行了讨论。除此之外，你还需要了解其他可能出现的收益或损失，这些内容将在后面探讨“总体回报”的章节中得到讨论。

“收益率”这个词也出现在一系列短语中：“票面利率收益率（coupon yield）”“本期收益率（current yield）”和“到期收益率（yield-to-maturity）”。每种说法都有非常精准的定义，下面让我们挨个解释。

票面利率收益率

这是收益率最简单的含义。票面利率收益率在债券发行时就会确定下来；这是债券支付的利息率，以票面价值的百分比形式表现出来（如 5.5% 或 7.25%）。票面利率收益率在债券存续期间里确定了不变的数额。买下一份票面利率为 7%、票面价值 1 000 美元的债券时，一年你能收到 70 美元的利息，一般以两次、每次 35 美元的方式支付。无论债券价格怎么波动，你总能收到以上数额的利息，直到债券到期赎回。唯一的例外是浮动利率债券，这种债券的利率会根据基准利率按预定时间间隔重新设定。

当期收益率

债券一旦进入二级市场，就几乎不会再以票面价值进行交易。当期收益率就是票面利率收益除以债券价格。

假设你买了三支债券：第一支以票面价值（1 000 美元）购买，第二支为溢价（1 200 美元）购买，第三支则是折价（800 美元）购买，每支债券每年利息收入为 100 美元（每年支付两次，一次 50 美元）。用票面利率收益（100 美元）除以价格后，平价债券的当期收益率就是 10%（100 美元除以 1 000 美元），溢价债券为 8.33%（100 美元除以 1 200 美元），折价债券则是 12.5%（100 美元除以 800 美元）。当期收益率等于平价债券的票面利率收益率，低于溢价债券的票面利率收益率，高于折价债券票面利率收益率。

不论期限长短，任何债券都存在当期收益率。上面的例子都没有提到债券的期限，这是因为当期收益率只与票面利率和价格有关。当期收益率因此无法衡量债券带来的两个重要现金流：复利，以及到期时出售或赎回时债券价格的增值或贬值。

到期收益率

与当期收益率相比，到期收益率是更为全面的衡量债券投资收益的方式。到期收益率估算的是你在整个债券存续期间能够赚到的全部收入，包括所有可能出现的现金流。因此，除票面利率收入外，它还包括复利，以及买入价格与票面价值（赎回价格）的差额导致的收入或损失。

用铅笔在纸上计算到期收益率是一个非常乏味，且不断试错的数学过程，现实中几乎没有人还在用公式计算了。计算器出现前，投资者（或其经纪商）使用债券收益率表来获得一个到期收益率的大概数值。如今，通过诸如惠普的 HP 12C 这样的金融计算器，上述流程已经大大简化（结果也更加准确）。[1]

[1] HP 12C 上市于 20 世纪 80 年代。这款机器如今仍在销售，不过出了几个改进版。这种金融计算器可以帮助你进行几乎所有与债券相关的计算，而且还拥有更多功能，比如计算未来价值、年金支付和复利等。金融计算器（和使用网上的系统敲进几个数字相比）的优势在于可以帮助你理解计算收益的原理，从而在一些投资决定上为你提供指导。

比方说，让我们用金融计算器计算一支以 800 美元购买，到期赎回价格为 1 000 美元的 10 年期债券的到期收益率，每年收到一次 50 美元的票面利率。按照以下方式将这些数字输入计算器。

- 按 PV（现价值）键输入 800 美元，附一个减号：-800$。
- 按 FV（未来价值）键输入票面价值 1 000 美元。
- 按 PMT（支付）键输入票面利率数额（50 美元）。
- 最后，按 n 键输入债券期限（10 年）。
- 按 i 键即可获得到期收益率。

结果：到期收益率为 7.98%。这个数字高于票面利率（5%），因为你以折扣价 800 美元买到了债券。当债券以票面价值赎回时，你还能多赚到 200 美元，这就是买入价格（800 美元）和按票面价值赎回（1 000 美元）时的差额。[1]

为什么到期收益率只能估算

你可能会问，既然到期收益率包括所有潜在现金流，为什么只能估算一个数字？

现实中的收益率之所以可能和到期收益率存在较大差别，就是因为实现到期收益率需要满足一些条件。这些条件包括以下内容。

- 一直持有债券直至到期赎回。
- 将票面利率用于再投资（而不是花掉）。
- 票面利率再投资的利率为到期收益率。

让我们简单地梳理一下以上每个前提。

一直持有债券直至到期赎回

计算到期收益率基于债券到期时，以票面价值赎回债券为前提。如果你在到期前以不同于票面价值的价格卖掉了债券，那你极可能获得收益，也可能承受损失。不论是资本收益还是损失，都会影响你的实际收益。假设你以票面价值买下一份债券，并以溢价的 1 200 美元卖出；与购买价格对比，200 美元差额相当于

[1] 以上计算步骤，是一种快速计算到期收益率的方法。在这个例子以及本章其他例子中，我没有涉及购买债券的日期以及债券到期日期。通过输入具体的买入和到期时间，好的金融计算器可以帮助你更为精确地计算出到期收益率、价格和总收益。

约 20% 的资本收益。这个差额极大地提高了你的实际收益。可如果你以票面价值买下债券，却以 800 美元低价卖出，那你就会出现约 20% 的损失。而这显然意味着你的收益将远低于报价中的到期收益率。

不仅将票面利息用于再投资，而且再投资利率等于到期收益率

计算到期收益率的前提是投资者永远不花掉票面利率，而且不断用其再投资。显然，花掉票面利率意味着不可能出现复利；你的收益率就会低于预期的到期收益率。至于到底低多少，取决于你花掉了多少票面利率和债券的期限。

此外，假设票面利率再投资的利益等于到期收益率，这可能是这一系列前提中最让人感到困惑的。它的实际意思就是，如果经纪商对一支债券报出了 7% 的到期收益率，那么只有将每一笔票面利率均以 7% 的收益率（也就是等同于报价中的到期收益率）再投资，你才能赚到 7% 的到期收益率。而现实中，有些票面利率的再投资收益率高于 7%，有些则低于 7%。如果将票面利率投资于收益率更高的产品，你就能赚到比债券到期收益率报价更高的回报。可如果将票面利率投资于较低收益率的产品，那你赚到的回报也会变少。

再投资利率与实际收益率

这两个因素都会导致你的实际收益率与报价中的到期收益率产生区别。表 4.2 展示了一支 25 年、票面利率 7.5% 的平价债券在不同的再投资设定中的实际收益率。当时报价中的到期收益率是 7.5%。

如表 4.2 所示，只有当所有票面利率的再投资收益率也是 7.5% 时，预期的 7.5% 到期收益率才能实现。如果不对票面利息再投资，7.5% 的到期收益率就会下降到 4.27%。如果把票面利息再投资于收益率高于 7.5% 的产品，那么实际收益率就会出现上涨：如果投资到收益率为 8% 的金融产品，那么实际收益率就会涨到 7.77%；如果再投资的收益率达到 10%，那么实际收益率就会出现更显著的增长，将达到 8.91%。再投资利率越高，实际收益率也会越高。

复利的总收益因债券期限长短和再投资利率不同而各不相同。短期债券受到的影响比长期债券小，我们其实已经在讲述复利的表 4.1 中对此做过分析。我们看到，以 2 年为期，复利只占债券总收益的一小部分。可经过 5 年时间，复利在同一支债券总收益的占比就会达到 15%，20 年是 53%，30 年则会接近 70%。尤其当你进行长期投资时，投资时间超过 20 年或 30 年（比如投资养老金账户），再怎么强调利率再投资都不为过。由于复利是长期投资回报的重要组成部分，所以你要像了解到期收益率一样了解利率再投资，甚至需要更深入地对其进行了解。

表 4.2　当再投资利率影响票面利率 7.5%、期限 25 年的平价债券的实际收益率时，1 000 美元债券在存续期间内的美元价值

假设的再投资利率（每半年投资一次）	票面利率收入（A）	复利（B）	总利息（A+B）	复利占总利息收入的百分比	实际收益率
0	$1 875	$0	$1 875	0	4.27%
5.0%	$1 875	$1 781	$3 656	49%	6.25%
6.0%	$1 875	$2 355	$4 230	56%	6.73%
7.5%	$1 875	$3 426	$5 301	65%	7.50%
8.0%	$1 875	$3 850	$5 725	67%	7.77%
10.0%	$1 875	$5 976	$7 851	76%	8.91%

来源：弗兰克·法博兹等著《固定收益证券手册》第二版。

再投资风险

当你获得到期收益率报价时，我们总是假定再投资利率是固定且已知的：它被设定为到期收益率。当然，在现实中，我们在购买债券时不可能知道票面利率未来的再投资利率，因为我们不知道利率未来的走向。因此，我们在购买债券时不可能确切知道未来到底能赚到多少钱，也不可能知道具体的收益率。这种不确定性就是“再投资风险”。

将这种不确定性称为“风险”其实有点儿令人困惑，因为无论本金还是利息都不存在损失的风险。但我们在前面说过，如果票面利率的再投资利率低于到期收益率，那么你的实际收益率就会低于购买债券时的到期收益率报价。如果票面利率的再投资利率更高，那么再投资风险实际上对你有利，因为这时你就能赚到比最初到期收益率报价更高的投资回报。

如何解读并利用“到期收益率”报价

到期收益率报价的准确性受两个因素的影响。第一个因素就是债券的期限：随着期限变长，由于复利所占比例越来越大，到期收益率作为实际收益预测的准确性和可靠性就会越来越差。举个例子，如果你购买并一直持有一支30年期的债券，那么最终的总收益率将会与购买时的到期收益率报价存在巨大区别。记住，对30年期债券来说，复利在总收益中所占比例可能达到80%。如果你持有一支30年期债券直至到期赎回，同时票面利率再投资的利率较低，你的实际收益就会远低于最初的到期收益率报价。可如果利率上升，你就能以更高的利率进行票面利率再投资，最终获得比原始到期收益率更高的收益。

第二个影响到期收益率报价可靠性的因素，就是票面利率的高低。如果你购买债券时的利率特别高，或者你购买的债券拥有特别高的票面利率（比如溢价债券），那么你的实际收益率很有可能低于到期收益率报价。票面利率越高，票面利率再投资利率低于票面利率或到期收益率报价的概率就越大。

如果到期收益率无法预测实际收益率，那到期收益率究竟能告诉我们什么信息？到期收益率报价的主要用处，就是它可以将票面利率和价格（平价、溢价和折扣）各不相同的债券进行直接比较。比方说，有三支债券供你选择，第一支是折价销售、期限为5年的A级债券，第二支是溢价销售、期限为5年的AAA级债券，第三支则是平价销售、期限为30年的A级债券。到期收益率可以让你知道，为了更高的信用质量你将会放弃多少收益，或者期限变长能让你多得到多少收益。

但总的来说，我们还是过于关注收益率了。到期收益率不该成为我们选择债券时的主要标准。更适当的标准，应当由你购买债券的目标决定。比方说，如果没有票面利率再投资的意愿，那你就该寻找本期收益率高的债券。如果主要目的是保证本金安全，那你就该选择中期债券（2到7年）。我会在本书其他部分详细讨论这些标准。

最后一点：我们可以通过购买零息债券来消除再投资风险。某些情况下，零息债券可能会是极具吸引力的选择。

“赎回收益率”和“最差收益率”

当一支债券可提前赎回时，投资者可以用计算到期收益率的公式计算“赎回收益率”。债券价格在第一个可赎回日的赎回价格通常高于票面价值，在后续的赎回日期可能下跌。

我们一般用第一个可赎回日，或者用第一个平价赎回日计算赎回收益率。由于计算赎回收益率的公式与计算到期收益率的公式一样，因此赎回收益率也存在与到期收益率一样的缺点，即假设所有票面利率均以等于赎回收益率的利率进行再投资。

对于溢价销售的债券，很多投资者会同时计算赎回收益率和到期收益率，并以两者中的较低者作为评价债券吸引力的标准。但这种做法并无必要，因为并不是所有债券都会被提前赎回。

最后，有些投资者会计算所有可赎回日期的收益率，以及到期收益率。“最差收益率”指的是购买某支债券可能获得的最低收益率。不过还是要强调的是，没有人能保证这是计算债券最终总收益的最精确的方法。

总收益

债券投资者有时会错误地将利息收入或到期收益等同于收益，却没有考虑本金的情况。而考虑本金价值的变化，其实是一种更有用的衡量收益的方法。这个收益，就是“总收益”。总收益包含全部利息收入，还要计算本金价值的变化。想做到 100% 准确，你还需要在收益中扣除税费和佣金。

换句话说，投资者在购买债券时得到了到期收益率报价，这是对投资债券所能获得收益的估算。而总收益衡量的则是投资者的实际收入。但总收益需要在赎回、出售或持有债券一段时间后才能计算。

举个例子，假设你以票面价值买了 10 份 15 年期的债券，到期收益率和票面利率均为 5%，那么到期收益率报价也是 5%，但是 3 年后利率上升，同等期限和信用评级的债券收益率达到了 6%，于是，你决定那时卖掉债券。由于利率上升，导致你的债券贬值，所以你以每份 850 美元的价格卖掉了债券。你从这笔投资中赚到了多少钱？你的收益率与购买债券时的到期收益率报价孰高孰低？

一种答案是，你获得了每年 5% 或者 500 美元的单利收入（取决于分红情况）。你也可能赚到一些复利，比如利率 5% 的 5%，也就是 176 美元。不过，让我们通过你的购买价格、利息收入和出售价格，来计算一下你的总收益：

票面利率收入（3 年）：1 500 美元

复利（估算）：176 美元

出售债券所得：8 500 美元

购买价格：10 000 美元（扣除）

将总利息收入和出售债券所得相加，你会得到 10 176 美元；再减去最初投资债券时花掉的10 000美元，你从3年的债券投资中获得的总收益就是176美元。以百分比计算，你的累积总收益率就是 1.6%。

以上数额就是总收益。我们可以将总收益平均于你持有债券的三年时间；如果用 3 年平均这个数额，得到的结果就是持有债券期间每年的平均收益。平均年收益率大约为 1% 的一半。显然，不管怎么算，你的收益率也没有达到购买债券时 5% 的到期收益率报价。

在前面这个案例中，即便继续持有债券，总收益的计算方法也不变。很多投资者会持续计算投资的总收益。如果出售债券，你会被认定遭受了损失。如果继续持有，即便债券价值走低，这部分损失也没有真正发生。无论你真的遭受了损失，还是继续持有债券，总收益均保持不变。

专业人员每天都会进行上述计算，这也被称为“逐日盯市”。如果交易人员必须或者有意出售债券，那么计算结果可以让他们了解持仓在每个交易日结束后的价值。

需要记住的是，评估固定收益证券时，你必须评估本金价值可能出现的波动，而不仅仅考虑收益率（不论是票面利率还是到期收益率）。这就是购买债券（或者债券基金）时需要考虑持有时间的原因。如果你需要在到期前出售一支债券或债券基金，而且利率走势不利于你，你的本金就有可能出现损失。即便你决定不出售债券（或者债券基金），不让本金承受损失，你仍然有可能承受另一种损失：你无法利用当时出现的更高收益率（即所谓的“机会成本”），而且也会因为在债券价值显著下滑时不愿出售而丧失资产流动性。

如果只看收益率，那么债券投资看起来非常可预测。可如果把债券本金价值可能出现的波动考虑在内，从总收益角度看待债券，情况就会大不一样。

但你可能会想：“我投资债券只是为了收益。”

可悲的是，不管你喜不喜欢，就像莫里哀的作品中那些絮叨了一辈子却不自知的角色一样，如果购买了 30 年期的债券，不论你是否能意识到，你实际上就是在赌博利率。

有心提高收益率的投资者有时会为了极其微小的收入而将本金置于危险之中。购买债券时，你该问的第一个问题永远是：“我能实现多少收益？”第二个问题则是："想要获得额外的收益，我需要承受哪些风险？"

最后一点：不管是债券基金还是单一债券，任何债券投资的总收益计算方法是一样的。但到期收益率并非如此。绝大多数债券基金并不存在到期日，因此也不存在到期收益率。如果你持有一支债券直至到期，我们在前面提过，这支债券的价格就会回到票面价值；而这种情况也不适用于债券基金。由于大部分债券基金一直保持存续，所以我们无法预测债券基金价格的未来走势。我会在后面有关债券基金的章节中详细讨论这个问题。

没人能提前告诉你一支债券的总收益；总收益就是取决于你自己的投资经验而获得的实际收益。不论进行什么投资，你都要以一定的资金起步。在某一段时间（比如一年）里，将所有积累的收入（不论分红、复利还是资本收益均算在内）相加，扣除所有交易成本，同时确保加上或减去本金价值的所有变化。你也可以减去税费，从而得到税后净收益。计算出在那一年里，你的投资增长或减少了多少（百分比），就是总收益。

计算"总收益"还有一个好处：这个概念很容易理解。如果追求精确，那么结算总收益的具体公式如下：

（年终数字 + 分红 + 派息）- 年初数字

这个公式可用于计算任何投资的总收益，不论是股票、黄金、棒球球星卡还是房地产。计算总收益不仅能让你保持诚实，也能帮助你评估投资的真正作用。因此，总收益是一个非常有用的概念。

债券久期（duration）与债券价格波动

"债券久期"这个概念源于 1938 年。过去 20 年，这个概念开始得到广泛应用。债券久期并非衡量收益率的指标；这个概念的主要作用是评估一支债券对利率变动的敏感性，也就是预测利率发生变化时某支债券价格上涨（或下跌）的幅度。专业人士利用"久期"去管理机构性投资组合。这个概念也越来越多地用于分析债券或债券基金。就算不知道怎么得出久期，你也能轻松查到这个数据，而且知道债券（或债券基金）久期能让你评估利率风险的大小。

计算久期的现金流与到期收益率相同，也就是票面利率、复利以及债券出售或赎回时的价值。但计算久期时考虑到了时机（收到现金流的准确时间）和现金流规模这些重要因素。久期不仅会考虑票面利率收入的多少，还会考虑发生这些现金流的时间。这是因为现金流发生的时间与规模都会对复利产生影响。比方说，如果你买了有着高票面利率的溢价债券，那么每次收到票面利率后，你都会拥有更多可用于再投资的资金。如果你买了折价债券，通常票面利率较低，那么你可用于再投资的资金就会变少。因此，即便到期收益率相同，但折价债券和溢价债券的久期也会有所不同。

资金的时间价值

计算久期的公式用到了“资金的时间价值”这个概念，既包括未来价值，也包括现值。未来价值告诉你，按照预定的年增长率，今天的 1 美元在未来某个时间会增长到几美元。现值同样根据预定的年度增长率，告诉你未来某个时间的 1 美元现在价值多少。

以上两个概念均可以使用金融计算器来诠释。假设你想知道今天一笔 50 000 美元、年收益为 7% 的投资在 20 年后会变成多少钱，即 50 000 美元的未来价值。拿出你的金融计算器，输入以下数字。

- 按 PV（现价值）键，输入 50 000 美元（你需要在 50 000 数字前输入负号）。
- 按 i（利息）键，输入 7。
- 按 n（年限）键，输入 20。
- 按 FV（未来价值）键，得出结果。
- 答案为 193 484.22 美元。

如果想知道将一年的收益率调为 10% 时自己能多赚到多少钱，你只需要将 i（利息）键改为输入 10，得到的答案是 336 375.00 美元（这个例子又一次证明了复利的神奇作用）。

现值则正好相反。假设你知道自己 20 年后需要 100 000 美元，那么今天你需要投入多少钱（假设你可以留出一大笔钱）？这个问题，就是在问“100 000 美元的现价值是多少”。此外，你需要假设一个复利利率，比如说 7%。再次拿出你的金融计算器，按照以下方式输入数字。

- 按 FV 键，输入 100 000 美元。
- 按 n（年限）键，输入 20。
- 按 i（利息）键，输入 7。

• 按 PV 键得到现价值。

答案是 25 842 美元。这就是以 7% 的年利率、通过 20 年累积复利得到的 100 000 美元现在的价值。

当你从未来价值反推现值时，假定用来积累复利的年利率被称为“贴现率”。现值和未来价值均进行复合计算，也就是在计算美元价值时采用复利方式计算。

解释完资金的时间价值后，让我们再把这个概念应用于“久期”上。久期的定义是“一支债券现金流的加权平均到期期限”。计算久期是一件单调而乏味的事情，涉及好几个步骤。首先，如果不是按照票面价值购买债券，你需要计算债券所有已知现金流的现值，包括票面利率、赎回本金以及资本收益（或损失）。这些已知现金流的现值是通过在假定的再投资利率下的折现计算得来的。根据获得的具体时间，再对债券所有现金流的现值进行加权调整。

得到的结果就是以年为单位的债券久期。实际上，你得到的答案是根据票面利率及复利的数量对债券到期日期重新调整后的结果。久期与债券期限长度相关，但根据债券现金流的大小及出现时间做出了调整。之所以进行这些调整，原因还是复利。如果你持有一支高票面利率的溢价债券，你就能更早收到更多资金，这些资金也能用于再投资从而获得更多复利。如果持有一支低票面利率的折价债券，可供你用于再投资赚取复利的资金就会较少。另外，债券到期时你也能得到一笔现金流——以票面价值赎回折价债券时，所能获得的资本收益。因此，折价债券在存续期间创造的现金流会低于溢价债券。

因为上述原因，和高票面利率债券相比，票面利率较低的债券久期更长。除了零息债券，债券久期总是小于它的到期期限。由于零息债券的全部现金流均在同一日期（即到期日）获得，所以零息债券拥有最长的久期。事实上，零息债券的久期等于它的到期期限。

久期如何帮助我们评估风险

购买债券或债券基金时，你需要了解这笔投资的久期。如果其他因素相同，久期更长的债券（或债券基金）的波动性总是更大。实际上，我们可以利用久期粗略计算债券价格在利率上调或下降时会出现多少变动——也就是我们将要承受的利率风险大小。基本原则是，利率每上升或下降 100 个基点（即 1%），债券价格就会上涨或下跌 1 个久期数字。举个例子，假设你拥有两支票面利率均为 6%

的债券：第一支的期限为五年，久期约为 4.4 年；第二支的期限为 20 年，久期约为 12 年。如果利率上升至 7%，五年期债券的价格就会下跌大约 4.5%（或跌至接近久期数字的 4.4 年），而 20 年期债券的价格将下跌约 12%（接近久期数字的 12 年）。

期限相同、但票面利率比前面案例中两支债券高的其他债券，久期会更短，因此价格波动性也会更低。比方说，假设你持有两支票面利率为 9% 的债券：一支为 5 年期，一支为 20 年期。这两支债券的久期分别约为 4.2 年和 11 年。如果利率上升 100 个基点（1%），这两支债券的价格将分别下跌约 4.2% 和 11%；与前一个案例相比，这两个数字相对较小。

债券和债券基金均可计算久期。债券基金的久期是基金投资组合中所有债券久期的加权平均，计算债券基金价格变动也适用同样的基本原理，即利率上升价格下跌、利率下降价格上涨。

假如你在考虑三支有着相同到期收益率的债券，一支是折价债券，一支是溢价债券，一支是零息债券，那么溢价债券的价格波动性最小，折价债券的波动性较强，而价格波动最大的则是零息债券。收益率相同、久期不同的债券基金也适用同样的原则。

久期也存在一些局限性。在计算利率变动时债券价格的变动情况时，利率变化较小时，久期的预测就更为准确；利率变化加大，久期的准确性就会降低。此外，到期期限越长，久期的准确性越低。最后，前面提到的基本原则都是估算。不过对大多数投资者来说，这种估算已经足够满足需求。（其实久期存在两种定义和两种不同的计算公式。但这些区别主要是机构投资者考虑的问题，对他们来说，即便小数点后第四位的差别也相当于几千美元。）

让我们总结一下久期的特点。

- 除零息债券，债券的久期总是小于其到期期限。
- 债券的久期越长，价格波动性就越大。
- 票面利率较低的债券比票面利率较高的债券久期更长，这就是高息债券的价格波动性小于低息债券的原因。
- 零息债券的久期等同于债券期限，这就是零息债券价格波动性最强的原因。
- 利率小幅变动时久期的准确性比利率大幅变动时更高。

本书讨论债券基金及投资组合管理的章节中，也会用到久期这个概念。

未来价值与未来开支

最后，让我们再回到“未来价值”这个概念。想在退休后拥有某个数量的资金，你需要定期存下多少钱，整整一个行业就是以此为基础发展起来的。一般情况下，经纪商及共同基金会以问卷调查形式，迫切地希望为你提供此类信息。而这实际上是对“未来价值”这个概念做的一个简单解释。这些公司利用软件，按照两个前提条件计算出起始金额的未来价值。它们两个分别是，预期通胀率（计算你需要多少钱才能保持假定的购买力）和预期收益率（估算你需要定期存下多少钱）。当然，以上两个“预期”的数字至关重要。尤其是长期投资，即便只相差 0.5%，也会导致结果出现巨大差别。如果使用金融计算器（或电子表格），你自己就能算出结果。不管怎么说，了解假设的数字非常重要。如果假设的数字一点也不现实（比如假定你在未来 20 年每年收益率可达 10%），那么一切结果都是幻想。不同公司之所以给出不同数字，原因就是他们对通胀率和年收益率做出了不同假设。

最后，FINRA 网站上有一个“计算器”，可以帮助你模拟不同情况，不管你是为了退休、孩子的大学学费或其他未来开支，这个计算器都能告诉你需要存下多少钱。

债券凸度

“凸度”也可以用来衡量债券面对利率变动的敏感程度，因此也可以用来估算债券价格的波动性。

凸度是一个用来矫正久期部分局限性的一个概念。如前所述，久期是一种估算衡量标准，而且收益率变动较小时准确性更高。而凸度就是为了校正久期的不准确性。但凸度调整通常极其微小：一般只有 1% 到 3%。

特大投资组合的经理人使用“凸度”这个数学概念，去量化某支债券在假设的利率变动中会出现什么反应，并评估上述变化对整个投资组合的影响。对个人投资者来说，凸度并不是一个特别有用的衡量标准。

更复杂的是，估算债券凸度有好几个不同的公式可用，除非你知道使用的是哪个公式，否则这个概念就会变得毫无意义。

最后需要注意的是，“凸度”这种说法也被用来描述另一种和前面的描述完全无关的概念，即一支债券的价格曲线的弯曲程度。

之所以提到凸度，是因为有些网站会在表现债券特点时加入凸度数据，却没有进一步说明使用了什么工具，也没有解释这个词的意义。在这种情况下，“凸度”只不过是一个行业术语，没有太大作用，投资者完全可以无视这个数据。

计算债券现金流的一种简单方法

我在第五章末会提到 Investinginbonds 网站和 FINRA 网站这两个网站，上面的软件可以让你计算本章讨论过的几乎所有数学问题。点击“工具（tools）”选项，输入几个数字，你就能计算出包括应计利息、到期收益率和久期等各种数据。而我在前面讨论这些概念的原因，是为了强调这些数据真正的意义以及它们所能传达的信息，而不只是为了得到一个数字。

总结

本章讨论了评估债券收益率的几种方法。首先，展示了债券现金流与复利的关系，指明了复利（世界第八奇迹）在积累资产时起到的重要作用。本章还解释了几种不同的收益率概念：本期收益率只考虑票面利率和价格，无视其他任何现金流；到期收益率将全部已知的现金流纳入考虑，但得到的结果只是一种预测；实际收益率（也就是实际总收益）很有可能与到期收益率存在巨大差别，因为购买债券时，债券的售价（如果在债券到期前卖出）和再投资的票面利率都是无法预测的。到期收益率的主要作用，应当是购买债券前用来对比不同债券所用。

想准确衡量一支债券的收益，唯一的办法就是计算总收益。总收益需要计算债券价值的变化、佣金成本、利息收入和复利。本章用一个简单的例子，解释了购买债券时涉及的定价与计算总收益的问题。这个案例说明了因利率变动导致债券价格变动如何影响固定收益证券的实际收益。重要的是，当你购买债券时需要考虑这些因素，而不是只看了到期收益率报价就做出决定。

本章在最后介绍了久期的概念。久期可以用来预测利率变动时债券（或债券基金）的价值变化。知道了一支债券的久期，你就能在购买前预测自己可能承受多少利率风险。

第五章
购买债券前，你需要知道什么

本章讨论了以下问题：

- 财经媒体及互联网上的债券市场；
- 国债市场与收益率曲线；
- 国债的“收益率差”与基准；
- 三个网站的介绍；
- 一些购买债券的指导原则。

财经媒体及互联网上的债券市场

在大部分报纸的财经版面上，与股市相比，债券市场的相关内容关注度本就较低。可自从 2001 年本书上一版面世以来，报纸上对债券市场的报道更是越来越少。报纸编辑们似乎已经得出结论，大部分读者从互联网上就可以了解到与债券市场有关的大部分信息，因而报纸对债券的报道越来越少。

好消息是，如今财经网站的数量确实成倍增长。其中很多，比如雅虎财经（Yahoo Finance）和彭博社（Bloomberg.com），均纳入大量债券市场信息。主流报纸也有财经数据网站，其中一些（比如《华尔街日报》和《纽约时报》）包含了印刷版报纸上没有的功能。与印刷版需要等到第二天才能登上报纸相比，这些网站的另一优势在于内容的实时性。

想要找出“最好的”综合性网站是件毫无意义的事。市面上有很多优质网站，如何选择取决于你的兴趣。另一方面，各个网站的情况也在不断变化。因此，不论你想从哪里获得债券市场的信息，我会为你梳理一些应当关注的基本信息。

不过，一些经纪商和监管机构为个人投资者开发出相应网站，却是互联网上与债券市场信息有关的最显著的发展变化。他们的目标是通过信息传播来提高

“透明度”。这些网站包括：Investinginbonds 网站、EMMA.msrb 网站和 FINRA 网站。这些网站上均包含不同债券市场板块的交易数据，但网站上的内容远不止数据这么简单。本章最后对这些网站进行了详细描述。我们在那里将看到，这些网站上的数据和信息极其有用。在上网了解相关信息前，任何人都不该购买任何一种债券（或者国债）。

在这一章里，我首先讲到的是报纸的财经版和综合性网站上的一些可用信息；如果想投资债券，你就应该了解这些信息。随后，我会讲到 Investinginbonds、EMMA 和 FINRA 这几个网站。最后，我会讲到购买债券的一些指导原则。

国债市场

若想了解美国债券市场，你首先需要了解美国国债市场的情况。其他债券市场板块（股市在某种程度上也是如此）均跟随国债而动。这里有必要重申一下，美国国债不仅对美国而言是关键债券市场，对全世界而言也是如此。专业人士把期限最短的美国国债（1 到 3 个月）看作无风险收益。与此类似，最新发行的 10 年期国债被视为“龙头债券”，这也是全球范围内交易最活跃的债券。想了解世界任何地区债券市场的情况，起点必然是美国国债。

其他种类债券的风险即便很小，也均高于美国国债。因此，期限相同的其他债券收益率也会高于美国国债。某支债券与美国国债之间收益率的差别，就是价差（没错，这是“价差”这个词的另一种意思）。

悲剧的是，曾作为债券市场报道核心的“国债、债券与票据表”栏目如今已不在《纽约时报》和《华盛顿邮报》这两个主流财经日报上刊载。据我所知，只有《巴伦周刊》（*Barron's*）还在发布这个表格，可由于只在周末发行，其用处大大降低。这个表格的独特之处在于，它列出了表格发布的前一天国债市场上从最短期国债（1 月期国债）到最长期限国债（30 年期国债）的具体价格、收益率及价格变动情况，它实际上可以让我们立刻了解国债市场的整体情况，因此也就成为我们了解债券市场的完美起点。

国债价格的一个特点值得注意：和其他债券不同，国债价格并不完全以票面价值的百分比进行报价。国债的报价形式是由票面价值和另一部分数值组成的，这部分数值以 1 点的 1/32 为计算标准。1 点代表票面价值（一般为 1 000 美元）的 1%。“负 .01（-.01）”这个说法并不是指负 1%，而是指 1 点的负 1/32（-1/32）。因此，1 点的 1/32 就是用 10 美元（票面价值 1 000 美元）除以 32，也就是 31.25 美分。让我们以国债价格举例，假设你看到一支国债的标价为 99.29。这个数字的正确解读应当是 99（即票面价值的 99%），加 1 点的 29/32。换算一下，99 就是 990 美元；29/32 就是 10 美元乘以 29/32，也就是 9.06 美元。两个数字加在一起，就是 999.06 美元。

1 点的 1/32 也被称为“最小价位（tick）”。报道国债的记者也许会说，“今天，10 年期上涨了 2 个价位”，或者“今天，2 年期下跌了 8 个价位”。这里的价位指的就是 1 点的 1/32。

收益率曲线及其透露的信息

与“国债、债券与票据表”最接近的是类似图 5.1 中的数据表。这个数据表就是“收益率曲线”。这个表格标注了关键期限的国债收益率（到期收益率）。每个点的具体位置可能各有不同，但这种表格里一般包含短期、中期与长期债券，比如包含 3 个月、6 个月、1 年、2 年、5 年、7 年、10 年和 30 年期债券。收益率曲线通常配有一个列出“关键利率”的汇总表，其中显示了收益率曲线中关键点上的国债具体收益率。图 5.1 包含 2009 年 8 月 14 日发布的收益率曲线及配套的“关键利率”汇总表。

注意，这个网站显示了报价的具体时间；国债收益率通常在一天里会不断变动。列出报价时间可以使其具有更高的准确性。

收益率曲线及配套的关键利率表基本上能让我们迅速了解国债市场上重点期限的主流利率情况。如果上网查询收益率曲线，我们就能了解更接近实时的收益率。

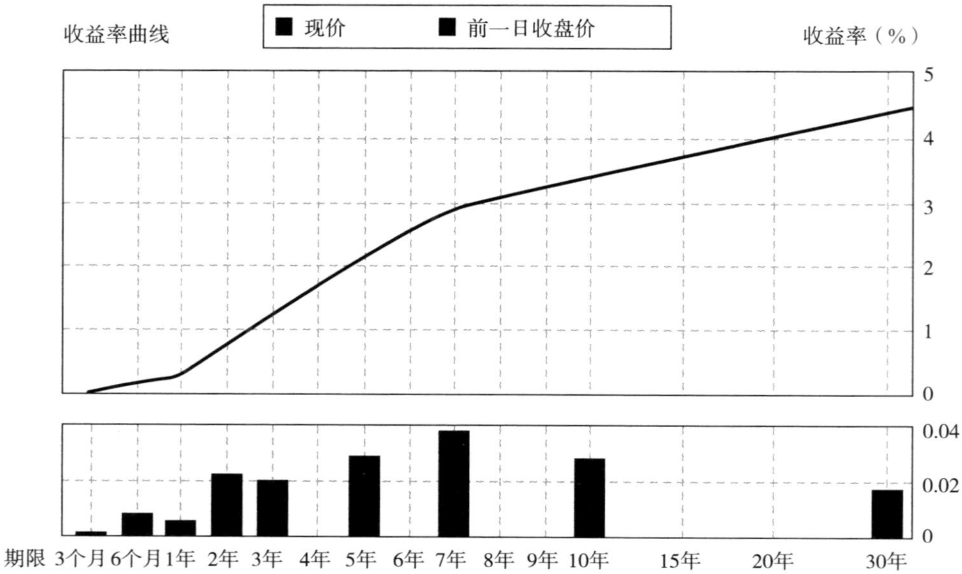

美国国债	票面利率	到期日	现价收益率	时间
3 个月	0.000	02/18/2010	0/.01	11/20
6 个月	0.000	05/20/2010	0.13/.13	11/20
12 个月	0.000	11/18/2010	0.26/.26	11/20
2 年	1.000	10/31/2011	11-16+/.72	11/20
3 年	1.375	11/15/2012	100-12/1.25	11/20
5 年	2.375	10/31/2014	100-29 又 1/2 /2.18	11/20
7 年	3.125	10/31/2016	101-12 又 1/2 /2.90	11/20
10 年	3.375	11/15/2019	101-02+/3.37	11/20
30 年	4.375	11/15/2039	101-11/4.29	11/20

来源：彭博金融

图 5.1　2009 年 8 月 14 日美国国债收益率曲线，以及同一日期的关键利率

收益率曲线形状

在债券市场观察者眼中，收益率曲线本身就是极具价值的信息来源。在这些观察者看来，收益率曲线中最重要的部分就是它的形状。“形状”这个词实际上指的是数字，也就是不同期限债券的不同收益率。当长期债券收益率高于短期债券收益率时，收益率曲线向上倾斜，这也被认为是“正常的”曲线。收益率曲线是陡峭还是相对平缓，也很重要。如果长期债券的收益率高于短期债券收益率超过 200 个基点（2%），收益率曲线就会陡峭起来；如果长期债券的收益率比短期债券收益率高出 100 个基点（1%）或更少时，收益率曲线就会变得平缓。短期债券的收益率偶尔也会高于长期债券，发生这种情况时，收益率曲线就会向下倾斜，也就是“倒置”。

为做对比，请看图 5.2；它显示了三条有着明显差异的收益率曲线，和图 5.1 展示的 2009 年收益率曲线也有着很大不同。尤其注意利率水平和收益率曲线形状。

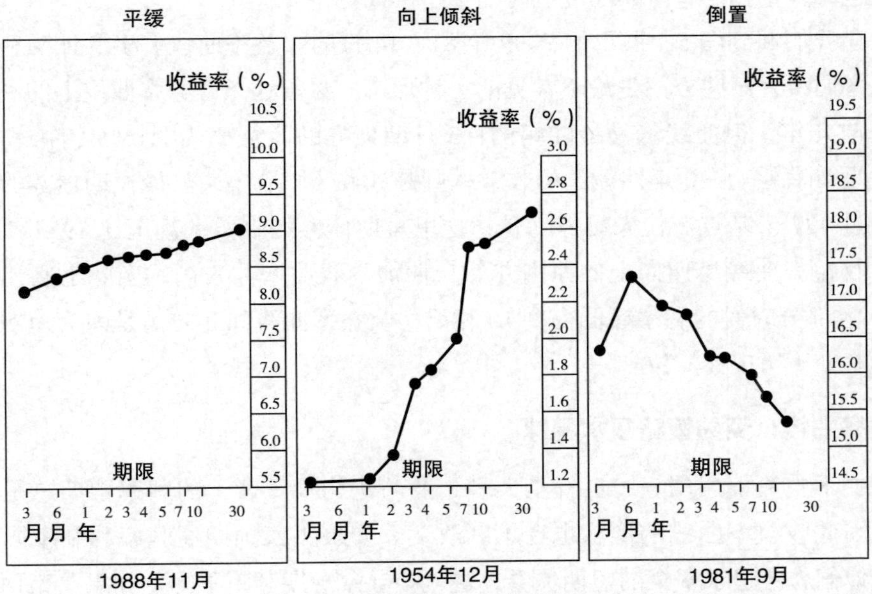

图 5.2　三条不同的收益率曲线

第一张图的日期是 1998 年 11 月 16 日，表中的 3 月期债券收益率约为 8.25%，30 年期债券收益率为 9%。尽管收益率处于历史高位，但 3 月期债券与 30 年期债券的收益率差只有大约 80 个基点（不到 1%）。这是相当小的差距，因此形成了相对平缓的收益率曲线。

在 1954 年 12 月的图中，短期债券收益率约为 1.2%，30 年期债券收益率则约为 2.7%。期限最短的 3 月期债券与 30 年期债券的价差约为 150 个基点（1.5%）。这是一个正常的价差，由此形成了一条向上倾斜的收益率曲线，长期债券的收益率比短期债券高出不少。对向上倾斜的曲线来说，150 个基点的价差其实相对较小，原因可能是整体利率水平较低。

最后再看 1981 年 9 月的图。3 个月短期债券的收益率接近 16%，6 月期债券的收益率为 17%，而 30 年期债券收益率低于 6 月期的债券，只有 15%。这就是反转的收益率曲线，即长期债券收益率低于短期债券。

为了表现得更明显，我特意选择了 1954 年 12 月和 1981 年 9 月的图。由于和过去 20 年大部分时候的主流利率水平相差甚远，这两张图上的利率水平看起来就像写错了一样。这样的利率水平可以让我们从图上“生动地”看出，目前的状况也许并不比早些时候的危机时期更正常或更持久。

让我们回到图 5.1 展示的 2009 年 8 月 14 日的收益率曲线。事实证明，这是收益率曲线在某些方面是最不常见的一种形态。尽管这条收益率曲线上的利率低于之前几年，但曲线却是最陡峭的：3 月期债券的收益率为 0.16%（你没看错，这里没有写错），30 年期债券的收益率则是 4.43%；最短期与最长期债券的收益率差过 427 个基点。让人震惊的是，这里短期债券的收益率甚至比 1954 年时还低。收益率曲线迅速向上的原因并非长期债券收益率非常高（实际上它比过去 10 年大部分时候的利率还低得多），相反，收益率曲线如此陡峭是因为短期债券收益率处于历史性低位。

收益率曲线：交易策略及水晶球

由于主流信用用户（也就是大型企业与机构投资者）的利率预期总是在变化，因此收益率曲线的形状也在不断改变。如果买家预期通胀率和利率同时上涨，他们就会追求安全的短期债券，这就会导致短期利率下降。如果买家预测经济增长率较低，社会整体陷入经济衰退，且利率更低，他们就会想办法“锁定”高收益率，从而导致长期利率下滑。根据美联储是否决定降低受其控制的利率（联邦基金利率和贴现率）从而刺激经济，或者提高利率、避免通胀，交易人员的预期也有所不同。某种程度上说，收益率曲线确实能反映大众对未来利率的一致预期，同时也会影响未来利率的变化方向。

正是因为这个原因，某个时间点的收益率曲线形状及其未来形状，始终是公众讨论的焦点。专业交易人员已经以曲线的陡峭度以及对其未来形状的预测为基础，制定出相关交易策略。比如其中一种策略就被称为“乘收益率曲线东风法”，交易人员使用这种策略提高短期持有的债务工具的收益。举个例子，一名想持有3个月短期国债的交易员会买入6个月期的短期国债，他有意在3个月后卖出这笔投资。他的目标是在两个收益来源的基础上逐步产生更高收益。其中一个收益来源是，6个月期债券的收益率略高于3个月期债券。假设利率不变，或者利率下降，那么债券在出售时就会因为距离到期日还有3个月而略微增值，因此，价格就会略微上涨，接近票面价值。如果收益率曲线陡峭且利率下跌，以上策略就能取得最佳效果；可如果利率上升，这个策略就会适得其反。不过类似的"曲线"策略都是为日常交易数百万美元的交易员设计的，交易额小得多的个人投资者如果采取这些策略将会导致更高的交易成本，也无法带来任何有意义的收益增长。

有些专业经济学家认为，收益率曲线形状暗含了公众对未来经济发展及未来利率水平的共同预期。陡峭向上倾斜的曲线意味着乐观的经济形势，也意味着股市有望进入牛市。出现这种形状的收益率曲线后，美联储通常会大规模降低利率，以期刺激经济增长。同样，陡峭的向上的曲线也可视作对长期利率上涨的预期。与此相反，人们认为倒置的收益率曲线预示着经济衰退。一般来说，出现倒置的收益率曲线后，美联储会连续提高联邦基金利率，意图减缓经济增长。倒置收益率曲线的出现频率低于向上倾斜的收益率曲线。比如在2000年，3个月短期债券的收益率达到6.3%，而30年期债券的收益率只有5.6%。跟随在这种倒置曲线后出现的就是经济衰退。不过需要注意的是，并不是所有经济衰退出现前都会出现收益率曲线倒置。

不过总的来说，对个人投资者而言，以收益率曲线的陡峭程度为依据预测未来经济活跃度还是过于单薄，没有什么用处。那些追踪利率变动的人很快就会发现，无论何时，总有一些"专家"相信长期利率将会上升，并能做出合理解释，同时另有一些认为长期利率将会下降的专家也能做出同样合理的解释。

说明这种两难局面的最好例子，就是我在写这本书时出现的收益率曲线形状。这个收益率曲线类似于图5.1展示的形态。尽管总体利率水平，特别是短期利率水平仍处于历史低位，但收益率曲线仍然陡然上扬，30年期债券的利率约为4.8%。这条收益率曲线的形状有着非常清晰的解释：短期利率之所以如此低，是因为美联储为了应对持续的金融危机而将其控制的短期利率（联邦基金利率）控制在0到25个基点之间。我在2010年初写这本书时，距离金融危机爆发已经过去一年多时间，这些超低利率显然不会永远持续下去，美联储日后一定会提高短期利率。但更有意思的问题应该是，长期利率会怎么变化？

你可以想办法从历史中寻找答案，但历史并不会提供一个清晰的回答。短期利率与长期利率并不总是同步变化。比方说，从 2004 年到 2006 年，在主席阿伦·格林斯潘（Alan Greenspan）的领导下，美联储共进行了 17 次调息，每次都将短期利率调高了 1 点的四分之一。那段时间里，联邦基金利率从 1.00% 攀升至 4.25%。然而，与绝大多数专家预测相反，长期利率却在下降。事实上，连美联储主席格林斯潘都说这是个“谜题”。

收益率曲线与个人投资者

无论存在怎样的缺点，收益率曲线仍然可以从几个方面被个人投资者所用。

- 个人投资者可以用收益率曲线快速了解不同期限债券的利率情况。
- 考虑到期期限的前提下确定有利的买入点。
- 投资期限更长的债券让本金承受了额外风险，而收益率曲线能准确回答这个问题：我能多赚多少钱？

比方说，在我写这本书时，10 年期债券的收益率约为 3.8%，30 年期债券的收益率约为 4.8%。显然，由于收益率曲线非常陡峭，那么投资期限越长的债券，投资者就能获得越高的收益率。另一方面，30 年期债券价格的潜在波动性也远高于 10 年期债券。因此，本金的风险也明显更高。

判断收益率曲线上任意一点的收益率是否具有吸引力，则要看整个曲线的形状。比方说，如果收益率曲线相对平缓，那么 2 到 7 年期债券的收益率有时只比 30 年期债券低 30 到 50 个基点，而本金所承受的利率风险则要小得多。你必须问自己，如果你能以较低的本金风险，获得大约等于 30 年期债券 90% 的收益时，你额外承受的风险是否得到了补偿？

这里有必要重申的一点是，投资者有时会为了极其微小的收益而将本金置于风险之中。因此，每次购买债券时你都要问自己，“我真的多赚了多少钱”“为了额外的收益我承受了什么样的风险”。

最后，尽管我只讨论了美国国债的收益率曲线，但收益率曲线适用于任何债券。任何类型债券的收益率曲线均有助于我们选择买入点。

还需要注意的是，市政债券的收益率曲线的向上倾斜程度往往比国债更强。

因此，一般来说，想获得约等于30年期债券85%到90%的收益时，和国债相比，你就需要在收益率曲线更靠后的位置选择债券。对市政债券来说，我们一般可以在7年期和15年期找到风险与收益的最佳平衡点。

“收益率差”与基准

如今报道债券市场时，过去鲜少提及的债券板块也会得到定期报道，比如高收益企业债券（也就是垃圾债券）和国际债券。这些市场板块受到越来越多的关注，主要因为两个原因：一个是交易所交易基金的大量出现，这些基金投资的是高度专业化的债券市场板块；另一个原因则是外国市场对美国投资者变得越来越重要。

这种报道只是偶尔以定期专栏或文章的形式出现。更多时候，我们可以在列出国债“价差”的汇总表，以及“基准”收益率表中找到这些信息。让我们分别进行简单讨论。

“利差产品”

首先要讨论的是“收益率差”。如前所述，所有板块的债券总是跟随同一期限的国债而动。国债与其他债券收益率的差额就是“价差”。实际上，类似企业债券和国际债券这样的应税债券，有时也被称为“利差产品”。

这些债券市场板块的债券与国债之间的价差各不相同，差别极大。这些市场板块的债券信用质量及评级各异，因此，收益率区间也会变得更大。尽管如此，随着经济环境发生变化，整个市场板块与国债之间的价差也会变大或变小。所以有时你会听到“专家”或分析师说，企业债券特别便宜、值得购买，有时会听到他们说企业债券过于昂贵、应该卖掉。

另外需要注意的是，国债和其他债券的收益率可能朝相反方向发展。假设经济发展速度变缓，长期国债利率可能因此下滑。但缓慢增长的经济可能让人们担心垃圾债券的信用质量，从而导致垃圾债券的收益率上升。反过来，上述情况也会让国债与垃圾债券之间的价差变得越来越大：垃圾债券价格下跌的同时，国债的价格将会上涨。

究竟买入还是卖出某种债券，主要以其与国债的价差大小这种收益率数据为标准。为了确定某个市场板块的债券究竟是低价还是高价，专业交易人员会查看多年的价差数据。这种类型的数据如今均已公开，但通常以表格的方式片段地出现。

表 5.1 展示了不同类型债券与国债之间的价差。这种数据表并非标准表格，不同报纸与网站上都有不同形式的数据表。有些数据表会显示特定债券与国债间的价差，其他则采用基准衡量评估。表 5.1 是一份高度简化的表格，展示了这种表格的常见信息。这份表格显示了不同债券市场板块与国债的价差（以基点表示）。（在这份表格中，基准只是债券板块的名称，而非真正的基准。）所有数字均为约数，不过这些数字仍然显示了 2010 年 4 月的总收益率水平与利率发展方向。

表 5.1 追踪不同债券与国债的收益率差

债券板块	期限	2010 年 4 月高于 / 低于国债的基点数	2009 年 4 月高于 / 低于国债的基点数	与一年前相比的变化
美国企业指数	5	+100 基点	+400 基点	−300 基点
美国高收益率企业指数（垃圾债）	5	+600 基点	+2 000 基点	−1 400 基点
新兴市场债券指数	5	+350 基点	+900 基点	−550 基点
加拿大债券	5	+50 基点	+50 基点	0

从左到右，表 5.1 分别显示的是：

- 债券市场板块；
- 到期期限；
- 最近日期（2010 年 4 月）和一年前的收益率，各自与美国国债的价差（以基点表示）；
- 最近日期与一年前相比的价差变化。

在表 5.1 中，与一年前相比，几乎所有债券市场板块与国债的价差均显著缩小，债券价格也在上涨。变化最大的是美国高收益率（垃圾债）板块，差距缩小了约 1 400 个基点（14%）。我们在第九章讲到美国企业债券时也会看到，这种变化正是 2009 年垃圾债券获得巨额收益的原因。其他债券市场板块也出现了类似，但规模较小的变化。高质量主权债券（比如加拿大债券）与美国国债的价差几乎没有变化。

财经网站或报纸的财经版上的表格内容更详细，数据也更准确，可这些表格很多时候也会让人看得一头雾水。设置表 5.1 的目的就是告诉读者应该关注哪些信息。

为什么要关注不断变动的价差？有几个原因。其中之一是债券市场的专业人员有时能比股市投资者更快地察觉出经济形势的变化。比方说，企业债券与国债的价差变大（企业债券收益率相比国债出现上涨），这可能是证明经济走弱的一条线索。对股市投资者来说，这也可以成为重要的线索。

追踪利差大小的另一个原因在于，有时利差是判断某个板块的债券是否具有购买吸引力的最佳指标（一般是反向指标）。比如从 2006 年到 2007 年，企业债券（投资级别和垃圾债券）与国债的价差缩小到了历史最低程度。那段时间股票价格大涨，公众对经济形势普遍乐观，但对有些投资者来说，企业债券与国债价差缩小到历史性“低点”，却构成了危险信号。这些投资者意识到，他们承受的风险并没有得到补偿。在恐慌时期，比如 2008 年，当某些市场板块充满恐慌情绪时，价差会大幅扩大。而扩大的价差也许最终能带来投机机会，但恐慌可能持续很多年，带来的损失也非常大。

本书将在后面研究企业债券和国际债券的章节对这些债券与国债的价差进行更深入的讨论。

基准

如今财经媒体的报道范围，也包含债券的基准及基准指数。

基准指数变得越来越重要，原因主要有两个。第一，债券基金经理的表现有时会被拿去与基准指数对比，他们的收入也建立在这种表现的基础之上。第二，新成立的债券 ETF 越来越多，其中很多都会跟踪基准债券指数。如今，创建指数已经成为一项大业务。因此，债券的每一个市场板块均设立了基准指数。

然而，为债券市场设立基准指数要比为股市设立基准指数复杂得多。主要原因在于，债券涵盖的范围比股市大得多。债券的任何一个板块都能包含数千支债券。此外，所有债券市场板块总是处于变动状态，因为总有新的债券发行，而且每支债券的票面利率、信用评级、到期期限等因素各不相同。另外，基准可以用很多不同的方式进行拆分：比如以市场板块分类（企业债券、抵押担保债券、市政债券）、以期限分类（短期债券、中期债券）、以信用质量分类（高评级、垃圾级）、以国家分类（日本债券）、以市场细分分类（新兴市场债券）等。

相比之下，股票指数简单得多：标普 500 指数是 500 支股票的加权指数——所有和标普 500 有关的指数均与这 500 支股票有关。鉴于债券市场的特点，人们在设置债券指数时一般采用抽样法，以期能反映某个债券市场板块中数量极多的债券的总体风险状况。

基准指数的数量越来越多，其中很多越来越关注细分的债券市场板块。如今，市场上已经有数百个基准指数，覆盖了债券市场的每一个组成部分。不过这一趋势中的一个负面因素在于，基准指数的名称有时无法准确描述其追踪的债券板块。基准指数有可能只是以开发机构的名字命名，而一个隐晦的名字（比如“某某高收益指数”）很难显示出构成基准的投资组合的信息。

此外，由于不同经销商对债券的定价方法不同，再加上一个基准指数中的很多债券并非每天都会交易，导致债券基准的定价即便看起来很精确，但实际上可能是一个估值，而非准确的价位。因此，追踪相似基准指数的债券基金定价不同，这种情况并不少见。

本书在后面的内容，尤其是第十四章讨论 ETF 时，还会涉及基准问题。

Investinginbonds 网站、FINRA 网站及 EMMA.msrb 网站

截至目前，债券市场上最有用的信息都可以在上述三个网站上找到。三个网站排名不分先后，以下分别进行讨论。

Investinginbonds 网站

三个网站中历史最悠久的就是 Investinginbonds 网站。这个网站最初由债券市场协会（Bond Market Association）开发，当时它是市政债券的行业协会。2006 年，债券市场协会与证券业协会合并，成立了美国证券业与金融市场协会，即 SIFMA。

自 20 世纪 90 年代上线以来，Investinginbonds 网站进行了显著扩张。最初，这个网站几乎只关注市政债券市场。网站上会列出一些交易活跃的市政债券价格，前提是这些债券一天内至少被交易四次。此外，这些标价只有在交易发生一天后才能查询。

不过随着时间推移，网站上的信息也变得越来越多。从 2005 年开始，所有

市政债券的交易信息都会在交易当天公布：每次交易完成后 15 分钟就会发布信息（这已经接近实时发布）。最近，网站通过 TRACE 提供的信息流（见下），增加了企业债券交易信息。从 2010 年 3 月起，网站也增加了交易活跃的联邦机构债券，不过联邦机构债券的信息不如市政债券及企业债券那么详细。

你可能好奇，为什么不能在交易发生时公布交易信息。需要记住的是，债券市场仍然是场外交易市场。和在交易所交易的股票不同，债券市场不存在“行情自动收录机”展示价格。经销商需要按照美国证券交易委员制定的规则报告交易价格，而这个过程需要几分钟时间。最重要的规则似乎就“合规”。

价格数据的体量极其庞大，首当其冲的就是任意一天所有债券的交易价格数据。而 Investinginbonds 网站还囊括了所有市政债券从 2005 年开始的完整交易历史数据。用户只需要输入库斯普号码就能查询债券的交易历史（值得一提的是，很多市政债券一年只会被交易几次）。

Investinginbonds 网站上并不只有价格数据信息，网站上还包括与债券市场整体及每个市场板块有关的大量信息。这个网站将数据及综合信息按照以下标题归入四类。

- “市政债券市场一览”。
- “企业债券市场一览”。
- “联邦机构债券市场一览”。
- Investinginbondseurope 网站（姐妹网站）。

这个网站上也有抵押担保债券板块，但这个板块不发布交易数据。

用户在这个网站的每一个板块都能找到极其丰富的内容。除交易数据外，网站还提供从日收益率表到代表性收益率表等所有债券分类市场的收益率概览。“有用问题”则能帮助读者了解每种分类的定义及概述；每个分类下也有历史信息与评论部分。

最后，这是一个对用户非常友好的网站。网页清晰明了，便于浏览。

EMMA.msrb 网站

EMMA 是“电子市政债券市场通道”的英文首字母缩写。这个网站于 2009 年 7 月上线，开发网站的市政债券规则委员会（Municipal Securities Rulemaking Board）是承销和交易市政债券的联邦监管机构。EMMA 的目标，是成为市政债券市场数据和的主要信息来源。EMMA 将自己定义为“市政债券披露及市场数据的官方信息源”。以下引用的文字就是对 EMMA 设立目标的表述：“EMMA 的市场活动页面为用户了解市政债券整体市场信息提供了一个窗口。点击下面的标签，浏览近期交易数据、官方声明、持续披露、提前融资文件和日常市场数据。”

EMMA 上的数据在一定程度上与 Investinginbonds 网站存在重叠。比如交易数据，两个网站上的内容几乎一模一样。不过 EMMA 有很多 Investinginbonds 网站上没有的功能。

首先，如今发行市政债券时，EMMA 是官方声明（OS）的官方（且唯一）资源库。有意在债券发行时了解官方声明的投资者将会被直接导向 EMMA 网站。除此之外，EMMA 的资料库里还可以查到远至 20 世纪 90 年代的官方声明。

此外，EMMA 还是“持续披露”的唯一信息资源库。所有市政债券的发行人需要至少每年进行一次官方声明，申报自身的财务状态。所有发行人还需要申报信息，披露可能对债券价格产生“重大”影响的改变。这就是“持续披露”。但这种说法其实有点含糊，发行人需要确定什么是“重大”信息。比方说，包括信用评级的任何变化，也包括类似债券利息延迟支付或用于偿付债务的储备金减少等信息。总的来说，任何可能导致债券价格下跌的信息都需要披露。当然，持续披露也包括可能导致债券价格上涨的信息。

鉴于写这本书时 EMMA 还是个新网站，所以按规定持续披露的效果究竟如何、网站的各种功能对个人投资者究竟能起到多大作用，仍有待观察。比方说，发行人需要至少一年时间，才能至少提交一次财务报告。不过一名官员表示，合规申报的范围很广。EMMA 列出了大约 150 万个库斯普号码的交易数据。网站上线八个月后，100 万发行人至少申报了一次持续披露文件。同时，网站表示用户的点击量也非常大。

EMMA 还有一个独特的功能尤其值得关注。这是一个互动功能，名叫“提醒我”。任何登录 EMMA 的投资者均可以输入邮箱地址和库斯普号码，要求网站发送该库斯普号码官方声明及任何持续披露信息。如果您持有市政债券，请务必试用这个功能。

还有一点：EMMA 也是一个便于浏览且对用户友好的网站。

FINRA网站

最后要讨论的就是FINRA网站（FINRA是美国金融业监管局的首字母缩写）。这个网站由全国证券交易商协会（National Association of Securities Dealers）与道琼斯市场观察（Dow Jones Market Watch）共同设立。这个网站将TRACE搜索引擎（TRACE是“交易报告与合规引擎”的首字母缩写）容纳其中，这个搜索引擎能够实时发布企业债券的交易数据。2010年3月，TRACE开始发布联邦机构债券的交易数据。自营商与经纪商需要在每笔交易完成后的15分钟内报告交易数据，市政债券交易也是如此。TRACE也为Investinginbonds网站提供企业债券和联邦机构债券的交易数据。

FINRA的独特之处，是“公司信息”页面。这个页面包含公司的现股价（实时），以及与公司相关的背景信息。同时，页面上还会显示公司尚未偿付的债券清单及其信用评级。（第八章讨论企业债券时我会对这个页面进行讲解。）

FINRA网站可以说无所不包。上面包含几乎所有可交易证券的数据，这些证券不只是债券，还有股票、期权和共同基金等。网站上还有美国证券交易委员会提交的文件，另有软件可以让投资者对债券进行有针对性的搜索。通过MSRB提供的信息，FINRA还纳入了市政债券的交易数据。

从2011年开始，FINRA启动了一个实验项目，用于追踪抵押担保债券的交易数据。至少在最初阶段，这些数据不会对公众公布。目前FINRA尚未决定何时或者是否将这些数据在网站上公布。

FINRA网站页面上有两套独立的菜单：一套针对个人投资，另一套针对的则是专业人士。这也是网站细节丰富、拥有大量信息的一个信号。由于内容极其丰富，FINRA的用户友好程度不如EMMA和Investinginbonds网站。不过网站上的教程值得一看。

最后需要注意的是，FINRA负责监管证券行业里的所有自营商与经纪商。网站上的两个功能，与自营商与经纪商的监管执法有关。第一个是“经纪商核查（BrokerCheck）”，用户可以了解经纪人和经纪公司的背景信息。FINRA在很多问题上还拥有调解与仲裁职能（详见下文）。

以上三个网站上均含有很多实用工具，比如不同种类的计算器。三个网站都能让用户进行各种搜索，比如搜索某些债券的数据，或者搜索满足特定标准的债券。本书讲到具体债券的章节里会对这些搜索做出图示说明；其中包括来自三个网站的实例，以展示在购买债券时如何利用这些网站上的数据。当然，三个网站都在不断增加新功能，也在不断改变。不过本书的图示，仍不失为有用的简介。

购买债券的一些指导原则

既然已经获得了债券市场的信息来源，那就让我们总结几个步骤，让你在购买债券时使用。

首先，你需要确定究竟购买应税债券还是免税债券。如果是养老金账户，最好选择应税债券。如果不是养老金账户，假如你个人处于高税级，市政债券就是合理的选择。如果不确定市政债券从经济角度是否适合自己，可以查询市政债券的等额应税收益率（可在相关网站上查询）。

你可以浏览相关网站，了解自己感兴趣的债券市场板块的总体收益率情况。确定一些指标，以便浏览。指标应当包括以下内容。

- 到期期限。
- 信用质量。
- 收益率。

注意，我把收益率排在了最后。在债券市场中，我们总是要在收益率和安全性中做出取舍。更高的收益率意味着更大的风险。任何债券如果在某一时刻的收益率达到最高，那么它在那时的风险也是最大。你需要确定自己愿意承受多少风险。

另外，你也可以浏览喜欢的经纪商网站，以确定自己属意的债券市场板块里有哪些债券可供购买。情况可能千差万别。有时你有大量选择，有时只有有限选择。

当你发现那些价格看起来很有吸引力的债券后，你需要在相关网站上查询这些债券的交易历史。这些债券的交易活跃吗？利差是大是小？（当然，这个数据因债券所属板块不同而存在差别。）此外，那些价格和收益率相似的其他可比债券也需要留意。

如何寻找一个经验丰富的经纪人

假如你是一个刚刚进入债券投资领域的新人，一流经纪人的作用就尤其明显，他们会成为你的宝贵资源。可若想找到一个真正优秀的经纪人，却需要下一番功夫。

想找到一个经验丰富的经纪人，你可以在专攻债券的公司里寻找，也可以在银行或经纪公司中寻找专门向个人投资者出售某种类型债券的人。不要怕麻烦，你需要与经纪人面谈，讨论你的需求。本书会提供一些建议，让你向经纪人提问。为了保护自身利益，有意购买债券时，你需要成为知情投资者，坚持选择那些特点和风险自己都能理解的债券。不过需要注意，全服务经纪公司的佣金可能非常高。这笔支出对你而言是否值得，一定程度上取决于佣金成本有多高，也取决于服务的质量。

你也可以在折扣经纪商那里找到优秀的经纪人。不断提出高质量的问题，直到找到能给出高质量回答的人，这不失为一种有效策略。你也可以要求与资深交易员或资深经纪人面谈。

你可以从经纪公司（或经纪人）推销的产品上判断对方是否优秀。如果你告诉经纪人，你的第一要务是保证本金安全，而对方只知道推荐高收益率（即高风险）债券，你就该换一家公司。有些公司，我们可以简单粗暴地称之为“投机商号”，就是以高压策略闻名。这样的公司有时依赖“随机电话营销”，也就是打电话给陌生人来寻找那些投资不谨慎的买家。打随机营销电话的人一般会对你说，他为你提供了一个可以购买极佳债券的特别机会，可如果你不立刻购买，机会就会消失。很多年前，你可能需要给好几个经销商打电话才能确认信息。如今，前面提到的任何网站上都能查到价格信息，你也可以因此迅速了解是否得到了优质报价。事实上，买入一支债券后，你的交易信息就会出现在本章提到的三个网站上。你可以拿自己的买入价和别人对比，由此确定自己支付的价格是否合理。

即便一直和某家公司（或某个经纪人）合作，你也不妨到处看看，尽可能多地了解市场情况。如果经纪人意识到你在四处打探消息，你就更有可能协商获得好的报价。

另外，假如你在网上找到了有意买入的债券，务必给经纪人打电话。对方的买入价格有可能低于你自行买入的价格，你还能听到其他人的意见。

“经纪商核查”

尽管我建议读者在购买债券前先和经纪商讨论，但我们有必要找到一个经验丰富且诚实的消息来源对象。

首先，你得避免诈骗犯。FINRA 上有两个可以帮助个人投资者的功能。其实 FINRA 有关于这两种功能的大量信息，我只总结出了其中的基本内容。

第一个功能是“经纪商核查”。这个功能类似于“商业改进局（Better Business Bureau）”，可以让用户获得经纪人和经纪公司的背景信息。FINRA 建议，在和新公司或新经纪人打交道前，用户应当咨询网站，并采取一系列步骤。通过检索“经纪商核查”，用户首先能知道经纪商是否在 FINRA 注册，是否在用户所在州拥有营业执照，以及是否有人投诉过这个经纪人。

经纪商核查信息的准确性到底有多高？经纪商核查的信息源自问卷调查和自愿披露。不过还有一些核查手段可以确保经纪人的诚信度。所有经纪人均会被采集指纹，随后发送给美国联邦调查局。这就能曝光有过犯罪记录的经纪人。此外，监管机构还要求报告针对经纪人和经纪公司的投诉，这部分信息也会在经纪商核查上显示。

经纪商核查上包含 FINRA 上大约 85 万名现任及前任注册经纪人及 17 000 家现任及前注册经纪公司的背景信息，金融顾问公司的信息也可以查询。最后，经纪商核查的免费电话是（800）289-9999。

并非所有投诉都是合理的，假设你一直和一名经纪人打交通，但突然发现对方遭人投诉，一个建议：打电话给经纪人，听听他们的说法。

FINRA：仲裁与调解

FINRA 运营着整个金融行业最大的仲裁与调解机构。

如果你认为自己受到了经纪人或经纪公司的不公平对待，那么你的第一个办法就是打电话给对方，看看双方能否就你的问题协商出一个令人满意的解决方案。

如果不能协商出满意结果，FINRA 提供了两个比诉诸法律成本更低、耗时更少的争议解决办法。

其中更为正式的流程是进行仲裁。启动仲裁程序需要提交仲裁申请，并在指定仲裁员面前进行听证。仲裁需要支付一定费用。首先，仲裁申请费在 50 美元到 1 800 美元之间，具体视你的索偿金额而定。FINRA 还会对听证环节收费，费用在 50 美元到 1 200 美元不等。（这些都是写作本书时的价格。）具体费用以提交仲裁的标的以及你寻求的赔偿为计算标准。仲裁结果将确定哪一方承担仲裁费用。最后，由于进入仲裁的纠纷可能涉及非常复杂的法律问题，你可能需要聘请律师，这就会增加额外的法律费用。

这里需要注意，仲裁决定具有终局性，且具有法律约束力。你需要注意，当你在经纪公司开户时，对方可能要求你签下仲裁协议，签署上述协议意味着你认同与经纪公司的任何纠纷必须通过仲裁解决。

解决纠纷的第二种方法就是调解。和仲裁相比，调解相对没那么正式，成本也比较低。一般来说，调解员不会强制确定纠纷解决方案，他们会想办法达成一个能让纠纷各方满意的解决方案。调解费用也比较低，纠纷标的不到 25 000 美元的以 50 美元起，纠纷标的超过 10 万美元的以 250 美元止。

调解决定一般不具有法律约束力。FINRA 网站上一份名为“证券行业纠纷投资者指南：如何避免并与经纪商解决纠纷”的 30 页 PDF 文件对经纪商核查、调解与仲裁程序这些内容进行了详细描述。

总结

本章回顾了一些媒体中常见的，而且对理解利率环境具有重要意义的概念。比如国债市场的主要数据，主要是不同期限债券的利率情况。这些利率情况主要通过收益率曲线形式发布。我们还讨论了两个相关概念：如何解读并利用收益率曲线，以及债券基准的设置及越来越广泛的应用。

不过对债券投资者来说，最有价值的信息还是出现在互联网上，这些信息都可以在三个免费网站上找到。其中存在时间最长的是 Investinginbonds 网站，这个网站的最初目的是为市政债券市场提供数据，日后业务范围显著扩大，其他债券市场板块的数据也被纳入其中。第二个网站是 FINRA 网站，于 2007 年上线。这个网站提供债券和共同基金的数据。最年轻的网站当属 EMMA.msrb 网站。EMMA 将成为市政债券市场披露信息及文件的官方资源库。这三个网站均能提供宝贵的信息，比如在债券交易完成后的 15 分钟内（接近于实时）公布价格数据，还提供软件供投资者有目的性地搜索。这些网站上不仅有债券的深度信息，也有关于某个债券市场板块的总体信息。本章对这三个网站进行了一定程度的解释，不过第七章到第十章里也对如何利用这三个网站搜索债券进行了更为详细的解释。

最后，本章还给出了一些购买债券的基本原则。

THE BOND BOOK

02

第二部分

各种债券

如果你至少拥有 50 000 美元可用于投资（投资国债所需的资金数额更小，因为少至 1 000 美元也能安全地购买国债），也许你该考虑购买债券。

之所以选择 50 000 美元，是因为债券投资或其他任何投资的首要原则就是多元化。如果没有 50 000 美元，你就无法购买多元化的投资组合。此外，你的交易成本，即买卖中的佣金支出，也会变得非常高。

第二部分讨论了以下五种债券。

- 国债。
- 市政债券。
- 抵押担保债券。
- 企业债券。
- 国际债券。

按照对个人投资者的吸引力，本部分将依次讨论这些债券。

国债是其他任何债券都要与之对比的基准。其安全性最高，买卖成本较低，而且易于理解。对于那些追求资金安全、没有时间或者对金融没有兴趣的人，投资目标很有可能只有国债；而高收入阶层投资者也可以同时投资高评级市政债券和国债。

市政债券可能是个人投资者持有最多的一种债券。这类债券有两大吸引力。首先，市政债券是扎实可靠的投资选择，因为不需要缴纳联邦税、一部分州税和地方税，所以市政债券也是个人投资者能够买到的最安全、收益率最高的一种债券。不过这个市场已经发生了一系列重大改变，其中之一就是债券保险的消亡。此外，可以在互联网上查到定价及披露信息，也在改变人们购买这些债券的方式。

抵押担保债券和企业债券的收益率都比国债高，但也比国债和市政债券复杂，两者都需要持有者更多的参与。如果投资者在购买前没时间，也没兴趣进行深入分析，而且在购买后也无暇跟踪监控，他们就不该购买这两种债券。

在这一版，有关国际债券的第十章几乎全部重写。由于发展中国家的资金需求量极大，加上发达经济体的全球化程度越来越高，这种债券也变得越来越重要。第十章描述了美国市场目前能够买到的几种主要国际债券。

第六章

国债、储蓄债券与联邦机构债券

本章包括以下内容：

- 短期国债、中期国债与长期国债；
- 通货膨胀指数债券（TIPS）；
- 国债直达：如何通过拍卖、无需支付佣金而直接购买国债；
- 零息债券；
- EE 系列债券和 I 系列债券；
- 联邦机构债务。

这一章将会讨论美国政府直接承担责任的几种债券，这些债券主要分为四大类。

第一类，也是最为人熟知的一种，就是由美国财政部发行，由联邦储备银行拍卖出售的债券，通常被称作“国债”。根据期限长短的不同，国债可以分为三大类。期限最短的国债英文是 Treasury bill，时间为一年或一年以下；中期国债英文是 Treasury note，期限为 2 到 10 年；而长期国债的英文是 Treasury Bond，期限为 10 到 30 年。1997 年，联邦储备银行（美联储）推出了一种全新的国债：通货膨胀指数债券。和其他国债一样，通货膨胀指数债券同样以拍卖形式出售。所有美国国债在二级市场的交易行情都非常活跃，美国国债也是全球最大、最活跃、流动性最强的债券市场。

第二类债券并不由美联储直接销售。这类债券实际上是由投资银行以美联储发行的国债为基础创造出来的，由投资银行创设并出售，这就是“零息债券”(英文简称 zeros)。

第三类债券就是我们熟悉的储蓄债券，由政府通过银行及互联网直接向个人投资者出售。储蓄债券不在二级市场交易。因此，储蓄债券的面值不随利率变动而发生改变。这是储蓄债券与国债的主要区别。你可能会记得，童年时自己最不喜欢的亲戚总喜欢拿储蓄债券做礼物，这些债券要在遥远的未来才能兑换成现金。如果真这么想，你就忽略了一个很有吸引力的机会。如今，美国政府出售两种储蓄债券：EE 系列和 I 系列。EE 系列债券的利率更有竞争力，而 I 系列债券的总收益率与通胀挂钩，因而特别具有吸引力。

第四类债券由不同的联邦政府机构发行。尽管这类债券不由联邦政府直接负责，但仍有政府做后盾。这一类债券被统称为联邦机构债券。

接下来，让我们依次讨论。

国债的特别之处是什么

我想买一支绝对安全、易于买卖、易于理解且收益率高的债券，世界上存在这种债券吗？

让人意外的是，真有这样的债券。美国国债就是这种罕见的悖论：不仅常见，而且高质量。尽管没有得到正式“承保”，可由于美国政府直接对其负责，而美国政府属于终极承保人，国债（如果在美国政府支持的投资中评级安全的话）就比获得保险的投资还要安全。此外，自 1985 年起，长期国债在到期前不得被提前赎回——和其他债券相比，国债的赎回保护显然慷慨得多。最后，国债是投资者所能买到的流动性最好的债券；和其他债券相比，国债交易时的加价最少。

购买其他固定收益证券前，你应该了解一下期限相似的国债的收益率。专业人士就是这么做的。每一种债务证券都是由专业人员以国债为基准定价的。除非额外收益率（与国债收益率的价差）大到足以弥补额外的信用风险，否则绝对不要购买期限与国债相同的其他证券。风险越大，价差越大。

如果你厌恶风险，或者没有太多时间管理投资，那么国债就是最合适的选择。即便你时间充裕，国债仍然是你的最佳选择。

购买国债时唯一要做的决定，就是确定自己愿意承受多少利率风险，也就是说，你在收益率曲线的什么地方能找到收益与利率风险的平衡点。完美世界里不存在利率风险。但我们都知道，长期国债的价格波动水平与其他长期债券不相上下。然而，如果把购买目标限定在五年或者更短期限的债券上，并且一直持有直至到期，你就能获得一个本金不存在任何风险，且拥有可预期收益的投资组合。

出人意料的是，尽管信用质量高，但从总收益角度看，国债的表现通常好于其他债券。出现这种情况主要有两个原因：首先，每当金融市场陷入动荡时，投资者会卖掉其他金融资产（比如股票）然后把钱投入国债，即所谓的“向优质资产转移”。2008 年的金融恐慌变成了美国国债的最佳广告。那一年，其他所有证券，包括股票和债券都陷入混乱，而国债的价值却一路高歌猛进。其次，与其他债券相比，国债有更为优越的赎回保护，也能提高长期国债在利率显著下跌时的收益。

长期国债由美联储定期发行，并由联邦储备银行通过拍卖形式销售。绝大多数国债被销售给了大型自营商，即“一级自营商”，后者再卖给其他人，比如银行、经纪公司、大型和小型机构、货币市场基金或个人投资者。个人可以从银行或经纪公司购买国债，你也可以直接在拍卖中买下国债，数额在 100 美元到 500 万美元之间。

国债需要缴纳联邦税，但无须缴纳州税和地方税。一般来说，收入税高的州，国债的这个特点能使其收益率增加 50 到 60 个基点（大约 0.5% 到 1%）。因此，国债（尤其是期限不到 5 年的国债）的税后净收益率有时可能比免税债券还有竞争力。

短期国债、中期国债与长期国债

短期国债

短期国债（简写为 T-bill）是期限较短的债券，期限为一年或更短。目前，短期国债有 3 个月期、6 个月期和 1 年期几种。短期国债的最小面值为 10 000 美元，并以 5 000 美元为基数增加。

严格来说，短期国债是一种无息债券。购买短期国债时，你不会收到票面利率形式的利息。相反，短期国债以低于票面价值折价销售。到期时，美国财政部将以票面价值赎回短期国债。买入时的折扣价格与赎回时的票面价值之间的差价，就是其收益。

个人可以在联邦储备银行的每周拍卖上直接购买短期国债，也可以在二级市场上支付一些费用，从银行或经纪公司那里购买短至几天，长至一年的任何期限的短期国债。短期国债可以随时转售，是流动性最强的债券。短期国债仅以记账式形式发行。

大部分报纸和金融网站会列出 1 个月期、3 个月期和 6 个月期国债的收益率。短期国债收益率的报价方式一般有两种：一种是折价出售，债券以票面价值赎回；另一种方式被称为“债券等值收益率基准”。这两种报价并不完全一样。简单地说，折价报价以短期债券赎回时的一次性溢价为基础，也就相当于单利。但在 3 个月期和 6 个月期债券赎回时，投资者有机会用本金和赚到的复利进行再投资。因此，实际收益率（年化）要高于贴现率。短期国债的债券等价收益率总是略高于贴现率（10 到 20 个基点）。实际上，顾名思义，我们可以用短期国债的债券等价收益率对比付息债券的收益率。将贴现率转变为债券等价收益率的公式非常复杂，但任何出售短期国债的机构都会列出这两个利率。[1]

毫无疑问，短期国债是投资者所能买到的最安全的证券，它们的信用风险为零；而且因为期限非常短，利率风险也基本可以无视。事实上，专业投资人员也把最短期国债视作无风险收益率的替代指标，而机构投资者则把这种债券当作现金等价物。

不过需要注意的是，尽管短期国债是现金的优质避风港，但它们并不适合长期投资。如果持有时间较长，总收益就会低于其他风险较大的投资，而再投资的风险非常高。

你的投资组合里为什么该有中期国债

中期国债的期限为 2 到 10 年。目前，美国财政部出售以下期限的中期国债。

- 2 年期。
- 3 年期。
- 5 年期。
- 7 年期。
- 10 年期。

可以预想到，由于期限更长，因此，在面对利率变化时，中期国债价格的波动性会比短期国债更强。因此，如果你需要在到期前出售中期债券，那么售价

[1] 计算债券等价收益率时还会考虑其他几个因素。其一，美国财政部是按照一年 360 天计算短期国债的价格的。收益率进行年化时（一年 365 天），实际收益率就会略高于贴现率。其二，计算债券等价收益率的前提是按照发行利率并按一年 364 天计算复利（1 年期国债在市面上实际存在时间为 52 周，正好 364 天）。

可能高于，也可能低于你的买入价格。你需要记住，价格变化与期限长度直接相关。价格变化最小的是 2 年期国债，随着期限变长，价格波动也会越来越大。不过，5 年以下的国债，利率风险仍然相对较低。期限越长利率风险越大，超过 5 年后利率风险就会显著上升。

中期国债特别具有吸引力。它们的收益率一般比短期国债高出 50 到 150 个基点，取决于收益率曲线的形状。如果购买并持有中期国债直至到期，你可以保证收回所有本金。此外，如果看税后净收益，中期国债的收益率有时甚至比免税债券还要高。比方说，州税高的地方就会出现这种情况，因为中期国债无需缴纳州税和地方税。此外，当收益率曲线倒置（也就是短期债券的收益率比长期债券高）时，2 年期到 5 年期中期国债的税后收益率可能比市政债券还要高很多。这种情况曾在 1987 年、1988 年和 2000 年出现。

购买中期国债，而非长期国债，投资者是否放弃了一些收益？根据权威研究统计，历史上有很长时间，中期国债的表现其实和长期国债不相上下，有时甚至略好于长期国债。比方说，伊博森研究公司（Ibbotson Associates）的一项研究显示，从 1926 年到 1997 年，中期国债的年平均总收益率为 5.3%，而长期国债的数据则是 5.2%。[1] 中期国债收益之所以高于长期国债，原因在于利率变化时中期国债的价格波动相对较小。

不过在更近期一些的数据中，结论却不那么明确了。另外，考虑到我写作这本书时的收益率曲线极其陡峭，加上 5 年期国债的收益率极低（大约是 10 年期收益率的 60%，30 年期收益率的 40%），中期国债并非投资的不二选择。目前，我们根本无法预测 5 年期国债的收益是否强于长期国债。这完全取决于利率发展情况（不管未来几年利率上涨、保持不变还是下降）和收益率曲线的形状。

可以确定的是，中期国债的收益率仍然显著高于短期国债；如果持有中期国债直至到期，投资者就能全部收回本金。但考虑到未来利率发展方向的不确定性，现在是“搭梯子”的好时候（如何搭梯子，详见第十四章）。

长期国债

长期国债是美国财政部发行的期限最长的债券，期限从 10 年到 30 年。目前，

[1] *Stocks, Bonds, Bills and Inflation: 1 998 Yearbook* (Chicago: Ibbotson Associates, 1998) pp. 10–30.

财政部以拍卖形式出售 10 年期和 30 年期国债（如今不再出售 15 年期和 20 年期国债）。可由于国债市场极其活跃，任何期限的国债均可以在二级市场交易。

相比企业债券和市政债券，长期国债的另一个优势在于享受着非常优越的赎回保护，它们在 25 年内不能被提前赎回。

但与期限较短的债券不同，长期债券会让投资者面临巨大的利率风险。考虑到本书写作时的利率情况，10 年期的利率约为 3% 到 4%，30 年期利率约为 4% 到 5%，这个问题尤为重要。当然，我们没法预测利率未来究竟会上涨还是下跌。但有值得重申的一点是，选择 10 年或 10 年以下期限的债券，可以赚到 30 年期收益率的 80% 到 85%，并大大降低利率风险。

通货膨胀指数债券

1997 年，美国财政部推出了一种新债券——通货膨胀指数债券（Treasury Inflation-Indexed Securities），也被称为通货膨胀保值债券（Treasury Inflation-Protected Securities），简写为 TIPS。顾名思义，这种债券旨在即便出现通货膨胀时也能确保投资者获得实质收益，同时保护投入到这种债券上的资金的购买力。

TIPS 为什么这么独特

TIPS 与其他国债存在一些共同点。

- 以美国政府的信用为支撑，因此拥有最高的信用质量。
- 按季度由美国财政部以拍卖形式出售。和其他国债一样，TIPS 的票面利率是固定的，一年支付两次。自 TIPS 问世以来，10 年期债券的固定票面利率高至早期一次拍卖的 4.25%，低至不久前 2010 年 1 月一次拍卖的 1.375%。
- TIPS 和其他国债一样，由财政部每季度以拍卖形式发行。目前 TIPS 分别发行 5 年期、10 年期和 30 年期债券。
- 此外，TIPS 最显著的特点，还是它的面值会随着劳工统计局（Bureau of Labor Statistics）发布的城市消费者价格指数（CPI-U）而定期调整。由于 CPI-U 数据是每月公布，所以 TIPS 的价格调整会滞后一个多月。不过除这一滞后，随着时间的推移，通货膨胀调整将导致债券面值按照通胀率上升。

上述因通货膨胀进行的调整也适用于 TIPS 的票面利率。如前所述，TIPS 的利率在拍卖出售时就已确定，这个利率永远不会改变。不过因为 TIPS 的面值随着通胀率而调整，所以利息收入也随着 TIPS 价值的提高而上涨。10 年期 TIPS 在拍卖时确定的利率，高至早期一次拍卖的 4.2%，低至 2010 年 1 月拍卖时的 1.375%。30 年期 TIPS 的利率相对更高：2010 年 1 月拍卖时的利率为 2.125%。不过不管是 5 年期、10 年期还是 30 年期，所有 TIPS 的通胀调整是一样的。

图 6.1 展示了 TIPS 的原理。

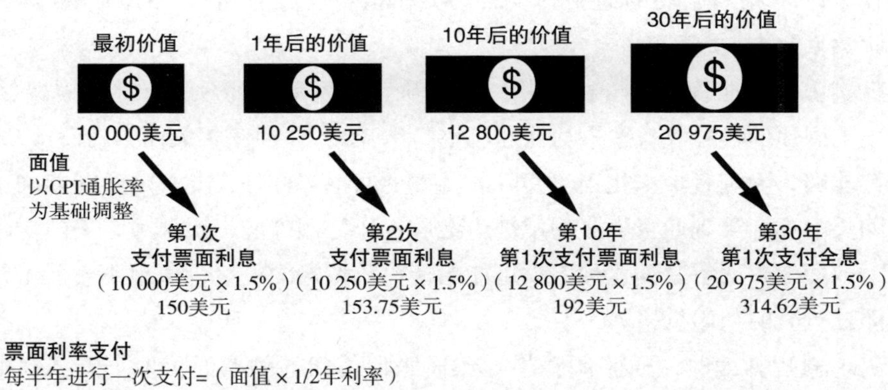

Source: Annette Thau, "An Investor's Guide to Inflation-Protected Securities," *The AAII Journal*, Vol. XXIX, No. 4, p. 6. Drawing reprinted with permission.

图 6.1　图示 TIPS 原理

让我们以图 6.1 里假设的情况对 TIPS 进行说明。假设你在这个通胀保值债券上投资了 10 000 美元。这支债券的面值为 10 000 美元，期限为 30 年，拍卖时确定的利率为 3%。再假设，这支债券存续期间的平均通胀率为 2.5%。最后，按照一般情况假设，3% 的年利率一年分两次支付，平均每次 1.5%。

- 第一笔票面利息将是 3% 的 1/2 再乘以 10 000 美元，即 150 美元。
- 第一年年末，债券的价值将上涨 2.5%（假设的年平均通胀率），升至 10 250 美元。
- 因此，第二笔票面利息将以债券上涨的价值为基础计算，也就是 3% 的 1/2 乘以 10 250 美元，即 153.75 美元。

看到这些数字你可能会想，“有什么大不了的。3% 的利率，票面利率的微小调整并不会带来多大改变。”可实际上，如果估算 10 年后的情况，这些数字的吸引力就会变得强很多。记住，计算利息收入时，基数在不断上涨。比如在我们的案例中，平均年通胀率为 2.5%；经过 10 年，本金价值将上涨至约 12 800 美元。同时，票面利息提高至每笔 192 美元（一年 384 美元）。经过 30 年，通胀保值债券的赎回价值将上涨至大约 20 975 美元，而票面利率将升至一次 314.62 美元（一年 628.24 美元）。

当然，这些数字都是假设，因为 TIPS 每次拍卖时确定的利率均不相同，而且通胀率也不可能在债券存续期间一直保持不变。不管怎么说，我们在案例中即便假设了一个相当温和的通胀率（2.5%）和相对较低的利率（3%），30 年后的名义收益率也有 6% 到 7%。

事实上，通胀保值债券的作用，就是确保投资者获得实际收益。从历史上看，美国国债的实际收益率平均比通胀率高出 3%。而通胀相关债券的设计结构，确保其能够为投资者带来相当于实际收益率的回报。此外，此类债券还能确保本金的购买力不会受到通货膨胀的侵蚀。最后，作为额外的一层保障，美国财政部保证，即便发生通货紧缩这种不太可能的情况，债券的最终价值也不会低于票面价值即发行时的初始价格。

出现通货紧缩时，通胀调整将导致通胀保值债券的票面价值下降，利息支付也会相应下降。2009 年有几个月，CPI-U 在过去几十年里第一次出现负值（-2.78%）。尽管出现持续性通缩的可能性不大，但也不是完全没有可能。另一方面，如果在一段时间里出现持续通缩，那么持有通胀保值债券直至到期赎回的人还是能得到一些保障。这种债券到期时，会按照本金调整值或初始面值中的更高的价格赎回。

TIPS 的波动性

从理论上看，TIPS 似乎是非常简单且可预测的债券。比方说，因为这种债券会根据通货膨胀率做出调整，所以人们觉得 TIPS 的价格波动性会低于传统债券。人们还认为，TIPS 在利率上升时的表现应该强于利率下降时。

可在现实中，TIPS 的情况却复杂得多，非常难以预测。和其他债券一样，一旦进入二级市场，TIPS 的价格每天都会变动。导致 TIPS 价格出现变动的因素有两种。第一，通货膨胀因素每天都在变动，从而导致价格出现微小变动。第二，同样重要的是，TIPS 的价格也会受到每日利率变动的影响。在几周、几个月，甚至一年时间里，因利率波动导致的价格变化一直是影响 TIPS 价格的决定性因素。利率的影响早已超越了通胀调整。

此外，与最初的预期相反，事实证明 TIPS 价格的波动性极强，其波动程度实际上远比同期限的传统债券强得多。对此情况有几种解释，其中一种是，与同期限的传统债券相比，TIPS 的票面利率较低，久期更长，进而导致波动性变大。另一种解释则与通胀预期有关。让人意外的是，TIPS 的价格有时不是根据实际的通胀变化，而是因为通胀预期而出现上涨。

无论因为什么导致的价格波动，事实是，当利率上涨时，TIPS 的价格通常比传统债券下跌得更多；当利率下降时，TIPS 的价格也比同等期限的传统债券上涨得更多。让情况更加复杂的是，TIPS 的利率有时和同期限的传统债券会朝完全相反的方向发展。比如 2004 年年初的情况，在那段时间，10 年期 TIPS 的收益率下跌了大约 40 个基点，而 10 年期传统国债的收益率则上涨了大约 30 个基点。（TIPS 和传统国债的票面利率并未变动，债券价格变动是导致收益率出现变动的原因。）

我们可以对 TIPS 的现金流做出如下总结：如果在拍卖时购买通胀保值债券，且持有至到期，那么到期时债券的价格将会反映出债券存续期间内的通胀调整；可如果在二级市场买入通胀保值债券，或者在到期前卖出，那么按照每日变动情况，价格则可能低于，或高于最初的购买价格。

TIPS："虚幻收入"与税

除波动性外，TIPS 的第二个主要缺点就是缴税方式。关于这个问题，我们需要对通胀调整多一些了解。

前面提过，TIPS 的通胀调整反映的是这些债券的每日市值变化。但国税局（IRS）在 TIPS 到期赎回前并不会关注债券面值的通胀调整。正是因为这个原因，通胀调整有时也被称为"虚幻收入"。不管怎么说，即便很多年后才能获得这些收入，通胀调整却每年都要缴税。

另外需要注意的是，如果你的 TIPS 投资数额较低，那么将利息收入用于再投资的难度就会比较大，因为 TIPS 的利息非常低。

TIPS vs“票面利率国债”

假设你需要在10年期TIPS和10年期国债中选择一个进行投资，哪个收益更高呢？答案是：没人知道。

总的来说，TIPS的利息收益比传统国债低很多。过去几年里，两者的差距已达约200个基点，有时多一些，有时少一些。不过要记住，两者的收益率并不相等。

传统国债的票面利率收益率实际上包含两个组成部分：隐性通胀率，以及利率支付。如果从名义收益率中扣除通胀率，得到的结果就是债券的“实际收益率”，也就是计算了通货膨胀后债券的收益率。

假设你购买了一支票面利率为2%的TIPS债券，同时期10年期国债的票面利率为4%。你能根据这些数字判断哪个是更好的投资选择吗？

答案是：在购买债券时，你不知道也无法知道哪个更好。原因在于，TIPS的收益率没有考虑通货调整，而通货调整每个月都会在TIPS的价格上得到体现。TIPS的收益率可能高于，也可能低于2%，取决于未来通胀率。

为了在不同通胀情景下对比TIPS和传统债券的收益率，分析师引入了“盈亏平衡率（breakeven rate）”这一概念。盈亏平衡率指的是可以让两种债券实现同等总收益的利率。在我们假设的案例中，如果通胀率正好是2%，那么两支债券的总收益率就会相等。

如果通胀率高于2%，那么经通胀调整，TIPS就是更好的选择；可如果通胀率低于2%，因为传统中期国债的利率更高，传统国债就成了更好的选择。

当然，购买债券时没人能预测通胀率的未来走势。

回到最初的问题：10年期TIPS和传统10年期国债，哪个是更好的选择？唯一可以肯定的是，经过非常长的持有期（10年或更久），TIPS的总收益率将会接近通胀率。只有通胀率在持有期间内高于盈亏平衡率，TIPS的表现才会强于传统债券。而短期内（比如一年或两年），我们根本不可能预测哪种债券会获得更高的总收益率。

购买TIPS

个人购买TIPS的最简单、最廉价的方法，就是在美国财政部的季度拍卖上，通过“国债直达”项目，以“非竞争性投标”方式直接购买。以这种方式购买

TIPS，意味着你接受了拍卖时确定的收益率（“国债直达”详见下文）。最低买入金额为 1 000 美元，个人在一次拍卖中最多可以购买 500 万美元的债券。（注意，如果你在 2007 年 1 月 TIPS 初次上市后的任何时候买入这种债券，这些债券将被称为“遗产 TIPS”。）当然，二级市场上也能买到较早发行的 TIPS。

总结一下，由于波动性极强，TIPS 从短期（少于几年时间）看是非常糟糕的投资选择。为了抵御通货膨胀，投资者应购买并持有 TIPS，不要进行交易。此外，TIPS 的纳税特点实际上决定了投资者只能用避税账户购买这种债券，比如个人退休金账户。这样能避免每年因虚幻收入而缴纳税款。

购买国债：国债直达

想购买任何由美国财政部发行的债券，最简单的方法就是通过国债直达项目，在“国债直达”上开设账户。国债直达允许个人、以及类似信托基金、企业等的“实体”开设账户。购买债券的最小数额为 1 000 美元，并以 1 000 美元为基数递增。国债直达是极具吸引力的选择，原因包括以下内容。

- 消除了所有交易成本。
- 个人投资者获得了与机构投资者一样的收益率。
- 所有国债持仓可以合并在一个账户里。
- 通过国债直达开设账户，实际上就在美联储直接开设账户。国债直达的网站是 TreasuryDirect.gov。

国债直达如今已经完全在线上运营。这个项目的所有组成部分，从开设账户到购买债券，均在网上进行。登录 TreasuryDirect 网站，就可以开设账户。你需要提供一些数据，包括纳税人身份证号和邮箱地址；之后再设定一个密码。你还需要提供自己在商业银行或大型经纪公司开设的账户号码。当你下单购买债券时，美联储会将你在拍卖日买下的债券自动计入那个账户名下，利息和到期赎回的本金也会直接汇入这个账户。简而言之，美联储将变身友善的银行工作人员。另外，除非你的账户持有的债券总额超过 10 万美元，否则美联储不会收取任何费用；而如果超出上述金额，每年你会被收取 25 美元的费用。

开设账户后，你可以参与美联储主办的任何拍卖。想要购买债券，你需要提交一份名为“非竞争性投标”简表；即，同意以拍卖的平均收益率购买指定期限的债券。所谓平均收益率，就是所有自营商在一次拍卖上购买价值几十亿美元的债券时提出的所有竞争性投标收益率的平均值。投标在网上进行，所有债券均以记账式方式出售。

“国债直达”非常高效。利息和到期赎回的本金都会自动汇入投资者指定的账户。你可以选择自动再投资，或者定期取出现金。无论账户里有多少支债券，也不论期限如何，所有债券均存放在一个中央账户，只有一个账号。投资者可以上网也可以通过免费的“直接购买”电话查询账户信息。

“国债直达”项目的主要目标人群，是那些有意购买国债并持有至到期的个人投资者。不过美联储新增了“直接出售（Sell Direct）”功能，投资者可以在到期前就卖掉国债。如果发出卖出指示，美联储会从几个经纪商处获得报价，并以最高报价卖出，交易所得将直接存入投资者指定的银行账户。美联储会对这种服务收取一点费用（目前为 45 美元）。

直接购买短期国债、中期国债和长期国债，实际上比通过共同基金购买这些债券更为安全。这是因为，购买个别债券并持有至到期赎回，投资者可以全部收回本金。我们在第十二章有关债券基金的内容里会看到，如果通过共同基金购买相同债券，投资者并不一定能全部收回本金。

投资者可以在“国债直达”网站上查到与即将进行的拍卖有关的准确信息。每年 2 月、5 月、8 月和 11 月会公布未来三个月的暂定日程。任意债券的最低购买额度为 100 美元，随后按 1 000 美元递增，最多为 500 万美元。

在购买任何期限的国债之前，你是否希望能预估一下可能的收益率？在 Investinginbongs 网站上查看最近的收益率曲线，找出自己有兴趣的期限对应的数值，你就能得出非常接近正确结果的答案。

如果你没有在线渠道，则可以通过银行或经纪公司购买各种期限的国债，但这样便无法通过“国债直达”购买。交易费用比较低，不管交易金额是多少，平均每次交易的费用不超过 25 美元或 50 美元。注意，很多经纪商已经取消了购买国债时的费用，特别是在拍卖中购买的国债。不过还需要注意的是，“国债直达”只出售新发行的债券。如果想买还在流通中的老债券或零息债券，你就需要通过经纪商才能购买。

最后，“国债直达”的网站本身就是独一无二的存在。这个网站包含大量细节信息，同时不断更新，而且易于使用，是投资者了解美国政府发行的所有债务证券的最佳信息源。

零息债券

零息债券（英文简写为 zeros）俗称“剥离债券（strips）”。这并不是一个为搞笑而起的绰号，“剥离”这个词实际上描述了创造零息债券的过程。

每一个零息债券背后，都有一个所谓的“大众款”美国国债。1982 年，投资银行想出了将联邦机构债券的不同收入流剥离开的好主意（只有票面利率和只有本金），再将剥离出的每种收入流重新组合成新的债券。零息债券就此诞生。

对买家来说，零息债券究竟以利息还是本金为基础并不重要。两种情况下，零息债券的买家（和短期国债的买家一样），并不会收到利息。相反，零息债券以比票面价值低很多的折价销售，到期时以票面价值赎回；折扣价格与票面价值的差价，就相当于利息。你应该还记得，投资普通债权时，投资回报包括票面利率再投资时获得的复利。对长期债券来说，收益的主要来源就是复利。由于零息债券没有利息，你可能觉得自己失去了这部分收入。事实恰好相反。最后的一次性结算的计算方法，是包括了以到期收益率定期对票面利率进行再投资的复利收益的。这就是零息债券的收益能够神奇增长的原因。如果拿 197 美元投资一份票面利率为 8.3% 的零息债券，20 年后你就能收到 1 000 美元。

广告上的零息债券仿佛是一种创造财富的独特方法。你只需要投资一小笔钱，经过一段时间，比如 10 年，你就能获得丰厚的利润——而且确定能够获得丰厚利润。看起来这就像变戏法一样。实际上，复利在这里又一次展现了魔力。零息债券与期限相同的其他国债的主要区别在于，零息债券不存在再投资风险。实际的现金收益不仅已知，而且得到保障。此外，零息债券的再投资是自动进行，而且极有效率的，其结构里本身就包含了再投资。假如购买的是相同期限的其他国债，实际收益率会因再投资的利率不同而出现很大差别，再投资利率不一样，这些债券的实际收益可能高于也可能低于零息债券。

但你得知道，如果只在零息债券上进行少量投资，成本可能非常高。经纪商的加价可能很高，而且不同经纪商的加价数额存在巨大区别。如果零息债券的期限较短（不到 5 年），那么相比之下传统国债可能是更好的投资选择。只有在零息债券的收益率特别有吸引力时，购买零息债券才是更好选择。

投资零息债券前，你需要审慎考虑这种债券的两个特别之处：也就是税收待遇和极强的波动性。

即便零息债券的持有者在债券到期前无法收到利息，但累积（赚取）利息仍会像实际支付给持有者一样每年被征税。（这个利息就是“估算利息”，也称“虚幻利息”。）因为这一特点，使得零息债券主要适合使用两种账户购买：一种是类似 IRA 或基奥计划（Keoghs）这种避税账户，另一种是低税率账户，比如处于低税级的子女账户。

零息债券价格的波动性也很独特。我们可以从久期中找到零息债券价格波动的基本解释。你可能记得，久期长的债券价格波动性比久期短的债券更大。因为零息债券没有票面利率，所以久期与期限相等，也就远长于期限相同的普通债券。因此，零息债券价格的波动性也就比相同期限的普通债券大得多。

让我们用表 6.1 进行说明。这个表格显示了在利率分别上升 50 个基点至 7.5%、100 个基点至 8% 和 200 个基点至 9% 时，收益率同为 7% 的零息债券与普通债券的价格变化百分比。

如表 6.1 所示，2 年期零息债券的波动性仅略高于普通债券。随着期限越来越长，零息债券的波动性也会越来越大。30 年期零息债券的波动性是 30 年期普通债券波动性的两倍还多。如果利率上涨 200 个基点，从 7% 涨至 9%，收益率为 7% 的 30 年期零息债券价格就会下跌约 43.8%（即 10 000 美元跌去 4 380 美元），而普通债券只会下跌 20.6%（10 000 美元跌去 2 060 美元）。

如果利率下降，零息债券的价格上涨幅度也会高于相同期限与收益率的普通债券。在这里，久期较长的零息债券的价格又一次出现了最剧烈的波动。表 6.1 还显示了利率分别下降 50 个基点至 6.5%、100 个基点至 6%，以及 200 个基点至 5% 时，收益率为 7% 的零息债券与普通债券的价格变化百分比。

同样，2 年期零息债券的价格变化仅略高于同等期限的普通债券。对中期和长期债券而言，零息债券对利率的敏感性使其从长期角度变成了真正的宝藏。举个例子，如果利率下降 100 个基点，30 年期零息债券的价格就会上涨约 25%（10 000 美元上涨 2 500 美元）。如果利率下降 200 个基点，那么收益率 7% 的 30 年期零息债券的价格就会出现 79% 的惊人上涨（10 000 美元上涨 7 900 美元）。

讨论利率风险时我们讲过，利率下降会比利率上涨导致更大的价格波动。如

表 6.1 所示，如果利率上涨 200 个基点，30 年期收益率 7% 的零息债券价格就会下跌 43.8%。可如果利率出现同等程度的下降（200 个基点），那么 30 年期收益率 7% 的零息债券就会升值 79%。想必我们都能理解为什么购买零息债券的人希望利率下降了。

表 6.1 收益率变化时的价格变化：有息债券 vs 零息债券（收益率 7%）

	2 年		5 年		10 年		30 年	
收益率变化（基点）	有息债券	零息债券	有息债券	零息债券	有息债券	零息债券	有息债券	零息债券
50	−0.9%	−1.0%	−2.1%	−3.5%	−3.5%	−4.7%	−5.9%	−13.5%
100	−1.8%	−1.9%	−4.1%	−4.7%	−6.8%	−9.2%	−11.3%	−25.1%
200	−3.6%	−3.8%	−7.9%	−9.2%	−13.0%	−17.5%	−20.6%	−43.8%
−50	0.9%	1.0%	2.1%	2.4%	3.6%	5.0%	6.6%	15.6%
−100	1.9%	2.0%	4.3%	5.0%	7.4%	10.2%	13.8%	33.7%
−200	3.8%	4.0%	8.7%	10.2%	15.6%	21.4%	30.9%	79%

表格中价格变化以收益率即时变动为前提。不过在现实生活中，正如之前讨论利率风险的部分所指出的，这种量级的变化一般需要数月，甚至数年的时间，表 6.1 里的数字因此也需要及时调整。比方说，如果利率变动发生在最初购买债券的 5 年之后，我们就该从债券的期限里减去 5 年。在购买日期之后 5 年，10 年期债券变成 5 年期债券，以此类推。

此外，表 6.1 里只表示当债券的收益率确定为 7% 时的价格变动。收益率不同，价格变化也会不同。

不过你还是需要注意，表格中的利率变化在现实中完全有出现的可能。从 1998 年 11 月到 1999 年 12 月，30 年期债券的利率从低点的 4.78% 上升至高点的 6.75%。而 2000 年初，长期债券的利率急速反转，从 1 月到 3 月底下跌至 5.75% 左右。

总而言之，尽管持有零息债券直至到期赎回不会让本金承受风险，可若是想在到期前出售，债券的价值就有可能出现大幅的上涨或下跌。

以投资为目的购买零息债券

零息债券的特别之处，使其成为几种不同投资目标的理想载体。

首先，零息债券是类似 IRA 或基奥计划这种避税账户理想的投资选择，特别是在投资者希望定期投入少量资金的情况下。例如，假设你想在一个 IRA 账户里每年投资 2 000 美元，由于零息债券的独特结构，2 000 美元可以买下更多的份额；如果你还很年轻，距离退休还有 20 到 30 年，那就更好了。另外，如果用延迟纳税账户购买零息债券，那么因虚幻收入而产生的税款就可以无视。最后，你可以选择债券期限，使其与你选定的任何日期重合。你可以以自己的退休时间为标准；也可以设置年金计划，购买的债券从退休那年开始每年顺次到期，延续 15 到 20 年。

其次，我们可以利用零息债券从利率变动中获取收益。从前面的图表可以看出，由于波动性极强，利率的任何变动都会给零息债券，尤其是长期零息债券带来巨大影响。如果你预期利率可能下降，并想从中获利，你可以购买长期零息债券。如果判断正确，你就能靠转售零息债券获得大量资本收益。据说传奇投资人沃伦・巴菲特（Warren Buffett）在 1998 年就是出于这个原因买下了大量 30 年期的零息债券。很多债券基金（甚至包括股票基金）的经理如果认为利率将要下跌，通常都会买进零息债券以增加收益。

再次，如果你判断错误，利率上升，你就要承受双重的下行风险。首先，你可能需要持有零息债券直至到期（或者持有时间超过预期）。其次，你可能需要承担无法获得更高利率的机会成本，不过这个问题对你可能不那么重要，除非你决定出售零息债券否则本金不存在损失风险。考虑到未来利率走势难以预测，除非做好了判断失误就持有至到期（或者持有非常长的时间）的准备，否则我们并不建议投资者为了赌利率而购买零息债券。

最后，零息债券可用于为满足未来的需要储备资金，比如为子女准备上大学的学费。由于再投资利率已经确定，所以零息债券到期时的总收益也是确定且有保障的。问题在于零息债券的虚幻利息每年都会产生税款。不过，投资者也可以购买市政零息债券（详见第七章）。对于高收入人群而言，市政零息债券可能是更合适的选择。

美国储蓄债券

美国政府目前仍出售两类储蓄债券：EE 系列和 I 系列。（美国政府不再出售 HH 债券[1]。）

美国公共债务局（Bureau of the Public Debt）维护的网站 savingsbond.gov、以及 publicdet.treas.gov 上均有对储蓄债券的详细描述。我会简单描述这种债券的突出特点，如果你在读完这部分内容认为储蓄债券适合自己，而且也能上网，这些网站就是最新信息的最佳来源。如果不能上网，当地的储蓄银行则是次优选择。

I 系列和 EE 系列债券存在一些共同点。由于美国政府直接承担偿还义务，所以这两种债券拥有无可挑剔的信用质量。另外，这两种债券的纳税特点对投资者也很有吸引力：债券的利息收入无需缴纳州税和地方税。此外，投资者可以延迟缴纳利息收入的税款，直至债券到期赎回，这对那些没有其他税务延迟账户的个人来说吸引力就更大了。最后，在某些情况下，I 系列和 EE 系列债券的利息收入如果用于支付某些大学费用，则有可能完全免税。这就是“教育税务免除”（详见下文）。这两种债券的购买金额可以很低（低至 25 美元），最多则可达到 100 万美元。不过这两种债券也存在不同点，以下就是对两者重要特征的描述。

EE 系列债券

这是美国政府发行的第一种储蓄债券。为了让债券更有吸引力，美国政府改变了它的一些特点。因此，自诞生之时起，这种债券的利率变化极大，具体情况取决于发行债券的时间。从 1997 年开始，EE 系列债券的收益率大约为之前 6 个月拍卖出售的 5 年期国债平均收益率的 90%。利率每过 6 个月就会重设一次。

EE 系列债券属于到期一次性付息债券，类似于零息债券和短期国债，到期赎回时投资者才会收到利息。EE 系列债券的销售价格为面值的 50%。举个例子，面值 100 美元的 EE 系列债券花 50 美元就能买到。随后利息不断积累，直到达到面值。购买时你无法预测债券何时能达到面值，因为这个时间由你持有债券期间的利率决定。

[1] HH 债券是美国政府发行的不可出售的 20 年期储蓄债券。——译者注

EE 系列债券初次上市销售时，期限从 8 年到 17 年不等。不过到期时大部分债券会自动续期，时间一般为 10 年。目前，大部分 EE 系列债券可以收取长达 30 年的利息。不过，投资者并不需要持有 EE 系列债券直至到期。发行 6 个月后，EE 系列债券就可以随时赎回。可如果不到五年就赎回，就会有惩罚，投资者需要放弃过去三个月的利息。

EE 系列债券也具有前面提到的颇具吸引力的纳税特点。这种债券可以延迟纳税，只要至少持有 5 年，你就可以在获得现金收益后再交税。同样 EE 系列债券也可享受教育税务免除（见下）。

投资者如今可以在网上直接购买 EE 系列债券，数额最高可达 1 000 美元，也可以从当地银行购买。雇主还可以设立自动扣减计划，即 EasySaver（轻松攒钱），最低金额为 25 美元（面值为 50 美元），最高为 5 000 美元（面值为 10 000 美元）。这里不会出现任何佣金。投资者在一年内可以购买的最大数额为 15 000 美元（面值为 30 000 美元）。

如果你持有 1997 年以前（或在那之后）购买的 EE 系列债券，想知道债券目前的价值或者目前赚到的利息，你可以咨询本地银行，互联网上也有两个可用的信息来源，且两个来源均由政府维护。一个来源是“储蓄债券向导（Savings Bond Wizard）”（详见下文），另一个来源是“储蓄债券收入报告（Savings Bond Earning Report）”。

HH 债券

美国政府从 2004 年 9 月起便不再发行 HH 债券。仍在流通的旧债券可以通过本地银行赎回。赎回债券时需要签名担保。（有链接到“国债直达”的网站提供 HH 债券服务）

I 系列债券

I 系列债券是最新的储蓄债券，这种债券于 1998 年 9 月首次上市。想记住 I 系列债券的主要特点，我们可以把“I”想成通货膨胀（Inflation）。I 系列债券类似于 TIPS，都是到期一次性付息债券，也就是持有期间不会收到票面利率，利息每月加入本金，在债券兑付或赎回时支付。不过就像 TIPs 一样，I 系列债券的利息也会随城市居民消费价格指数调整。实际上，I 系列债券的利息会按通胀指数增长。

I 系列债券的收益率将两种利率结合在一起：一个是固定利率，另一个是变动的半年期通胀率。固定利率在 I 系列债券第一次出售时确定，并在债券存续期间里保持不变。但通胀率每 6 个月就会根据城市居民消费价格指数重设一次，时间分别是 5 月和 11 月。如果出现通货紧缩这种不太可能出现的情况，I 系列债券的价值仍会保持在通缩前的水平。将两个利率合并在一起的公式却比较复杂，并非简单相加，而是进行复合计算。美国财政部网站上有对公式的详细解释。2009 年 11 月，I 系列债券以 3.36% 的综合利率出售，这个利率将 0.30% 的固定利率和 1.53% 的半年通胀率结合在了一起。自 2008 年金融恐慌时起，I 系列债券的固定利率就一直处于这种产品诞生以来的最低点：2008 年 5 月为 0，2008 年 11 月为 0.7%，2009 年 5 月为 0.10%。但综合利率始终保持在 3% 以上。

I 系列债券拥有几个重要的优点。由于 I 系列债券的利率与通胀率挂钩，因此，和 TIPS 一样，债券的价值会跟随通货膨胀一起上涨。除此之外，发行时确定的利率也能确保投资者获得最低程度的收益。最后，由于 I 系列债券不在二级市场交易，所以这种债券的价值永远不会下滑，这也是 I 系列债券与其他债券的重要区别。与此相对，TIPS 的价值在二级市场就会随着利率变动而出现波动。

I 系列债券按面值出售，数额从 50 美元到 5 000 美元。购买时也按面值购买，即花 50 美元得到的就是 50 美元的债券。

投资者可以在“国债直达”直接购买 I 系列债券，也可以通过本地银行或类似“轻松攒钱”这样的雇主赞助计划购买。（纸质债券通过银行购买。）I 系列债券的期限为 30 年，但在发行 6 个月后随时可以赎回。因为这种债券结构主要属于长期投资，所以在购买 5 年内赎回的投资者会受到小小的惩罚：如果在 5 年内赎回，你需要放弃三个月的利息。

自诞生时起，I 系列债券的表现如何？

国债直达网站上有两份表格显示了 I 系列债券的每半年收益情况。（如果想找显示债券现价值的最新表格，可以前往“I 系列储蓄债券深度内容”，点击“工具”，并在国债直达网站上查看“储蓄债券收益报告”。）表 6.2 展示了债券在不同持有期里的收益情况。为方便对比，我在表格中放入了最近 4 年发行的 I 系列债券诞生以来最低的利率，以及 1998 年到 2000 年发行并持有至 2010 年的债券（发行时的利率高于现在的利率）。收益以 100 美元债券为基础进行计算。

表 6.2 持有期长至 10 年的 I 系列债券收益报告

收益期间	截至目前的收益		持有 5 年后的收益			
I 系列债券发行日期	开始日期	结束日期	起始价值	最终价值	现时收益率	自发行以来的收益率
11/2009-4/2010	11/1/2009	5/1/2010	100.00	101.68	3.36%	3.36%
5/2009-10/2009	11/1/2009	5/1/2010	100.00	101.60	3.20%	1.59%
11/2008-4/2009	11/1/2009	5/1/2010	102.84	104.76	3.73%	3.12%
5/2008-10/2008	11/1/2009	5/1/2010	104.96	106.56	3.05%	3.20%
11/2007-4-2008	11/1/2009	5/1/2010	108.52	110.84	4.28%	4.16%
5/2007-10/2007	11/1/2009	5/1/2010	110.68	113.12	4.41%	4.15%
11/2006-4/2007	11/1/2009	5/1/2010	113.40	115.96	4.51%	4.28%
……						
11/2000-4/2001	11/1/2009	5/1/2010	170.32	175.88	6.53%	6.03%
5/2000-10/2000	11/1/2009	5/1/2010	179.68	185.72	6.72%	6.29%
11/1999-4/2000	11/1/2009	5/1/2010	182.68	188.64	6.53%	6.14%
5/1999-10/1999	11/1/2009	5/1/2010	185.60	191.56	6.42%	6.00%
11/1996-4/1999	11/1/2009	5/1/2010	190.36	196.48	6.43%	5.96%
9/1998-10/1998	3/1/2009	9/1/2010	196.32	202.92	6.51%	5.98%

来源：美国储蓄债券报告（表格为 2009 年 11 月的数据）。

表 6.2 看起来可能有点让人摸不着头脑。从左到右，这个表格分别显示了：

- I 系列债券的发行时间，显示为 6 个月的区间；
- “开始日期”和“结束日期”指的是在最近 6 个月这一范围内的相应日期。（“起始价值”指的是债券在最近 6 个月重置期开始时赎回时的价值，“最终价值”指的是债券在 6 个月结束时的价值。）

注意，尽管现在的固定利率极低，但旧债券仍能赚到更高的利率，这是因为旧债券发行时的固定利率更高。这些债券仍然拥有很不错的 10 年累计收益率。

最后需要注意的是，“智慧交易（Smart Exchange）”这个新项目可以让国债直达账户所有者将 E 系列、EE 系列和 I 系列的纸质债券，通过线上账户里的“转换链接账户”，转换为电子债券。

用于延税型养老计划的债券

给你提供一个养老计划，具有以下特点。

- 你可以投入任何数量的资金，从 50 美元到 5 000 美元不等，一个自然年最多可以投资 10 000 美元。
- 投资金额将按照购买债券时确定的保障最低利率累积；另一部分利息每 6 个月按照通胀率重设一次。如出现通货紧缩，最低利率仍保持不变；利率上涨时，债券的价值（与其他任何在二级市场交易的债券，包括国债不同）并不会下跌。
- 利息及复利将复合计算并延迟纳税，在你为了收益或其他目的兑现债券前才需要缴税。购买债券的 6 个月后，你可以在任何时间兑现任意金额的债券；你也可以把钱留下，积累 30 年的复利。不论购买还是退出均可按照自身需求进行。
- 利息收入无需缴纳州税和地方税。
- 这些债券拥有最高等级的信用质量，没有违约风险。
- 无需花费任何成本，就能买到这些债券：你不需要支付任何佣金。此外，向你出售这些债券的机构也会免费为你保管账户。
- 你可以在自己家里通过互联网，不被外界打扰地购买这些债券；你也可以通过雇主设立一个自动扣款计划，或者通过本地银行购买这些债券。

是不是听起来太过美好，不像真的？其实我只是重复了一遍前文所述的所有特征，这些都是 I 系列债券的特点。这些特点值得重复，因为 I 系列债券是一个冷门产品：我在财经媒体上几乎没有见过相关报道。显然，经纪公司不会推荐 I 系列债券，因为他们从中赚不到任何利润。银行也不太可能推销 I 系列债券：因为 I 系列债券与定期存款存在竞争关系，而且银行销售这种债券也赚不到钱。可如果将 I 系列债券与类似年金保险这种提供延税收入的产品（如年金）相比，I 系列债券有可能成为更好的投资选择。

然而，I 系列债券最近出现了一个重大变化，那就是个人在每个自然年通过一个社会保障号码可以购买的最大数额降低到了 10 000 美元（5 000 美元电子版，5 000 美元纸质版）。此外，配偶中的每一方都可以投资 10 000 美元。在此之前，每个人每个自然年最多可以在 I 系列债券上投资 60 000 美元（30 000 美元电子版，

30 000 美元纸质版）。因此，一对夫妇一个自然年最多可以在 I 系列债券上投资 12 万美元。目前的最大限额极大地改变了这一投资项目。这种改变的目的显然是为了中产阶级，他们并没有太多可用于投资的钱。不管怎样，如果为了给养老存钱而寻找非常安全、可预测性非常强的投资选择，特别是精备投资固定收益证券时，我的建议就是在加入费用高昂且有各种严格限制的年金保险前先了解 I 系列债券。

教育储蓄债券：教育税务免除

购买 EE 系列和 I 系列债券均有资格申请教育税务减免。也就是说，这两种债券都可以用来给子女储备大学学费，且不需要交税。如果用储蓄债券的收益支付大学费用，投资者就无需缴纳联邦税。注意，只有大学学费有资格申请减免；住宿费、书本费和其他上大学导致的杂项支出不能用于减免。

一般情况下，EE 系列和 I 系列债券均比市政债券更有优势。不过需要注意，只有以父母（而非需要支付学费的子女）名义购买债券才能享受免税待遇。这听起来可能不合逻辑，但却是现实。此外，想取得税务减免资格，家长的收入必须满足收入限制条件。这些限制条件会根据通胀率进行调整。2008 年在国债直达网站上列出的内容是：最近一年，家长可申请利息收入税务全免的总收入为 100 650 美元以下，可申请部分减免的总收入为 130 650 美元以下（单一申请人的对应数额分别是 67 100 美元和 82 100 美元）。目前的指导数额发布在国税局的 8 815 表格上。

需要再次强调的是，尽管细节比较复杂，但这两种债券对大多数处于中等收入阶层的家庭来说仍然具有不小的吸引力。

联邦机构债券

大多数出售债券的联邦机构都被归入“政府资助企业（GSE）”，这些联邦机构由私人所有。美国国会设立这些机构的目的是为了减少农民和房屋所有者这些重要经济部门参与人员的借贷成本。由于美国政府并不直接承担联邦机构发行债券的偿付义务，所以这种债券的信用质量不像美国国债那么高。因此，联邦机构发行的债券收益率通常比同等期限的国债高 50 到 150 个基点，具体由债券期限和本期利率决定。

GSE 发行两种债券：期限不到一年的折扣债券（类似于短期国债），和期限在两年或以上的债券。政府机构也发行零息债券。联邦国民抵押贷款协会（即房利美，或缩写为 FNMA）、联邦土地银行（Federal Land Banks）和联邦住宅贷款银行（FHLB）出售的债券免除州税和地方税。其他联邦机构发行的债券不享受税收减免。

你最熟悉的政府机构大概就是政府国民住宅抵押贷款协会（GNMA，也称吉利美），和两个抵押贷款协会——联邦国民抵押贷款协会（FNMA 或房利美）及联邦住宅抵押贷款公司（房地美）。由吉利美发行的债券大多明确得到了美国政府的担保。2008 年金融危机爆发前，房地美和房利美发行的债券只会得到隐性担保。不过由于两者如今几乎全由美国政府所有（严格来说，这两家公司只是被政府“接管”），因此，至少在公司最终状态确定前，它们发行的债券都能获得政府的明确担保。第九章讨论抵押担保债券时将深入讨论由上述三家机构发行的债券。

上述三个机构发行的抵押担保债券构成了一个巨大的市场，而由其他政府机构发行的债券构成的市场则要小很多。以下是两个知名度较高的政府机构。

联邦住房贷款银行（FHLB）

联邦住房贷款银行就是支撑着全美储贷协会（S&Ls）的 12 家区域性银行，这些银行实际上由私人储贷协会所有。由联邦住房贷款银行发行的债券也被看作“统一债券”，因为这 12 家联邦住房贷款银行需要对这些债券承担连带责任，也就是说，如果其中一家银行陷入财务困难，其余 11 家银行负有承担那一家银行应付债务的法律义务。这些债券的信用质量非常高。

田纳西河谷管理局（TVA）

为了在田纳西河谷地区推广使用电力，美国国会在 1933 年成立了田纳西河谷管理局。这个机构也是美国最大的公共电力系统。TVA 发行的债券并不由政府担保，但信用评级却是 AAA 级。获得这个评价的原因，一是 TVA 由美国政府全额所有，二是基于 TVA 的财务实力。

这些政府机构会发行各种债券，既有短期也有长期。与国债相比，联邦机构债券的吸引力在于其更高的利率。但在我写这本书时，联邦机构债券与国债的价差，尤其是短期到中期债券的价差却很小——只有 20 到 50 个基点。购买联邦机构债券的最低限额从 5 000 美元到 10 000 美元不等，不同机构有不同规定。

一些政府机构发行的债券拥有一个不同寻常的特点，也就是具有“遗产性”。这个特点使得债券可以在原始持有者去世后以票面价值加应计利息的形式赎回。（严格来说，这种情况被称为“卖出期权”。）因为并非所有联邦机构债券均具有这个特点，所以如果有兴趣，你可以咨询经验丰富的经纪人，或在经纪商网站上查看报价信息。

这些政府机构发行的债券可以通过银行或经纪公司购买。从 2010 年 3 月开始，FINRA 网站和 Investinginbonds 网站都会发布联邦机构债券的交易数据，形式与企业债券类似（企业债券内容详见第十章）。不过需要注意的是，联邦机构债券的报价方式与国债相同，即票面价值与溢出价值（以 1 点的 1/32 为基数）之和。

最后，还有一个广为人知的政府机构“学生贷款市场协会（Student Loan Marketing Association）”，俗称萨利美（Sallie Mae）。在 2004 年实现私有化之后，萨利美陷入了一系列严重财务危机，其发行的大多数债券也遭到降级，很多变成了垃圾债券。

国债与储蓄债券 vs 银行定期存款

银行定期存款是最常见的替代短期和中期国债的投资形式。银行定期存款这么受欢迎的原因，毫无疑问在于其拥有保障。由于两者都十分安全，我们就分别分析一下它们的优点和缺点。

国债具有以下特点：它们没有信用风险，流动性比定期存款更强，可以随时出售而不被罚息。国债有着绝对的保障，利息收入无需缴纳州税和地方税。与定期存款相比，国债最大的劣势在于，如果在到期前出售 2 到 5 年期的国债，利率变动可能会导致本金出现损失。

另外，很多大型经纪公司也销售被保险的定期存款。其优点是，如果你需要在到期前转售，这些经纪公司随时可以回购你的定期存款。这个特点使得它们的流动性比普通银行定期存款更强。当然，定期存款的本金价值也会随着利率变动而波动。

总结

短期国债、中期国债和长期国债是投资者可以在任意到期日买到的最安全、流动性最强的债券。可即便所有国债均拥有无可挑剔的信用质量，期限较长的国债仍会承受利率风险；对于2年以下国债而言，利率风险可以忽略不计，2到7年的国债承受的利率风险比较适度，10年或更长期限国债的利率风险则显著增加。对于寻求本金安全和可预测收益的投资者来说，3年到7年的中期国债尤其具有吸引力。通过“国债直达”，投资者可以用最高效、最廉价的方式买到各种期限的国债。

本章还讨论了零息债券、通胀保值债券和储蓄债券。零息债券以很低的折价销售，到期时则以票面价值赎回，这种债券的价格波动性极大；通胀保值债券能够对抗通货膨胀，保证投资者获得实际收益；此外，美国财政部仍在发行两种储蓄债券：EE系列和I系列。EE系列债券按过去6个月5年期国债拍卖时平均收益率的90%的价格出售。I系列债券与通货膨胀指数挂钩。两种债券都可获得教育税务减免，但购买者需要满足一定收入限制才可申请。

购买国债时可以提出的问题如下。

- 我要承担多少利率风险？
- 收益率和利率风险在收益率曲线的什么位置上能够实现最佳平衡？

第七章
市政债券

本章将讨论：

- 市政债券的特别之处；
- 什么时候适合购买市政债券（应税等价收益率）；
- 信用质量：一般责任 vs 岁入债券；
- 市政债券保险的兴衰；
- 穆迪和惠誉国际对信用评级的“重新调整”；
- 信用质量最高的市政债券；
- 建设美国债券（BABs）；
- 应税市政债券；
- 特别的市政债券；
- 上网购买市政债券；
- 如何挑选市政债券。

市政债券的特别之处是什么

市政债券的英文可简写为 MUNIS，指的是由城市、郡县及州政府或具有公共目的的实体，比如某些电力公司、大学及医院发行的债券。对个人投资者来说，市政债券吸引力最大的地方在于可免除联邦税。如果住在发行债券的州里，除了少数例外情况，市政债券也都可以免除州税和地方税；或者如广告宣传那样，三重免税。

这是唯一一个个人投资者在买家中占多数的债券市场板块。总的来说，市政债券如此受欢迎确实有它的道理。尽管市场上大约有 140 万支市政债券仍在流通，但只要了解了基本原理后，这种债券实际上并不算复杂。此外，市政债券的信用安全度仅次于国债。尽管有几支市政债券违约被高调报道，但市政债券总体的违约率仍然保持在极低水平。

但在2007年到2009年之间，市政债券也让投资者经历了一次不折不扣的过山车。和债券市场的其他板块一样，市政债券在2008年出现了大跳水。从某种程度上说，2008年是市政债券市场历史上最为糟糕的一年。但2009年却是最好的年份之一：大部分市政债券均出现了强势反弹。

从2008年到本书写作时（2010年4月），市政债券市场出现了几个重大变化，而且很有可能给这个市场打来永久性的改变。第一是主要市政债券保险公司遭遇了沉重打击，这导致债券保险几乎彻底消失在市政债券市场中。第二是出现了新型可征税市政债券——建设美国债券（BABs）。建设美国债券最初只是一个临时项目，可由于太受欢迎，国会开始认真考虑项目延期或永久化的提案。第三是引入新的市政债券评级范围标准，这让绝大多数一般债券和其他债券的评级纷纷得以上调。最后，Investinginbonds网站和EMMA.msrb网站（见第五章最后）的扩张，让市政债券投资者获得了更多市场透明度和必要的数据与信息。

本章将首先讨论投资市政债券时需要理解的基础信息，即确定购买市政债券的利润是否比购买应税债券多，以及一般责任债券与岁入债券信用质量的差别。随后，本章将讨论市政债券市场里出现的新发展。最后，我们将讨论并说明如何利用互联网购买市政债券。

市政债券并不适合所有投资者。接下来，就让我们看看你是否适合投资市政债券。

我该买市政债券吗（或者应税等价收益率）

没人喜欢交税。但也不是每个人都能因为购买免税债券而获益。如果处于低税级，也许购买应税债券、支付税款反而能让你获得更多收入。可还是有相当数量的个人投资者在毫无必要的情况下购买免税债券。他们仿佛陷入了“纳税恐惧症”之中。

如果考虑买入市政债券，第一步你应当确定，是购买市政债券还是应税债券，究竟哪一种能让你获得更多收益。做出这个决定只需要简单的数学计算，最常用的方法是计算你需要从应税投资里获得多少收益，才能与市政债券的收益持平。这就是“应税等价收益率”。表7.1展示了一些市政债券收益率在不同税级中的价值。

应税等价收益率很容易计算。第一步是明确自己所在税级。计算应税等价收益率的公式如下：

应税等价收益率 = 免税收益率 /（1- 税级）

假设你处于 39% 的税级，并且考虑购买到期收益率为 5% 的市政债券，你的公式该是如下状态：

应税等价收益率 =0.05/（1-0.39）≈0.082，**或** 8.2%

翻译一下就是，你需要在应税债券上赚到 8.2% 的收益，才能和免税收益率持平。

如果你处于 15% 的税级，市政债券 5% 的收益率换算成应税等价收益率就是 5.88%。购买应税债券也许能赚到更多收益。

表 7.1 可以帮你快速了解联邦层面的应税等价收益率。Investinginbonds 网站和 FINRA 网站上也有“计算器”，可供用户确定应税等价收益率。

在州税高的地方，比如纽约、加利福尼亚、马萨诸塞和明尼苏达，由于免税债券的需求极高，可能投资外州的市政债券（免交联邦税，但不能免交你所在州的州税）比投资本州的市政债券收益率更高。想要做出最佳选择，你可以对比外州市政债券的收益率和本州市政债券的应税等价收益率。只要输入自己的联邦税级及所在州的名称，Investinginbonds 网站和 FINRA 网站上的“计算器”就能帮助你确定州级的应税等价收益率。

表 7.1　免税与应税等价收益率

税级	15%	28%	31%	36%	39.6%
免税收益率（%）	应税等价收益率（%）				
2.0	2.35	2.78	2.90	3.12	3.31
2.5	2.94	3.47	3.62	3.91	4.14
3.0	3.53	4.17	4.35	4.69	4.97
3.5	4.12	4.86	5.07	5.47	5.79
4.0	4.71	5.56	5.80	6.25	6.62
4.5	5.29	6.25	6.52	7.03	7.45
5.0	5.88	6.94	7.25	7.81	8.28
5.5	6.47	7.64	7.79	8.59	9.11
6.0	7.06	8.33	8.70	9.37	9.93

（续表）

税级	15%	28%	31%	36%	39.6%
免税收益率（%）	应税等价收益率（%）				
6.5	7.65	9.03	9.42	10.16	10.76
7.0	8.24	9.72	10.14	10.94	11.59

来源：经 Investinginbonds 网站授权获得。

对比应税等价收益率时，还有几个需要记住的要点。首先，要记住财政部和其他联邦机构债券均不需要缴纳州税。特别是在州税高的地方，国债和其他联邦机构发行的债券都有可能让你获得比市政债券更高的税后净收益。如果购买极短期债券（2 年或以下）就更是如此了，因为市政债券的收益率曲线一般比应税债券向上倾斜的幅度更高。此外，如果考虑购买折扣市政债券，你要记住，这种债券的到期收益中包含资本收益，而这部分收益需要缴纳联邦税。特别是在折扣很大时，你可能需要确定资本利得税会导致到期收益出现多大程度的减少。

总的来说，高税级纳税人可从购买免税债券中获益，而低税级的纳税人无法获益。对于处于中间的投资者，是否应该购买免税债券，则取决于购买时应税等价收益率与免税收益率的关系（这些都在持续变动）、税法的规定以及投资者的收入。如果税法或者自身收入发生变化，请你务必重新计算，确定是否应该继续购买市政债券。

信用质量：一般责任 vs 岁入债券

关于市政债券的信用质量，公众的理解比较混乱。首先，我想解释一下市政债券如何进行信用评级，同时澄清一些常见的错误认识。

市政债券分为“一般责任债券”和“岁入债券”两大类。一般责任债券（简写为 GOs）由州、市或郡县发行，为教育、排污、修路等筹集资金。政府通过税收和一些收费来筹集向债券持有者支付的利息。岁入债券则是由承担公共职能的实体发行，比如电力公司、收费公路、机场、医院和其他特定“权力机构”。发行债券的实体负责向债券持有者支付利息。比如电力公司靠用户缴纳的电费支付利息，医院凭借治病的收入，而收费公路靠收费，以此类推。

公众对市政债券的一个常见误解是，一般责任债券比岁入债券安全得多。这两种债券中都有高评级和低评级的债券。一般责任债券所谓的安全性，可以归结为这种债券以发行人的税收能力为保证。从理论上说，这种权力“没有限制”，因为债券契约规定，一般责任债券以“发行人无限制的征税权”为后盾。但在现实中，征税权却会受到政治和经济因素的限制。每个分析师都会提出的一个经典问题是：如果经济不景气，发行人究竟会向谁付钱？是教师、警察、消防队还是债券持有者？如果市政当局能随意征税，那所有一般责任债券都会拥有 AAA 的评级。但我们都知道，现实并非如此。

与此类似，岁入债券所谓的安全性低，是源于“发行人运营的业务收入无法得到准确预测”这一认知。这种观念又一次与现实存在巨大偏差。大多数电力公司和收费公路都可以也都会提高收费，以应对增加的支出。因此，很多岁入债券，特别是类似电力、排污或水力这种提供基本服务的机构发行的岁入债券都拥有很高的信用评级。很多收费公路及州权力机关发行的债券也是如此。

高评级（A 或 A+，甚至更高）债券之间的区别，其实并没有我们想得那么重要。更重要的是弄清楚做出评级的原因。税基的经济实力与偿债需求的对比决定了一般责任债券的评级。AAA 级发行人的税基较宽，其经济强劲且多元，不依赖单一产业，整体负债水平较低，也拥有审慎财务管理的历史传统。但经济以外的其他因素对一般责任债券评级也会起到至关重要的作用。其中一个因素就是体量。小城市或郡县这种不常出现在市场上的实体，即便财政管理很谨慎，通常也不会获得比 A 更高的评级。可这些发行人仍然拥有极高的信用质量，特别当你了解相关社区时。有些富裕的社区发行债券数量极少，这些债券甚至没有评级。

岁入债券的评级，以销售收入与支付利息（偿债）所需资金之间的对比为基础。实践中，岁入债券的评级由“偿债备付率”这个核心比例确定，偿债备付率由专门用于偿还债务的资金除以需偿还债券的金额得出。这个比率计算的是过去的情况。比如，去年或者过去五年究竟有多少钱可用于偿还债务？我们也能用这个比率预测未来情况。比如，明年、后年或者未来，到底会有多少钱用于偿还债务？历史比率被称为“历史偿债率”。

一般来说，想获得 A 的评级，历史偿债率至少需要等于“2”。这个比率意味着预留用于偿还债务的资金是债务额的两倍。人们普遍认为，5 或 6 是极好的历史偿债率，而低于 1 则意味着没有足够资金偿还债务，这样的话债券会低于投资级别。尽管如此，无论财务管理如何优秀，也不论过去的偿债保障程度有多高，岁入债券几乎从未获得过 AAA 的评级。但它们没有投资吸引力——事实正好相反。岁入债券的收益率也高于一般责任债券。

20 世纪 80 年代末，由于医疗系统面临重大压力，医院被看作风险极高的实体。可即便在这一领域，也存在一些信用质量非常高的发行人，如附属于知名大学的教学医院，如附属于哈佛大学的麻省总医院，以及实力强劲的连锁医院，比如美国中西部地区的慈善姐妹医院。

此外，实践中，岁入债券和一般责任债券的区别有时并不那么明显。比方说，有些郡县或城市拥有医院或发电厂，有时两者兼有。因此，有些时候，这些医院或发电厂发行的岁入债券兼具一般责任和岁入债券保障。这些债券有时也被称为“双管”信用债券。

一般责任债券中，信用质量最差的债券往往出现在以下两类情况：市中心核心区衰败且社会保障支出数额巨大的大城市，以及人口减少、税基缩小、经济衰败的小城市或地区。岁入债券中，风险最大的一般是极为依赖政府补贴（政府项目无法完全覆盖医院的支出）的医院、养老院开发商（大多投机性极强）发行的债券，以及所谓“私人目的债券”（也称工业发展债券，或 IDB）。这些都是为了私人业务而特别设立的实体发行的债券。

决定市政债券信用评级的，主要是专门用于偿还债务的收入多少，以及偿还债务的资金与债务支出之间的比例。购买市政债券时，你一定要清楚地了解信用评级背后的因素。债券发行人到底是谁？偿还债务的钱来自哪里？你需要明确这些因素。举个例子，1990 年，纽约与新泽西港口事务管理局和丹佛国际机场为美国大陆航空公司发行了私人目的债券，而大陆航空很快宣布破产。债券的很多买家很可能不知道，承担偿债责任的是财务问题已经广为人知的大陆航空，而非纽约与新泽西港务局或丹佛机场。

因此，你需要为以下具体问题找到答案。

- 专门用于偿还债务的收入是什么？
- 收入来源是否可靠？
- 如果是公用事业债券，电厂已经建好了吗？开始运营了吗？（如果没有，就不要买）
- 如果是正在运营中的公用事业，那么历史偿债保障率如何？（应至少高

于2）

- 如果是住房债券，那么开发地位于什么地方？那片区域的房地产发展得如何？（如果什么都没建，债券的投机性可能非常强。）
- 如果是一般责任债券，当地的预算通常是保持平衡，还是持续面临赤字风险？
- 最后，了解历史信用评级，而不是只限于当前的评级。信用评级是否持续稳定？信用质量是提高还是恶化了？

大部分信息都可以在债券的招募说明书上找到，EMMA 上有这些资料的存档。不过有经验的经纪人对流通中的债券特点也应该很熟悉，他们应该能够回答上述问题。如果不能回答，那就换一个经纪人吧！

最后要记住，信用评级只是购买债券时需要考虑的众多因素之一。债券期限及潜在的总收益也同样重要。

债券保险的兴亡

2007 年到 2008 年，市政债券市场出现了几次危机。第一次危机，就是大型债券保险公司的消亡。

市政债券保险诞生于 20 世纪 80 年代末。债券保险是一种新颖巧妙的产品，它的聪明之处在于，市政债券的违约率非常低——除美国国债外，市政债券的违约率是最低的。在债券行业内部，保险一直被看作营销工具。即便得到保险的债券评级为 AAA，它们也只会按照 AA 级债券进行交易。

绝大多数个人投资者依赖穆迪、标普和惠誉国际这三家主流评级机构的信用评级去衡量债券的信用质量。但即便有信用评级，也无法消除投资者对信用安全的担忧。

这里就轮到债券保险公司出场了。发行人支付费用，债券保险公司则提供担保，在发行人无法按期支付利息或到期无法偿还本金时，保险公司会支付相关价款。最初很多年里，债券保险公司赚取了大量收益，大公司（城市债券保险公司 MBIA、市政债券保险公司 AMBAC、金融担保保险公司 FGIC 和金融安全保障公司 FSA）的信用评级均达到 AAA 级（一些小型保险公司的评级相对较低）。AAA 的公司评级由此扩展到由其担保的债券，就像有些爱开玩笑的人说的那样，这就好比用柠檬做成柠檬汁一样，那些原本只能得到投资级别，甚至更低评级的债券，最后都被评为 AAA 级。

对保险公司来说，债券保险可谓梦幻产品。你大概能想到，为了只承保不太可能违约的债券，保险公司会对债券做出非常仔细的挑选。因此，债券保险公司只会承受很小的损失，同时保持极高的利润。对债券发行人来说，这似乎也是个双赢局面。被保险债券的 AAA 评级促进了流动性。而被保险的债券在个人投资者中也广受欢迎。最后，债券保险可以降低发行人的利息支出。随着保险得到推广，保险的成本也会降低。债券保险的人气变得非常高，到 2007 年初时，市场上超过 50% 的市政债券均有保险。

债券保险为什么失败了

在刚刚推出及之后的很多年里，债券保险公司都是“单一险种”。也就是说，他们只承保市政债券。不过大概从 2000 年开始，保险公司开始将承保范围扩大至应税债券。悲剧的是，很多应税债券与次级抵押贷款挂钩。随着金融危机在 2007 年初现端倪，债券保险公司将要承受巨额损失的现实变得越发明显。更重要的是，这些损失将导致保险公司的资本金出现重大损失，进而威胁他们的 AAA 评级。

损失开始越滚越多。最初调整债券保险公司资本结构的努力也宣告失败。三家大型债券保险公司——AMBAC、MBIA 和 FGIC 最终降至比投资级别还低的级别，换句话说，就是降到“垃圾”级别。这三家公司最终不再销售债券保险。在我写这本书时，只剩保证担保公司（Assured Guaranty）一家，作为债券保险公司，还保留着一些有意义的业务。它在 2009 年收购了金融安全保障公司（FSA）；合并后的公司重命名为“保证担保”（Assured Guaranty），也可简称为“保证保险”（Assured）。标普和穆迪分别对保证担保公司做出了 AAA 和 AA3 的评级。

还有一点，尽管巴菲特的伯克希尔哈撒韦公司 2008 年宣布将会进入市政债券保险行业，但他们尚未承保，也没有计划承保任何市政债券。

债券保险公司从麻烦初现到最后遭到降级，大约用了一年多时间。在那段时间里，债券保险公司曾经请求政府援助，理由是如果他们破产了，债券发行人发行债券的难度就会显著变大。尽管这一事件是导致市政债券市场消沉一年多的重要原因，但并没有证据表明债券保险公司的破产对市政债券市场造成了永久性的损害。请注意，这些公司遇到的麻烦是与他们应税债券投资组合的违约有关，而与市政债券无关。

不管怎么样，债券保险公司被降级带来了几个重大问题。第一个问题与信用评级有关。很多债券仅仅因为保险就获得了 AAA 的评级。如今，保险公司遭到降级（大部分降到垃圾或接近垃圾状态），评级机构又该如何处理有保险债券的评级呢?

评级机构给出的解决方案实际上相当简单。绝大多数有保险债券都有一个所谓“基础评级”，也就是发行人以其声称的偿债能力获得的评级，这个评级在获得保险前就已经存在。惠誉国际的解决方法是，如果基础评级高于保险公司现在的评级，就根据其基础评级来确定市政债券的信用评级；如果基础评级低于保险公司的评级，就以保险公司的评级为标准。其他评级机构本质上就是在学惠誉国际。不要忘了，保险公司只会承保他们认为至少属于投资级别的债券。债券保险公司遭到降级后，大多数市政债券的基础评级反而高于债券保险公司的评级。然而还有一个重要的事实就是，“基础评级”这种说法如今已经纳入市政债券的评级信息之中。

更严重的问题在于，保险公司遭到降级会如何影响被保险债券的价格。有些债券价格的下跌是无法避免的。对于那些继续获得 AA 或 A 评级的债券，保险公司遭到降级不应该导致其剧烈的价格下跌。从理论上看，价格急速下跌只会影响基础评级如今低于投资级别的债券。尽管如此，市政债券的价格在 2007 年和 2008 年还是处于反复无常和混乱的状态，其中一部分原因在于债券保险公司，另一部分原因就是 2008 年的金融危机。

最后一个问题在于，缺少债券保险是否会永久性地削弱发行人向市场推出债券的能力，是否会导致新发债券利息成本上涨。然而，2009 年新发市政债券的数量突破了此前的纪录，随着市政债券行情反弹，收益率反而在下滑。

你大概能想到，债券保险公司遭到降级极大地削弱了公众对债券保险的需求。2009 年上市的市政债券中仅有 6% 左右附有保险，而 2007 年这个数字超过 50%。其中最主要的原因自然是债券保险公司遭到降级。尽管市场目前对债券保险的需求很低，但有人猜测，一些公司可能会想办法推出全新的信用增强业务，以满足小型或非主流发行人的需求；这些发行人的信用质量可能过低，仅靠自身

（基础）评级难以吸引买家。

不管怎样，到2008年秋天时，金融危机已经演变为大事件，债券保险公司的消亡早已被人忘在脑后。

市政债券评级的“重新调整”

2010年4月，穆迪和惠誉国际均宣布计划调整市政债券整体评级。发生这一变化，部分原因自然是2008年的金融恐慌，但市政债券的违约历史也起到了作用。

发生这一改变的原因在于，之前的评级范围（第三章曾经提过）夸大了市政债券的风险。市政债券评级使用了与企业债券完全相同的评级符号，即AAA代表最高信用质量，随后依次下降至投资级别，直至垃圾级别（第三章里的表3.3展示过这些符号）。人们从中可以得出一个合理结论，即评级相同的市政债券和企业债券拥有相同的违约风险。比方说，评级为A的市政债券与评价为A的企业债券拥有同等的违约风险，以此类推。

实际上，历史违约情况表明，市政债券的违约风险明显低于应税债券。用来评价市政债券的评级标准，是以某个市政债券发行人与其他市政债券发行人财务实力的对比为基础而形成的。但观察者很多年前就已经指出，如果以真实的违约经历为评级标准，那么市政债券的信用评级将显著提高。比如穆迪2007年的一份研究就指出，评级仅为投资级别，甚至低于投资级别的一般责任债券，其违约率实际上比评级为AAA的企业债券还要低。穆迪2009年的一份研究显示，从1970年到2009年，获得评级的市政债券总共出现过54次违约事件（违约率不到0.07%）。这些违法绝大多数违约发生在住房与医疗板块。

这些年来，很多人都在呼吁根据不同债券板块的实际违约情况来设立“统一”或“全球化”的评级标准。比方说，评级为A的债券，不论属于企业债券、市政债券还是国际债券，其违约风险相同。由于市政债券的违约率相对较低，所以采用“全球化”评级标准将会导致市政债券的信用评级显著上升。美国国会就评级流程举行了听证会进一步推动了上述建议。2010年3月，惠誉国际和穆迪均宣布，他们将改变市政债券评级标准，采用“全球化”的信用评级。

2010年4月5日，惠誉国际宣布将对大多数市政债券重新进行评级。几天后的 4 月 19 日，穆迪宣布将在随后几周推出全新的评级标准。截至本书出版时（2011 年），标普尚未效仿前两家做出调整。不过标普表示，他们一直以来采用的就是全球化评级标准。如果事实证明标普的评级与竞争对手明显不同步，他们也有可能考虑改变评级标准。

评级机构公布了以下调整方案。

- 评级为 AAA 的债券继续保持 AAA 的评级。
- 大部分一般责任债券将上调一个、两个甚至三个级别。
- 有些岁入债券评级也会上调一至两个级别。

评级最不可能发生变化的，是那些私人目的或“企业”岁入债券，比如类似机场、体育场、养老院发行的债券。为这种债券评级时，对比的总是相似的企业实体。

信用评级变化的范围极其广泛。比方说，除加利福尼亚州和波多黎各外，穆迪对所有州政府发行的债券至少给出 AA 的评级，其中 14 个州还会获得 AAA 的评级（穆迪将加州债券上调 3 个等级，从 Baa1 调至 A1）。惠誉国际宣布将“重新调整”38 000 支债券的评级。约有 3 750 个之前未获 AAA 级的库斯普号码将调为 AAA 级，另有超过 7 500 个库斯普号码调至 AA 级。

惠誉国际使用“重新调整”这个说法，是为了强调，“评级上调”并不意味着市政债券发行人的财务实力发生了变化。相反，评级上调是因为人们认为旧标准夸大了很多市政债券的风险。这有点像大学教授认定自己打分标准过于严格一样，所以过去只能得到 B 的答卷未来就能得到 A，考卷上的回答并没有改变，只不过教授给出了更高的分数。

由于新评级标准才刚刚开始执行，所以我们还无法确定这些“调整”究竟会对市政债券市场造成什么影响。不过有一点可以肯定的是，这些改变更有可能带来积极的影响。其一，评级调升可以让一些不允许购买低于特定信用级别债券的机构买家得以买入更多的市政债券，这能提高“流动性”。一些评论家将其看作给市政债券市场的信任投票。发行人则希望这些“重新调整”能够降低借贷成本。但目前尚不清楚个人投资者对这些改变会做出何种反应。比如，刚刚调升至 AAA 级的债券，交易价格可能比评级一直为 AAA 级的债券要高，正如过去评级为 AAA 的债券正是因为有保险，交易价格高于正常 AAA 级债券一样。

实际上，很多市政债券发行人面临重大困难，我们几乎每天都能看到城市或州被迫削减预算的新闻，而新闻报道则警告某个发行人“不安全”。信用评级标准在这个时候出现变化，不得不说有点讽刺意味。至少有一件事是可以确定的，即在一段时间内信用评级的改变一定会导致相当程度的混乱。

最安全、信用质量最高的债券是什么

若你想确保自己购买到信用质量最高、最安全的债券，可以有以下这些选择。

假如你是个严谨认真的人，那么你的最佳选择可能是预偿市政债券（有时简写为 pre-res）。

信不信由你，预偿市政债券和国债一样安全。因为预偿市政债券由第三方托管的国债提供担保。这是为什么呢？总的来说，预偿市政债券在利率较高时发行；发行人在利率下滑时偿还高票面利率，就像房屋所有者可以在利率下滑时用按揭贷款再融资一样。具体原理是，假设一个市政当局在几年前利率比现在高得多时（假设为 6%）发行了一支债券，再假设，按照最初的赎回条款，市政当局必须等待数年才能赎回债券。市政当局如何降低利息支出呢？

答案就是，市政当局可以以如今较低的票面利率（比如 4%）发行新债券，用这种方式“再融资”。新发行的债券就是“再融资”债券。市政当局发行了足以覆盖利息支出的新债券，并在老债券（票面利率 6%）首次可提前赎回时就偿还本金。销售再融资债券（票面利率 4%）得到的收益用来购买美国国债，然后将这些国债存入托管账户。国债的票面利率将被用于支付老债券（6%），如今被称为“已还款”债券的票面利率。在第一个可提前赎回的日期到来时，托管账户中的剩余资产将被用于兑付“已还款”债券。

由于支付债券持有者的资金置于托管账户，且投资于国债，所以“已还款”债券完全没有违约风险。无论最初信用评级如何，这些债券如今都跳升至 AAA 级。不过这一切并非自动发生，严格来说，发行人需要申请才能获得新评级——毕竟评级机构要收费。即便已还款债券未获重新评级，它们通常也能像 AAA 级债券一样交易。另一方面，再融资债券（即新发行的票面利率 4% 的债券）则以发行人的评级进行交易。

已还款债券拥有几个优点：由于期限通常较短，所以其利率风险也比较低。此外，由于这类债券大部分是溢价交易，所以有更高的现金流，通常也能比其他具备类似期限和信用质量的债券获得更高的收益率。

另一类非常安全的债券，是带有“保护伞”的债券。比方说，有些州通过运转良好且评级高的“债券银行”代表地方政府发行债券（主要是学校债券）。这些债券银行实际上是一种准保险公司。好几个州里都有这样的债券银行，比如缅因州、弗吉尼亚州、纽约州和新泽西州。一些债券银行采用抵押担保形式，一旦当地学区遇到财务困难时将保留政府援助资金并用于偿还债务。另一些债券银行则拥有转向资金，保障在其保护伞下债券能够按时清偿债务。比如得克萨斯州，债券可以在其永久学校基金（Permanent School Fund，简写为 PSF）伞下发行。这是一个资金额达 220 亿美元的基金，为学区发行的债券提供担保（PSF 伞下发行的债券能够获得 AAA 的评级）。有人建议购买基本服务提供者发行的债券，比如水务债券；这种债券既有一般责任担保，同时还有专用于偿债的岁入支持（这种债券有时也被称为“双管”债券）。

还需要注意的是，有些债券发行时仍带有债券保险。前面提过，和 2007 年前相比，如今有保险债券的比例小了很多。如果债券保险公司遭到降级，债券保险也会失去价值。

最后一点，任何仅凭自身素质就获得 AA 或 AAA 评级的债券都是极为安全的。不同评级一般建立在极其细微的差别之上。而且正如前面提到的那样，现实中市政债券极少违约。可如果很在意信用质量，那么投资期限不长于 10 年的债券时你就会得到多一层的保护。债券的期限越长，经济变化对发行人信用状态的影响就越难以预测。最后，我们应该把 2010 年 4 月视作评级标准变更的分水岭。面对一个评级，投资者有必要了解那究竟是在 2010 年 4 月之前还是之后做出的。

信用证

信用证（LOC）由银行和保险公司发行，作为信用升级的一种方式。信用证与债券保险类似，但两者的保护力度并不一样。

银行并不会因为信用证而承担支付利息的义务。相反，信用证其实相当于信用额度。如果债券发行人没有足够的现金支付利息，开出信用证的银行有义务借钱给发行人。不过，银行因信用证承担的“义务”范围各有不同，有些信用证不可撤销，有些则规定银行只有在特定情况下才有出借资金的义务。

以信用证为担保的情况相当常见，不过这已不再是市政债券市场中的主要因素。信用证担保主要与浮动利率即期债务有关，而这是一种主要由机构投资者购买的短期债务。

应税市政债券

这不是笔误。市面上总是存在一些应税市政债券。这种债券发行时主要出于所谓的“私人目的”，也就是对公共利益非必要的目的，比如为资助体育设施而发行，或者特定类型的住房债券。不过近些年来，应税市政债券的数量越来越少。

建设美国债券（BABs）

建设美国债券（简写为 BABs）是一种新型的应税市政债券，由奥巴马政府在 2009 年初作为“经济刺激”方案的一部分推出上市。和过去的应税市政债券不同，这种债券的收益用于公共目的，主要投入在基础设施建设上，因此得名“美国建设”债券。

根据建设美国法令发行的债券可直接获得美国财政部的补贴。这种补贴分为两种形式：发行人可以选择从财政部获得票面利率的 35% 的直接补贴，或者债券购买者可享受 35% 的税务减免。

对发行人来说，建设美国债券的吸引力在于，尽管因为需要缴税导致利息支出高于免税债券，但政府提供的 35% 的补贴却能将发行人的净利息支出降至比免税债券还低的程度。

建设美国债券最初的主要买家是机构投资者，它们被债券的高信用质量所吸引。建设美国债券实际上属于一种全新的资产类别：这是一种信用质量高于很多“常规”企业债券的应税债券，而且利率相比企业债券也很有竞争力。同样的特点也吸引着那些购买建设美国债券的个人投资者将资金存入类似 IRA 或 401K 这样的税务延迟计划。建设美国债券甚至对外国投资者也有着吸引力：多伦多的一家公司设立了一个专门针对建设美国债券的市政债券基金，招股说明书用的还是法语！另外需要注意的是，评级标准的变化会使很多建设美国债券的评级调升，这只会进一步加强这种债券的吸引力。

该计划的初步立法规定，这种债券只在 2009 年和 2010 年这两年发行。人们后来提出了很多提案延长这个项目，但补贴会逐渐减少，从目前利息的 35% 减至2013年的30%。也有人提出让这个项目永久化的提案。不管怎么样，建设美国债券主要为长期债券（20年到30年），所以会在二级市场交易很多年。

建设美国债券可以提前赎回，一种可能的情形就是政府决定停止支付补贴。由于建设美国债券的竞争对手是应税的企业债券，所以建设美国债券的赎回条款通常与企业债券相同。比方说，建设美国债券经常使用“完整”赎回条款。正如“完整”的字面意思，这些条款的设计目的就是保护原始买家不会因为提前赎回而遭受本金损失。典型的完整赎回条款一般会写明，如果发生提前赎回，债券应选择以下两个价格中更高的一个赎回：票面价值，或者根据一个公式计算出来的价格（一般比10年国债收益率高30到50个基点）。这种赎回条款可以保护以票面价值或接近票面价值购买债券的投资者。如此一来，最糟糕的情况也不过是以票面价值提前赎回债券，因此不会发生本金损失（第八章讨论企业债券时会详细讨论赎回条款）。

由于建设美国债券人气太高，导致了一个计划之外且无法预见的情况，那就是很多发行人推出了主要以建设美国债券形式发行长期债券，从而导致长期免税债券的数量越来越少。

特别的市政债券

大多数市政债券以分批还本形式上市，即债券从短到长分批到期。以下是市政债券一些值得关注的特点。

短期市政债券

市政债券发行人发行的三年以下债券，其名称包括“收益预期债券（RANs）”“税务预期债券（TANs）”或“发债预期债券（BANs）”。如名字所示，这些债券的发行预期收入来自税务或债券这两者之一。尽管这些债券获得了评级，但它们的评级与长期债券有所不同。更高质量的评级是穆迪的MIG 1和MIG 2，以及标普的SP 1或SP。

短期市政债券主要由机构投资者购买，不过最低交易金额可低至10 000美元。如果收益率曲线正常（也就是向上倾斜），这种债券的收益率就会比免税货币市场基金高出50到100个基点。

由于市政债券的收益率曲线的上倾陡峭程度通常比国债更大，所以免税债券的收益率相对较低。对这种债券感兴趣的通常是处于高税级的个人投资者，他们把钱存在这里，不到一年就能到期取出。不过你需要把投资对象限定在信用质量无可挑剔的债券上。

零息市政债券

零息市政债券有很多名字：市政倍数债券、本金增值债券、资本增值债券或零息市政债券。不论名字是什么，这些债券拥有一些共同点：以远低于票面价值的折价发行，到期时按票面价值赎回。发行价与票面价值的差额，就是年复合收益率。

零息市政债券价格的波动性与国债相当。而期限较长的零息债券波动性尤其高。不过零息市政债券与零息国债也存在一些重大区别。第一，由于零息市政债券免除联邦税，所以投资者每年不需要就“虚幻”利息交税。第二，零息市政债的信用质量因发行人不同而不同。零息市政债券的信用质量非常重要，因为这种债券在到期前不会支付利息。如果在发行几年后违约，你连一分钱利息都拿不到（债券保险在这里就能起到作用了）。

此外，零息市政债券也存在提前赎回。在提前赎回时，它们是以规定的票面折扣价赎回，而不是像一些投资者以为的那样，按票面价值赎回。

曾经，零息市政债券被认为是转售成本高昂的产品，如今，它在二级市场的行情比过去活跃很多，转售时的加价也与其他市政债券相当。不过需要记住的是，如果计划转售，巨大波动性会使零息市政债券成为高风险投资。因为这个原因，只有当你计划持有至到期，零息市政债券才是合适的选择。

带有卖出期权的债券

“看跌期权”与“看涨期权”正好相反。看跌期权让购买者在规定期限或日期，以票面价值将债券出售（卖出）给发行人。这是对债券持有者的一种保护，因为如果利率上升，持有者可以不损失本金而赎回债券，还可以将收益再投资于利率更有吸引力的产品。因为这个特点，带有看跌期权的债券的价格波动性小于其他长期债券，通常也以票面价值或接近票面价值的价格交易。然而，世界上没有免费的午餐，带有看跌期权的债券也存在一些缺点。首先，这种债券的票面利率一般低于期限相似的其他债券，因此总收益率可能更低。其次，如果利率下降，这种债券的价值增值幅度也远小于其他长期债券。

“超级偿债”债券

“超级偿债”债券是一种有着指定期限的住房债券，专门针对抵押贷款提前付清、提前完成偿还的情况。也就是说，其中一部分债券可能会被提前赎回。之所以有“超级偿债”这个名字，是因为还清债券的资金在“偿债基金”中积累。由于提前偿债的情况无法预测，所以还清债券的日期也无法确定。

这种债券可能会被提前赎回，这对投资者来说颇有吸引力。原因在于，既然没有明确的赎回日期，债券的收益率（及其价格）就会由其期限决定，而不是由不确定的提前赎回日期决定。超级偿债债券一般会在到期日前赎回。实际上，这种债券的购买者用一份短期债券赚到了长期债券的收益率。

然而，如果一支超级偿债债券以高溢价出售时，投资者也要小心。提前赎回会导致本金出现损失。

市政债券定价

提前赎回风险

市政债券（主要是长期市政债）均面临提前赎回问题。你可能还记得，这意味着发行人可能会在到期之前兑付债券。

大多数市政债券的赎回条款简单明了。30 年期债券的赎回条款一般将第一次可提前赎回日期定在发行 10 年后，价格略高于票面价值（通常为 101）；同时确定几个后续赎回日期（15 年后赎回价格为票面价值的 102，以此类推）。但住房收入债券却可能拥有不同寻常的赎回条款。比方说，如果债券筹集的资金不需要用于实际抵押贷款时，就有可能触发提前赎回。这种赎回条款与普通赎回条款的区别是没有明确的日期。这种债券最快可能在发行后几个月就被赎回，而现实中也确实发生过这种情况。

一般情况下，发行人只有在利率显著下降时才有可能提前赎回市政债券。利率越高、对投资者吸引力越大，发行人的利息成本就会越高，债券也更有可能被提前赎回。我们在前面讲过，要特别关注那些溢价销售债券的赎回条款，而对于溢价销售的住房债券，就更要拿出 200% 的小心。住房债券有时会面临极其特别的赎回问题。经纪商应同时提供到期收益率和首次赎回日期收益率（通常低于到期收益率）。如果债券被提前赎回，提前赎回收益率就是实际收益率。

“美元”债券与“基础”债券

有些市政债券被称为“美元债券”，这是因为这些债券的价格以美元数额形式出现。其他债券的价格则以“基础”形式出现，也就是不显示美元数额，而显示到期收益率。购买者需要利用收益率倒算出价格（经纪商这时就会拿出他们值得信赖的计算器）。

“计息日”

这是债券开始积累（赚取）利息的日期。

加价

一名市政债券市场书籍的作者对市政债券市场价格的定义是：“让买家小心”，或者“市场将要承受什么”。对个人投资者来说，定价“合理”的债券，其佣金成本可能从交易活跃、信用质量高的短期债券的 1%（票面价值平均每 10 000 美元收取 100 美元），到交易不活跃的长期债券的 4%（票面价值平均每 10 000 美元收取 400 美元）不等。如果市场压力较大，加价超过 4% 的情况也并不少见。

对经纪商来说，小批量债券（票面价值不到 25 000 美元）让人头疼，因此加价也相对较高。这导致小批量债券的销售成本变得很高。经纪商实际上对上述数量债券的定价有一种特别的称呼：“惩罚票面利率”。翻译过来就是：销售小批量债券的佣金成本非常高。从你手中买下小批量债券的经纪商自认为是帮了你一个忙。矛盾的是，经纪商急于卖出小批量债券，所以他们会给债券定下一个具有吸引力的出售价格。也就是说，即便只想买少量债券，有时你也能找到颇有吸引力的价格。但买下后就不要想着转卖了！

在我写本书的第一版时（20 年前），为了研究价格不一致问题，我假装要出售自己继承的少量市政债券。我给七家公司打去电话，了解他们愿意给出什么报价。其中包括一支信用质量很高、得到广泛交易的新泽西州收费公路债券，一支费城发行的信用质量存在不小争议的债券，费城当时的财政困难被媒体大量报道；另外还有一些交易不太频繁的债券。

我持有的所有债券都得到了报价。其中价格最接近的是新泽西收费公路债券。这个结果并不出乎意料，因为我住在新泽西州，而且新泽西收费公路债券的交易行情很活跃。即便如此，各家对这支债券的报价也在以98为基础相差150个基点左右。由于我要“出售”票面价值为40 000美元的债券，所以最高报价和最低报价相差了612美元。报价差别最大的是外州的住房债券（相差375个基点，接近4%，也就是说40 000美元债券报价相差1 500美元）。有几个经纪商则拒绝了几个不太常见的债券报价。

这种情况如今改变了多少？某种程度上说，改变并没有想象的那么大。在写一篇通过互联研究市政债券价格的文章时，我决定追踪同一支债券在不同经纪商网站上的价格，所有网站使用的都是Bond Desk这个电子平台。我以为，不同经纪商使用相同的电子平台会让他们为同一支债券提出相同的报价，但事实并非如此（我用库斯普号码、期限和赎回条款等来确定自己追踪的是同一支债券）。不同经纪商的加价程度存在明显区别。比方说，同一支债券的报价会出现以下情况。

- 两家公司开出101的报价。
- 另一家公司开出103。
- 还有一家公司开出103到105的报价。

我在研究电子平台（本书第二章详细讨论了电子平台）时发现，经纪商都是独立加价的，因此，他们的加价各不相同。电子平台一般按照销售债券的经纪商的指示对债券加价销售。

上网购买市政债券

市政债券的加价信息仍然是隐藏的。如果有意购买市政债券，有没有办法确定自己是否得到了合理的报价？

首先让我们明确佣金和加价的区别。很多经纪商，尤其是折扣经纪商，会想办法让投资者把注意力集中到他们的佣金上。这些佣金的数额通常很低，平均每份债券1.5美元到5美元。这是他们提供经纪服务收取的费用，这部分费用会得到明示。此外，加价是经纪商买入债券与他们将债券卖给你时的价格差。但加价信息仍然会被隐藏起来。市政债券仍以净值形式报价。

如果你觉得我过于在意加价问题的话，不要忘了，市政债券的常见交易额是

25 000 美元到 50 000 美元。如果加价为 2%，25 000 美元的债券将加价 500 美元，50 000 美元债券将加价 1 000 美元。若加价为 4%，这些数字就会翻倍。在一个中期到长期市政债券收益率为 2% 到 4% 的市场里，前面提到的加价绝对是值得担心的问题，相当于消耗了 6 个月到 1 年的利息。

多亏了互联网，投资者如今可以轻松地掌握大量信息。下面有一些建议，可以帮助你做出明智的决定。

第一步：了解市场总体情况

如果你没有经常跟踪了解利率情况，那么第一步就是了解目前市政债券市场的收益率整体情况。登录 Investinginbonds 网站就能获取相关信息。点击“市政债券一览”，在这个大目录下，你能看到一系列子目录。你需要重点关注其中两个，首先是显示当前市政债券市场收益情况的收益率曲线，其次是显示具有代表性的市政债券收益率表格。这两项信息每天都会更新。表 7.2 展示的就是 2010 年 4 月 23 日的情况。

表 7.2　市政债券一览代表性收益率

期限	利率（%）	AAA（%）	AA（%）
3 个月	0.30	0.25	25
6 个月	0.33	0.26	0.26
1 年	0.54	0.39	0.40
2 年	0.99	0.74	0.82
3 年	1.31	1.06	1.13
5 年	2.10	1.75	1.85
10 年	3.40	2.96	3.12
15 年	3.88	3.42	3.58
20 年	4.30	3.81	3.99
30 年	4.53	4.11	4.26

2010 年 4 月 23 日下午 4 点 35 分。

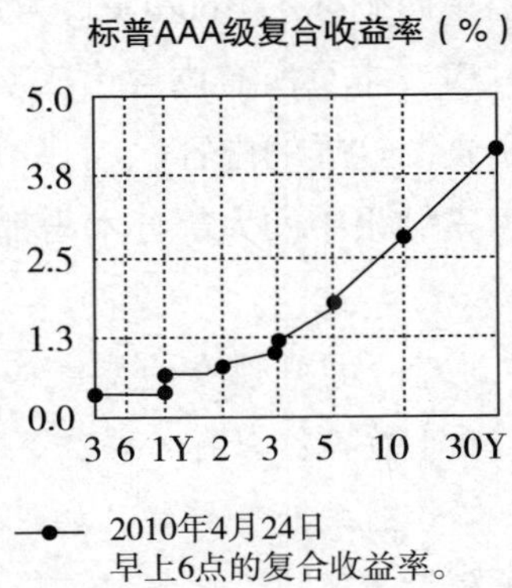

来源：Investinginbonds 网站

首先要注意的是，收益率曲线在这一天急速上倾，收益率从不到 1% 上升到了超过 4%。另外还要注意，自己究竟会考虑哪个收益率作为突破点。比方说，你在寻找一个收益率最低为 3% 的债券，那么收益率曲线和对应的利率告诉你，你要找的是期限为 10 年左右的债券。注意，这些收益率都是约数，是全美范围内的平均值。另外还要注意的是，这张表格显示的是 AAA 级债券，因此其收益率是最低的。信用质量较差的债券收益率更高。具体每支债券的收益率也与表格中的数字存在差别。但这些表格就是一个起点，它能帮助你了解大概情况（财经网站上也有类似的表格）。

第二步：货比三家

现在，你需要货比三家。你拥有几种选择。

第一个选择就是登录一个或多个经纪商的网站，了解他们出售的债券情况。你应该不会对每天被交易的数千支债券都有兴趣；相反，你大概会选择关注几个标准。大多数经纪商网站都可以进行针对性搜索。选择的标准越少，得到的搜索结果就越多。你的搜索条件应当至少包括自己所在的州、可接受的期限长短及最低信用评级。为了进一步缩小选择范围，你也可以增加一些标准，比如最低收益率或最低票面利率。

搜索后你会得到一份债券清单，一般以表格形式列出。具体形式类似于表 7.3。

清单明确标示 BondDesk 为数据来源。很多在线经纪商会加入一份免责声明，其中写着“本页所有内容由 XXX（电子平台名称）提供，XYZ 公司不对数据准确性负责”这样的内容。

搜索结果中的大部分术语都不难理解，不过从左到右，你需要尤其注意以下内容。

- 数量：某支债券的待售总量。
- 最小数额：以标价最少可以购买的债券数量。
- 债券的库斯普号码，如果想了解更多信息，你就需要这个号码。
- 发行名称及更多细节，比如债券的税务状态及赎回条款等。
- 债券发行时确定的票面利率。
- 价格，也就是经纪商的报价。
- 以列明的报价购买债券所能获得的到期收益率（算上经纪商佣金后，实际收益率会略低于这个数字）。

你可能还会看到几个值得详细说明的术语。

“重大事件”。这是一个警告，指的是这只债券历史上曾经发生过一次或更多

表 7.3 市政债券报价案例

数量	最小数额	州	库斯普号码	发行名称	票面利率（%）	到期日	价格（美元）	收益率（%）	穆迪/标普	信用观察
410	10	新泽西	6503668L4	Newark N J TAXABLE - Material Events - Subject to - Sinking Fund 04/19@100 – AGMC insured	5.853	04/01/2022	101.224	5.709	Aa3/NR	/
1 350	50	新泽西	646080HG9	New Jersey St Higher Ed A Callable 06/18@ 100 - Subject to AMT - Material Events - Sinking Fund 06/14@ 100 - AGC insured	5.875	06/01/2021	109.99	4.394©	Aa3/AAA	/
5	5	新泽西	64580AAK7	New Jersey Health Care Fa Extraordinary Calls - Hospitals Use - Material Events	5.250	10/01/2018	109	3.982	Aa3/AA-	/
5	5	新泽西	072887XF4	Bayonne N J Callable 07/15@100 - Material Events - AGMC insured	4.375	07/15/2021	102.975	3.741©	Aa2/NR	/
10	5	新泽西	645918TG8	New Jersey Economic Dev A	5.000	05/01/2018	109.465	3.627	Aa3/AA-	/

来源：BondDesk。

导致信用评级改变，从而导致价格发生变化的事件。如果“重大事件”与债券保险公司的名字一同出现，我们可以认为，它与债券保险公司遭到降级有关。如果发生这种情况，你也需要关注“基础评级”，这就是债券的现有评级。另外需要注意的是，“重大事件”也可能指的是影响发行人财务实力的事件。在搞清楚“重大事件”具体是什么之前，绝不要购买带有这个标签的债券。

税务状态。建设美国债券如今被很多公司纳入市政债券列表。你需要小心检查自己看到的究竟是不是免税市政债券。如果是建设美国债券，你就需要缴纳联邦税。此外，有些债券也需要缴纳替代性最低税（AMT）。

债券保险公司继续上市。这会给很多债券造成混乱，因为我们在前面提过，大多数债券保险公司被降级至低于投资级别。而“重大事件”这个说法通常指的是债券保险公司被降级，而非债券发行人被降级。

你可以在大多数经纪商网站上获得更多详细信息。如果点击债券名称，就会出现类似于表 7.4 的页面。

电子平台 BondDesk 是更多信息的官方来源。BondDesk 的信息后一般都会附有类似表 7.3 里的免责声明。

表 7.4 列出了债券的更多详细信息：债券可能被提前赎回的日期、支付利息的日期和收益率数据，包括到期收益率（YTM）、赎回收益率、本期收益率等。

你需要明确理解其中几个内容。

债券评级

第一个问题就是确定债券的实际评级。由于债券保险公司降级，再加上 2010 年 4 月评级机构对标准的“重新调整”，确定债券评级变得比之前复杂很多。因为上述两个事件，你通常会看到不止一个评级（表 7.4 里的债券就是这种情况），你需要确定出现多个评级的原因，以及不同评级的不同意义。

你看到的第一个评级是“基础评级”，即 Baa1（位于“穆迪评级信息”一栏）。我们在债券保险部分提过，基础评级就是债券在获得保险前、发行人的评级。

不过需要注意的是，基础评级的下面有一个更高的评级（Aa1）。两个评级是分别注释的，第二个评级是“安全标注”。第一个评级下有一段全部用大写字母做出的标注：MOODY’S GLOBAL RATINGS RECALIBRATION ON 04/24/2 010 FROM Baa3 to Baa1（穆迪 2010 年 4 月 24 日全球评级重新调整，从

表 7.4　表 7.3 中一支债券的详细信息

Calculator **

Actions

Back to Search Result

Previous

Description

Issue:	Bayonne N J Callable 07/15 @ 100 - Material Events				
Project/Addtnl Info:	NJ SCH BD RESERVE ACT PL1980				
CUSIP	072887XF4	**Type:**	Secondary Municipal	**Moody/S&P/Fitch:**	Aa2/NR/NR
Coupon:	4.375	**Frequency:**	Semiannually	**Category:**	General Obligation
Maturity:	07/15/2021	**First Coupon:**	07/15/2005	**Delivery:**	Book Entry
First Settlement:	12/22/2004	**Next Coupon:**	07/15/2010		
Dated:	12/15/2004	**Last Coupon:**			
Minimum Amount:	5,000.00	**Denomination Amount:**	5,000.00	**Orig Price/Orig Yield:**	99.705 / 4.4
Collateral:					
Blue Sky Restrictions:					
Reference material:					
Moodys Ratings Information					
		Underlying Rating:	Baa 1		
		Long Term Rating:	Aa 2 effective 04/23/2010		
		Short Term Rating:			
		CreditWatch:			
S&P Ratings Information					
				Long Term Rating:	NR
				Short Term Rating:	

Call / Sink / Put Features

Call Schedule: 07/15/2015 @ 100　　Continuously Callable starting at

Next: 07/15/2015 at 100 on 30 days notice

Material Events / Use of Proceeds

10/13/2009 - Fitch Rating Downgrade - FROM AA+ TO AA　　**Use:** PRIM/SECNDRY ED

Security Notes

MOODY"S GLOBAL RATINGS RECALIBRATION ON 04/24/2010 FROM Baa3 TO Baa 1

Secondary Municipal Specific

State:	NJ	**Escrowed:**	N	**Fed Tax:**	No	**Subj State:**
Pre Refund:	N	**Insurance:**	AGMC	**Subj AMT:**	No	
Secondary Insurance:		**Reinsurance:**				
Enhancement:	ST SCH AID PROG	**Bank Qualified:**	No			
Revised Issue Price:	100	**Market Discount Point:**	97.25			

(Tax)

Offer

Price:	102.975		**Settlement:**	04/29/2010
			Duration:	4.669
Yield to Maturity:	4.042			
Yield to Call:	3.74		**Quantity:**	5
Yield to Par:	-		**Increment:**	5
Current Yield:	4.249		**Min. Quantity:**	5
Worst Yield:	Next Call			

**Refer to Bond Calculator for bond yield details.

Source: BondDesk Group, LLC. The Bond content is presented by BondDesk Group, LLC. Reprinted with permission.

Baa3 调至 Baa1）。这个信息告诉你，重新调整之后，这支债券的评级上升了两个评级从，Baa3 调升至 Baa1。

在同一标题下，还要注意保险公司的信息：保证担保市政债券公司（AGMC），穆迪对这家公司的评级仍为 AA3。被列为长期评级的是 AGMC 这家公司的评级。（查找这些信息时我发现，这家公司在这支债券的发行人“贝永”评级调升的前一天也碰巧得到评级调升，两个调升完全没有关系。）

更让人混乱的是，这份清单上还列出了其他评级。比如 2009 年 10 月 13 日这天，惠誉国际将评级从 AA+ 下调至 AA。但遭到降级的是保险公司，而非债券发行人。过去更多的信用评级变化被归入“重大事件”名下。所有评级变化的主要作用是历史记录，时间最近的评级才是生效的评级。

归根结底，真正有意义的评级是时间最近的两个，即发行人的基础评级因为“重新调整”而变高，以及债券保险公司获得的最新评级。另需注意的是，这支债券没有标普或惠誉国际的评级。记住，只有花钱才能获得信用评级。类似贝永这样的小发行人通常只会花钱获得一个评级。

不幸的是，由于债券保险公司在 2008 年遭到降级，加上 2010 年 4 月和 5 月市政债券信用评级的重新调整，你需要认真调查研究才能确定市政债券的真实评级。在完成评级重新调整后，2010 年 5 月中旬，经纪商网站上列出的债券信息都会包含类似注释，表明该债券的信用评级的重新调整日期，及评级是否出现变化。

收益率的多种含义

另一类需要明确的概念，就是清单中列出的各种收益率。

如果在几支期限及信用质量要求均符合预期的债券之间进行比较，你应该关注什么，从而做出最佳选择？

现实中，一些投资者只关注债券价格，比方说，他们认为，不论收益率是多少，价格 100 的债券比 102 的债券更好，原因就是价格更低。这是一种错误观念。在了解某支债券的交易历史时，你当然需要关注价格，但是在对比不同债券时，要确定哪个是更好的选择，你应当更关注到期收益率（YTM）。在期限、信用质量和赎回条款相似时，一条基本原则就是，到期收益率最高的债券就是最好的选择。

需要记住的是，到期收益率报价只是对特定条件下持有债券收益的一个估算：这与你是否持有债券直至到期、票面利率究竟用于再投资还是消费、票面利率再投资的利率等各种因素无关。（如果还不清楚这方面的内容，请重读第四章里与收益率有关的内容。）有些时候，最佳选择还取决于你想怎么使用债券。比方说，假设你是为了收入才购买债券，你准备花掉，而非再投资利息。这时你应该寻找本期收益率高于到期收益率的债券，或者寻找现金流更大的债券，比如溢价债券。以我写这本书时的利率水平为例，你应该寻找到期收益率约为 3%、本期收益率为 4% 或更高的债券。这种债券可能比到期收益率更高、但本期收益率较低的债券更能满足你的需求。

此外，如果能看到赎回条款或偿债条款，那么提前赎回收益率、偿债收益率或最差收益率（有时与赎回收益率相等）也会被列明。但在担心赎回收益率前你要记住，如果票面利率较低，那么债券被提前赎回的可能性也比较低。

值得一提的是，不同网站上信息的详细程度和有用程度并不一样。有些网站能让你轻松确定标准，缩小搜索范围；另一些网站只会提供最少量的信息。同样让人意外的是，输入选择标准后，不同网站给出的选择也存在巨大差异。我们在第二章里提到过，有些经纪公司只会提供极其有限的选择。如果你刚刚开始在网上搜索债券，你可能需要在多个网站开户，才能最终确定使用哪些经纪公司的服务。

假设你找到了一些满足要求的债券。当然，你完全可以因为喜欢某支债券就做出购买决定。可现在你能获得实际交易数据，这意味着目标价位可能低于经纪商的报价。Investinginbonds 网站和 EMMA.msrb 网站上可以查到各种类型的数据，两个网站均对用户免费开放。让我们先从 Investinginbonds 网站入手。

债券价格数据：Investinginbonds 网站

这个网站已经成为不可或缺的资源。它上线于 1991 年，最初只发布大约 1 000 支前一天交易活跃的债券价格信息。网站内容后来逐渐增加。从 2005 年开始，网站会发布每一笔市政债券交易信息，每笔交易完成 15 分钟内就会显示价格信息。

债券的交易历史

Investinginbonds 网站提供两种价格数据。第一种也是使用起来最简单的一种，就是查看债券的交易历史。不管你通过什么方法锁定了一支债券，不管是从友好的经纪人处得知还是在网上找到它，购买这支债券前你都应该了解它的交易历史。

想查询一支债券的交易历史，点击“市政债券一览”后，在“债券历史”一栏中输入库斯普号码。接着就会出现如表 7.5 一样的简表。

表 7.5 库斯普号码搜索结果

发行人 库斯普号码	票面利率 到期日	交易次数
NEW JERSEY ST TRANSN TR FD AUTH SER A-FSA-CR 64136FB2	5.250% 12/15/2021	1 852

来源：Investinginbonds 网站

案例中列出的是 2010 年 4 月 23 日查询的一支新泽西州交通债券的交易历史。注意，表中列出的交易次数是 1 852 次，对于市政债券来说，这是一个非常高的交易数量，意味着债券的交易极其活跃。很多市政债券，包括一些信用质量非常高的债券，交易并不频繁，可能一年还不到十几次。但这并非什么危险信号，只能代表投资者为了收入而购买这些债券，并且没有再次出售。

点击表 7.5 中的“交易次数”时，就会跳出第二个页面，显示这支债券的全部交易历史。交易历史的显示形式类似于表 7.6。

表 7.6 库斯普号码 646136FB2 的交易细节

评级 保险	发行人 库斯普号码		州	票面利率	标注
有保险	NEW JERSEY ST TRANSN TR FD AUTH SER A-FSA-CR 646136FB2		新泽西	5.250%	· 免税 · 债券 · 监管收据
交易日期	**交易时间**	**价格（美元）**	**收益率（%）**	**数量**	**交易**
04/22/2010	11:25:30	110.050	4.151	20K	从客户处购买
04/22/2010	11:18:35	112.825	3.870	20K	出售给客户
04/21/2010	10:27:27	110.650	4.090	20K	从客户处购买
03/26/2010	09:16:07	110.809		35K	经纪商内部交易
03/26/2010	09:16:07	112.684	3.890	35K	出售给客户

（续表）

交易日期	交易时间	价格（美元）	收益率（%）	数量	交易
03/23/2010	14:06:00	111.216		35K	经纪商内部交易
03/23/2010	14:06:00	111.216	4.039	35K	从客户处购买
03/23/2010	14:00:41	111.716		35K	经纪商内部交易
03/23/2010	14:00:28	114.975	3.666	50K	出售给客户
03/23/2010	11:41:49	114.125	3.749	30K	出售给客户
03/23/2010	11:12:57	112.596	3.900	50K	出售给客户
03/23/2010	11:12:06	112.221		50K	经纪商内部交易

来源：Investinginbonds 网站

表中的细节内容包括交易日期、交易的具体时间、交易价格，以及交易后的收益率。不过每笔交易也会进一步分为以下几类。

- 从客户处购买（投资者将债券出售给经纪商）。
- 出售给客户（投资者从经纪商处购买）。
- 经纪商内部交易（两个经纪商间发生的交易）。

从最高价（通常是客户从经纪商处购买债券的价格）中扣除最低价（通常是客户将债券出售给经纪商的价格），就能算出债券的加价。经纪商之间一般以市价交易。注意表 7.5 中那些在大约在一个月时间里发生的交易。在那一个月里，经纪商内部交易的价格集中在 110（也就是平均每份债券 1 100 美元）。投资者以接近于经纪商内部交易的价格向经纪商出售债券。但投资者购买债券的价格，却在每份债券 112（1 120 美元）到 114（1 140 美元）不等。

尤其值得注意的是，2010 年 3 月 23 日，三名投资者以三种不同的价格购买了同一支债券。两名投资者用不同价格购买了票面价值同为 50 000 美元的债券，其中一名的购买价格为 112.596（1 125.96 美元），另一名的购买价格为 114.975（1 149.75 美元）。换算成美元，第一名客户支付总额为 56 298 美元（1 125.96 美元 ×50 000），第二名客户一共支付了 57 487.50 美元（1 149.75 美元 ×50 000）。两者价格差达到 1 189 美元，即总价的约 2%；与 110 的经纪商价格相比，加价约为 4%。另一种了解价格差别的方法是观察收益率：较低购买价格的到期收益率为 3.9%，而较高购买价格的到期收益率为 3.66%。

显然，一名客户在这支债券上花费过多。鉴于这是一支中期债券，合理的加价一般在 1% 到 2%。长期债券的加价一般在 2% 到 4%。

很多网站如今都设置了“热门”链接，直接跳转到 Investinginbonds 网站上提供的某支债券近 30 日交易历史的页面。当然，如果某支债券在这段时间里没有发生交易，页面上也就不会有交易历史。

如果某支债券没有近期交易记录，那么最近价格可能是过时的。也就是说，你需要寻找相似的债券来估算这支债券的价格。

寻找相似债券

如何寻找相似债券？这就是利用 Investinginbonds 网站所能找到的第二类价格信息。Investinginbonds 网站可接近实时地显示债券的交易数据，这几乎相当于股市中的行情自动收录机。你要寻找的是那些与自己有意购买的债券特点相似的其他债券的价格。

想要寻找相似债券，你需要回到起始页“市政债券一览”，寻找“今日”交易的债券（网站上也有前一天交易债券的完整记录）。选择几个“分类”后，就会得到相应结果。第一个“分类”是债券所在的州；接着，你需要点击其他“分类”。这些分类包括期限、收益率、票面利率等等。第一个跳出的页面类似表 7.7。

表 7.7　数据：市政债券价格

市政债券：新泽西报告
目前分类：收益率
州：新泽西
交易时间：今日
分类：收益率

评级 保险	交易日期 交易时间	发行人库斯普号码 分类板块 子板块	州	票面利率 到期日	提前赎回 日期	提前赎回 价格 （美元）	标注	其他特别 信息价格 指标
BBB S	04/28/2010	TOBACCO SETTLEMENT CORP N J		5.000%	06/01/2017	61.130	• 免税	今日 全部交易 历史
Baa3 M	16:03:31	RFDG-SR-SER 1A ASSET-BACKED BONDS 888 808DF6	NJ	06/01/2041		8.608 • 仅记账式	• 债券	声明 计算

来源：Investinginbonds 网站

我们从摘要标题可以看出，相关数据明确列出了相关债券交易的一些细节，包括期限、赎回条款、信用评级、“今日”或前一天的交易数量，以及每笔交易的价格高低。点击“今日”或“昨日”，就会出现一系列细节信息，包括交易究竟是客户购买、出售，还是经纪商之间的交易（细节类似于表 7.6）。

这里的问题不是数据过少，而是数据太多。由于所有交易都会在完成后的 15 分钟内更新，所以相关的细节内容数量会变得非常多，且很混乱。注意，想找到真正相似的债券，你需要对查找到的交易信息有一定程度的了解。真正相似的债券必须拥有相同的信用评级、近乎一致的期限，以及非常相似的赎回条款。但我们在前面也见过，其他因素也会产生影响：诸如交易的数量、利率发展方向以及其他细微差别，比如经纪商是否希望尽快卖掉某支债券等。

寻找相似债券需要耐心。你需要减少搜索结果的数量。在以“收益率”为标准时，我能得到最符合要求的结果：收益率非常接近，甚至完全一致（只有小数点几位的差别）的债券，数量可能会让人感到意外。但这些债券的期限和信用质量可能存在巨大差别。这时，你需要关注你认为重要的其他标准，比如期限和信用评级。

EMMA.msrb 网站（EMMA）：官方声明（OS）与持续披露

假如你在研究市政债券，那很有必要了解熟悉 EMMA，也就是 EMMA.msrb 网站。EMMA 是这个领域的新生力量，于 2009 年 7 月由市政债券规则制定委员会（MSRB）推出上线。EMMA.msrb 网站的目标是成为市政债券的官方信息数据库，网站将不断扩充，提供的信息也会越来越多。

EMMA 上的交易活动细节与 Investinginbonds 网站一模一样（其数据实际上来源于 MSRB）。即便不知道库斯普号码，你也能搜索债券的信息。想锁定一支债券，你只需要输入发行人的名字和债券期限。再输入其他信息。

登录网站后，你可以在首页输入库斯普号码，搜索任意市政债券的信息。输入库斯普号码后会出现三个标签：官方声明、持续披露和交易活动。再按前面的流程继续操作。

除此之外，EMMA 还收录了 2000 年及之后发行的所有市政债券的官方声明。输入债券的库斯普号码后，你就会看到官方声明的第一页，形式类似于表 7.8。注意，表 7.8 显示的是表 7.3 及表 7.4 中出现的贝永市一般责任债券的官方声明第一页。

你可以下载完整的官方声明（OS），其中包含的信息与发行人向信用评级机构披露的信息并无二致（事实上，评级机构主要以官方声明为基础做出评级）。阅读官方声明显然不是一件有意思的事情，但它包含评估发行人财务实力所需的全部信息，关注于其用于偿还债务的收入情况，确定这些收入是否足够偿还债务。

表 7.8　贝永市一般责任债券的官方声明

新发债券

评级：穆迪（Aaa）
FSA 承保

McManimon & Scotlend 律师事务所债券顾问认为，城市（文内界定）遵守本协议规定，本债券利息（文内界定）按照现行法律不包括在用于联邦所得税目的的总收入。McManimon & Scotlend 律师事务所认为，本债券利息不属于 1986 年《国内税收法典》中规定的税收优惠事项，不应用于计算联邦替代性最低税；但由企业纳税人持有的债券利息应当作为“调整性本期盈余”计入相关收入，用于计算联邦替代者最低税。本声明不涉及其他与本债券有关的联邦税问题。McManimon & Scotland 律师事务所还认为，按照《新泽西所得税法案》，本债券的利息及销售收入不计入总收入。

详见“税务豁免”部分。

55 309 000 美元

贝永市

新泽西州哈德逊郡

学校债券

学校债券储备法案（P.L. 1980, c. 72）

记账式发行

无银行适格

可提前赎回

发行日期：2004 年 12 月 15 日　　**到期日期：7 月 15 日，见下**

新泽西州哈德逊郡贝永市发行的总额 55 309 000 美元的学校债券（简称“债券”，依据新泽西州学校债券储备法案 P.L. 1 980. C. 72 发行）将以一份本金一份凭证的形式发行，债券每年到期，以美国的法定货币支付。每份凭证将登记在纽约州纽约市的证券托管公司名下，后者为证券托管机构（简称 DTC 或“证券托管人”）。详见“债券描述——仅记账式系统”。

本债券利息每半年支付一次，从 2005 年 7 月 15 日起，时间为每年 1 月的第 15 日和 7 月的第 15 日，直至到期。债券的本金及利息将有城市或其指定支付机构（即“代付人”）支付给证券托管人。债券利息归属于 DTC 名单中记录的持有者，记录以每年的 1 月 1 日和 7 月 1 日为准（即支付债券利息的“记录日期”）。

债券可在协议确定的到期日前赎回。详见“债券描述——赎回”部分。

债券到期时本金及利息偿付，由金融证券保险公司（FSA）提供保险。详见“债券保险”部分。

FSA

本债券为贝永市的合法债务；除非另有来源，贝永市内所有应税不动产的税收收入将用于支付债券相关费用及利息。

到期日程安排

利率及收益率或价格

年份	金额（美元）	利率（%）	收益率（%）	年份	金额（美元）	利率（%）	收益率（%）
2006	2 000 000	4.125	2.160	2016	2 900 000	4.250	4.080
2007	2 000 000	4.125	2.340	2017	2 900 000	4.250	4.130
2008	2 000 000	4.125	2.500	2018	3 100 000	4.250	4.210
2009	2 100 000	4.125	2.880	2019	3 100 000	4.250	4.280
2010	2 100 000	4.125	3.150	2020	3 300 000	4.300	4.340
2011	2 100 000	4.125	3.520	2021	3 300 000	4.375	4.400
2012	2 300 000	4.125	3.680	2022	3 500 000	4.400	4.450
2013	2 300 000	4.250	3.820	2023	3 500 000	4.500	4.510
2014	2 500 000	4.250	3.940	2024	3 700 000	4.500	4.560
2015	2 700 000	4.250	4.040	2025	3 909 000	5.000	4.600

债券发行并交易承销人以先售为准，撤回及修改无需通知新泽西州纽瓦克市 McManimon & Scotland 律师事务所，也无需获得该事务所对其合法性的认可，不受本协议描述的其他条件限制。债券应在 2004 年 12 月 22 日或之前，提交至新泽西州纽瓦克市城市债券顾问 McManimon & Scotland 律师事务所的办公地点，或其他与承销人协商一致的地点。

UBS 金融服务有限公司

日期：2004 年 12 月 2 日

来源：EMMA.msrb 网站

需要注意的是，官方声明中展示的唯一评级，就是债券上市时获得的评级。在这个案例中，就是 2004 年的评级。当时的评级是保险公司 FSA 的评级，这家公司后来与保证担保公司合并。保证担保公司 2010 年显示的也是这个评级。这里不会显示基础评级。如果你查看 2008 年以前发行的、在二级市场交易的债券的官方声明，这些债券的评级很有可能已经发生改变。你需要进一步了解这些债券现在的评级。

MSRB 要求，未来所有持续披露信息都需要在 EMMA 上发布，所有发行人至少需要提交一份年度财务报表。持续披露的内容也包括任何可能影响债券价值（及价格）的“重大事件”。MSRB 从 2009 年 7 月开始收录这些年度持续披露信息。但是因为网站设立、运营时间还不到一整年（在我写这本书时），所以当你点击上述标签时，很多库斯普号码并不会显示任何持续披露的信息。

最后，我们在第五章里也讲过，EMMA 上有一个“提醒”功能；用户可以输入库斯普号码和电子邮箱，以便接收自己持有或正在关注的债券的任何提醒信息。请务必接受网站使用这一功能的邀请。

与经纪人交流

本书在前面也提到过，购买债券前，无论这支债券是经纪人推荐的还是自己在网上找到的，你都有必要了解它的交易历史，也要寻找相似的债券。完成上述工作后，你对自己有意购买的债券就会有一个清晰的了解。显然，如果一支债券的近期交易记录中显示了几个买价，你当然希望以自己看到的最低价购买，有时候你甚至还能得到更优惠的价格。最接近市价的是经纪商之间的交易价格。我当然知道你不是经纪商，但一般客户买入价接近经纪商之间的交易价格的情况也并不罕见。大额交易通常（但也不是 100%）能获得更实惠的报价。

如果上网就能完成交易，这是否意味着你可以放弃与经纪人交流？

第一，就像第五章提到的那样，我不建议你这样做。经纪商的报价清单可能不完整，也有可能存在错误，因而需要核对检查。假如误解了某个核心细节，你也无从追索，只能自己承担全部风险。所有经纪商都会仔细检查所有可能影响他们收益的债券细节问题。

第二，有些信息可能难以理解。前面提过，最让人困惑的问题之一，就是了解债券现在的评级。经纪商网站上列出了债券的评级，但这些数据并不一定准确。我曾经见过很多 AAA 评级的债券实际已不再适用现有评级。大多数时候，列出的评级都是债券发行时获得的评级，而且通常由后来已经降至投资级别以下的债券保险公司承保。因此，你需要找出债券的基础评级。

从 2011 年开始，确定市政债券的信用评级变得简单许多。MSRB 计划在那段时间将市政债券的完整评级信息纳入 EMMA 网站。不过任何一个经纪人都可以在他们的彭博专业终端上查询债券的评级历史。优秀的经纪人也能在众多债券中帮你挑选出更能让你实现目标的债券。

第三，经纪人可以帮你议价，让你获得更优惠的价格。经纪人在专业操作界面上可以看到普通投资者网站上没有的信息。有些债券的价格是固定的，在经纪人的专业操作界面上也保持不变。但很多时候确实存在讨价还价的空间。你可以让经纪人向自营商提出一份报价，也可以了解经纪人所能提供的最好报价。不同案例所处的市场情况各不相同。市场走强时，如果供应稀缺，讨价还价的余地就比较小。但大部分时候，价格都具有浮动的空间。出售债券是件成本不菲的事，你需要让经纪人多报价几次，才能获得合适的价格。而在市场走弱时，出售债券的成本可能会变得极其高昂；有时，一些流动性特别差的债券甚至不可能售出。

第四，很多经纪人可以接触到包括“公允价值”在内的债券价格数据。最近一段时间，业界越来越强调尽职调查，而且经纪人也都意识到全国证券交易商协会（NASD）严打滥用职权行为。在我研究经纪人报价问题期间，一名经纪人告诉我，他所在公司要求经纪人查看“公允价值”，并且禁止他们以超过价格区间3%的价格出售债券。尽管这个区间仍然较大，但了解债券价格与公允价值的关系以及经纪公司的规定，仍然是很有效的策略。

第五，经纪公司知道你会打电话咨询，也知道你会讨价还价。事实上，很多公司只是把他们的网站看作推动你打电话与经纪人交流的途径；网站只是让你走进实体店的一种方法。和经纪人交流时，对方知道债券的加价是否合理。为了完成销售，经纪人会采取好几种策略。他可能提出自己会尽量以一个更有吸引力的价格买下债券（他知道这个价格没问题），让你觉得自己好像占到了便宜。他也可能把你的焦点转向经纪公司持仓的某支债券，不再关注电子平台上自营商挂牌的其他债券——当然，价格也会更合适。

发行时购买债券

研究市政债券市场需要时间。如果没有时间，或者没有兴趣，那么在发行时（也就是首次上市时）购买债券，就具有显而易见的好处。债券发行时，在那几天时间里，承销集团里所有自营商均以票面价值（或者统一价格）定价。债券价格会一直保持在票面价值，直到债券“突破承销集团垄断”，按照市场行情交易。在这段时间里，由于自营商急于出售债券，价格（以及收益率）通常很有吸引力；买家也可能收到最长的赎回条款。

能将债券引入市场的主流经纪公司通常都能接触到新发债券，在你的居住地专攻债券的地区性公司也能接触新发债券。小型经纪公司或者折扣经纪商可能无法获得新发债券。如果你打交道的经纪公司接触不到新发债券，那就问问他们哪里可以接触到新发债券。

挑选市政债券

以下是购买市政债券前有必要考虑的一些额外因素。

市政债券的其他税务特点：替代性最低税（AMT）、"微量"税

尽管利息收入免交联邦税是市政债券在税务上的主要特点，但税法上还有几个可能影响市政债券的细节，需要你在购买债券前注意。

其中之一就是替代性最低税（也就是 AMT）。1986 年的《税收改革法案》规定，特定种类的市政债券须直接缴纳联邦税。只有 1986 年 8 月 7 日后发行的被明确指定为"非必要"债券才存在这种税；而且只有个人投资者所在税级使其需要缴纳替代性最低税时才需要缴纳这种税。

不过因为存在应税可能，这些债券的收益率反而会高于其他市政债券。因此，对不缴纳替代性最低税（也就是不处于高税级的几乎所有人）的个人来说，这些债券能够带来更高的收益率。

替代性最低税是高收入人群或拥有大量市政债券投资组合的人需要担心的问题。如果属于这一类别，你需要用两种方法计算自己的应纳税额，第一种是标准方法；第二种方法需要对应纳税收入做出一系列调整，再加上应该以替代性最低税纳税的债券所需缴纳的税额。对比两种方法计算出来的结果，其中数额更高的就是你要支付的税款。无论处于哪个税级，只要避免购买需要缴纳替代性最低税的债券，你就能减少这部分税务支出。

"微量"税是另一个值得关注的税务问题，需要担心这个问题的也主要是处于最高联邦税级的人。以低于特定价值的折扣价格购买债券，随后价格显著上涨，或者以票面价值赎回债券时，就会被征收"微量"税。确定这个价值的方法，就是用尚未到期年份乘以 0.25。比方说，一支 10 年后到期的债券的价值就是 97.5 美元（即每 1 000 美元票面价值的价格为 975 美元）。如果你购买债券时的价格低于 975.00 美元，那么购买价格与出售价格的差别将被视为可征税的一般收入，而不是资本收益，这会在你出售债券时为你带来税务负担。显然，税级越高，税务负担越重，而税务负担将会降低债券的真实收益率。不论是以折扣价发行的新债券，还是以折扣价在二级市场交易的债券，"微量"规则适用于任何折扣债券。因此，如果处于高税级，在购买以极大折扣价销售的债券前，你可能

需要检查自己的财务情况。

最后需要注意的是，尽管市政债券免交联邦税，可在出售或到期赎回这些债券时产生资本收益或资本损失就会带来税务问题。另外，如果你的债券因为利率上升导致贬值，为避免税收损失，你可能会卖掉手中的债券、买入其他市政债券。这就是债券互换，本书第十四章对此有详细的讨论。如果你处于高税级，或者拥有庞大的市政债券投资组合，或者经常交易债券，税务问题就会变得更加复杂，你可能需要咨询专业的税务师。

折扣债券 vs 溢价债券

经纪人打来了电话，说她刚刚获得了几支特别好的债券：一支是折扣债券，另一支是溢价债券；两支债券的到期收益率都是 4.5%。你应该买哪一支债券？

你可能会想，我应该买折扣债券，因为如果买溢价债券，那么到期赎回后每份债券的溢价部分都会变成损失。

这种想法实际是一种常见的误区。如果主要目的是获得收入（在信用质量、期限等因素一样的情况下），你应该购买溢价债券。溢价债券的收益率高于折扣债券，原因如下。

将溢价债券的购买价格与票面价值（即到期赎回时的债券价格）的差价看作"损失"，这是一种很常见的错误。溢价债券的到期收益率以按照票面价值到期赎回为计算基础。溢价部分并未损失。即便溢价债券和折扣债券的收益率报价一模一样，折扣债券的收益率里其实已经包含了预期资本收益。资本收益需要缴税，而折扣债券的全部股息收益均享受免税待遇。因此，折扣债券的净收益率可能低于到期收益率报价，溢价债券的净收益率则保持不变。

其他一些因素也能进一步放大溢价债券的收益率优势。首先，溢价债券的票面利率更高，你会因此获得更多的现金流。如果将票面利率用于再投资，每年用于再投资的金额也会更多，复利也会变得更多。如果长期利率从历史角度看处于偏低状态时，选择溢价债券就更合理了。如果利率上升，利息收入再投资的利率也会更高。此外，由于很多投资者不愿意选择溢价债券，这些债券的收益率通常也会高于期限相同的折扣债券。最后，溢价债券的价格波动性小于折扣债券，所以当利率上升时本金也能得到保护。

因此，如果你的投资风格是购买并持有，溢价市政债券的优点显而易见：更大的现金流，和更低的价格波动性。

但在购买溢价债券时，你需要特别小心赎回条款和偿债基金条款。比方说，很多住房债券就有着特别的赎回条款，提前赎回可能导致本金损失。

总体策略

如果你决定投资市政债券，为寻求最大收益和安全性，你该买什么？

不同人对此有不同看法。有些行业老手会说："买 30 年期（为了安全）和有最大赎回保护（为了最高收入）的 AAA 级债券。"我反对购买长期债券的主要原因，就是长期债券会将买家置于最大的利率风险之中。如今（也就是写作本书时）的利率情况进一步证明了我的正确性；30 年期高评级市政债的到期收益率为 4.1% 到 4.5%，这个数字与 10 年前相比明显下滑。未来 30 年利率保持现有水平的可能性有多大？另外还需记住的是，如果需要出售债券，期限长可能导致加价变得非常高。

由于收益率曲线仍很陡峭，期限在 8 到 12 年的高质量市政债券的收益率为 3% 到 3.8%。更高的收益率出现在信用评级更高的溢价债券上，这样的债券还具有高现金流的优势。这些债券的利息收入相当于长期债券的 80% 到 85%，而价格波动性显著降低。此外，出售这些债券时的加价也比长期债券低。

总结一下，如果你重点关注的是信用安全，那么最安全的债券包括：预偿债券；有类似债券银行或"双管"岁入支持、信用提升的债券；评级为 AA 或更高的债券。如果只关注 10 年或 10 年以下的债券，价格波动带来的影响也会减少。除非收益率特别高，否则不要购买 30 年期的债券。如果非要购买 30 年期债券，就只买信用评级最高的那些债券。

如果你的债券投资组合总量较小（50 000 美元或更少），你就很难搭建出多元化的市政债券投资组合。你会面临非常高的交易成本。既想拥有最高信用评级，同时最大程度地减少利率风险，你应当考虑预偿债券，并把期限控制在 7 年以下。对于小规模市政债券投资组合，信用质量高的短期到中期债券基金应该是更好的选择（详见第十二章）。最后，你需要确定免税债券从经济角度是否真的适合自己。特别是当你处于 25% 以下的税级时，确定购买应税债券能否让自己获得更多收益，重点关注通过国债直达购买类似 I 系列或 EE 系列这种可延迟至到期赎回再缴税的债券。

如果拥有大量市政债券投资组合，你可以参考本书第十五章了解管理大型投资组合的策略。

总结

市政债券属于债券市场中买家群体主要由个人投资者构成的一个市场板块，个人投资者既可以直接购买债券，也可以购买债券基金。“免税”是市政债券最有吸引力的特点。只要理解了基本概念，你就会发现市政债券是相对没那么复杂的债券，违约情况也比较罕见。此外，互联网上的大量信息也能帮助投资者了解购买对象并确定价格是否合理，从而帮助投资者挑选、购买市政债券。

不过在我写作这本书时，市政债券市场正处在一个有趣的十字路口。从好的一面看，新的评级标准（即惠誉国际和穆迪重新调整评级）可以看作市场对市政债券质量及安全性投出的信任票。信用评级的重新调整可以提高市政债券的流动性。此外，如果富裕家庭的税率如预期般上调，市政债券也会变得更有吸引力。

不过市政债券也面临着不利因素。其中之一就是利率可能上调，这会给长期债券的价值带来负面影响。另一个不利因素在于，很多市政债券发行人面临着预算问题。我们几乎每天都能看到有着类似“市政债券安全吗？”这种惊悚标题的文章；考虑到预算困难，“不安全”这个答案显而易见。只需要发生一起违约事件，经过广泛报道，整个债券市场板块的名声就会被抹黑。尽管这极不公平，而且极具误导性。

在市政债券的问题上，我的建议一直是购买高评级的短期到中期债券。我不认为有必要改变这个建议。如果拥有大型投资组合，第十五章里有管理债券投资组合的更多策略。

购买市政债券前需要提出的问题如下。

- 债券什么时候到期？
- 发行人是谁？
- 信用评级是什么？
- 如果债券有保险，那么“基础”评级是什么？
- 信用评级是什么时候发布的？是在 2010 年 5 月评级标准“重新调整”之前还是之后发布的？

- 用于偿还债务的收入来源是什么？收入是否足够覆盖所有债务？如果是岁入债券，偿债保障比率是多少？
- 到期收益率是多少？
- 债券可提前赎回吗？存在偿债基金条款吗？什么时候可以被提前赎回？提前赎回价格是多少？
- 如果债券可提前赎回，赎回收益率是多少？最差收益率是多少？
- 这支债券最近一次交易发生在什么时候？交易价格是多少？是客户购买、卖出还是经纪商内部交易？
- 如果近期没有交易，我能找到相似债券吗？

备注

市政债券市场信息来源。对大部分投资者来说，Investinginbonds 网站和 EMMA 是最佳资源，这两个网站也对所有人免费开放。

如果拥有大型市政债券投资组合，比如总额超过 50 万美元，你可以考虑订阅《债券买家》(*The Bond Buyer*)，这份报纸仍被看作市政债券市场的圣经。在线订阅这份每日新闻，一年需要花费 2 850 美元。《债券买家》提供两周的免费试订阅，网站允许用户免费查看新闻标题，有些文章也对非订阅用户开放。

本章附录：纽约市债券违约

在我写这本书时，有关市政债券遭遇财务危机的报道特别多，所以我们有必要至少回顾一下发生在 20 世纪 70 年代纽约市的一次众所周知的市政债券违约事件。这起违约事件似乎已渐渐远去，湮没于历史之中。尽管任何违约事件都不一样，但分析这起违约事件仍具有建设性意义。

1975 年 4 月，纽约市陷入现金危机。市政府因此延迟支付一份短期债券的利息（长期债券从未涉及其中）。严格来说，上述延迟已经构成违约，这种情况也被媒体广泛报道。但纽约市最终还是支付了利息。除非在其因为违约被大范围报道而导致价值下跌时卖出债券，否则投资者不会出现损失。（注意：时至今日，仍有一些纽约市官员坚称没有真正发生违约。）

1975 年 9 月，纽约州通过了《财政紧急状态法》，将纽约市置于紧急财政管控委员会的管制下。这一危机最终在三个部门的通力合作下得以化解：工会同意动用养老基金进行支援，纽约州政府提供了现金预支，银行业界也提供了援助。创设市政援助公司（MAC）最终解决了这个危机（市政援助公司是一个专门为解决以纽约市名义发行债券问题而成立的实体）。不过需要注意的是，纽约市并不承担MAC债券的偿债义务。为债务提供担保的并非纽约市而是纽约州的课税权，纽约市的营业税的特殊留置权（第一留置权和后续留置权存在显著区别）和股票交易税也为债券提供担保。

事后回想，纽约市的违约并不那么让人意外。城市的财政问题早已被媒体大量曝光。人们将城市出现财政缺口的原因归结为城市经济下滑、无力将支出控制在财政收入范围内和糟糕的财务管理（比如通过短期借贷为长期支出提供资金），这种情况下，降级不可避免。

由于纽约市的财务危机被广泛报道，所以尽管市政府不负有偿债义务，但MAC债券上市时的收益率仍远高于当时的市场利率：MAC债券为10%，而其他期限和信用评级相似的债券只有8%。从一开始，MAC债券就是非常可靠的投资选择。这种债券由非常强大的收入来源做担保；外界偿债保障比率会非常高，而最后的实际结果甚至比预想的还要好。1990年时，MAC债券11次成为第一质押债券，4到5次成为第二质押债券。MAC债券最初的信用评级为A级，不过因为出色的历史偿债保障比率，到1990年它的评级被调升至AA级。

从这个故事中我们能学到什么？首先，违约事件可能发生，现实中也确实发生过，且未来还有可能会继续发生。违约事件总能被预测吗？在这个案例中，答案是肯定的。纽约市的财务危机广为人知，债券违约前已经数次遭到降级。

最后，这个故事证明，准确找出用于偿债的收入来源究竟是什么具有重大意义。这个案例中，MAC债券被纽约市的危机拖累，但纽约市并不对这种债券承担偿债义务，而且这种债券的评级也高于直接由纽约市承担义务的债券。这也正是MAC债券自上市起就成为优秀投资选择、但收益率仍然保持在高位的主要原因。

第八章
企业债券

本章将讨论：

- 五种企业债券；
- 企业债券的风险因素；
- 特别的企业债券；
- 垃圾债券；
- 购买企业债券；
- 利用互联网挑选企业债券。

企业债券的独特之处是什么

由大型企业发行的债券，就是企业债券，英文也可简写为 corporates。企业债券通常可分为以下五大类。

公用事业债券。包含电力和电话公司发行的债券。这类债券过去受到严格监管，所以也被看作最安全的一种企业债券。可自从监管放宽，情况就发生了变化，电信部门的债券尤其如此。

交通债券。这一类包括航空和铁路债券。

工业债券。这是五种企业债券中数量最多，最多元化的一类。其中包括美国首屈一指的大型公司发行的债券，比如埃克森（Exxon）、道琼斯指数最老的成员通用电气（General Electric）和 IBM 等。这一类中也包括所谓的垃圾债券。

金融债券。这一类包含银行和保险公司发行的债券。

“扬基”债券。这是由外国发行人发行，但是以美元为计价货币的债券。对于扬基债券，我将在第十章讨论国际债券时详细讨论。

企业债券同样以发行人提供的抵押担保物为基础获得评级。抵押担保物可以是抵押贷款（抵押贷款债券）、金融债务（抵押信托债券）或铁路车辆（设备信托债券）。没有任何抵押担保物做担保的债券，英文可写作 Debenture 或 Note[1]。

如果只考虑收益率，企业债券无疑有着很强的吸引力。作为一个整体，企业债券的收益率总是高于国债。当然，高收益率是企业债券的魅力之一。然而对个人投资者来说，企业债券的高收益率被债券收入需要全额缴纳的各种联邦税、州税和地方税部分抵消了。

更重要的是，企业债券比国债的风险高得多，也复杂得多。企业债券也受到更多风险因素的影响。

过去几十年，企业债券的信用质量一直在下滑。如今，只剩下数量极少的 AAA 级企业债券。就连伯克希尔哈撒韦的债券都被降级到 AA！如今有接近一半的企业债券被归入垃圾债券，也就是低于投资级别。尤其是这些债券，信用质量确实是值得担心的问题。

此外，企业债券还要面对各种提前赎回问题，即提前赎回条款、偿债基金条款和退款规定。

另外，企业债券在 20 世纪 80 年代发展出来一系列独特的风险因素，具体可见“事件风险”部分的内容。

最后需要注意的是，尽管企业债券的收益率总是高于同样期限的国债，但随着时间推移，企业债券的总收益率，尤其是信用质量低的企业债券的收益率也许会比国债低得多。

本章将讨论风险因素，以及企业债券的特别之处。另有专门部分讲解垃圾债券。好消息是，如今我们可以在互联网上找到企业债券的交易数据和其他信息，所以本章也会讨论如何挑选购买企业债券、如何获得企业债券的价格信息。

企业债券的风险因素

事件风险：市场在 20 世纪 80 年代如何发生改变

20 世纪 80 年代，企业债券市场出现了根本性改变。发生这种变化的主要原因是出现了垃圾债券市场，以及 80 年代席卷美国企业界的并购、重组及杠杆收

[1] Debenture 本意就是企业债券或公司债券。英国的企业债券总需要用公司资产做担保，但美国可以不提供担保。——译者注

购热潮，这给一些债券持有者带来了灾难性后果。“事件风险”这个词，指的是并购事件给企业债券持有者带来的不确定性。并购重组潮导致企业债券出现大规模降级。因为这些事件，很多企业债券的价格直线下滑，有时甚至在一夜之间跳水。

在20世纪80年代期间，随着更多大型公司涉入并购重组，事件风险的威胁性变得越来越大。并购事件根本无法预测，导致这种不确定性进一步增加。

以上混乱局面导致的直接结果就是，为了销售新债券，企业发现有必要增加一系列“诱因”以刺激投资人购买——这些诱因有时也被称为“花哨功能”。比如所谓的毒丸条款，就是通过提高潜在买方的并购成本，进而阻止并购事件发生。其他创新，例如浮动利率债券和可卖回债券，都是为了保护投资者免受利率风险侵害（见下文）。很多“花哨功能”后来都永久保留在了企业债券中。

在整个20世纪80年代，企业债券的期限变短，部分原因就是事件风险。但偶尔，这种趋势也会出现逆转。比如1997年到1998年，有些公司（比如迪士尼）就发行了100年期债券。

2000年到2010年的10年里，因并购导致的事件风险数量开始减少。但事件风险本身并未消失。因为经济原因导致的重大降级仍很常见。

信用风险

企业债券信用质量存在巨大差别，其中既有美国AAA级顶尖公司发行的债券，也有低至C级的高投机性垃圾债券。

评估企业债券的信用质量，比评估市政债券的信用质量更为复杂。投资者必须像购买那家公司的股票一样仔细分析公司的财务实力，需要考虑很多因素，其中包括以下内容。

- 整体经济趋势。
- 行业内的发展趋势。
- 公司在行业内的相对排名。
- 公司的管理质量。

还需要注意企业债券评级的一个独特之处。企业发行新股票时，新股会立刻融入旧股，无法辨识。但债券却不是这样。公司每次发行的债券都是独立的，拥有不同的票面利率、期限、赎回条款和优先级。获得信用评级的是每次发行的债券，而非发行人。同一个发行人发行的不同债券通常拥有不同的评级，这是因为不同债券以发生违约时的偿付优先级获得排名。优先债务首先获得偿付。优先级较低的债务，即“次级债务”或“初级债务”则需要等到满足优先级债权人的偿债需求后才能获得偿付。因此，优先债券通常比初级债券拥有更高评级。

企业债券的信用评级可能会突然发生重大变化。导致出现这种情况的部分原因，就是事件风险。同时，当一家公司出现严重财务困难时也会导致信用评级突然发生变化。

正如人们知道的那样，经济好的时候，企业债券的整体违约率就会比较低；而经济衰退时，违约率就会显著上升。一份对 1971 年到 2009 年之间企业债券年违约率的研究显示，这一比率一直低至每年不到 1%（让人意外的是，这发生在 2007 年），而在 2002 年时高达近 13%。注意，评级有效时，AAA 或 AA 评级的企业债券发生违约的概率非常低。但降级后，企业债券的违约率就会上升，而且低评级债券的违约率也会越来越高。

极短期企业债券（也就是商业票据）有着一套自己的评级体系。标普的分类最为详细，共有从 A（最高级别）到 D（最低级别，而且属于违约）的不同分类。A 级债券又进一步细分为 A1（A 级中最好）到 A3（最弱）不同等级。穆迪的评级分为 P-1（最强）到 P-3（最弱）三个等级。

提前赎回风险

和市政债券一样，企业债券也面临赎回风险：也就是发行人在约定的到期日前赎回债券的风险。提前赎回存在几种不同的形式。

和市政债券一样，当利率下跌时，企业债券也有可能在合同约定的日期、以合同约定的价格提前赎回（这个价格通常高于票面价值）。总的来说，在几年保护期里（一般为 5 年到 10 年），债券受到免提前赎回条款的保护，具体情况因债券种类不同而存在差别。提前赎回通常是不受投资者欢迎的消息，因为他们认为肯定到手的利息消失了，而且提前赎回时的投资收益率通常较低。

一种新型赎回条款因为能够防止出现上述情况而变得越来越受欢迎，这就是“完整”提前赎回条款。我们从名字中可以看出，设置这个条款的目的是在债券被提前赎回时，保证原始购买者获得“完整”偿付。根据这种条款的规定，债券可以用以下两个价格中的更高者提前赎回：票面价值的 100% 加应计利息，或者用提前赎回时的国债收益率加约定的基点数量。（严格来说，赎回价格是剩余票面利率与本金的现价值之和，减去同等期限国债的收益率加上额外价差，比如30个基点。）

每支债券计算完整提前赎回价格的公式都不一样。另外还需要注意的是，提前赎回价格也会因为利率上升或下降出现变化；因此，计算提前赎回价格的公式导致了浮动的赎回价格。不过利率下跌时，这种提前赎回价格会上涨。“完整赎回”条款有利于债券购买者，因为这个条款会提高发行人在利率下跌时提前赎回债券的成本。说到底，如果以票面价值或接近票面价值的价格购买了一支债券，当这支债券被提前赎回时，最糟糕的情况也不过是以票面价值被赎回。

有些企业债券为自身设定了“附条件的”提前赎回条款；换句话说，只有在出现特定事件时债券才能被提前赎回。最常见的事件就是有关税收的法律法规出现变化，因为这会对发行人适用的税率产生影响。

有些债券合同明确规定了一种提前赎回条款，即“偿债基金”条款。现实中并不一定真的存在这笔基金，但偿债基金条款要求，不管利率水平如何，每年必须偿还一定比例的流通债券。这种提前赎回一般会以几种形式出现，其中一种方式就是受托人以抽签方式确定需要提前赎回的债券，另一种可能的方法是发行人在公开市场回购债券。最后，偿债基金条款也有可能让发行人比最初约定偿还更多的债券，这就是所谓的“加速偿债基金”条款。

企业债券也有可能以“退款”形式在一些意外事件出现时被提前赎回。如果公司能以低于债券利息的成本获得资本，他们可能会使用这部分的收益偿付（也就是提前赎回）债券。这些更廉价的资本来源包括留存收益、出售资产获得的资金，以及发行股票获得的收益。但只有债券合同明确约定，债券才能以此种方式提前赎回。

偿债基金式提前赎回有时也能为债券持有者所用，因为有些债券会在利率上升导致债券价格普遍下跌时，以票面价值得到赎回。幸运的投资者可以拿回本金，再投资于利率更高的产品。然而，提前赎回或退款保护的总是发行人，而非债券持有者。一般在利率下跌、本金需要以更低利率再投资时，才会发生提前赎回或退款。对债券持有者来说，最麻烦的莫过于溢价购买债券，却以票面价值提前赎回。这种提前赎回可能导致溢价购买债券的投资者出现资本损失。

特别的企业债券

可卖回债券

“可卖回”使得债券购买者有机会在债券到期前，在债券合同约定的期限内（通常为每六个月）以票面价值向发行人出售（也就是转售）债券。

提前赎回条款保护的是发行人，而可卖回条款保护的就是投资者。如果利率上升，债券持有者可以向发行人“卖回”债券，也就是以票面价值将债券出售给发行人，再将收回的本金投资于利率更高的其他产品。可卖回条款的设计目的，就是保护本金免受利率风险损害。能以票面价值向发行人卖回债券，就是希望债券以票面价值或接近票面价值的价格交易（前提是不出现信用降级）。可卖回条款实际上将债券变为周期性的短期债券。

另一种可卖回条款与利率无关，而与公司收购有关。这种可卖回条款规定，如果“控制权发生改变”，债券可以“卖回”给发行人（这也被称为“毒丸条款”）。从这种条款中获益的一般是债券的购买者。如果发生并购，被收购公司的信用评级就会变更为收购公司的评级。如果收购方的信用评级低于被收购方，那么被收购方的信用评级就会下降，而可卖回条款可以让投资者以票面价值赎回债券。另一方面，如果收购方的信用评级高于被收购方，债券的信用评级就回得到提升，投资者也会因为债券信用评级提高而获益。

需要注意的是，“附条件的”可卖回条款，一般以“生存者”期权或遗产条款等名称出现。这种可卖回条款规定，如果债券所有者去世，遗产继承人可以以票面价值将债券“卖回”给发行人（有些联邦机构债券也有这个条款）。

在实践中，尽管可卖回条款针对利率风险提供了一些保护，但这种条款绝非万能药。如果利率突然急速下降，可卖回条款可能无法阻止价格下跌。同时。可卖回债券也存在一些不受欢迎的特点，最典型的一点就是，可卖回债券的利率通常低于评级和期限相似的其他债券——你应该也能想到，因为这种债券的实质期限更短。此外，可卖回债券的交易方式类似短期债券，因此限制了这种债券在市场上涨、利率下降时的上涨潜力（与期限相似但没有可卖回条款的债券相比）。

浮动利率债券

和可卖回债券一样，浮动利率债券也是通过让债券价格接近票面价值来保护投资者免受利率风险影响。浮动利率债券在美国以外的市场更为常见，20 世纪 70 年代初才被引入美国。

浮动利率债券的主要特点是，票面利率会定期重设，一般为每六个月按照规定的基准利率重设一次。用来重设票面利率的基准利率通常是短期国债利率（浮动利率债券的利率通常比国债利率高 1 点的 3/4）。这个基准利率也有可能是伦敦银行同业拆借利率（LIBOR），这是欧洲投资者关注的关键利率。有时浮动利率债券也会有一个“底价”，票面利率不会跌到低于这个“底价”利率。有些浮动利率债券为持有者提供选项，允许他们在指定间隔期将浮动利率债券换成长期债券，只不过调换的长期债券利率可能没有其他长期债券那么高。

设置浮动利率债券的理论基础是，当利率变动时，周期性地重设票面利率可以让债券价格保持在票面价值或接近票面价值的水平。实践中，因为很多原因，这个设计没能取得预期的效果。第一，在利率剧烈波动期间，利率重设的速度不够快，无法避免价格波动。第二，浮动利率债券的票面利率远低于长期债券的票面利率；而且与短期债券相比，浮动利率债券的利率通常也没有什么吸引力。

浮动利率债券主要由大型银行发行，比如摩根大通（J. P. Morgan Chase）和花旗银行（Citibank）。

可转换债券

顾名思义，可转换债券是公司发行的附有一定条件（具体由合同约定），可以特定价格转换为公司普通股的债券。债券购买者既可以享受固定的票面利率，也有可能在公司股票升值时分享收益。

如果普通股的股价没有上涨，只要不存在违约风险，可转换债券的下行风险就是有限的，因为购买者仍能收到票面利率，也可以在到期时以票面价值赎回本金。理论上看，可转换债券的风险比普通股低，且在股价上涨时，可转换债券还能获得资本增值。

由于这个特点，可转换债券的价格主要跟随股票价格发生波动，而不是随利率的变化而波动。因此，分析可转换债券更接近于分析股票，而非债券，同时还要考虑其独特之处。可转换债债券是一种专门化的投资形式，而对此的分析已经超出了本书的讨论范围。

带股本权证的企业债券

这个条款让债券购买者有权在未来某个日期以特定价格购买发行人的股票。实际上，债券购买者被授予了在未来某个时间以预期具有吸引力的价格购买股票的期权。现金流有限，但快速成长的公司有时会使用这种结构的债券吸引买家——这种债券可以让信用质量较低的发行人支付较少的利息。比方说亚马逊公司就在 1999 年以相当优惠的利率发行了带股本权证的债券，尽管当时公司正在亏损，公司的债券也被认定为垃圾级。另一方面，债券购买者希望股票价格能够迅速上涨，以便自己实现收益。

垃圾债券

“垃圾债券”这种说法并不新鲜：这个名称其实可以追溯到 20 世纪 20 年代，当时交易员用它来指代那些突然陷入财务危机的公司发行的债券。这些公司也被称为“堕落天使”。

目前，“垃圾债券”这种说法不再限于“堕落天使”，而是指代所有低于投资级别的企业债券。由于“垃圾”这种说法比较直白，人们也用很多委婉的说法指代这一类债券：比如“高收益率”“高收入”“非投资级别”“投机性”，甚至“高机会”债券。我更喜欢“垃圾”这种说法，因为其更直接、不存在歧义。

垃圾债券与其他债券的不同之处在于，尽管它是固定收益证券，但其主要风险因素不是利率风险，而是发行债券的公司能否存活下去。因此，经济衰退期的垃圾债券表现一般都很差，而经济上行时它们的表现也会变好。相比债券市场，垃圾债券的收益与股市的联系更紧密。

垃圾债券简史

不同垃圾债券的风险程度并不相同。如表 8.1 所示，投资级别以下还有五个评级（读者可能觉得这个表格看起来眼熟——这是第三章表 3.3 信用评级表的下半部分）。这些评级代表着公司处于某种程度的财务困难，评级分别从投机性到完全违约不等。

表 8.1 垃圾债券评级及意义

穆迪	标准普尔	惠誉国际	意义
Ba	BB	BB	具有一定投机性；低信用评级
B	B	B	投机性非常大
Caa	CCC	CCC	投机性更大，具有显著风险
Ca	CC	CC	投机性极强，可能违约
C	C	C	违约

垃圾债券很特别，因为它的风险几乎全部与信用质量相关。处于这种信用级别的债券一般发行期限为 5 到 10 年，因此利率风险相对较小。

直到 20 世纪 80 年代，垃圾债券市场还只是一个相当有限且鲜为人知的角落；只有少量专业人士才会涉足。80 年代中期，垃圾债券板块急剧扩张，其部分原因是当时德崇证券（Drexel Burnham Lambert）的迈克尔·米尔肯（Michael Milken）创造了一种新型垃圾债券，为包括敌意收购和杠杆收购在内的并购活动提供融资。这些债券获得了大量宣传。不过垃圾债券市场扩大也与新投资者入市有关，一些共同基金的设立吸引了来自个人投资者的大量需求。机构投资者，包括银行（主要是储蓄银行）和保险公司也纷纷涌入垃圾债券市场。

这些债券吸引人的地方自然是高收益率。国债与较低评级债券之间的收益率差就是“价差”。与国债相比，其他债券的信用质量越低，价差就越大。在 20 世纪 80 年代，垃圾债券的收益率能比相似期限的国债高出 400 到 500 个基点。机构投资者和学界逐渐形成一种观点，认为垃圾债券组成的投资组合最终能比主要由高质量债券构成的投资组合获得更高回报，理由是，即便可能面临高违约率，但更高的利息收入最终能带来比高质量债券更高的总收益。

不过聪明的投资者可能会想到，对垃圾债券越来越高的需求最终将导致收益率降低。垃圾债券和国债的价差缩小到 200 个基点左右。但在 1989 年和 1990 年，部分基于德崇证券退出债券市场的原因，垃圾债券的价格开始螺旋式下跌，最终的跌幅非常可怕。

当垃圾债券与国债的价差扩大至 700 个基点时，一些投资者将此视作不可错过的买入机会。垃圾债券（及垃圾债券基金）行情曾短暂上行，但其价值随着公众对经济衰退的恐惧又再次下跌。这一次，其跌势更为凶猛。

1990 年 11 月，垃圾债券与国债的价差达到 1 100 个基点——这在当时也是非常惊人的数字。在 1989 年到 1990 年，垃圾债券遭到了恐慌性抛售。恐慌最甚时，到期收益率在 20% 到 40% 的垃圾债券，售价为面值的 30%~40%。

这种恐慌显然过火了。1991 年初，垃圾债券开始强势反弹。

神奇的是，这种上涨，陷入危机，再反弹的模式并没有在那个年代结束。20 世纪 90 年代至今，垃圾债券已经经历过好几次类似过山车式的发展。获得一段时间的巨额收益后，取而代之的总是夸张的损失。1998 年到 2009 年间出现过两次严重下跌：一次是 1998 年俄罗斯债务违约后发生经济危机时，另一次则是 2007 年开始，延续至 2008 年的金融危机期间。

在 2007 年，最近的一次金融危机开始前，垃圾债券与国债的价差已经缩小至大约 260 个基点。投资者们又一次表现得好像风险已经不存在的样子。但在 2008 年，金融恐慌最严重时，垃圾债券与国债的价差创纪录地远远超过 25%（2 500 个基点）。很多垃圾债券的价格出现了灾难性下跌，幅度在 40% 到 90% 之间。

但是从 2009 年起，垃圾债券的行情又一次出现反弹。2009 年整整一年，垃圾债券的总收益又一次变得非常优秀，某个垃圾债券指数的总收益率约为 40%。这个结果是在两个独立因素作用下形成的。第一个因素是垃圾债券的平均红利收益率超过 25%，因此利息收入非常高。第二个原因是收益率的急速下跌带来了显著的资本收益。

你该买垃圾债券吗

垃圾债券板块已经发生了很多改变。20 世纪 90 年代初，收购兼并活动不再是影响垃圾债券价格的主要因素。在 90 年代，包括电信公司和初创企业在内的重点发行人，因为财务实力过差无法获得投资级别的评级；但不管怎么样，这样的公司还是会被看作“成长型”企业。其中既有如今已经破产倒闭的世通公司（WorldCom）和环球电讯（Global Crossing），也包括亚马逊这种如今蓬勃发展的公司。整个垃圾债券市场板块不断扩大，部分原因在于企业债券的信用质量整体出现下降。整个 20 世纪 90 年代，除了 1998 年飙升至 38%，低于投资级别的企业债券所占比例在 22% 到 30% 之间。但在 2007 年，低于投资级别的企业债券占比达到了 49%。

任何时候，特定行业都有可能出现垃圾债券高度集中的情况。举个例子，2008 年，很多银行、保险公司和航空公司被降级至垃圾级。和过去一样，其中一些公司扭亏为盈，还有类似雷曼兄弟（Lehman Brothers）这种曾经的行业领先者最终破产倒闭。我们现在无法确定通用汽车（General Motors）究竟能存活下来，还是像泛美航空（Pan Am）和雷曼兄弟一样消失。

个人投资者到底面对的是什么情况？如果寻求高收益率，你是否应该考虑购买垃圾债券？

需要考虑的一个关键因素就是垃圾债券的实际违约率。如图 8.1 所示，垃圾债券市场每次连续出现危机都伴随着违约率的飙升。

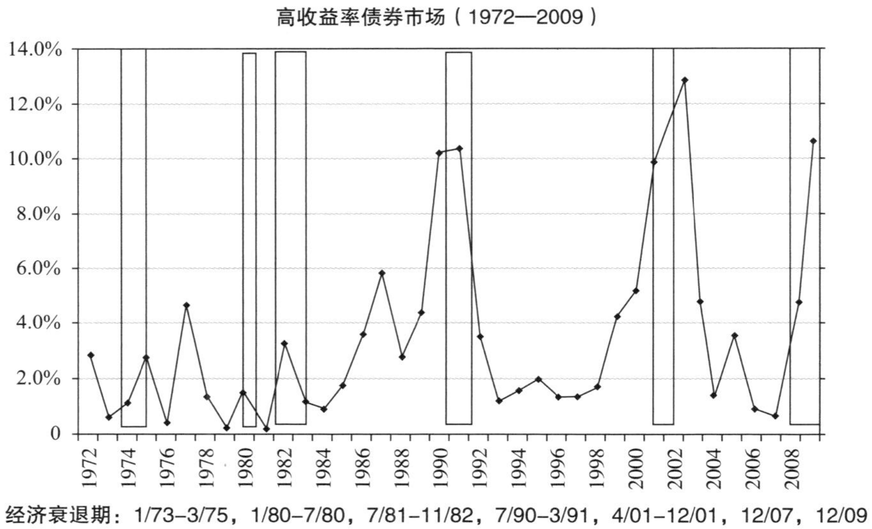

图 8.1　美国的历史违约率与经济衰退期

图 8.1 记录了垃圾债券市场过山车般的动荡。1991 年，违约率的峰值为 11%；2002 年，峰值为 12.8%。巧合的是，2007 年到 2008 年金融恐慌期间垃圾债券的违约率峰值同样接近 11%（图 8.1 记录了从 1972 年到 2009 年 12 月的垃圾债券违约率和经济衰退期）。违约率通常会在经济衰退期行将结束时达到峰值，在我写这本书时，经济衰退似乎还没有结束。纽约大学的爱德华 · 奥特曼（Edward Altman）与评级机构的观点相似，他预测垃圾债券的违约率峰值将在 14% 到 15%

之间[1]。注意，投机性最强的垃圾债券，其违约率高于信用评级较高的其他垃圾债券。大多数时候，垃圾债券的止跌反弹也要早于经济衰退期的结束。

考虑到债券市场这一板块的发展历史，我认为个人投资者购买垃圾债券的投机性太高，不值得冒这个风险。你需要考虑以下问题。

- 违约率很高，想要预测哪些债券可能违约既需要专业能力，也需要极好的运气。
- 个别垃圾债券的流动性非常差——价差通常也非常高。此外，如果市场陷入停滞，除非承受巨大损失，否则投资者几乎不可能卖掉一支垃圾债券——“降价”幅度有时可达 25% 到 30%。
- 价格在一夜之间就有可能出现崩盘式下跌。
- 几乎所有违约债券都存在一定的残值，但残值可能非常少。

垃圾债券的主要买家仍是大型机构投资者，比如养老基金和需要对庞大的投资组合进行多元化投资的保险公司。绝大多数个人投资者并没有这样的需求。

我的建议是，个人投资者只有在拥有极为庞大的债券投资组合（持有 50 万美元债券）时，且能承受损失，或者能够进行长期投资、不在收益为负时出售债券的情况下，才可以购买个别的垃圾债券。对于在垃圾债券与国债价差巨大时有胆量出手的投资者，垃圾债券也可能是一种具有吸引力的投机工具，但需要注意，这种时期可能持续数年，你可能会在价格下跌时承受大量资金损失。

最后，对于想在这个市场板块投入少量资金的投资者，最合适的方式就是投资债券基金，因为购买垃圾债券时不做分散投资是极其愚蠢的。不管共同基金投资垃圾债券做的是好是坏，至少它能够做到分散投资。（第十二章讨论了投资垃圾债券的债券基金的特点与收益。）

总结起来就是：如果拥有小型债券投资组合（比如总额低于 5 万美元），如果你投资债券的主要目的是获取收入，那么尽管拥有让人垂涎的高收益率，可由于高风险和剧烈的价格波动，垃圾债券也不是好的选择。

[1] 计算违约率有不同方法。纽约大学的奥特曼教授通过对比违约债券的价值与流通中的垃圾债券的票面价值计算违约率，而穆迪的方法是对比违约债券价值与流通中的垃圾债券本金价值（也就是市价）。穆迪也考虑了新兴市场的债券，而奥特曼教授没有计算这个因素。两种计算违约率的方法带来了不同的结果。因此，你会看到不同的垃圾债券违约率数据。

利用互联网挑选企业债券

投资前，不管是投资级别还是高收益债券，互联网都已经成为研究企业债券不可或缺的资源。利用互联网挑选企业债券的过程和第七章描述的挑选市政债券的过程类似。不过企业债券信息最全面的网站是 FINRA 网站。

企业债券与 FINRA 网站

FINRA 网站由美国金融业监管局（FINRA）开发并维护，后者是所有在美国从事证券业务公司的监管主体。FINRA 是前全美证券交易所协会（NASD）与纽约证券交易所里的监管机构合并而成。申报通过 TRACE 搜索引擎完成，TRACE 是“交易报告与合规引擎（Trade Reporting and Compliance Engine）”的首字母缩写。经纪商需要在每笔交易完成的 15 分钟内进行申报；换句话说，接近实时申报。

FINRA 网站大约在 2007 年上线。这是一个内容非常全面的网站，其中囊括了在美国交易的几乎全部受监管的证券交易数据和信息，包括共同基金、股票和期权。网站上有一个教程，可以帮助用户了解网站上的所有资源。下面的内容会把重点集中在能够帮助你研究企业债券的数据和信息上。这里介绍的很多搜索方法与市政债券那一章里提到的方法相似。不过 FINRA 网站上有一些特别的呈现数据的方式。此外，企业债券的很多特点与市政债券不同，因此在下面的内容中，我会把重点放在主要属于企业债券的特点以及 FINRA 这个网站上。

了解概况

首先，你需要了解企业债券市场的整体现状。点击 FINRA 网站的首页就能做到这一点。

由于这个网站的首页同时包含股市和债市内容，所以信息比较多。图 8.2 显示的是企业债券市场部分首页的内容。

这一页上的图表和数据会在每个交易日结束后进行汇编，其中总结了国债及企业债券的交易活动情况。国债的交易情况通过收益率曲线及关键点上的收益率进行汇总。名为“企业债券市场活动”的表格显示了获得交易的企业债券数量、多少债券价格上涨、多少债券价格下跌，等等。这一页的主要目标就是让用户迅速了解市场走势的强弱，以及利率走向。如果点击“查看：企业债券”，就会跳转至第二个页面，上面会显示一些交易行情最活跃的债券清单，比如交易最活跃的投资级别债券、交易最活跃的高收益率债券、交易最活跃的可转换债券，以及这些债券的期限、信用评级、价格和收益率（本书没有收录第二页的内容）。

在首页的左上角（如图 8.2 所示），你会看到一份专业术语列表，其中包括：公司信息、股票与期权、债券、共同基金，等等。想从另一个角度了解债券市场，点击“债券”。新的页面上会出现以下不同债券市场板块的收益率曲线：国债、企业债券和市政债券。收益率曲线图表展示了高评级和低评级等不同信用级别债券的收益情况（收益率曲线并未展示）。

将它们合在一起，以下页面就能让用户迅速了解企业债券市场（包括投资级别和低信用评级债券）的收益率及价格的整体行情。了解概况只是一个开始，这能帮助你确定企业债券市场的哪个板块对你更有吸引力。下一步，就是找到那些实际上正在出售的债券，确定这些债券是否真的具有吸引力。和市政债券一样，你有几个选择可以实现上述目标。你可以在经纪商网站上了解待出售的债券信息，也可以在 FINRA 网站上搜索，了解被交易债券的价格信息。最后，你也可以有针对性地搜索，查找相似债券。本书这一部分将会给出三种搜索方法的例子，你可以按照自己的意愿，以任意顺序搜索查找。

在经纪商网站上查找待售债券信息

让我们先从经纪商网站搜索开始。首先，点击“企业债券”，再添加常见的标准，比如期限和信用评级。表 8.2 显示的例子，就是用户在 2010 年 4 月 26 日可能看到的情况。

和在线市政债券清单一样，这里将电子平台 BondDesk 作为数据的来源。这里还是要注意免责声明，声明中确定数据来源是电子平台，并且写道：“XYZ 经纪服务公司不对该数据的准确性负责。”

清单里的标题与市政债券相同，意思也不言自明。但需要注意以下区别。

- 数量（Qty）：大部分清单中，待售企业债券的数量比市政债券多很多。
- 最少数量（Min. Qty）：这是用户能以挂牌价格购买债券的最少数量。注意，不同债券的最少数量差别很大。很多时候，企业债券的最少购买数量比市政债券大得多：一般情况是 100 份，甚至 250 份债券。显然，无论待售数量还是最少数量，均暗示着企业债券市场仍然是以机构投资者为主体

FINRA

Last Updated: 5/6/2010

Market Data
Company Information
Equities and Options
Bonds
Mutual Funds
Watchlist
Feedback

Market Data

Search: [ ] Equity Go

Welcome to FINRA's Market Data Center. This comprehensive tool is designed to assist investors with market and investment research, both through the market data information provided as well as through the FINRA Investor Education material and tools.

U.S. Treasury BenchMarks

1 Month Bill	0.07%	-0.04
3 Month Bill	0.12%	0.04
6 Month Bill	0.17%	-0.03
2 Year Note	0.82%	-0.04
5 Year Note	2.22%	-0.07
10 Year Note	3.47%	-0.07
30 Year Note	4.32%	-0.07

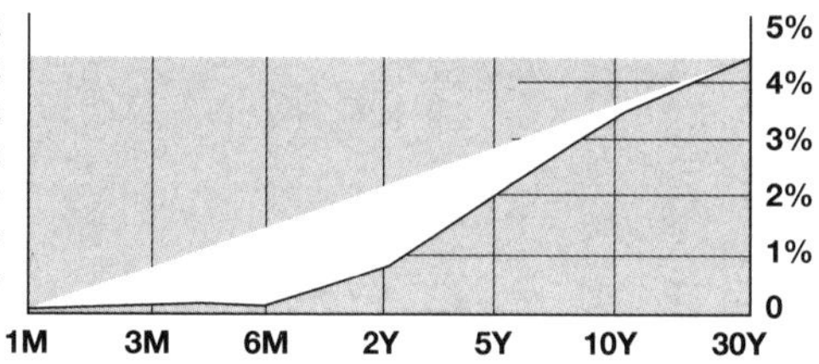

More Yield Information

12:05 PM ET 5/6/2010

FINRA TRACE Corporate Bond Market Activity

View: **Corporate Bond** | Agency Bond

	All Issues	Investment Grade	High Yield	Convertibles
Total Issues Traded	5,504	3,803	1,453	248
Advances	2,461	1,898	482	81
Declines	2,597	1,621	820	156
Unchanged	190	104	79	7
52 Wk High	406	311	86	9
52 Wk Low	51	35	13	3
Dollar Vol*	20,607	11,624	6,974	2,009

*Par value in millions

More FINRA TRACE Bond Market Information

Quick Bond Search

Bond Type: ⊙ Treasury ○ Corporate ○ Municipal
Symbol:
Yield: Select...
Coupon: Select...
Maturity: Select...
Search

- Advanced Bond Search
- Bond Center

Learn more

- Investor Alerts
- Investment Choices
- Protect Yourself
- Smart Investing

Market Data Tutorial
Learn more about the functionality and contest of this site

Source: FINRA. ©2010 FINRA. All rights reserved. FINRA is a registered trademark of the Financial Regulatory Authority, Inc. Reprinted with permission from FINRA

图 8.2　FINRA 网站首页

的市场。但不管怎么说，只要你按照指示购买了最少数量的债券，网站上列明的价格就是购买价格。

- 债券会列出一个或多个提前赎回条款或可卖回条款，这些条款的具体含义详见本章前面讨论提前赎回条款的部分，比如“完整”提前赎回条款，或“附条件”提前赎回条款。你需要了解这些条款的具体情况，从而确定这些条款会对自己有意购买的债券产生什么影响。

点击债券名称则会跳出新的页面，上有与该债券有关的更为详细的信息。具体形式类似表 8.3，该表格显示了表 8.2 中的 R. R. Donnelley & Sons 公司债券的具体信息。

同样，这些数据由一个电子平台提供；此外还需要注意免责声明。

其中有几个条目，值得深入讨论。

- 注意，表中列出了“买入价”和“报价”信息。企业债券并不总会列出这两个信息。但如果某支企业债券同时列出了买入价和报价信息，就意味着这支债券的交易行情比较活跃，流动性因此也比较强。
- 列出“买入价”也意味着，如果你有意出售某支所持有的债券，自营商愿意以列出的价格购买。但需要注意的是，即便买入价和报价均被列出，这也并不等于参与买卖的是同一个自营商，而有可能是两家不同的公司。
- 提前赎回条款写的是“完整提前赎回条款”。完整赎回条款明确规定，债券提前赎回时，必须以票面价值和用完整提前赎回公式计算出的价格中的更高者赎回。完整赎回条款导致了浮动的提前赎回价格。因此，合同无法明确约定提前赎回的价格（关于这个提前赎回条款，更多内容见下文）。
- 还要注意的是，这种支债券处于投资级别中的最低级。但因为企业债券的信用评级标准没有变化，所以这里的信用评级也不会出现混乱。
- 最后需要注意的是，清单中列出了三个不一样的 ID 号码：库斯普号码是债券在美国交易时的 ID 号码；ISIN 指的是国际证券号码；SEDOL 则是证券交易所每日官方牌价股票号码[1]。这些信息意味着这只债券不仅在美国交易。

但这份清单中最引人注目的地方，还是极高的票面利率（11.25%）和价格。

[1] SEDOL 在英国和爱尔兰常被用于证券交易系统，是识别股票的一种代码。伦敦股票交易所使用 SEDOL 代码为指定的发行股票编码。——译者注

表 8.2　二级企业债券搜索结果

数量	最少数量	库斯普号码	发行情况	票面利率（%）	到期日	价格（美元）	收益率（%）	穆迪 / 标普评级	信用观察
500	2	78442FEJ3	Sim Corp Make Whole Call Only – Conditional Puts – Change of Control	8.000	03/25/2020	97.5	8.374	Ba1/BBB-	/
500	250	75913MAB5	Regions Bk Birmingham Ala	7.500	05/15/2018	101.693	7.218	Baa2/BBB-	/
100	100	026874BT3	American Int Group Inc Make Whole Call Only	8.250	08/15/2018	106.995	7.116	A3/A-	/
132	1	98310WAE8	Wyndham Worldwide Make Whole Call Only – Conditional Puts – Change of control	7.375	03/01/2020	102.5	7.017	Ba1/BBB-	/
2 465	1	247131AF2	Delphi Financial Group Make Whole Call Only – Conditional Calls	3.875	01/31/2020	106.081	7.001	Baa3/BBB	/
1 000	10	257867AU5	Donnelley (R.R.) & Sons Make Whole Call Only – Conditional Puts – Change of control	11.250	02/01/2019	128.5	6.862	Baa3/BBB	/
25	1	57183MCD0	Marshall & Iisley Corp Sr. Callable 07/10@ 100 – Multi-Step Coupon – Conditional Puts – Death of holder	5.200	07/15/2018	92.5	6.841	Baa1/BBB-	/
编辑搜索		债券梯（新）	债券梯（加入现有）	更新	下一页	最新价格			

表 8.3　债券报价细节

行动

描述					
发行名称：	Donnelley R R & Sons Co Nt 11.25%19 Make Whole Call Only – Conditional Puts – Change of control				
CUSIP/ISIN/SEDOL	257867AUS / US257867AU51/B3L67X9	类型	企业债券	穆迪 / 标普	Baa3/BBB
票面利率	11.25	支付频率	每半年一次	类别	工业债券
到期日	02/01/2019	首次票面利率支付日	08/01/2009	支付	记账式
首次支付	01/20/2009	下一次票面利率支付日	08/01/2009		
发行日期	01/20/2009	最后票面利率支付日			
最少数量	2 000.00	面值数额	1 000.00		
担保物	债券				
蓝天法限制					

穆迪评级信息	
长期评级	Baa3 生效时间 04/08/2009
短期评级	
信用评级观察	
标普评级信息	
长期评级	BBB 生效时间 03/13/2009 12:38:56 PM
短期评级	

提前赎回 / 偿债基金 / 可卖回条款

附条件可卖回原因：控制权改变

证券标注

完整提前赎回 +50 个基点

公司信息

发行人全名：R.R. Donnelley & Sons Company

挂牌：Y

代码：DNY

买入价		报价			
价格	126.00 美元	价格	128.500 美元	支付	04/29/2010
到期收益率	7.193%			久期	6.038
数量	300	到期收益率	6.862%		
最少数量	10	提前赎回收益率	—	数量	1 000
		票面赎回收益率	—	递增	1
		本期收益率	8.755%	最少数量	10
		最低收益率	到期收益率		

这支债券不仅溢价，而且溢价价格高达 128.50 美元。换句话说，一份票面价值的债券价格为 1 285 美元。我们可以从债券的发行日期（2009 年 1 月）找到如此高票面利率和溢价价格的原因——那段时间是企业债券的低谷期。为了获得资金，必须以非常高的票面利率发行债券才有吸引力。不过制作这份清单时距离债券发行已经过去大约一年半时间，也就是 2010 年 5 月，这时企业债券整体已经在 2009 年初出现了强势反弹。由于企业债券的利率在中间几年出现了大幅下跌，这支债券的价格也从票面价值上涨到 128.50，而到期收益率则下跌至 6.8%。

“完整”提前赎回条款可能对债券产生什么影响

首先，让我们深入了解一下“完整”提前赎回条款。由于这支债券以高溢价出售，如果以票面价值“完整”提前赎回，投资者就会遭受重大本金损失。但发生这种情况的概率究竟有多大？

由于我本人并不熟悉这种条款，所以我咨询了一下经纪人，让对方解释了几种可能出现的情况。对于案例中的这支债券，完整提前赎回条款规定，债券的提前赎回价格要么比 10 年期国债利率溢价 50 个基点，要么等于票面价值，以赎回时两个价格的更高者为准。和经纪人讨论这个问题时，10 年期国债的利率约为 3%，如果债券立刻被提前赎回，最终将会带来 3.5% 的利率，价格则是每份债券 160（1 600 美元）。对公司来说，执行提前赎回显然不合算。你大概还记得，“不合算”就是设计这类赎回条款的原因——增加公司在利率下降时提前赎回债券的难度，防止公司主要为了以更低成本再融资而提前赎回老债券。事实上，我们可以合理地推测，这支债券目前之所以存在这么高的溢价，部分原因就是人们预测债券短期内不会被提前赎回。

可如果利率上升，又会发生什么呢？随着利率上升，和距离到期的时间越来越短，执行提前赎回条款所需的溢价量就会下降。比方说，这支债券在发行 3 年后被提前赎回，如果在那段时间利率上涨了 300 个基点（这是一种比较合理的假设），那么提前赎回的价格就会接近 123（1 230 美元）。如果利率上涨超过 300 个基点，提前赎回价格就会更低。所以很明显，提前赎回条款并非需要考虑的紧迫问题。可当利率上涨时就值得担心了，因为提前赎回价格有可能降至远低于现购买价格的程度。

假如我需要在到期前出售债券呢

记住，不管到期赎回时的利率情况如何，债券到期时均以票面价值赎回。对溢价债券来说，这意味着，随着到期日的临近，债券价格就会朝着票面价值逐年下降。让我们假设利率保持不变，而且你需要在四年后卖掉债券。这支债券的价格将会下跌至大约 116.8（1 168 美元），平均每份债券会损失 120 美元的，这还没有算上出售债券时可能的减价；如过利率上涨，价格下跌的幅度就会更大，出售价格就会更低。

我在本书的其他部分里提过，溢价债券有时极富吸引力，因为这种债券通常能带来更高的到期收益率。但这需要具体情况具体分析。显然，案例中这支债券具有吸引力的原因，是高票面利率及由此而来的高现金流。但要记住的是，和所有债券一样，这支债券也会按照票面价值赎回。并且（假设你以到期收益率再投资），你得到的就是 6.8% 的到期收益率。一种看待这支债券高溢价（高于票面价值 30%）的角度是，你预付了 3 年的利息收入。此外，不管出于什么原因，在到期前出售债券很有可能导致损失。最后，发行这支债券的公司勉强处于投资级别，所以信用质量也是值得担忧的问题。

查阅债券的交易历史

假设你还想买这支债券。现在，你需要确定该为这支债券付多少钱。你需要查找这支债券的交易历史和相似债券的数据。

想查找一支债券的交易历史，首先你需要在 FINRA 网站的页面上寻找“债券详情”选项。这是一个包含债券基本细节信息的页面，其中包括：发行人名称、票面利率、债券到期日，债券的交易历史图表，以及最后一次交易价格（这个页面上未列出交易日期）。找到“债券详情页”并锁定这支债券的交易历史后，你可以点击“搜索债券交易活动”选项，跳出的新页面如表 8.4 所示。

这个页面与第七章市政债券里出现的页面相似。表 8.4 显示了每笔交易的具体时间、被交易的债券数量，以及记录的是哪一方做出的交易。“B”指的是客户出售债券，自营商从客户手中购买债券；“S”指的是客户购买，即自营商将债券出售给客户；“D”指的是经纪商北部交易，通常为出售。表格中显示的交易发生在两周时间内。经纪商内部交易价格为 128。尽管交易数量很大，但客户购买债券（用字母 S 标注）的价格却非常接近 130。一名客户的出售（用字母 B 标

注）价格为 126.6，比经纪商内部交易价格低了约 150 个基点。

表 8.4　债券搜索结果

快速债券搜索　**高级债券搜索**

选择债券类型　国债 & 联邦机构债券　企业债券　市政债券

加入观察清单									
债券代码	发行人名称	票面利率（%）	到期日	可否提前赎回	穆迪评级	标普评级	惠誉评级	价格（美元）	收益率（%）
HET. HP	HARRAHS OPERATING COMPANY INCORPORATED	10.00	12/15/2018	可以	无	CCC	无	84.500	13.097
NWL. GT	NEWELL RUBBERMAID INCORPORATED	10.60	04/15/2019	可以	Baa3	BBB-	BBB	137.398	5.200
DFS. GF	DISCOVER FINANCIAL SERVICE LLC	10.25	07/15/2019	可以	Ba1	BBB-	BBB	124.035	6.644

搜索条件

债券类型：	企业债券	到期时间范围：	7/28/2018 到 12/31/2019
票面利率：	10%~12%	票面利率类型：	全部
距离上一次交易天数：	1	所属行业：	全部

来源：FINRA 网站

交易活动页面中的大部分选项的意思均不言自明。但要注意选项修饰符。这个选项下你能看不到不同图标。如果将鼠标移到这些位置上，你就能看到不同图标的解释：最常见的“@”代表“经常交易”。其他图标指的是不符合描述的销售情况：比如交易时间外进行的交易，或者反常的支付日期。

需要再次提醒读者注意的是，有些网站如今也设置了“热链”，可直接跳转至某支债券前 30 日的交易历史。

寻找相似债券

这种针对性搜索是 FINRA 网站上人气最高的搜索之一。实际上，你可以以这种搜索为起点，去寻找适合自己的企业债券。输入一系列搜索条件后就会出现一份近期交易的债券清单，并附有债券的收益率和价格。这样一份清单能帮助你确定是否有必要，以及如何继续搜索。不过需要注意这个搜索中一个容易被忽视的功能：其中一个“分类”是“活动性：特定时间段内被交易的债券”。输入你想要在一天内或最多四五天内交易的债券，你可得到一张近期存在交易活动，并显示其当前价格的债券清单。如果省略这一步，有时候你可能搜到最近一次交易发生在几个月前的债券，而其价格是过时的。

要生成一个与前面案例中的Donnelley债券相似的其他债券，可以输入一些类似但不完全一致的搜索条件。（如果标准范围过于狭窄，你有可能只会得到一个错误信息。先从宽泛的标准出发、再慢慢缩小范围，总是一个好办法。）点击“查看结果”后，就会出现一份按不同发行人和期限长短排列的清单。具体形式类似于表8.5，标题会和表8.5一模一样。

表8.5只显示了搜索结果的一小部分（获得这个搜索结果的标准列在了表格最下方）。为了获得与Donnelley债券相似的溢价债券，我选择了期限为一年半左右、高票面利率（10%到12%）的条件，得到了一份同样溢价交易的债券清单。注意表8.5中第一支债券的信用评级，由于哈拉斯娱乐公司（Harrah’s）评级远低于投资级别，所以我不认为它与我的搜索目标相似，因此立刻放弃了这支债券。信用评级类似于Donnelley债券的其他债券都拥有略高于Donnelley债券的评级。最有意思的是列在最下面的债券，“探索频道（Discovery）”。这支债券拥有较高的评级，票面利率较低（10.25%），价格也同样较低（124.035），但这支债券的收益率却非常接近Donnelley债券，为6.64%。另外值得注意的是，尽管这个页面里不显示最后一次交易时间，但因为我指定要查看最后一次交易发生在搜索前一天内的债券（“距离最后一次交易天数”），因此债券的价格和收益率都是实时的。

搜索相似债券时，你不需要局限于以上方式。比方说，如果和我一样担心极高的溢价，你可以做一个针对性不同的搜索；即确定的期限和我相同，收益率相似，但省略了票面利率信息。通过将收益率明确限定在5%到7%，我得到了一份收益率与Donnelley债券相似的债券清单，但这些债券的交易价格更接近票面价值。此外，进行这种针对性搜索时，最初显示的结果是以期限为标准排列的。点击表8.5中的标题，比如票面利率或收益率，你就可以调整排列顺序。如果点

表 8.5 债券交易活动搜索结果

代码：DNY.HB 描述：RR DONNELLEY & SONS CO 票面利率：11.250 到期日：02/01/2 019												
Execution												
Date	Time	Status	Quantity	Price（$）	Yield（%）	Commission	Modifier	2nd	Modifier	Special	As Of	Reporting
05/03/2010	15:31:11	T	2000	128.000	6.921	N	@					D
05/03/2010	15:31:08	T	2000	128.897	6.804	N	@					S
04/30/2010	17:16:00	T	5000	129.922	6.672	N	A					S
04/30/2010	13:37:14	T	10000	128.000	6.922	N	@					D
04/30/2010	13:37:11	T	10000	129.075	6.782	N	@					S
04/30/2010	13:37:11	T	10000	128.000	6.922	N	@					D
04/27/2010	14:26:00	T	7000	129.924	6.676	N	@					S
04/26/2010	14:17:00	T	10000	129.600	6.719	N	@					S
04/20/2010	13:58:58	T	1000000	126.641	7.112	N	@					B

击“收益率”，债券就会以收益率为标准重新排列。如果点击“信用评级”，债券就以信用评级为标准重新排列。

FINRA 网站上收益率的含义

在 FINRA 网站上，除非有明确表示，否则任何“收益率”代表的都是“最低差收益率”。这就使得以收益率为标准对比债券变得更加困难。对溢价债券来说，提前赎回收益率一般就是最低收益率；而对折扣债券而言，最低收益率通常是到期收益率。

不过需要注意的是，如果你是从在线经纪商网站上的收益率入手，那么除非有明确指示，否则这里“收益率”指的就是到期收益率（包括最低收益率在内的其他收益率会列在细节页上）。还需要记住的是，如果债券拥有完整提前赎回条款，赎回价格将继续保持“不明确”状态；提前赎回收益率也有可能变成最低收益率。

根据最低收益率来评估债券相比根据最佳情况评估更为谨慎。但最差情况并不一定是最有可能发生的情况。除此之外，以最低收益率对比不同债券意味着你是在对比不同日期的收益率。因此，以各自的最低收益率为标准对比不同债券，结果可能在一定程度上具有误导性。因而我会继续查找到期收益率，以确定哪支债券是最佳选择。

用不完整的信息搜索债券

不管是否有库斯普号码，或不确定诸如公司或债券发行人的准确名称，FINRA 网站都可以让用户查找到债券的详细信息。你可以在“债券详情页”找到想要查找某支债券。前往 FINRA 网站的首页（见图 8.2），点击“债券”，再点击“企业债券”；假如知道库斯普号码，你可以使用“债券快速搜索”，输入库斯普号码，点击“查看结果”后就会跳出详情页。如果不知道库斯普号码，你可以输入公司的名称，随后就会出现由这家公司发行的债券清单。

这里需要注意 FINRA 网站的另一个特点：在有些页面上，你会在债券名字旁边看到一个字母符号。FINRA 对债券有一套自己的符号系统。举个例子，前面提到的 Donnelley 债券的代码就是 DNY.HB。我们可以用这些符号替代库斯普号码，但只能在 FINRA 网站上这么用。

更多搜索信息

表 8.5 所示的针对性搜索并不限于企业债券。我们也可以对市政债券进行类似搜索，国债和联邦机构债券亦是如此。比如市政债券，也是先点击“债券”，接着不是选择“企业债券”，而是点击“市政债券”，再输入合适的条件，比如：州名、期限、信用质量等。不要忘了选择哪些最近一次交易发生在一天或几天内的债券！不过要记住，不管你研究的是哪类债券，FINRA 网站页面上显示的收益率总是最低收益率，企业债券、市政债券和联邦机构债券均是如此。

另外值得注意的是，Investinginbonds 网站上也收录了很多企业债券和联邦机构债券的数据（包括价格数据）。其中很多数据实际上是由 FINRA 通过其 TRACE 搜索引擎提供的。

我在这里没有讨论 EDGAR 系统，这是一个由美国证券交易委员维护的网站。EDGAR 系统收录了所有企业债券（美国公司与证券在美国交易的其他国家的公司）的披露文件，包括招股说明书和年度报告。有人觉得 EDGAR 比较难用，但这个网站正在重新设计，以便更方便用户使用。

公司信息中心

FINRA 上有一个独特的搜索功能，可用于研究公司发行的各种证券。还是前往首页（见图 8.2），在“市场数据”下出现的第一个选项是“公司信息”。输入公司名称，跳出的网页就会列出公司的最新股价（并配有图表），以及这家公司仍在流通的所有证券的信息，包括股价图、发行在外的期权、债券、公司介绍、公司的最新消息，以及最近向美国证券交易委员会提交的申报文件。

购买企业债券：和经纪人交流

我在本书其他地方提过，很多在线经纪商允许客户在不与经纪人交流的情况下在网上完成债券的研究和购买流程（第五章和第七章均有提及）。鉴于企业债券比市政债券复杂得多，而且整体风险性更高，所以购买市政债券时的注意事项也应当适用于购买企业债券。我建议在购买企业债券之前与经纪人谈谈，最好能找到一个经验丰富的经纪人。

何时购买企业债券

大体而言，企业债券的价格随利率变化而变动。但企业债券，尤其是垃圾债券的总收益率通常与股市而非债市存在更高的关联性。对比企业债券和国债的总收益，结果并不一致。如果经济强势，因为收益率更高，投资级别企业债券的总收益有时会高于国债。但在经济衰退时，企业债券的价格通常也会下跌。企业债券的信用评级越低，价格下跌幅度越大。除此之外，在不确定时期或者经济衰退期，“蜂拥购买高质量债券”的行为也会迅速推高国债的价格。比如2008年国债价格飙升，而与此同时，其他所有债券的价格都在跳水就是这种情况。这当然是一个极端案例，但这种情况并不少见。

什么时候是购买企业债券的好时机？对投资级别债券而言，你需要在收益率明显高于国债时购买企业债券，比如期限为5到10年的企业债券，收益率至少要高出150个基点。

如果你是交易人员，你应当在企业债券不受欢迎、与国债价差很大时买入这种债券。最大的利差总是出现在高收益（垃圾）债券领域。不过要记住，这些都是价格波动性加大、投机性极强的证券。

需要再次强调的是，我们可以在2007年到2008年的金融危机期间找到购买企业债券的最佳案例。接近2008年年底，当市场被恐惧情绪笼罩时，投资级别企业债券与垃圾企业债券的国债的价差均拉大到创纪录的程度。2009年，投资级别企业债券和垃圾企业债券的总收益率也都非常高（你可以在第十二章分析债券基金时看到相关案例）。

在我写这本书时（2010年5月），与2008年的情况相比，企业债券与国债的价格已经显著缩小。期限为5到10年的债券，投资级别企业债券的收益率大约比国债高出200到300个基点（2%到3%），这是很有吸引力的价差。但价差之所以这么大，原因之一是国债的收益率处于历史低位，如果国债利率上涨，企业债券与国债的价差就会缩小。你同样需要确定价差能否覆盖自己所要承受的额外风险。

对比企业债券与国债总收益的表格你通常会发现，企业债券的总收益高于相同期限的国债总收益。不过要记住，企业债券整体的总收益高，原因之一是受到低信用评级债券的助推，这些债券的收益率高于高信用评级债券。实际上，有些专业人士认为，对于个人投资者而言，高评级企业债对国债的利差不足以弥补其面对的不确定风险，比如公司陷入经济危机导致的降级，以及提前赎回风险。

作为一个整体，如上所述，企业债券在某种程度上比市政债券更难预测。而企业债券相比国债的收益率优势也会因为国债无须缴纳州税而被削弱。一般来说，这个价值在 50 到 60 个基点。对处于高税级的个人来说，投资企业债券最合适的方式就是用避税账户或税务延迟账户（IRA、基奥计划）购买。对于有意购买企业债券的读者，以下清单列出了一些适当的预防措施。

- 只买投资级别债券。这种债券的数量越来越少，你需要检查信用评级情况。
- 及时监控信用评级变化。
- 只有在与期限相似的国债之间的利差大到足以弥补额外风险时，才可以购买企业债券。如果是期限为 5 年到 10 年的高质量债券，那么利差最少应有 200 个基点；信用质量较差的债券应该更大。
- 只选择 10 年期或以下的债券。在我写这本书时，有些期限更短的债券是最佳购买选择，比如期限为 2 年到 3 年的债券，因为这种期限的国债收益率非常低。而且短期企业债券的信用质量也更加明确。
- 购买前需要调查提前赎回条款和偿债基金条款。

总结

应税债券中那些收益率最高的债券可以企业债券市场找到。但因为这种债券存在各种不确定性，购买企业债券的难度更大。通常，被评为“垃圾级”的企业债券拥有最高的收益率，但除非具备高度专业的分析，否则你不该购买这类债券。

本章表明，投资企业债券需要时间和一定程度的专业能力。更重要的是，若不进行分散投资，投资企业债券就是很不明智的行为。除非你的投资组合大到可以足够做到多元投资（比如最少有 10 万美元），否则，如果想投资企业债券，保守管理的债券基金或 ETF 可能是你的最佳选择。

购买企业债券前可以提出的问题如下。

- 公司概况如何？

- 信用评级是什么?
- 提前赎回条款怎么规定的? 偿债基金条款呢?
- 债券与期限相似的国债的利差是多少?
- 这支债券最后一次交易发生在什么时候? 价格是多少? 收益率是多少?
- 信用评级改变了吗?

第九章

抵押贷款担保类债券

本章将讨论以下问题：

- GNMA 现金流的独特性质；
- 提前偿还贷款如何影响 GNMA 的现金流；
- 与 GNMA 债券收益有关的概念；
- 抵押担保债券（CMO）及其他 GNMA 衍生产品；
- 政府机构担保的抵押担保债券：吉利美、房利美和房地美；
- 债务抵押债券（CDO）和信用违约互换（CDS）；
- 2007 年到 2008 年的金融危机；
- 抵押贷款担保和资产担保债券市场现状。

2007 年到 2008 年的金融危机发源于债券市场的抵押担保板块。2008 年到 2009 年，这一板块的大部分市场活动陷入停滞。抵押担保债券仍处于危机的阴影之下。然而，这种与住房市场联系在一起的债券已经成为应税债券市场的重要组成部分。在未来某个时候，这个市场的每个部分都有可能会重新出现在人们眼前，尽管其中很有可能出现一生改变。

让我们从 2008—2009 年危机期间构成债券市场的这部分债券的历史开始说起。

20 世纪 70 年代，第一支以抵押贷款为标的的债券以 GNMA（俗称吉利美）的名字发行，它们包含了被重新包装后作为债券出售的抵押贷款。1983 年出现了一种新型的抵押贷款担保类债券，意图降低 GNMA 债券现金流的一些不确定性，它就是抵押担保债券（CMO）。20 世纪 90 年代末，信用卡债务、汽车贷款、船只贷款等现金流被重新包装成结构类似于 GNMA 的债券，这些债券被称为资产担保债券（ABS）。2000 年到 2007 年，抵押贷款担保类债券的数量出现了爆发式增长。

2003 年，出现了两种极其复杂的资产担保债券：债务抵押债券（CDO）和信用违约互换（CDS）。两种债券均为机构使用而创造。到 2007 年，以上述债券为基础产生的债券和衍生品已经成为应税债券市场最大的组成部分，规模不仅超过国债和企业债券，也超过了传统的 GNMA 和抵押担保债券。

到 2007 年底，这一市场的根基，也就是被重新包装成债券的抵押贷款，开始出现问题。这些问题源自一种新型抵押贷款，即次级抵押贷款。这些问题几乎蔓延到资产支持和抵押支持证券市场的所有板块，而后者从未获得政府担保。从 2008 年到 2009 年，这个市场陷入冻结。比方说，没有新的抵押担保债券发行上市。相反，在那两年时间里，这个板块的大多数市场活动就是美联储购买了超过 1 万亿美元的抵押担保债券，这些购买活动于 2010 年 3 月停止。

GNMA 和抵押担保债券至今仍是所有抵押担保及资产担保证券的原型。理解 GNMA 现金流，也就成为理解其他证券的基础。本章将以讨论 GNMA 和 GNMA 现金流的基本特点为开端，进而讨论它们如何被重新包装成抵押担保债券。

本章也会简单讨论债务抵押债券和信用违约互换债券。尽管这两种债券非常复杂，而且引起过不小争议，但仍有新的债务抵押债券和信用违约互换债券被发行和交易。不过政府机构已经在考虑新的监管法规，可能会影响对这两种债券的结构和交易方式。

最后，我们还会简单讨论写作本书时抵押担保债券市场的现状。

GNMA 债券为什么独树一帜

GNMA 是出现最早的一种抵押担保债券，于 1970 年首次发行。

GNMA 过去是，如今仍然主要是一种机构产品。购买新发 GNMA 债券的最低限额为 25 000 美元，不过早期的 GNMA 债券的最低限额较低。银行、保险公司、养老基金及共同基金是购买 GNMA 债券的主力。

GNMA 债券对个人投资者的吸引力源于几个因素：无可挑剔的信用质量（GNMA 债券拥有美国政府的无条件担保）、高现金流（与其他债券不同，GNMA 债券通常每月支付利息），以及比国债更高的本期收益率。但天下没有免费的午餐，如果 GNMA 债券的收益率比国债高，那它们一定会存在一些吸引力不如国债的特点。事实正是如此。

事实上，GNMA 债券是一种复杂的证券。如果有人对你说 GNMA 债券很简单，说明这个人根本不理解这种产品。尽管不存在信用风险，但这种债券绝不是没有风险。和其他债券一样，买家也会承担利率（及价格）风险。更重要的是，当你买入单支 GNMA 债券时，你无法知道获得现金流的具体数额和时间，甚至连这个 GNMA 债券还能流通多久也不知道。最后，每支 GNMA 债券都是不同的。两支票面利率和期限相似的 GNMA 债券最终的表现可能有非常大的差距。

分析 GNMA 债券与分析其他固定收益证券完全不同。对 GNMA 债券的分析集中于两个因素：一个是债券可能的寿命，即票面利率支付可能持续的时间；另一个则是其总收益。这两者都是不确定的 。专业投资者在决策过程中依赖大量的数据分析，而个人投资者通常无法使用这些分析模型。

想分析 GNMA 现金流，你需要掌握一套新的概念工具与专业术语。除非做好准备，愿意花时间认真了解这种债券的特别之处，否则你就不该购买 GNMA 债券（或者任何抵押担保债券）。本章只能讨论其中几个基本问题。

另需注意，GNMA 债券属于应税债券，需要缴纳联邦税和州税。由于国债无须缴纳州税，这就消除了 GNMA 相对国债的一部分收益率优势，尤其是在州税高的地方。

GNMA 现金流

解释这个问题最简单的方法，就是描述如何设立 GNMA 债券。GNMA 是“政府国民抵押贷款协会（Government National Mortgage Association）”的首字母缩写，后者是美国住房与城市发展部（HUD）下辖的一个机构。但这个政府机构并不发行债券，它只是扮演保险公司与引导推动者的角色。

关于设立 GNMA 债券（也称 GNMA 池）的流程，第一步是建造商或开发商提出一份开发计划。当建造商已经得到了资金，向个人房屋购买者（获得了个人抵押贷款的购房者）出售了一些房子时，建造商（更准确地说是抵押贷款发起人）向 GNMA 申请一个资金池号码，并申请 GNMA 担保。只有退伍军人管理局（VA）或联邦住宅管理局（FHA）承保的抵押贷款会被接受。由于这些抵押贷款获得了政府机构承保，GNMA 债券因此获得了及时支付利息及返还本金的无条件担保。这些抵押贷款随后被服务机构打包，进入一个总额最少为 100 万美元的资金池。这个资金池再拆分出售给投资者。读者可以把这个资金池类比成共同基金，只不过这里的资金全部是抵押贷款。图 9.1 解释了这个流程。

GNMA 资金池组织

抵押贷款出借人向房屋购买者做出承诺。
抵押贷款出借人获得来自 GNMA 的担保。
购买者住进房屋，获得抵押贷款。
出借人将相似的抵押贷款集中在一起后交付给证券自营商，但保留支付利息的责任。
证券自营商全部或部分、向投资者出售抵押贷款资金池，并将新所有者通知 GNMA。

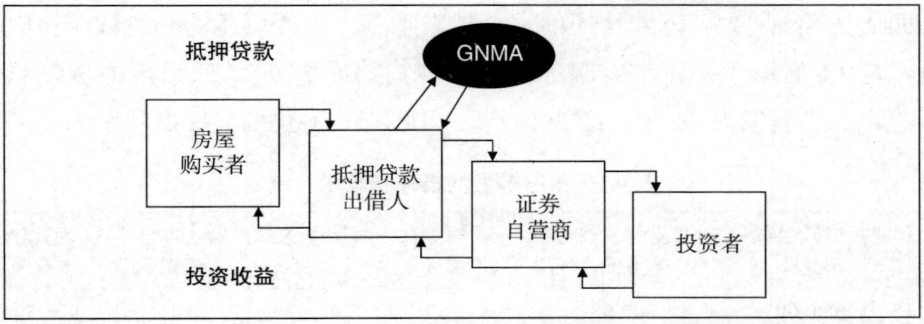

资金池建立后，贷方在每月 30 日从房屋购买者处收取本金和利息，再将这些资金转交 GNMA。
无论是否收到房屋购买者支付的价款，GNMA 都需要在下个月 15 日前向投资者支付款项。

图 9.1　创造 GNMA 资金池

来源：T Rowe Price Associates

购买 GNMA 债券（俗称“吉利美”，也可简写为 Ginnie）时，你实际上购买的是一定比例的上述资金池。这个资金池由抵押贷款组成，这些抵押贷款被重新包装（用华尔街的说法就是“证券化”），从而打造出一种固定票面利率的债务工具。通过投资银行的妙手，个人抵押贷款摇身一变，成了证券。但 GNMA 债券的现金流却与其他债券不同。GNMA 债券的现金流，就是那些个人抵押贷款，从原始的房屋所有者向吉利美债券的购买者“过手”（这就是类似 GNMA 似的抵押担保债券有时被称为“过手”债券）。

让我们仔细观察一个典型的 GNMA 资金池。每个资金池都由打包在一起的抵押贷款组成，因为这些抵押贷款拥有一些共同点：所有抵押贷款均为固定利率；以当时的主流利率为基础，这些贷款以相同的利率发行 20 年到 30 年。服务机构扮演中间人角色。服务机构接收房屋所有者交付的抵押贷款，再将贷款交付 GNMA 债券的购买者，收取 1% 的 1/2 作为服务费。因此，GNMA 债券的票面利率比房屋所有者的利息成本低 1% 的 1/2。比方说，利率为 8% 抵押贷款打包进 GNMA 债券后，票面利率就是 7.5%。（也有可调整利率过手债券，但这是另一个话题了。）

购买 GNMA 债券时，你得到的资金实际上是房屋所有者交付给银行的价款中的一部分。每个房屋所有者将固定数额的月供交给银行，其中既有利息也有本金。对于一份为期 30 年的抵押贷款，最初几年只有一小部分的月供用于偿还本金。按照预先确定的时间安排，即“分期偿还时间表”，这个比例会在抵押贷款存续期限内逐渐增大。随着偿还的本金越来越多，需要偿还的利息数额相应就会下降。表 9.1 展示了一份带有服务费的抵押贷款现金流。（假设抵押贷款总额为 10 万美元，贷款期限 30 年，即 360 个月。服务费为 0.5%，按揭利率为 9.5%。）

表 9.1　带服务费的抵押贷款现金流

月	初始贷款余额（美元）	每月支付贷款数额（美元）	月净利息（美元）	服务费（美元）	偿还本金（美元）	剩余贷款余额（美元）
1	100 00.00	840.85	750	41.67	49.19	99 950.81
2	99 950.81	840.85	749.63	41.65	49.58	99 901.24
3	99 901.24	840.85	749.26	41.63	49.97	99 851.27
4	99 851.27	840.85	748.88	41.60	50.37	99 800.90
98	92 862.54	840.85	696.47	38.96	105.69	92 756.85
99	92 756.85	840.85	695.58	38.65	106.53	92 750.32
100	92 650.32	840.85	694.88	38.6	107.37	92 542.95
209	74 177.40	840.85	556.33	30.91	253.62	73 923.78
210	73 923.78	840.85	554.43	30.80	255.62	73 668.16
357	3 297.89	840.85	24.73	1.37	814.75	2 483.14
358	2 483.14	840.85	18.62	1.03	821.20	1 661.95
359	1 661.95	840.85	12.46	0.69	827.70	834.25

来源：弗兰克·法博兹等所著的《固定收益证券手册》一书

这是 GNMA 债券每月现金流的第一个组成部分，这令它与其他固定收益证券区别开来。每月你会收到一部分本金和一部分利息。当 GNMA 资金池的最后一名房屋所有者还清款项后，全部本金就得到偿还（不像其他债券到期时那样有大量资金要赎回）。

需要记住的是，偿还本金并非收入。每月你收到的本金，只是退还回来的自己的钱。如果你觉得这种说法不够显而易见，不妨考虑以下类比。假设你借给某人 100 美元，并且决定分 10 个月、附利息等额还款。每个月你能收到 10 美元的本金和利息收入。10 个月结束时，你的本金会全部获得偿还，未来不会再有金额偿还。但显然，每个月的 10 美元只是将贷款的 1/10 返还给你而已。

提前偿还贷款如何影响 GNMA 的现金流

GNMA 的现金流并不局限于此。别忘了，你的 GNMA 债券是由许多抵押贷款构成的整体中的一小部分。很少有房屋所有者保留 30 年的抵押贷款。当房子被出售时，抵押贷款就会被全额提前偿还。出售房子的原因很多，其中一些可能与房主的生活方式选择有关。他们可能购买了更大的房子，退休或离婚，也有可能因为工作变动或家庭成员的生老病死而搬家。

但房屋所有者也有可能因为经济原因而提前偿还抵押贷款。利率下跌时，很多房屋所有者为了降低月供，会将抵押贷款拿出去再融资。对 GNMA 债券所有者来说，这是一个需要牢记在心的因素。这会让提前偿还贷款与利率下跌存在直接相关性。

抵押贷款被提前偿还时，预付款会直接转至 GNMA 债券持有者。提前偿还贷款的出现极大地复杂了 GNMA 现金流。大多数时候，终止偿还 GNMA 债券的时间远早于抵押贷款最初约定的期限。抵押贷款被提前偿还时，会出现一系列后续情况。首先，你会拿回一部分本金。但要记住，你收到的利息是以仍未偿还的本金为基础计算出来的。因此，随着本金回到你的手中，利息收入就会减少。此外，如果你的 GNMA 资金池中很多抵押贷款的本金被偿还，那么这些抵押贷款的利息将全部停止支出。一般来说，提前偿还会加速本金偿还的速度，缩短 GNMA 债券的流通时间。因此，即便 GNMA 债券由 30 年抵押贷款组成，市场也会将其视为中期，而非长期债券。

此外，由于提前偿还贷款的时间无法预测，所以不存在表现完全符合平均水平的资金池。因此，当你购买 GNMA 债券时，你无法预测提前偿还贷款的时间或速度。同样，你也不知道终止偿付的最后日期。而这反过来意味着，任何收益率报价充其量都只是非常不准确的预估值。

让我们总结一下 GNMA 与其他债券现金流的区别：购买其他债券时，你会收到以票面利率形式支付的利息，通常一年两次。债券到期时，你会收到一大笔资金，也就是本金，这是全额偿还的一大笔钱；购买债券时你能明确知道每笔票面利率的数额、票面利率的支付时间，以及偿还本金的日期。

而 GNMA 债券的还款日程安排却与上述债券存在根本性区别。每个月你会收到一张含有部分本金和部分利息的支票，具体取决于分期偿还日程安排。本金不会在债券到期时一次全支付，而是按月分摊。抵押贷款被提前偿还时，你收到的本金数额增加了；但与此同时，利息数额却在下降。GNMA 债券会一直支付到资金池中最后一笔抵押贷款被还清，那时所有付款活动都会终止。不管是服务机构、房屋建造师还是 GNMA，没有人可以准确地预测提前偿还所有抵押贷款需要多长时间，也没有人能够预测提前偿还的数额。因此，尽管 GNMA 债券拥有一个所谓“最终到期日”，但当你在购买这支债券时，你不可能确定自己每个月能收到多少钱，也不可能知道还清这支 GNMA 债券的本金需要多长时间。

不过在债券市场中，你也会因为上述不确定性获得补偿，这些不确定性正是 GNMA 债券收益率高于国债的原因之一。GNMA 债券收益率更高的另一个原因在于，抵押贷款的利率也要高于同一时期国债的利率。

利率变化如何影响 GNMA 债券

和其他拥有固定票面利率的债券一样，GNMA 债券也会受到利率变化的影响。需要再次强调的是，GNMA 债券即便受利率变化影响，也存在一套独特的方式。而提前偿还贷款再一次让问题变得更加复杂。我在本书其他地方强调过，利率下降时债券价值就会上涨，利率上升时债券价值就会下跌。这种价格波动与债券的期限长短直接相关。但对 GNMA 债券来说，情况略有不同。原因如下。

比方说，假如利率大幅下跌。在这种情况下，房屋所有者可能拿抵押贷款出去再融资。如果你拥有 GNMA 债券，这无疑是坏消息。首先，提前偿还贷款可能会突然加速。你的 GNMA 资金池中的一大部分得到偿还的时间，可能会远远早于预期。其次，你收回了很多本金，却只是在利率较低时收回的。现在，你只能以较低的利率进行再投资。由此导致的结果就是，不仅你的 GNMA 债券无法像其他拥有相似期限的债券那样升值，某些情况下，你的 GNMA 债券甚至还有可能贬值。此外，GNMA 债券的总收益也有可能远低于最初的期望，原因有二：你会将大量资金再投资于利息远低于 GNMA 债券票面利率的其他产品，而且正是因为这个原因，你的 GNMA 债券价格有可能下跌。因此，在市场走强时，GNMA 债券的上升空间小于期限相似的其他债券。

现在，假设利率出现上升。这也是个坏消息。第一，提前偿还贷款速度放慢，你的 GNMA 资金池存续时间有可能延长。在这种情况下，你不得不以超出最初预测、更长的时间持有 GNMA 债券。更重要的是，在这个关键节点上，你的 GNMA 债券票面利率会低于市场的现有利率。想必你也能猜到结果：你的 GNMA 债券的价格很有可能比其他中期债券出现更大幅度的下跌。

我对前面提到的两个案例均进行了简化。溢价、折价和平价 GNMA 债券面对利率变化会做出不同的反应。此外，GNMA 债券面对利率波动时存在一个缓冲，即市场将它们看作中期而非长期债券。但利率变化可能导致“头尾皆输”的局面。市场走强时，GNMA 债券的表现比其他债券差。市场走弱时，GNMA 债券的跌量可能更少，但跌幅不一定低于其他债券。所以，尽管从本期收益率角度出发，GNMA 债券的收益率比国债更高，可如果从总收益角度出发，有些时候 GNMA 债券的表现可能不如国债。我们在后面也会看到，和国债相比，单个 GNMA 债券的总收益的不确定性也高得多。

与 GNMA 债券收益有关的概念

假设有人向你展示了一个 GNMA 资金池，也就是一份 GNMA 债券。你的经纪人肯定会查看一份源于彭博（专业版）终端的收益表。这与彭博的免费网站存在巨大区别。如今在交易中，彭博（专业版）数据库已经得到广泛使用。这个数据库中包含大量与各种证券相关的数据。每个彭博的 GNMA 债券收益表都是基于几家主要的经纪公司提供的现金流情况。这份数据表实际上代表了业界对这支 GNMA 债券现金流模式和收益的预期共识。如果对方向你展示的是纸质版，那么它的形式会类似表 9.2。这张表上的报价看起来可能非常杂乱，让人摸不着头脑，其中也会包含很多无法一目了然的信息。

表 9.2　彭博终端上一个 GNMA 资金池的收益表

Mtge **YT**

GN704426

65 <GO>GNSF 5.5 N　　66 <GO> 36296XSPO　　MBS : GNSF I　　5.5%　3/15/39　ADV : <PAGE>

6.000(342)15 WAC (WAM) WALA MAY10　　LOANS : 134　　Vectors 99 <Go>

MAY '10			
1 mo	590 P	17.70	
3mo	833	23.3	
6mo	1112	27.9	
12mo	1132	21.9	
Life	1175	20.5	

3/ 1/09:	23,068,501	next pay	6/15/10	(monthly)	
5/ 1/10:	17,380,240	rcd date	5/31/10	(14 Delay)	
factor	0.753418690000	accrual	5/ 1/10-	5/31/10	

CA	TX	GA	OTHR
30.6	13.1	6.3	49.9

5/20/10　　**YIELD TABLE**

B. Median:	0bp 508	+300bp 137	+200bp 167	+100bp 262	−100bp 918	−200bp 1143	−300bp 1192
Vary PRICE 1/32	508 PSA	137 PSA	167 PSA	262 PSA	918 PSA	1143 PSA	1192 PSA
106-21	2.9990	4.4987	4.3898	4.0267	1.0523	−.1733	−.4601
AvgLife	2.95	8.78	7.72	5.47	1.57	1.21	1.15
Mod Dur	2.68	6.41	5.82	4.46	1.52	1.20	1.14
DATEWindow	6/10− 11/15/38	6/10− 11/15/38	6/10− 11/15/38	6/10− 11/15/38	6/10− 10/15/31	6/10− 9/15/25	6/10− 8/15/24

Source: Bloomberg Finance, L.P. All rights reserved. Used with permission.

表 9.2 展示的是一支票面利率为 5.5% 的 GNMA 债券，构成这只债券的抵押贷款利率为 6%。最上方的号码（GN704426）是这支 GNMA 债券的资金池号码；当开发商获得 GNMA 担保时，就会被分配这样一个号码。另一组长数字（36296XSP0）是这支 GNMA 债券的库斯普号码。表中的日期（3/15/39）是这支 GNMA 债券的最终到期日，也就是资金池中最后一笔抵押贷款彻底还清的日期。

如果想评估 GNMA 债券，你还需要理解下面这些术语。

面额（Face Amount）、因数（Factor）和余额（Remaining Balance）

报价单上不会出现这些名词，但会出现对应的数字。这些数字位于左上角的方框里。“面额”是这支债券最初发行时需要偿还的抵押贷款数额（23 068 501 美元）。“因数”显示为小数形式（0.753418690000），是资金池中尚未偿还的抵押贷款比例（GNMA 会发布所有未清偿 GNMA 抵押贷款资金池的因数）。因数会随时间变动而发生变化。“余额”（17 480 240 美元）则是尚未得到清偿的抵押贷款数额。余额的计算方法，是用面额乘以因数。某种程度上说，余额就是某个资金池的当前票面价值。

下次支付（Next Pay）、记录日期（Record Date）和应计期间（Accrual）

这些是记账用术语。“下次支付”（6/15/10，每月支付）是下一次收到支票的时间；按照表格的说明，支票一个月支付一次。“应计期间”指的是已经累积计算利息的时间。和市政债券的应计利息一样，购买 GNMA 债券时，报价会计算应计期间的利息。“记录日期”（5/31/10）是设立资金池的日期。“延后 14 日（14 delay）”指的只是 GNMA 债券的服务机构会在收到抵押贷款款项 14 日后向投资者发出支票。

当前报价（Current Offering Price）

与其他债券一样，“当前报价”表现为 100 的倍数。和国债一样，这里的小数（.21）应当被解读为 21/32。因此，这里的价格就是 1 060 美元加 21/32 乘以 10 美元，也就是 1 065.60 美元。尽管这张表格显示的是相对近期的一支 GNMA 债券，但由于这支债券的票面利率高于我写这本书时的债券票面利率，因此表中这支债券属于溢价债券。（和其他债券一样，GNMA 债券也可以溢价、平价或折价交易。）

提前偿还贷款假定（Prepayment Assumptions）

对 GNMA 债券来说，除非建立在明确的提前偿还贷款假定之上，否则收益率报价没有任何意义。你会注意到表中出现了几个收益率，从 2.9 990（2.99%）到 -0.46（负 0.46%）。每个收益率都以一个明确的提前偿还贷款假设为前提，标为“PSA”，并附有一个数字。这里有必要解释一下如何解读提前偿还贷款假定与 PSA。

确定提前偿还贷款假定有几个不同方法。基本方法是将每个资金池的提前偿还贷款历史与基准进行对比。20 世纪 90 年代初，向个人投资者出售 GNMA 债券的经纪商使用的基准通常以美国联邦住房管理局（FHA）的数据为准。FHA 会定期根据全美数据更新过往的提前还款模式。GNMA 管理每个资金池的统计数据，并发布在“FHA 经验（FHA experience）”中，这些就是最新的 FHA 数据。如果提前偿还贷款的情况与“FHA 经验”完全吻合，资金池就会按照 FHA 经验 100% 提前偿还；如果两倍于这个速度，就会 200% 偿还。

不过以“FHA 经验”为标准也存在一些问题，因为当数据被修订时，FHA 经验也会修改。换句话说，标准（FHA 经验）始终在变。为了应对这个缺陷，业界又提出了两种方法。第一种方法被称为“固定提前还款率（CPR）”。我们从这个名称中可以看出，CPR 是个常数。

持续变化的提前还款模式表现为 CPR 的倍数形式。任何一个时间段的 CPR 都是从这段时间开始到结束时未偿还的抵押贷款比例。比方说，如果一个抵押贷款资金池以每月 1% 的固定率提前偿还，就意味着每个月会有 1% 的剩余贷款（除按计划偿还的本金外）会被提前偿还。

目前的行业标准为公共证券协会（PSA）模型，这个模型结合了以上两个模型的特点，并以 FHA 发布的数据为基础进行计算。和 CPR 一样，这个模型也是假设了一个本金的提前还款率。但这个数字并非常数，而是表现为 GNMA 资金池存续期限的一系列提前还款率。PSA 基准（显示为 100%PSA）假定为一系列 CPR，第一个月为 0.2%，随后每个月增长 0.2%。设立抵押贷款 30 个月后，提前还款率将达到 6%。如果某 GNMA 资金池以 200% 的“PSA 经验”提前偿还，那就意味着前 30 个月，本金将以 0.4% 的速度提前偿还，30 个月后偿还率达到 12%。

老 GNMA 资金池存在提前偿还贷款历史记录。而老资金池和新资金池都会列出一些应对未来提前还款的方案。

收益率

严格来说，这里的收益率其实是“现金流收益率”，相当于其他债券的到期收益率。你应该还记得，计算到期收益率需要考虑一支债券的所有现金流，包括利息、复利（假设以最初的到期收益率进行再投资），和以票面价值赎回债券。

想必你已经能看出来用这个收益率描述 GNMA 债券存在的问题——我们根本没有办法预测构成 GNMA 债券的抵押贷款何时能被还清，也不能预测提前偿还贷款何时开始。这就是提前偿还贷款假定起作用的地方了。为了确定 GNMA 债券的收益率报价，我们就必须估算提前还款的概率。因此，这里不会只出现一个收益率报价。如表 9.2 中所示，彭博的报价一般会以明确的“PSA 速度”为基础算出一个提前偿还贷款假定范围。PSA 速度本身与一系列利率变化有关。这里的信息量非常集中，从左到右分别如下。

0 bp（0 基点）。意思是，如果利率不变，假设 PSA 的速度为 508。收益率就会是 2.99%。

+300 bp（+300 基点）。解读一下就是：如果利率上涨 300 个基点，PSA 速度就会减慢至 137，收益率将是 4.4 987%。

让我们来看最右端的一个数字（-300 bp）。它的意思是，如果利率下降 300 个基点，提前偿还贷款就会迅速加快。这时我们假定 PSA 速度为 1 192，收益率就会变负，也就是 -0.46%。

这些收益率均不该被看作对实际收益的预测。相反，不同情况意味着存在一个可能的收益率区间，而这个区间取决于利率变化，以及利率变化对提前还款速度的影响。在前面的案例中，由于 GNMA 债券属于溢价债券，因此收益率存在一个较大范围的可能区间。折扣 GNMA 债券的可能收益率区间范围同样很大。但是，如果一支 GNMA 债券以接近票面价值的价格交易，可能的收益率区间就会缩小，最低和最高收益率之间的差别也不会很大。

溢价（或折扣 GNMA 债券）的收益率区间之所以更大，是因为收益率报价是基于提前还款以票面价值进行，GNMA 以票面价值赎回的假设。由于表 9.2 中的 GNMA 债券溢价销售，更快速地提前偿还贷款实际上会导致本金出现损失，由此导致负的收益率。

平均存续期与久期

这里的久期衡量的是债券价格面对利率变化时的波动程度。不过需要注意，案例中这支债券的久期也与“平均存续期”有关。平均存续期是一个技术名词，指的是一支 GNMA 债券中半数本金得到偿还的大致时间点。如果你打算购买 GNMA 债券，这个数字就非常重要，因为 GNMA 债券的市场价格就是以这些中点为标准计算，完全忽视抵押贷款的最终到期日。事实上，这个数字就是市场对 GNMA 债券剩余流通时间的估算。

如果拿 GNMA 债券和其他债券（比如国债）对比，你需要对比 GNMA 债券的现金流收益率和国债到期收益率（其最终到期时间应当与 GNMA 债的平均存续期大致相等）。比方说，平均存续期为两年的 GNMA 债券的现金流收益率的对比对象就是两年期国债；平均存续期间估算为 12 年的 GNMA 债券，对比的就是 12 年期国债。

需要注意的是，“平均存续期”这种说法可能会令人困惑。尽管市场把这个数字看作债券的预期寿命，但在现实中，平均存续期描述的是本金里的每一块钱未被偿还的平均年数。平均存续期间按时间加权，且与提前还款速度有关。提前还款的速度越快，平均存续期间就越短。

表 9.2 列出的平均存续期间可能值为 2.95 年到 1.15 年。实际上这是一个比较狭窄的区间。这些数字非常精确地指出了购买这支债券时所要承受的风险。我们无法预测这支债券到底还能流通多长时间。如果利率上升，提前还款就会减慢，GNMA 债券的期限就会变得更长。相反，如果利率下降，提前还款速度就会加快，GNMA 债券的期限就会变短。

窗口

这是你开始收到本金及提前偿还本金的日期。对 GNMA 债券来说，窗口永远是打开的。也就是说，你立刻就能收到债务人支付的本金。对于案例中的这支债券，如果假定利率在债券存续期间内保持不变（这种情况几乎不可能发生，即 0 基点假定），从 2010 年 6 月 20 日至 2028 年 11 月 15 日，你将收取近 30 年的本金。但是，如果假设利率下降（-300 个基点），假如由此导致提前偿还贷款速度减缓，那么大部分本金将提前至 2024 年 8 月 15 日还清（我们在后面会看到，抵押担保债券存在禁售期，窗口的定义因此更狭窄）。

GNMA 债券只有一个收益率的计算方法与其他债券相同，那就是本期收益率。你大概还记得，本期收益率就是票面利率除以债券价格。表 9.2 中的收益率为 5.5%，除以价格后的答案接近 100。因此，本期收益率同样接近 5.2%。

在进一步讨论之前，有以下几个重要问题值得关注。

1. 你的总收益有别于任何收益率报价。

人们有时候会因为 GNMA 债券的收益率报价高于其他高信用质量的债券（比如国债）而购买这种债券。让我们回顾一下与收益率有关的各种假设。

你将因此了解，为什么在现实中基本不可能挣到报价中的收益率。

与收益率有关的假设包括以下内容。

- 收到的所有利息均用于再投资，而不是消费。花掉每月获得的收入将导致收益降低。
- 收到的利息与本金将按照报价的收益率再投资。对个人投资者来说，这是极不可能发生的情况，特别是在收益率报价很高的时候。比方说，假设债券收益率为 6%，如果将每月收到的支票转入收益率较低的货币市场账户，这也会导致实际收益降低。
- 收益率报价与明确的提前偿还贷款假定相关。当提前偿还贷款的速度明显加快或明显减慢时，债券的总收益率也会与收益率报价存在明显差别。提前偿还的本金可能低于，也可能高于你的成本，从而导致资金出现收益或损失。同时，本金与利息的再投资利率也与购买债券时的现金流收益率存在不同。
- 如果有意在债券被还清前出售 GNMA 债券，你需要记住，提前还款速度将会影响你的出售价格。举个例子，假设利率下跌，提前偿还贷款的速度就会加快，从而缩短你的 GNMA 债券期限。但较短的期限并不会为所有 GNMA 债券带来同等的价格改变。比方说，如果你购买的是溢价 GNMA 债券，当提前偿还贷款的速度加快时，你收到了票面价值的本金，而这实际上少于你购买债券时的支出，此时的你只能以较低的利率再投资收回本金。在这种情况下，如果需要出售债券，你只能亏本出售。另一方面，如果购买的是折价 GNMA 债券，当提前偿还贷款速度加快时，你就能比预期更快地收回本金，且价格也会高于最初的支出。这就意味着你可以按有盈利的价格出售债券。

2. 不要混淆现金流收益率和每月现金流。

收益率只衡量利息收入。现金流则是你每个月获得的总收入，其中包括三个不同部分：按约定日程定期偿还的本金、提前偿还的本金，以及利息。一些自营商（或共同基金）将利息与本金合计在一起，称为“月收益”。这就出现了收益率膨胀。记住，本金不过把你的钱还给了你，那不是收益。

3. 一定要记住，提前偿还贷款模式是不可预测的。

事实证明，想预测提前偿还贷款模式极其困难。20 世纪 90 年代初，根据“FHA 经验”，业界认为 12 年后只有 17% 的 30 年期抵押贷款不会被还清。这个假定如今已不再适用。

你可能预期的提前偿还贷款模式是：抵押贷款在前几年提前还款率低，随后加速，在最后几年达到平衡。但利率的巨大变动（以及进而导致的抵押贷款利率发生巨大变动）会对提前偿还贷款产生巨大影响。1993 年和 1998 年出现的利率巨幅下跌，导致大量抵押贷款被提前偿还，使得 GNMA 债券市场陷入混乱。可即便利率变动这个因素，对不同 GNMA 资金池的影响也不尽相同。有些房屋所有者可能做出从经济上解释不通的做法。比方说，即便利率下跌，他们也不会进行再融资，因为他们可能负担不起新一份抵押贷款的支出；他们也有可能只是为了获得房子不再负债的满足感，在抵押贷款利率极低的情况下还清现有贷款；他们也有可能因为各种原因搬家。这些都使得我们无法准确预测任何一个 GNMA 资金池的提前还款模式。

最后一个需要注意的问题是，前面的大部分讨论可能显得有些学术化，与现实关联度不高。但在书中加入这些内容的原因很简单。人们之所以购买 GNMA 债券，就是因为相对其他高信用质量债券，这种债券拥有更高的收益率。因此，理解提前偿还贷款会对总收益产生什么影响，显然具有重要意义。表 9.2 中的报价意在帮你澄清购买 GNMA 债券时存在的不确定性。而我之所以深入讨论更多的细节，就是因为假如你在考虑购买 GNMA 债券，应当坚持查看类似表 9.2 的详细收益率表。有些经纪商只会给出一个收益率报价，但这种做法具有误导性。

在讨论其他抵押担保债券前，你需要注意，所有用于描述 GNMA 债券的术语均适用于本章其余内容。如果考虑购买任何抵押担保债券，你至少应当让经纪商口头描述收益率表的关键内容，拿到纸质版的收益率表更好。

平价、折扣和溢价 GNMA 债券的区别

由于 GNMA 债券自 20 世纪 70 年代中期开始发行，所以票面利率在 4% 到 10%。不管票面利率是多少，在我写这本书时，GNMA 债券的收益率集中在 4% 左右。总的来说，我们可以用比 30 年期抵押贷款利率低大约 1% 的 1/2，大致计算出 GNMA 债券的收益率。新的 GNMA 债券仍在不断上市，投资者因此可以买到折价、溢价或平价的 GNMA 债券。其中每一种都各有其优点和缺点。

平价 GNMA 债券理解起来最简单。GNMA 债券一般只有在发行时才会按照票面价值交易，这时它们不存在提前还款历史，价格也基于平均预期而形成。一般来说，30 年抵押贷款构成的 GNMA 债券的平均存续期普遍预期为 12 年。不管怎么说，彭博会列出不同的提前偿还贷款假定和现金流收益率。由于资金池中的抵押贷款尚未被偿付，所以平价 GNMA 债券的流通时间可能长于折价或溢价 GNMA 债券。值得注意的是，我们现在还能找到以 15 年或 7 年抵押贷款为基础构成的 GNMA 资金池。这些债券的平均存续期间比由 30 年抵押贷款构成的 GNMA 债券要短很多。

折价 GNMA 债券的票面利率低于当前的抵押贷款利率。如果利率保持稳定，由于票面利率低于现利率，所以提前偿还贷款加速的可能性不大。抵押贷款被提前偿还，原因主要是利率之外的因素。因此，折价 GNMA 债券的现金流可预测性略强于平价 GNMA 债券。

另外，与平价或溢价 GNMA 债券相比，折扣 GNMA 债券更容易受利率变动影响。利率发生波动时，会导致折扣债券的价格出现更大幅度的上涨或下跌。个中缘由，我们仍能从提前偿还贷款模式中找到答案。利率下降时，提前偿还贷款的速度就会快于预期。由于购买的是折价债券，而返还本金时则是按照票面价值，所以提前偿还贷款加速会导致总收益提高。可当利率上涨时，提前偿还贷款的速度就会减慢。债券的平均存续期将会变长，而期限变长导致价格下跌加速。折价 GNMA 债券的价格由此出现暴跌。

溢价 GNMA 债券发行时的利率高于当前利率，它们也属于老资金池。当利率上升时，高票面利率就像是价格下跌时的刹车与缓冲。因此，溢价 GNMA 债券相当于上升利率的对冲。

但在利率下跌时，高票面利率也有可能变成劣势，尤其是利率急速下跌时。这种情况下，提前偿还贷款的速度可能会显著加快。这时，你只能将本金和利息再投资于利率极低的产品上。十有八九，你持有 GNMA 债券的时间将少于最初的预期，最终的总收益也会远低于最初的预期。

同时，利率急速下跌对任何溢价购买 GNMA 债券的投资者来说也是不小的风险。这是因为，抵押贷款中的本金部分被投资者溢价购买（记住，这是溢价 GNMA 债券），但提前偿还贷款时却是以票面价值偿还。提前偿还贷款速度越快，就越有可能导致溢价 GNMA 债券出现资本损失。如果刚刚买入债券后不久就发生提前偿还贷款，则有可能导致本金的重大损失。

各种 GNMA 债券

尽管独门独户住宅是构成 GNMA 债券的最初形态，但这个市场已经不断扩大，如今存在多种资金池构成的 GNMA 债券。这些资金池现金流的分析方法一样，但构成资金池的抵押贷款却各有不同。以下是仍在市场流通的几种主要类型。

GNMA I 型债券。这些属于“大众款”GNMA 债券，比如我们刚刚分析过的样本型。这种资金池由 12 支（或更多）固定利率的 20 年到 30 年抵押贷款构成，这些抵押贷款的面值总额至少为 100 万美元，全部以相同的利率发行。

袖珍型债券。这种资金池由 15 年期的抵押贷款组成，平均存续期比 GNMA I 型短得多。由于期限上的差别，票面利率相同时，袖珍型 GNMA 债券会比普通 GNMA 债券交易价格更高。

GNMA II 型债券。这种债券 1983 年才开始发行，它们与 GNMA I 型债券主要有以下区别。

- 资金池规模大于 GNMA I 型债券。
- 这种债券以多个，而非单一发行人的资金池为基础。
- 这种债券的利率范围更大。

更大规模资金池可以在一定程度上抵消提前偿还贷款的影响。可由于票面利率和期限种类更多，分析 GNMA II 型债券的难度也比 GNMA I 型债券更大。也正是因为这个原因，这类债券的收益率通常也会更高。

GNMA GPM 债券。GPM 的意思是“分级抵押贷款（graduated mortgage

payments)”。它们并非基于固定利率，而是基于分级抵押贷款。这种债券的现金流比普通 GNMA 债券还要复杂。此外，这种债券的市场更小，流动性较普通 GNMA 也更差。

GNMA 活动房屋债券。这是以活动房屋为基础设立的债券。这种债券的历史比其他 GNMA 债券断，也没有得到详尽的分析。

切块抵押贷款债券（Stripped Mortgage-Backed Securities）

和其他债券一样，抵押担保债券也可以本息分割组合，产生新的金融衍生品。

目前市场上存在几种不同类型的切块抵押担保债券，其中包括仅付利息债券（IO）和仅付本金债券（PO）。同时，这种债券还包含两类“浮动利率”，也就是浮动利率和逆向浮动利率，这类债券就是浮动利率切块抵押贷款债券。浮动利率债券的票面利率随利率变动而波动，逆向浮动利率债券的票面利率则与利率变动方向相反。这些切块抵押贷款债券对利率变化极为敏感，价格波动性也非常强。

想理解这种债券极强价格波动性背后的原因，应该探究一下，在利率上升或下降时，这些切块债券会发生什么变化。让我们以仅付利息切块债券即 IO 为例。IO 不存在票面价值。需要记住的是，只有仍未偿还的抵押贷款才需支付利息，因此，IO 只有在抵押贷款仍未还清时才能获得利息。显然，如果利率下降，提前偿还贷款速度就会加快，而 IO 的利息收入就会因此减少，甚至有可能彻底消失，在这种情况下，利率下降这种原本可以让债券价格上涨的因素，却有可能导致IO的价格出现灾难性下跌；而且，如果利率上升，IO的价格也有可能下降。

IO 的价格波动性堪比波动性极强的零息债券，而且更难以预测。提及它们只是为了让你知道这种债券的存在并了解其极强的价格波动性，本书不会不分析此类债券，它们主要被机构性投资组合经理用于进行对冲。单独投资这种债券的风险过高。

抵押担保债券及其他 GNMA 衍生产品

从20世纪90年代末到2007年，抵押担保债券市场发生了重大改变。到90年代末，GNMA 债券已不再是抵押担保债券市场的最大组成部分，市场上的一些发展是导致了这种变化。GNMA 债券最初从以下三个方面产生了的变体。

- 以抵押贷款之外的现金流为基础构成的资产担保债券。
- 重构后的现金流。
- 谁为抵押贷款担保。

以抵押贷款之外的现金流为基础构成的资产担保债券

几乎所有贷款都可以重新包装，以资产担保债券的形式再次出售。从 20 世纪 80 年代末开始，除抵押贷款外，很多种贷款都被这样重新包装、再次出售。占据这个市场最大份额的，是信用卡贷款。其他份额较小的市场板块还有汽车贷款、活动房屋贷款等等。

信用卡贷款目前是资产担保市场的最大细分板块。以这种贷款为基础设立的债券期限可能非常短：即一年以下。但以信用卡为担保的资产担保债券的结构，却与抵押贷款债券有所不同。影响这些贷款信用质量的因素有很多，比如信用卡公司的承保标准、未能偿还信用卡贷款的信用卡持有者数量、债券的结构（与其他资产担保或抵押贷款债券存在明显区别）。

从 2000 年到 2006 年，尽管仍主要是机构金融产品，但由上述债务工具担保的转手债券出现了迅速发展。但这种债券本身也被重新包装为抵押担保债券（详见下文），进而成为 2007 年到 2008 年持续信用危机的重要组成部分。

重构后的现金流：抵押担保债券

现在，让我们了解一下被重新包装为抵押担保债券的 GNMA 债券。

将 GNMA 债券重新包装为抵押担保债券的做法，实际上可以追溯至 1983 年。另一个如今可以与“抵押担保债券”互换使用的说法是 REMIC，即“不动产抵押贷款投资管道”。

这个创新最初的目的是消除无法预测的提前偿还贷款行为所带来的不确定性。在很多年的时间里，人们认为抵押担保债券实际上实现了这个目的。由于获得了巨大成功，抵押担保债券也逐渐成为比 GNMA 债券更大的市场板块。

抵押担保债券包含来自抵押贷款但被重新切割划分的现金流（用华尔街的话说就是“重构”。）基础债券的现金流被重新划分、重新组成一系列更容易预测平均存续期间和偿还情况的新债券。

抵押担保债券的资金池规模比 GNMA 债券更大，通常从 5 000 万美元到 10 亿美元不等。每支抵押担保债券都有专属于自己的特点。GNMA 债券与抵押担保债券的关键区别在于，抵押担保债券的支付流被重新分配为一系列不同的"份额（tranche）"（tranche 为法语单词，意思是"一份"）。一支抵押担保债券少则拥有 3 个、多则拥有 50 个"份额"。

最简单的抵押担保债券如今也被称为"顺序支付"或"大众型"抵押担保债券。为了说明其中原理，我们假设要设立一支由几个 GNMA 资金池组成的抵押担保债券。这支抵押担保债券拥有三个"份额"，所有三个份额均能获得利息。不过，未经事先计划的提前还款额会被按顺序送至每一份额。假设第一份额（或第一部分）在前三年时间里接收所有计划外的提前还款额，这个份额随后被还清。实际上，这个份额最初会被当作一份期限约为 3 年的债券出售。接下来 3 年，计划外的提前还款额将进入第二个份额。假设这个份额在 8 年后被还清，第三个份额将接着接收剩余的全部提前还款额。这种设计的目的，就是让抵押担保债券在流通期间更具可预测性。寻求较短期限债券的投资者可以购买最早的份额，寻求较长期限债券的投资者可以购买后面的份额。较后份额的购买者最初只会收到利息；在较早份额被还清前，他们不会收到提前偿还的本金。

在所有抵押担保债券中，利息支付因不同份额的风险程度不同而有所区别。期限最短、风险最小的份额获得的利息收入最低。期限较长、风险较大的份额获得较高的利息收入。不确定性越强，计划中的利息就会越高。但要记住的是，由于提前偿还贷款的不确定性，偿还这种债券的所有时间点仍然无法确定。

同伴组（Companions）、计划分期份额（Planned Amortization Tranches）和目标分期组（Targeted Amortization Class）

抵押担保债券的顺序结构似乎能解决很多与 GNMA 资金池相关的不确定性问题。可问题是，利率再次成为新问题的导火索。1993 年，利率陡然下跌。由此导致出现了大量提前偿还贷款的情况，抵押担保债券的平均存续期间显著缩短。但到了 1994 年，利率出现了 U 型转弯。美国联邦储备银行七次提高利率，提前偿还贷款的增加突然降至极慢的速度。

这正是逆向的提前还款风险，实际上这种现象也有一个专门的名字：延长风险（extension risk）。出现这种风险的基础，就是 1994 年抵押担保债券的预期提前还款模式。由于提前还款枯竭，抵押担保债券的平均存续期间变得根本无法预测。发行时预期平均期限为 2 到 3 年的份额，突然间被市场看作期限延长的债务工具。这些份额的价格由此暴跌。

为了进一步限制这种风险，业界对抵押担保债券的结构又进行了一次创新。两种新型份额由此诞生：计划分期份额组（Planned Amortization Class，PAC）和同伴组。设计这两种份额的理念分别是，由同伴组份额吸收较早或较晚的提前还款额，以保护 PAC 份额的现金流。实践中，人们通过将对 PAC 份额理想期限来说过早或过晚出现的提前还款现金流分流至同伴组，以实现限制风险的目的。由于吸收了计划外或多余的提前还款额，两种份额中同伴组份额的价格波动性显然更大，风险也更大。因为这个原因，所以同伴组以更高的收益率进行销售。

每支抵押担保债券划分为 PAC 和同伴组的具体情况各有不同，份额数量也各不相同。本金的提前还款日程安排建立在“PAC 波段”这一提前还款率的基础之上。这些波段针对的是“PSA 标准速度”的百分比：比方说，早期的提前还款为 PSA 标准速度的 95%，较晚期的提前还款为 PSA 标准速度的 240%。这种设计让发行人将现金流对准更短时间段的 PAC。从理论上看，PAC 的平均存续期限变得更容易预测，变动幅度也比没有 PAC 波段的债券更小。

另一种与 PAC 相似但结构没那么严密的份额，被称为目标分期组（Targeted Amortzation Class，TAC）和同伴组。读者可能见过“破碎的 PAC（Busted PAC）”这种说法，这指的是 PAC 的同伴组已经吸收了针对自己的全部提前还款额，PAC 因此“破碎了”。这就意味着如今 PAC 交易不再拥有保护，情况与老 GNMA 债券极为相似：PAC 变成了一种可预测性更差、流动性更差的证券，因此收益率的报价也会变得更高。

另需注意的是，市场仍在不断进化，结构更为复杂的金融衍生品不断被设计、推出、上市。如今有一些抵押担保债券上市时，带有多层 PAC 和多层同伴组保护。

Z 份额或应计份额

读者也有可能遇到另一种“份额”：Z 份额或应计份额。前面描述的抵押担保债券结构（顺序支付、PAC、TAC 和同伴组）都会对提前偿还的本金进行分流。Z 份额或应计份额对本金及利息都会进行分流。

Z 份额类似于零息债券。除非某特定份额被还清，否则 Z 份额不会接收任何付款——利息和本金均不接受（这被称为利息与本金锁定）。当抵押担保债券上市时，Z 份额的面值非常小。在本金和利息被锁定的这些年里，Z 份额会以与抵押担保债券的其他份额一样的速度生成票面利息，但这些票面利息并不会支付给投资者。这些利息将用于“合并增长”，其实就是按月加入 Z 份额债券的原始价格中。一旦排在 Z 份额债券之前组别的债务被还清后，Z 份额债券就开始根据“合并增长”的价值接收债务人偿还的本金和利息。

Z 份额刚刚推向市场时一般都被设为抵押担保债券的最后一个份额，因此无一例外地拥有极长的平均存续期间。但现实已经发生改变：Z 份额债券如今被放在了抵押担保债券结构中与最初时不一样的阶段。Z 份额现在的吸引力类似于零息债券：在合并增长期内不存在再投资风险。可由于 Z 份额债券的平均存续期难以预测（尤其是那些被设置为抵押担保债券最后一个份额的 Z 份额），所以这种债券的价格波动性可能非常强。因此，Z 份额债券的收益率很高——不确定性越强，收益率越高。

让我们总结一下抵押担保债券的关键点。

抵押担保债券是一种可以和任何保证人兼容的债券结构，市面上存在由 GNMA、FNMA、FHLB 和私营公司提供担保的各种抵押担保债券。有些无流动性的老抵押担保债券已经被回收、循环利用到新的抵押担保债券中。

除 Z（应计）份额外，绝大多数抵押担保债券按月支付利息。绝大多数抵押担保债券拥有本金锁定期，投资者在这段时间里只会收到利息。支付本金的期限被称为“支付窗口期”。抵押担保债券发行后，支付窗口期和锁定期可能出现变化，具体由利率变化及利率变动对提前偿还贷款情况的影响而定。

尽管设计同伴组和 Z 份额的目的都是减少抵押担保债券现金流的不确定性，但它们只能限制却不能消除提前还款风险。如果利率突然发生大幅度波动，就会被债券期限结构及现金流的变化带来巨大伤害。

抵押担保债券结构的优点与缺点

设计抵押担保债券结构的目的，就是减少提前偿还贷款所带来的固有的不确定性，尤其是 PAC 及那些顺序支付的较早份额（大众型）。这些份额可以保护债券购买者少受利率风险和提前还款风险的影响。因此，这些份额的收益率也会低于较晚期或同伴组份额的收益率。

如果想锁定较长期限且收益率较高的债券，你可以购买顺序支付系列中靠后份额构成的债券。如此一来，你实际上享受到了一种提前赎回保护，因为靠后的份额只有在靠前份额彻底被还清后才会接收本金还款。想获得更高的收益率，你也可以购买同伴组或 Z（应计）份额。

最后，让我们更直白地说明抵押担保债券的风险。设计抵押担保债券结构的目的在于，由于其信用质量高，你可以认定自己能收回投资。你只是不知道具体何时能够收回投资，特别是购买抵押担保债券顺序支付靠后的份额、同伴组或 Z 份额的时候。按照设计理论，尽管本身结构很复杂，但作为一个整体，抵押担保债券比 GNMA 债券更能满足个人投资者的需求，就是因为它们的结构相比老 GNMA 债券更具有可预测性。除此之外，抵押担保债券的最低投资限额只有 1 000 美元。

为抵押担保债券提供担保的机构：吉利美、房利美和房地美

直到 20 世纪 90 年代末，所有抵押担保债券均有政府机构或政府设立的私营机构提供担保。除吉利美（GNMA）外，其他两个提供担保的机构分别是联邦国民抵押贷款协会（FNMA）和联邦住宅抵押贷款公司（FHLMC），两者俗称房利美和房地美。直到 2006 年，由上述任意政府机构担保的债券均被认为拥有相同的信誉度。但从一开始，这些债券的运作方式就各有不同，获得的政府支持程度也不相同。

这其中历史最悠久的是房利美。美国国会在 1938 年创设了这个机构，以便为抵押贷款市场提供流动性。1968 年，最初的 FNMA 被拆分为两个机构：吉利美（GNMA）和现在的房利美（FNMA）。第三个机构房地美（FHLMC）最初由 12 家联邦住宅贷款银行所有。但在 1989 年，房地美也变为私营公司，类似于房利美。

这三个机构均由国会创设，以期增加住房贷款市场的可用资金。但三个机构的运作方式并不相同。吉利美仍为政府机构，本书前面的内容提到过，吉利美会购买由 FHA 和 VA 承保的抵押贷款，这些抵押贷款经过重新包装，就会获得吉利美的担保。

房利美和房地美均被美国国会设置为私营机构，以便为传统抵押贷款建立二

级市场。所谓传统抵押贷款，就是没有得到 VA 或 FHA 承保的贷款。

房利美和房地美本身并不发行抵押贷款。房利美从银行和抵押贷款公司这样的出借人手中购买抵押贷款，这些抵押贷款经过重新包装，变成了新的抵押担保债券。房利美通过发行自己的债务票据（短期、中期、长期债券），为购买上述抵押贷款筹集资金。房利美是美国最大的债券发行机构之一。直到 2006 年，房利美债券与美国国债的价差大约为 50 到 100 个基点。房地美的运行方式与房利美类似。

不过这些机构的区别并不仅限于此。吉利美过去始终是而且未来也继续会是政府机构，它发行的债券将直接获得政府担保。房利美和房地美都是政府赞助企业（GSE），两者都是股票在纽约证交所交易的公开上市公司。但是，房利美和房地美都可以直接从美国财政部借款。直到 2007 年金融危机前，这种借款能力不言而喻地成为这些机构的债券能够获得 AAA 评级的原因之一。直到 2007 年年中，市场本质上对上述三家机构发行的债券一视同仁。事实上，在这个市场中占据最大份额的是房利美发行的债券。

但是不要忘了，房利美和房地美购买的抵押贷款并没有保险。2003 年到 2006 年间，其中很多抵押贷款变成了“次级贷款”（详见下文）。房利美和房地美承受了巨大损失。

抵押担保债券如何演变：私营抵押贷款

从 2003 年到 2006 年，几种新型债券的诞生进一步改变了抵押担保债券市场。第一个变化就是出现了没有政府机构做担保的抵押担保债券，也被称为“私营”转手债券。

从 2000 年到 2007 年，上述市场板块出现了迅速扩张。私营抵押担保债券由银行、投资银行和储蓄机构发行。起初，这些私营抵押担保债券以所谓的“巨型抵押贷款”为基础，也就是由富裕的房屋所有者承担的大额抵押贷款。这些抵押贷款的提前还款模式，与其他相对不那么富裕的房屋购买者的提前还款模式有一定区别，但债券的信用质量不受影响，两者都不具有流动性。评级机构对这些私营抵押担保债券进行评级，在好几年时间里，这种债券的评级主要为 AAA 或 AA 级。

从 2003 年开始，新型抵押贷款成为一大批且数量不断增加的私营抵押担保债券的基础。这些新型抵押贷款发行时的保险标准，比过去的抵押贷款低得多。债券市场一名权威人士这样说："这些贷款基本可以归入'只有部分证明文件'的类别，其中借款人缺少标准的信用记录，没有收入来源信息，也不具备可用于信用评分模型的其他标准信息。"

换句话说，大多数新抵押贷款不过是次级抵押贷款的变体，只不过换了几个好听的名字。很多抵押贷款还存在华而不实的问题，比如设置了日后必定会重设的"诱惑利率"（那时还款额会变得很高），或 100% 融资（意味着抵押贷款没有首付）。这些问题导致抵押贷款更容易贷出，可偿还的难度变得更大。业界给这种抵押贷款起了一个绰号：NINA 抵押贷款（意思是"无收入、无资产"），也有人用"骗子贷款"指代这类抵押贷款。

银行为什么以如此宽松的标准发行抵押贷款？不要担心，人们认为房价会持续上涨。如果发生借款人无力偿还贷款的情况，银行可以收回房产，从而获得完整补偿。但要记住的是，很少有银行会保留抵押贷款。绝大多数抵押贷款会立刻转售，重新包装成某种抵押担保债券。

这里的私营资金池不具有任何政府机构提供的担保。即便如此，由骗子贷款或 NINA 抵押贷款构成的抵押担保债券，大多仍能获得 AA 或 AAA 的评级。评级机构对此给出的理由是"信用提升"，即超额担保。也就是说，专门用于偿还债务的资产创造的现金流，高于偿还贷款所需的金额，比方说，现金流是偿还贷款所需金额的 125%。

事后回想，这些高评级显然建立在错误的假设之上。大多数抵押担保债券由庞大的资金池构成，而这些资金池位于全美各地。评级机构以为极不可能出现美国各地同时发生损失的情况。然而事实就是全美各地同时出现了损失，而且人们在事后越发清楚地看到，用于评估次级抵押贷款资金池风险的数学模型虽然细致又复杂，但构建这些模型的数据却存在缺陷，或者不够充分。很多模型只以五年的数据为构建基础。

据估计，到 2006 年时，约有 50% 的抵押担保债券建立在次级抵押贷款基础之上。2006 年，美国各地的房屋价格开始下跌。随着房屋价格下跌，很多以 NINA 或其他次级抵押贷款购买的房屋的所有者突然发现，他们背上的贷款已经超过了房屋价值。很多房屋所有者选择一走了之。突然间，服务机构收不到现金流了，由此导致了一系列连锁损失。过去被主流评级机构评为 AAA 级的抵押担保债券几乎在一夜之间变成了垃圾债券，这些债券的价格也直线跳水。

尤其让人头疼的是，我们根本不可能预估现今及未来的具体损失程度。因此，我们也无法以潜在损失为基础评估任何证券，同时也无法为证券定价。由于其中很多证券属于银行资本或融资担保，很多机构的资本金大幅缩水。

债务抵押债券和信用违约互换

从 2003 年开始，市场上发展出了两种新型转手债券：债务抵押债券和担保债务互换债券。这两种债券比 GNMA 和抵押担保债券要复杂得多。

债务抵押债券

某种程度上说，债务抵押债券只不过是更高级、更细致的抵押担保债券。债务抵押债券的结构与抵押担保债券类似，包含极大规模的债务资金池，而资金池又被细分为高级和次高级份额。抵押担保债券与债务抵押债券的主要区别在于，债务抵押债券由更大规模的资金池构成，而且每个资金池的情况也更为复杂。和抵押担保债券一样，每个债务抵押债券的内容都不一样，而且每个债务抵押债券拥有的份额数也各不相同。

这些债务工具极其复杂的原因之一在于，每一个能够产生现金流的资产份额本身也无比复杂。引用法博兹的话说就是："债务抵押债券是一种资产担保证券（ABS），由以下一个或多个债务组成的多元化资金池提供担保：投资级别的高收益率的企业债券，新兴市场债券，住房抵押贷款债券（RMBS），商业抵押贷款债券（CMBS），资产担保债券，房地产投资信托（REIT），银行贷款，特殊情况贷款和不良债务，或其他债务抵押债券。"换句话说，每个份额本身都是高度复杂的资产池，存在独特而复杂的风险，包括所谓的"双层债务抵押债券"，即债务抵押债券中风险更大的份额。

简单地说，债务抵押债券被细分为不同份额，每个份额拥有各自的信用评级、风险状况和价格。但考虑到这类债券的高度复杂性，现实中对这类债券的"分析"大多属于猜测：用来构建数学模型的是错误的假设和不充分的数据（与对更简单的抵押担保债券的分析相似）。

信用违约互换

让我们了解最后一种与抵押贷款有关的证券：信用违约互换。这类证券也被称为合成债务抵押债券（Synthetic CDO）。简而言之，信用违约互换是在赌某些债务抵押债券未来会出现违约。这是一种保险，但却是一种古怪的“保险”。债务抵押债券的特别之处在于，大多数时候债务抵押债券由第三方所有（换句话说，并非由保险的买家所有）。为什么为一支债券购买了保险的人不拥有这些保险？其实我们可以找到非常合理的解释。如果债务抵押债券违约，债务抵押债券的所有者就会承受重大损失。但信用违约互换的购买者（即保险所有者）因此就能收到保险金。

当然，媒体和专业文献并不是这样描述信用违约互换的。相反，他们用神秘且难以理解的专业术语描述这种债务工具。可如果理解了这类产品的本质，那些高深的行话就会变得清晰明了。这里再次引用法博兹的话：“合成债务抵押债券之所以得到这样的名字，是因为这里的债务抵押债券实际上并不拥有存在风险的资产池。换句话说，合成债务抵押债券吸收了经济风险，却不是信贷风险的法定所有者……构建合成债务抵押债券的根基是信用违约互换，这让对方可以转移信用风险，却不会转移资产的法定所有权。这是对买方的一种保护，保护其免受相关资产池违约风险的影响。这些资产可以由贷款、债券、衍生产品和应收款项等任意组合构成。”

以上业务在某些方面类似于和保险有关的业务。“信用违约互换买方与卖方签订的一个合同。根据这个协议，买方向卖方支付保费，在相关实体发生信用事件（一般是破产、未能付款或重组）时可以得到偿付”。注意“相关实体”这种说法。法博兹的用语再次重申了“保险”对象是不由保险购买者而是由第三方所有的资产。

信用违约互换与传统“保险”还有一个主要区别，值得读者注意。保险公司按规定需要为销售的保险保留储备金，以便在面对索赔时支付价款。信用违约互换的卖方不需要为互换留存任何储备金（有些人表示，之所以称为互换而非保险，就是为了规避需要为潜在索赔留存储备金的要求）。

信用违约互换保护卖方的动机不难理解，他们靠卖保险赚钱。此外，如果保险卖方认为不太可能发生“信用事件”，那么信用违约互换的卖方就有可能认为自己参与了一个实际上没有风险的交易。这就是绝大多数信用违约互换卖方的交易假设。

信用违约互换保护买方的动机就不那么明确了。最合理的解释是，购买信用违约互换类似于不“拥有”一支股票而“做空”这支股票；换句话说，购买信用违约互换类似于为抵押贷款担保或债务抵押债券市场某些板块出现下滑做出的对冲。但另一种更愤世嫉俗的观点认为，信用违约互换本质上是在赌某些债务抵押债券（或其他抵押贷款担保资产）未来会发生违约，这是合法化的赌博。此外，如果一家公司收到了内幕消息，或者自以为收到了内幕消息，比如类似雷曼兄弟公司的投资组合里有很多问题资产，那么聪明的做法就是做空雷曼兄弟，也就是购买针对雷曼兄弟的信用违约互换。

无论动机为何，信用违约互换已经成为资产担保市场中增长速度最快的产品。此外，这还是一个国际市场（信用违约互换好像起源于欧洲）。信用违约互换的市场规模曾经一度超过其他任何市场板块。按照一些估算，这个市场的规模相当于全球 GDP 的数倍之多。需要注意的是，这些估算以信用违约互换的“名义”数额为基础。而“名义”数额的概念可以通过类比定义：假设你为自己的房子买了价值 50 万美元的火灾险，每年需要缴纳 1 000 美元；这份保险的“名义”数额就是房子的价值，但保险的实际支出只有 1 000 美元。总的来说，对信用违约互换“名义”数额的估算，导致全球各地的这类市场规模都达到了天文数字。尽管具体数额并不清楚，但可以确定的是，这些数字非常大，大到超过了人们的理解范围。

金融危机：2007—2008

回想起来，当年的金融危机有着非常清晰的事件里程碑。这场发源自次级抵押贷款违约的金融危机，在时任美国财政部部长的亨利·保尔森（Henry Paulson）强令将贝尔斯登公司出售给摩根大通银行时，突然间开始迅速弥漫。紧接着，雷曼兄弟公司宣布破产。

整个市场几乎瞬间失灵，为什么会这样？原因有很多。

第一个原因是很多债务抵押债券和担保债务互换债券过于复杂，导致对它的评级或者定价基本靠猜测。有流言开始在市场上传播，称某些机构，包括一些知名投资银行和商业银行账簿上的一些资产难以估价，或者满是不确定的损失。商业公司无法获得信贷，对冲基金从投资银行抽离资金，类似情况不断发生。因为害怕收不到资金，商业公司不再与其他公司交易。银行停止借贷，因为他们害怕贷款无法被归还。当整个市场怀疑一家公司为了筹集资金而试图出售资产时，这立刻被当作这家公司陷入财务危机的信号。这样一家公司想出售资产或者借贷时，要么买家寥寥，要么会面对大甩卖式的报价——整个市场的衰退就是从这里开始的。

我在这里没有必要详细讲述结束了金融恐慌的“救市措施”。可以这么说，为了让美国的金融系统渡过难关，联邦政府向大型银行和几个重点金融机构，比如美国国际集团（AIG），注入了大量资金。作为政府向金融机构抛出的救市措施的一部分，房利美和房地美实际上均被政府接管。在我写这本书时（2010 年），两个机构均处于“保护监管”状态，80% 的股份由政府“所有”（也就是由美国纳税人所有）。因此，这两个机构发行的所有债券仍明确拥有政府担保。未来的某个时候，两个机构有可能重新私有化，但目前还没出现与房利美或房地美未来走向有关的新消息。政府隐性担保的未来状态，将取决于房利美与房地美的改组情况。

在我写这本书时，立法机构已经在考虑一些意在防止再次发生金融危机的改革提案，但相关立法尚未得到通过。有些被考虑的提案将会影响债务抵押债券、担保债务互换债券、房利美与房地美。但到目前为止，提案的具体情况仍不明确。

抵押贷款担保与资产担保债券市场的现状

在我写这本书时，尽管危机气氛逐渐减轻，但抵押贷款担保及资产担保债券市场仍深陷金融危机的泥沼之中。仍有数百万笔的抵押贷款处于违约状态，而且即将发生更多抵押人赎回抵押品权利被取消的情况。债券市场这个板块的未来还存在很多问号。

第一个疑问是，金融危机最终得到解决后，将对利率产生什么影响。2008 年到 2009 年，这个市场板块中的大部分交易活动来自美联储。从 2008 年开始，作为“救市”计划的组成部分，美联储着手从银行及其他主要金融机构手中购买抵押贷款担保债券。美联储购买的这些债券，总额超过 1 万亿美元。美联储的购买对象中包括所谓的“不良资产”，读者应该还记得，这指的是因为次级抵押贷款而违约的各种债券。美联储出于几个原因购买了这些债券，比如将抵押贷款利率保持在低位，同时为金融系统注入流动性（也就是资金）。按照计划，美联储从 2010 年 3 月起停止购买抵押贷款担保债券。而美联储计划如何处理这些债券，则是悬在债券市场头顶的一个巨大问号。

在我写这本书时，美联储尚未公布具体的退出策略。但实际上，美联储一直在向对冲基金和一些大型共同基金集团出售这些债券。美联储可能继续出售活动，他们可能在未来的某一天卖掉剩余的全部投资组合。但他们也有可能继续持有其中的很多债券直至到期，也就是持有到抵押贷款全部还清时。美联储正在谨慎考虑各种选择，因为大量出售这些债券可能导致利率上升。所以说，这些不确定性在未来几年仍有可能继续高悬于抵押贷款担保市场之上。

第二个原因与债务抵押债券和担保债务互换债券的监管法律法规有关。社会普遍认为这两种债券是引发金融危机的重要原因。从金融危机发生前，到我写这本书的时候，债务抵押债券和担保债务互换债券均在场外交易，而且不存在任何监管法规。债务抵押债券和担保债务互换债券向来属于机构产品，专为大型金融机构设计，这些产品针对的从来就不是个人投资者。这个市场仍在悄悄地运作——大部分远离公众视野。我们可能注意到，担保债务互换债券的成本似乎已经成为公认的衡量风险的指标。当人们对一个机构财务实力出现担忧时，他们通常都会把这个机构信用互换成本的增加视作其财务变得越来越困难的证据。目前一个得到考虑的提案是，创造一种对债务抵押债券、担保债务互换债券及其他金融衍生品的交易施加某种限制要求的交易方式。但这个提案遭到很多大型金融机构的反对，因为上述证券的交易过去是而且未来很有可能继续创造高额利润。如果由金融监管机构创造出新的交易方式，整个市场的透明度可能会变得更高。不过到目前为止，这些问题仍然悬而未决。

读者可能会好奇，既然债务抵押债券和担保债务互换债券属于机构产品，那为什么会被放在这一章里来介绍？原因有二。

第一，这些债券在 2008 年和 2009 年的金融危机中扮演了重要角色。在我写这本书时，这些债券仍在未获监管的情况下继续被发行并交易。

第二，这个市场的发展历史表明，专为机构设计的债券总有一天会被重新包装为面向个人投资者的产品。这些是价格波动性极强且极为复杂的产品，而且这种情况不太可能发生改变。

第三个原因与抵押担保债券市场的未来有关。2008 年到 2009 年期间，这一市场板块基本陷入停滞。在那段时间，尽管老抵押担保债券仍可交易，但几乎没有新抵押担保债券发行上市，而且老抵押担保债券的交易也集中在机构投资者和对冲基金之间。尽管如此，在我写这本书时，几支新抵押担保债券已经进入筹备阶段。这些新债券非常谨慎地建立在高信用质量的抵押贷款之上。如果这些债券能取得成功，那么这个市场也许就能进入复苏，并且像过去那样，将抵押担保债券重新包装为面向个人投资者的产品。特别是在利率上升时，当寻求更高收益率的资金踏入这个市场时，出现上述情况的可能性就会更大。

最后，对个人投资者而言，这个市场的现状与金融危机发生前仍存在巨大区别。2000 年到 2007 年作为市场中坚的私营抵押担保债券及得到房利美和房地美担保的抵押担保债券市场，至今仍未向个人投资者开放。我咨询了几个经纪商，试图了解背后的原因。我得到的一个理由是，无法确定重新包装进入这些债券的究竟是什么抵押贷款，比方说，其中包括次级抵押贷款吗？另一个原因在于，经纪商无法告知投资者抵押担保债券里包含的究竟是哪些份额：是风险较大还是风险较小的份额？（不要忘了，抵押担保债券里可以包括 50 到 100 个份额。）

在我写这本书时，我咨询的经纪商只销售最基本、最简单的 GNMA I 型债券，不出售 GNMA II 型债券，也不销售抵押担保债券或资产担保债券。这部分市场何时、如何恢复，目前仍未可知。

另外值得注意的一点是，在我写这本书时，在线经纪商并未在他们的网站上挂出抵押贷款担保债券的信息。如果有意为购买抵押贷款担保债券做调研，你需要咨询经纪商。

但有必要提醒读者注意的是，投资者可以购买房利美和房地美的机构债券，这些并不是抵押贷款担保债券。相反，那是由两家机构发行的债券。只要房利美和房地美处于政府的保护监管下，这些机构就拥有政府的显性担保，也会得到 AAA 的信用评级。此外，这些债券的价格也与其他政府机构债券一样，同时发布在 FINRA 网站和 Investinginbonds 网站上。

最后需要注意的是，如今想获得抵押贷款担保债券的价格及交易信息，仍然非常困难。我在第五章里提过，FINRA 将推出试点项目，从 2011 年开始收集抵押贷款担保债券的数据，但收集的内容并不会向公众公开。

税务方面的考量

如果这个市场最终回归，你还需要注意这些债券的税收待遇。任何一种抵押贷款担保债券的税负都很重。任何抵押贷款担保债券的利息收入都需缴纳联邦税和州税，返还的本金无须交税。因此，你要确保自己收到的现金流有多少是利息，又有多少是本金。如果拥有转手债券，那么保留记录至关重要，否则你有可能多交很多税。

此外，如果在终止偿付前出售抵押贷款担保债券，你有可能获得资本利得，也有可能出现资本损失（取决于你的买入和卖出价格）。发生提前偿还贷款的情况时，你也有可能出现资本利得或损失。

由于转手债券的税务问题非常复杂，如果你拥有大量相关投资组合，最好还是咨询税务顾问和律师。

总结

总的来说，抵押贷款担保债券具有一些优点，比如安全、每月都有收入，以及高现金流。GNMA 债券是最早出现的抵押贷款担保类债券，至今仍是此类债券的典型代表。但这类债券存在明显的缺点。事实证明，这种债券的提前还款模式极难预测。因此，债券的总收益是不确定的，而且再投资风险极高。在我写这本书时，有政府担保的 GNMA 债券支撑着这个市场板块。但要记住的是，政府担保并不会消除提前还款风险或利率风险。

设计抵押担保债券的目的，是在一定程度上减少 GNMA 债券现金流的不确定性。但次级抵押贷款本身却带来了一个始料不及的风险：违约风险。抵押担保债券的信用评级几乎一夜之间就从 AAA 级跌至垃圾级。2008 年到 2009 年，抵押担保债券市场陷入停滞，需要多长时间才能恢复目前仍不可知。

有些经纪商出售 GNMA 债券，但仅出售最简单、最易懂的 GNMA I 型债券，这种债券大多由 30 年期抵押贷款组成，有着相同的抵押贷款利率。以下是购买 GNMA 债券前需要记住的几个要点。

- 除非收益率显著高于国债，否则不该购买 GNMA 债券。GNMA 的收益率高于国债的幅度因利率水平不同而有所变化，但至少应该高出 100 个基点。

- 要求对方展示基于不同提前还款假定计算出来的现金流收益率。确定这些假定以明确的提前还款速度为计算基础。
- 对比 GNMA 债券和国债时，记住要以估算的平均存续期间而非报价中的最终期限为对比标准。

如果有意购买这类债券，你要确保自己从经纪商那里购买，他们会出示一份收益率表，与你讨论可能的提前还款假定。确保理解提前还款加快或减慢时将如何影响自己有意购买的那支债券。利率上升（或下降）时，债券的价格会上升还是下降？提前还款速度加快或减慢，意味着你要更长时间还是更短时间地持有债券？

在我写这本书时，市场上难寻抵押担保债券踪迹的原因之一是，2008 年到 2009 年间没有发行新的抵押担保债券。当新的债券发行上市时，核心问题将落在抵押贷款的发放标准、资金规模，以及你有意愿购买的份额的顺序上。如果这些问题不明确，就不要出手购买。

房利美和房地美债券由这两家政府机构出售。但要记住的是，房利美和房地美出售的两类债券分别是联邦机构债券和抵押贷款担保债券。经纪商销售的是联邦机构债券，也就是两家机构为了购买抵押贷款而发行的债券。在我写这本书时，由于房利美和房地美 80% 的所有权控制在政府手中，所以他们发行的联邦机构债券的评级均为 AAA。和其他政府机构债券一样，上述债券的交易信息可在 FINRA 网站上查询。如果想购买联邦机构债券，考虑到这些机构未来的不确定性，我建议选择短期债券。但这两家机构发行的抵押贷款担保债券，无论是 GNMA 还是抵押担保债券形式，大多数经纪商至今仍未向个人投资者开放这一类债券的销售。

FINRA 从 2011 年开始启动了一个收集抵押贷款担保债券信息的试点项目，最初并未计划向公众开放。希望在未来某一天，这个项目能让此类债券变得更透明、更明确。

如果你的债券投资组合规模较小（比如小于 50 000 美元），又想投资债券市场的这个板块，那么最好的办法还是通过保守管理的债券基金来实现。

购买转手债券时可以提出的问题如下。

- 报价里出现的是哪种收益率（本期收益率还是现金流收益率）？提前还款

假定是什么？

- 如果提前还款速度加快（或减慢），会对这支债券产生什么影响？这意味着债券流通时间更长（还是更短）？
- 这会对债券的价值产生什么影响？

如果是抵押担保债券，则需要问以下几个问题。

- 债券结构是什么？我得到的是哪部分份额：是同伴组吗？是 PAC、TAC 还是 Z 份额？
- 首次支付日期是哪天？
- 如果要转售，我可以向谁卖出这支债券？你是在用这个抵押担保债券活跃市场气氛吗？

更多信息

如果想更深入地了解这种债券，弗兰克·法博兹的《抵押贷款担保债券手册》就是必读的书。这本书会定期更新改版，不过最新一版是在 2008 年到 2009 年金融危机发生前更新的。

第十章
国际债券

本章将讨论以下问题：

- 国际债券市场的概况；
- 货币风险；
- 国际债券分类；
- 新兴市场债务——布雷迪债券；
- 如何购买国际债券；
- 是否该投资国际债券；
- 如何获取国际债券的信息。

过去的25年，随着全球各地经济的联系变得越来越紧密，交易不同货币债券、在发行国以外地区交易债券的情况也出现井喷式增长。债券市场变成了一个真正的国际市场，张开双臂迎接来自世界各个角落的企业债券与联邦机构债券。此外，随着全球各地的经济体寻求扩张与发展，国际债券市场中发展相对落后的板块，未来也会变得越来越重要。

美国的个人投资者是否有必要投资美国以外国家的债券呢？是否有必要投资以美元以外的货币发行的债券呢？

对此我们可以做出如下总结。

- 国际债券的收益通常与美国债券无关，投资目的是多元化投资。即便国际债券可能存在风险，却有可能降低整个投资组合的总体风险。
- 美元下跌时，以外国货币为法定货币的债券价值将会上升，这进一步说明投资国际债券的正确性。这种情况下，投资国际债券实际上是针对美元贬值的对冲。
- 这一板块的总收益可能高于美国的债券。

以上每种说法都有一定道理，至少都在过去25年的某个时间点被证明是正确的。至于这些说法适不适合你和你的投资组合，则是另一个问题。

由于国际债券保护的范围极广，所以本章只能讨论一些基本问题：发行人是谁？货币风险如何影响收益？新兴市场债券与发达国家相比的特点是什么？投资这一债券市场板块的最佳方法是什么？

国际债券市场的概况

首先，让我们为这个债券市场板块做出定义。

国际债券的发行主体极其广泛。其中有发达国家和欠发达国家的政府；有类似国际货币市场基金组织（IMF）和世界银行这样的超国家机构；也有区域性超国家机构，比如亚洲开发银行；还有来自世界各地的公司（包括国内公司和跨国公司）。债券的发行规模从极小（少于 1 亿美元）到几十亿美元不等，而且融资结构与技术也与美国国内的债券一样复杂。

但从美国投资者的角度出发，一个意外之处在于，并不是所有国际债券都以外国货币发行。由于美国是全世界规模最大、流动性最强的债券市场，很多外国机构，包括政府和公司，都会发行以美元为计价货币的债券。

另一个意外之处是，美国的跨国公司也会发行以欧元或者日元这些外国货币为计价单位的债券。

发行人与计价货币的混杂，导致国际债券存在一些不好理解的专业术语。首先，让我们从美国投资者的角度出发，对国际债券市场中的一些关键板块做出定义。

国际债券术语表

国内债券。“国内（Domestic）”是这一市场中最让人困惑的一个词。在国际债券市场，“国内”并不是指“在美国发行”。“国内债券”指的是以外国货币为计价货币、在外国发行的债券。比方说，以泰铢计价、在泰国发行的债券，或者以比索计价、在墨西哥发行的债券。这些债券按照发行国的法律法规发行、承销并交易。

外国债券。解释这个词还是要从国际语境出发。“外国（Foreign）”债券指的是借款人位于某个（或任何）国家以外，但却主要针对这个国家的本地投资者发行的债券。比如“武士债券”，就是面向日本投资者、在日本发行但发行人位于日本以外的债券；还有“猛犬债券”，就是由非英国发行人在英国发行的英镑债券。

对应到美国的这种债券就是“扬基债券”，也就是以美元为计价货币、在美国发行并交易、在美国证券交易委员会注册，却由美国以外的机构发行的债券。扬基债券主要由信用质量高的政府发行（比如意大利，加拿大的安大略省、魁北克省）。

外币债券。对美国投资者来说，任何不以美元为计价货币的债券均为外币债券。外币债券应该是个人投资者想到国际债券市场时第一个想到的概念。目前，外币债券的主要交易市场仍集中在美国以外的原始发行国。

欧洲债券。这个词的真正含义，又一次与人们的第一反应存在区别。欧洲债券与欧盟并无关联，而是指同时在多个外国市场、以多种货币（包括美元、欧元、日元等）为计价货币发行的债券。这里的“欧洲”指的是“离岸”。伦敦已经成为欧洲市场的中心。在实践中，占据欧洲市场主流的是外国投资者，也就是非美国投资者。这个市场中的发行人包括外国政府、大型公司，以及类似国际货币市场基金组织的超国家机构。

即便以美元为计价货币，欧洲债券也不在美国证券交易委员会登记注册。因此，美国投资者无法参与此类债券的一级市场（也就是无法在发行时购买债券），但他们可以在二级市场购买这些债券（也就是在债券开始交易后购买）。

欧洲美元（Eurodollar）债券是欧洲债券。除以美元为计价货币外，这种债券的发行与交易与其他欧洲债券一样，即主要为离岸交易。欧洲美元债券的主要发行人包括主权政府、大型公司和超国家机构。

全球债券为混合型债券。这种债券可能在美国也可能离岸在欧洲市场发行并交易。大多数全球债券以美元为计价货币。

从美国投资者的角度出发，以下两个关键因素要特别关注。

货币单位

第一个因素是，在美国以外国家发行的债券究竟是以美元还是外国国币为计价货币。

很多外国借款人会发行以美元为计价货币的债券，包括主权政府、超国家机构和大型外国公司。可能让人意外的是，这也包括由所谓“新兴”市场发行的债券。

对美国投资者来说的关键点在于，不管发行人是谁，以美元为计价货币的债券价格通常会追随美国利率变动而波动（一个重要的例外是布雷迪债券，以及后来的新兴市场债券，详见下文）。投资以美元为计价货币的外国债券，让美国投资者有机会获得比投资信用质量及期限相似的美国债券更高的收益率。

如前所述，以外国货币为计价单位的国际债券被称为外币债券。美国投资者购买外币债券的难度仍然很大，但你可以通过投资债券基金或 ETF 的形式投资外币债券。

信用风险及国际债券的信用质量

第二个关键因素就是国际债券的信用质量。一个极端是拥有信用极强的债券，比如由日本、法国、英国或荷兰这些拥有无可挑剔信用质量的外国政府发行的主权债券，由国际货币市场基金组织或世界银行这样的超国家机构发行的债券，或者由拥有良好国际声誉及优秀资产负债水平的外国跨国公司发行的债券。

另一个极端则是所谓新兴市场债券。定义新兴市场的方法有很多，但传统上接受程度最高的仍是以一个国家的国内生产总值（GDP）或人均收入为基础做出的定义。简而言之，新兴市场国家通常很穷，或者非常穷。从开始交易时起，新兴市场政府及位于新兴市场的公司发行的债券，就被美国投资者视作风险更高的“垃圾债券”的一个子门类：潜在收益更高，但价格波动性极强，且风险极大。但这个市场板块的一些支持者却认为上述观点需要改变；他们表示，类似印度、巴西和俄罗斯这些过去被视作风险极高的市场，如今应当被看作拥有强劲增长潜力和发展中资本体系的经济体（更多与新兴市场债券有关的内容详见下文）。

穆迪、标普和惠誉国际这些主流评级机构都会对外国债券做出信用评级。这一市场板块中规模最大种类的是由外国政府（主权政府）发行的债券。评级时，既要考虑政府的还债能力，也要考虑他们的还债意愿。

有能力还债的政府并不一定愿意还债：有些违约的根源是政治事件，就是因为某个政府决定背信弃义，不愿履行还债义务。举个例子，假设为了向外国投资者还债，一个外国政府被要求削减开支。因为政治原因，让外国政府削减开支可能无法实现，也有些国家就是收不到税款。另一个重要因素在于，如果债券的计价货币为外国货币，那么一个国家在偿还债务时就需要获得这种外币储备，而外币通常通过贸易获得，主要依靠出口。

外国联邦机构债券违约的频率有多高？答案可能让你感到意外。比方说从1970年到1996年，标普对113支联邦机构债券进行的一份调查显示，以外国货币发行的债券出现了69次违约（注意，标普将债务重组也视为违约）。

标普分别对主权政府发行的以本国货币和外国国币为计价单位的不同债券做出不同的信用评级。这是因为，外币债券的违约情况比本国货币债券更为常见。在前面提到的调查中，69次违约中仅有8次是以本国货币发行的债券出现违约。

但和美国市场上的情况一样，国际债券的信用评级也会发生改变。比如在1996年，马来西亚债券的评级为AA+，泰国债券为AAA，那是发生亚洲金融危机及债务违约的一年前。亚洲金融危机后，新兴市场发生了更多违约事件，比如1998年俄罗斯债务违约，1999年的厄瓜多尔，2000年的科特迪瓦和2001年的阿根廷。其中，阿根廷债券违约的规模最大——总额高达950亿美元，是经过多次发行的美元债券。

在我写这本书时，国际债券市场发生的一件大事，就是希腊债务危机，后续有可能发生违约事件。欧洲国家正联手想办法制定“救市”计划，可结果却值得怀疑。还有人担心葡萄牙和西班牙的债务也处于危险状态。最后，评级机构发出警告，有些主流发达国家的债务也不能幸免，比如英国和日本；事实上，在不远的未来，这些国家的债券有可能从AAA级降至AA级。

货币风险

使用外币支付的债券也会像其他债券那样承受各种风险，也就是利率风险和信用风险。但国际债券还需要面对一种独特的风险，即货币风险。

货币风险的另一种说法是“汇率风险”。如果去美国以外的国家旅游过，你肯定体验过某种形式的货币风险。你知道时间不同，1美元能换得的外国货币有多有少，而这会影响你在酒店住宿、餐饮等方面的开销。

尽管汇率可能出现变化的征兆众所周知，但货币相对价值的变化却极难预测。货币价值有时会在没有任何明确警示信号的情况下出现突然而剧烈的变动。货币危机，类似1998年末亚洲的金融危机，有可能为投资者带来极为惨重的损失。几乎在一夜之间，有些债券的价值跌去了50%甚至更多。紧随债券市场下跌的，则是相关国家股市的崩溃。可就在几个月前，这些经济体还被捧为“亚洲奇迹”的重要参与者。

但货币风险并不局限于新兴市场。尽管在较长一段时间里总体保持平稳，但发达国家的货币也会出现价值变动。同样，这些变动也有可能带来重大影响。比方说，过去 20 年，1 美元最多时可以换回 200 日元，最少时只能换到 80 日元。

短期内（一年或更短），货币价值的波动通常是影响债券总收益的最重要因素，重要性强于利息收入和因利率变动而导致的价格变化。读者需要记住，最初购买国际债券时，你需要将债券的价格换算为外国货币；出售时，你又需要将价格换算为美元。这就在买卖两端同时制造了风险。一支债券用本国货币计算时收益为正，但换算成美元后收益为负，这种情况并不少见；反之亦然。表 10.1 可以对这种现象做出解释，这个表格展示了外国货币如何影响花旗银行的国际债券指数总收益。

表 10.1 国际债券指数的平均年收益率

各部分对收益率的贡献				
年份	票面利率	国内资本利得	汇率变动收益	换算美元后总平均年收益率
1985	8.1%	2.7%	21.6%	35.0%
1986	7.4%	3.6%	18.1%	31.4%
1987	7.2%	0.4%	25.5%	35.1%
1988	7.6%	−0.5%	−4.4%	2.3%
1989	7.7%	−4.9%	−5.7%	−3.4%
1990	8.3%	−3.5%	10.2%	15.3%
1991	8.1%	5.8%	1.7%	16.2%
1992	7.9%	4.8%	−7.3%	4.8%
1993	7.6%	9.3%	−2.1%	15.1%
1994	7.4%	−10.0%	9.6%	6.0%
1995	7.1%	8.5%	2.9%	19.6%
1996	6.7%	3.0%	−5.3%	4.1%
1997	6.2%	2.3%	−11.9%	−4.3%
1998	5.7%	3.3%	7.9%	17.8%
1999	5.1%	−5.0%	−4.9%	−5.1%
2000	4.8%	0.9%	−7.8%	−2.6%

（续表）

各部分对收益率的贡献				
年份	票面利率	国内资本利得	汇率变动收益	换算美元后总平均年收益率
2001	4.4%	0.4%	−8.0%	−3.5%
2002	4.1%	2.8%	14.0%	22.0%
2003	3.7%	−1.5%	16.0%	18.5%

来源：弗兰克·法博兹等所著的《固定收益证券手册》。

表 10.1 表明，从 1996 年到 2003 年，与外国货币价值变动相比，收入及国内收益在总收益中所占比例较小。比如在 1985 年和 1987 年，指数总收益突破 30%，主要原因就是外国货币汇率变动收益超过 20%。1999 年到 2001 年的 3 年里，指数出现负收益的原因，也是因为外国货币汇率变动部分出现了负收益。

另外值得注意的是，表 10.1 实际上弱化了外国货币价值变动的影响，因为表格显示的是指数的总收益，而不区分个别国家。当墨西哥宣布比索贬值，或者东南亚在 1998 年末发生货币市场崩溃时，几乎一夜之间有些债券的价值就出现了 50% 甚至更大的损失。差不多同一时间，在俄罗斯政府违约后，俄罗斯债券的价值也直线跳水至接近于零。

如果决定投资国际债券，你希望美元升值还是贬值？答案就是：你希望看到美元对自己购买的外国货币出现贬值。（注意表 10.1 表明，对用美元投资的人来说，如果美元相对外国货币升值，汇率变动收益就为负；如果美元相对外国货币贬值，收益就为正。）

另需注意的是，很多投资外币债券的债券基金都会使用对冲技术，以减少货币风险。如果投资这样的基金，你需要了解这支基金是否对冲，而且对冲到什么程度：对冲能够减弱因汇率变动而导致的价格波动性。可如果为了对冲美元而投资了外币债券基金，你就需要投资一个不做对冲的基金。

新兴市场债务——布雷迪债券

新兴市场债券

尽管自诞生时起就被视为整个债券市场中波动性最强的板块，但新兴市场债券通常也能创造整个债券市场中最高的收益率。简单回溯这个板块的历史，就能解释这种高收益率的原因。

布雷迪债券

很多年时间里，新兴市场债券等同于布雷迪债券：新兴市场债券的成功，要感谢布雷迪债券市场的发展与进化。

布雷迪债券起源于一些拉丁美洲国家的违约事件。1982 年，墨西哥宣布中止偿还债务。随后，又有几个拉丁美洲国家效仿墨西哥。这导致美国几家大型银行持有了约 1 亿美元的违约债务。

“布雷迪”这个名字来自美国前财政部部长尼古拉斯·布雷迪（Nicholas Brady），他在解决重大国际债务危机中扮演了主导角色。“布雷迪计划”开发出了一系列债券，使得银行可以互换由拉丁美洲国家政府发行的违约债券。其中最基本的一个方法就是冲销贷款，同时将还债期限延长至最多 30 年。为回报这种债务减免，发行债券的政府同意对本国经济进行改革。整个项目由美国财政部、世界银行和国际货币市场基金组织联合开发。为了吸引美国投资者，这些债券以美元为计价货币。不出意料，这些债券的收益率非常高，通常在 15% 到 25% 之间。

最初的布雷迪计划为银行提供了众多重组贷款的选择，从而诞生了几种不同类型的债券。此外，布雷迪债券也融合了一些具有吸引力的特点。其中最重要的一点就是，很多布雷迪债券的本金受美国零息国债担保；发行布雷迪债券时购买零息国债，购买的数额足以覆盖布雷迪债券的本金价值。如果发生违约，担保不会在违约时就偿还债务，而是在债券最初确定的到期日偿还债务。

尽管最初市场心存疑虑，而且债券价格出现大幅度波动，但布雷迪债券项目最终还是成为国际金融史上一个值得称道的成功案例。20 世纪 80 年代末和整个 90 年代，交易这类债券创造了一个庞大而极具流动性的市场。最初，购买布雷迪债券的主要是大型机构投资者，比如养老基金或对冲基金。随后，更多共同基金加入到这个市场中：最初只是加入了专注于新兴市场债券的共同基金，后来又加入了不那么显眼的“高收益率（垃圾）”债券基金以及国际股票基金，两者均有“价值”和“成长性”。

我们可以从以下几个方面对布雷迪债券的巨大成功做出评判。

- 随着美国国内利率下降，加上市场对布雷迪债券的需求越来越高，该债券的收益率开始跳水。因此在2007年初，大多数新兴市场债券与美国国债的价差缩小到2%到4%。
- 最初参加布雷迪项目的拉丁美洲国家均在远早于最初约定的到期日前还清了布雷迪债券。
- 最初，整个布雷迪债券板块，以及其他被视为“新兴”的市场板块，得到的均是“垃圾级”的评级。后来，这些国家很多主权债务的评级均得到调升。比如墨西哥的债券，现在的评级就是投资级别。俄罗斯的主权债券也在5年时间里从违约转为投资级别。
- 同样，最初整个布雷迪债券板块（实际上是整个新兴市场债券板块）经历了剧烈的价格变动，既有上涨也有下跌。比方说，1998年的亚洲债务危机导致全球所有新兴市场债券的价格大跳水。但现在已不再如此，越来越多的国家开始独立获得评估。
- 这是一个不断扩张的市场——不断有新的国家进入这个市场发行债券，新的投资者也不断进入市场，其中也包括主要通过债券基金进行投资的个人投资者。

布雷迪债券模式对新兴市场债务的影响

尽管最初只是为了解决拉丁美洲国家的债务危机，但“布雷迪计划”的方式已经延伸至全球各个新兴市场的政府，具体的形式与最初的“布雷迪计划”相似：为了换得资本及债务减免，欠发达国家的政府同意进行国际货币市场基金组织和世界银行要求的经济改革。此外，布雷迪债券采用的很多结构设计，如今也被新兴债务市场的新参与者们采用。

虽说20世纪90年代构成新兴市场的主力是拉丁美洲国家，但这个市场的地理属性已变得越来越多元化。这个市场如今包含很多亚洲国家，比如印度和韩国；一些东欧（比如波兰）及波罗的海的“新兴”经济体也被容纳其中。从2000年到2007年，上述很多国家，以及一些拉丁美洲国家，通过提高商品价格获利颇丰。很多国家借此提前还清了以美元计价的债务。这些国家目前的趋势是发行以本国货币为计价单位的债券。

最初发行时，较高的票面收益率在布雷迪债券总收益中的占比最大。但在过去 5 年，总收益的最大组成部分却是资本利得，原因主要在于债券信用评级调升，以及收益率的大幅下跌。举个例子，俄罗斯政府发行的债券仅用了 5 年，就从违约状态变为投资级别债券。很多出口石油及其他大宗商品的国家，其发行债券的信用评级也随着油价飙升而得到调升（比如委内瑞拉、巴西、尼日利亚和哈萨克斯坦）。诸如波兰、匈牙利、泰国和马来西亚这些国家的债券评级，也因为由美国领头的全球经济复苏而得到调升。与此类似，国际市场普遍出现了利率下跌。在这三个原因的共同作用下，很多国家的新兴市场债券获得了超额收益，那些信用评级得到调升的新兴市场债券尤其如此。

由于收益极高，导致公众对新兴市场债券的看法出现了些微变化。人们认为新兴市场国家及其债务能够拥有最快的增长速度。不少财经顾问总是建议个人投资者，在自身的债券投资组合中纳入一定比例的新兴市场债券。

这是否意味着我们不再需要把新兴市场债券看作高风险投资？我不这么认为。绝大多数美国个人投资者对新兴市场国家知之甚少。一般来说，这些市场非常小，一到两个发行人就有可能统治某个市场。那里的资本市场发展很不完善，政治风险通常也很高。最后，很多新兴市场债券的流动性极差；如果市场陷入停滞，难以流动的特点本身就会导致重大损失。

最近的一次违约事件，即阿根廷债券违约，就是一个值得研究的案例。如前所述，阿根廷 2001 年的债务违约总额为 950 亿美元。2001 年前，阿根廷将其债务与美元挂钩，他们也被奉为遵守财政纪律的典范。债务违约后（部分原因在于布雷迪债券模式），阿根廷对其债务进行了“重组”，但进行了巨额冲销：相当于 1 美元债务只偿还 35 美分。控制了 200 亿美元债务的债权人拒绝接受这个重组方案，并且起诉了阿根廷政府（具体时间为 2009 年末）。这个诉讼阻断了阿根廷与全球债券市场的接触，因此导致这个国家无法筹集所需的资金。而这有可能进一步伤害阿根廷的经济。

与此类似，在我写这本书时，希腊债务危机得到了广泛的报道。国际货币市场基金组织和一些欧洲国家正在制定“救市”计划。可这个市场突然被恐惧笼罩，人们害怕这个问题会蔓延到其他欧洲国家，比如西班牙和葡萄牙。投资者又一次将注意力转向以美国国债为核心的高信用质量投资产品上。

购买国际债券

投资者可以在出售应税债券的经纪公司买到任何以美元为计价货币的国际债券，这些债券与美国发行的企业债券并列。在网站上你可能需要花费一番工夫才能找到这种债券。在我常用的网站上，需要连续点击“债券”——“二级市场”——“高级搜索”——“企业债券”，再点击“分类”中的“外国发行人”。这时页面上显示的结果范围非常广泛，债券的期限各不相同，信用评级既有最高的 AAA 级，也有远低于投资级别的债券，甚至还有实际违约（D 评级）债券。需要注意的是，过去很多被视为高风险的新兴市场债券，比如墨西哥或巴西发行的债券，如今都被视为投资级别债券。其他债券的信用评级仍低于投资级别。

表 10.2 只显示了几支 2010 年 5 月 6 日在网站上搜索时可能会看到的债券。

读者应该能注意到，这些国际债券的显示格式与美国发行的企业债券一模一样。合同中的条款也与美国企业债券相同。比方说，提前赎回条款包括“附条件提前赎回”和“完整提前赎回”（详细定义见企业债券章节）。

值得注意的是，这些信息来源与我们在前面讲到市政债券和企业债券时相同：在这个案例中，就是来自电子平台 BondDesk。此外，还是要注意免责声明，其中标注出电子平台为数据来源，并且加入了“某某经纪服务公司不对数据准确性负责”的说法。

收益率（这里的到期收益率）是这些债券引人注目的部分。表 10.2 显示的是勉强达到投资级别的长期债券，这意味着利率风险很高。可在 30 年期美国国债收益率约为 4.25% 时，这些债券的收益率却低于 6%——也就是说，与美国国债的价差还不到 200 个基点。如果是魁北克水电公司发行的债券，这种价差还说得过去，毕竟这些债券的评级为 Aa2/A+。可巴西或墨西哥发行的债券与美国国债的价差同样很小。一种可能的解释是，在所有应税债券经过大约一年的反弹后，这些债券被经纪公司拿出来促销。但极小的价差，加上极长的期限，在一些人眼中（包括我）就是一个巨大的危险信号。

想了解这些债券的更多细节，点击债券名称。随后出现的页面将类似于表 10.3，这里的细节看起来还是很眼熟。信用评级同样由美国的评级机构做出。

注意“买入价”和“卖出价”信息。不过买入价和卖出价的差别通常很小——60 个基点，远小于 1%，尽管这只是一支长期（2041 年到期）且勉强为投

表 10.2 二级公司债券搜索结果

数量	最小数量	库斯普号码	发行人	票面利率（%）	到期日	价格（美元）	收益率（%）	穆迪 / 标普	信用观察
6	6	448814FH1	Hydro-Quebec	8.250	01/15/2027	125	5.877	Aa2/A+	/
500	100	105756BR0	Brazil Federative Rep Make Whole Call Only	5.625	01/07/2041	96.45	5.876	Baa3/BBB-	/
500	100	29081YAB2	Embraer Overseas Ltd Make Whole Call Only - Conditional Calls	6.375	01/24/2017	102.75	5.871	Baa3/BBB-	/
241	1	105756BB5	Brazil Federative Rep	8.250	01/20/2034	130.25	5.869	Baa3/BBB-	/
250	1	872456AA6	Telecom Itaila Cap S.A. Make Whole Call Only - Conditional Calls	7.175	06/18/2019	109.179	5.858	Baa2/BBB	/
300	1	02364WAPO	America Movil Sab De Cv Make Whole Call Only - Conditional Calls	6.125	11/15/2037	103.683	5.854	A2/A-	/
159	1	780097AL5	Royal SK Scotland Group P Conditional Calls	5.000	10/01/2014	96.745	5.85	Baa2/BBB-	/
100	10	03938LAM6	Arceiormittal Sa Make Whole Call Only - Conditional Call	9.850	06/01/2019	127.825	5.848	Baa3/BBB	/
30	1	29081YACO	Embraer Overseas Ltd Make Whole Call Only - Conditional Calls	6.375	01/15/2020	104.001	5.828	Baa3/BBB-	/
243	1	893930AT6	Transocean Inc Make Whole Call Only	6.800	03/15/2038	113.358	5.824	Baa2/BBB+	/
150	1	91086QAG3	United Maxican Sts Mtn Be	8.300	08/15/2031	130	5.821	Baa1/BBB	/
88	1	136385AE1	Canadlan Nat Res Ltd Make Whole Call Only	6.450	06/30/2033	107.963	5.819	Baa2/BBB	/

（续表）

数量	最小数量	库斯普号码	发行人	票面利率（%）	到期日	价格（美元）	收益率（%）	穆迪 / 标普	信用观察
253	1	893830AF6	Transocean Inc Make Whole Call Only-Conditional Calls	7.500	04/15/2031	120.251	5.914	Baa2/BBB+	/
20	10	786609AC1	Saga Peta Asa	7.250	09/23/2027	115.58	5.812	Wr/AA-	/
225	1	947075AB3	Weatherford Intl Ltd Make Whole Call Only	6.500	08/01/2036	109.591	5.784	Baa1/BBB	/
250	2	03938LAM6	Arceiormittal Sa Make Whole Call Only - Conditional Calls	9.850	06/01/2019	128.386	5.778	Baa3/BBB	/
500	2	65535HAB5	Nomura Holdings Inc Conditional Calls	6.700	03/04/2020	106.844	5.775	Baa2/BBB+	/
439	2	71645WAN1	Petrobras Intl Fin Co Make Whole Call Only - Conditional Calls	7.875	03/15/2019	114.5	5.758	Baa1/BBB-	/

注：BondDesk 页面所有内容由 BondDesk Trading LLC 提供，不由 VBS 提供，Vanguard Brokerage Services 不对 BondDesk 数据的准确性负责。

表 10.3 债券细节

描述					
发行人	Brazil Federative Rep Glbl Bd 5.625%41 Make Whole Call Only				
CUSIP/ISIN/SEDOL	105756BR0/US105756BR01/B4TL852	类型	企业债券	穆迪 / 标普 / 惠誉	Baa3/BBB-
票面利率（%）	5.625	偿付频率	每半年一次	类别	政府
到期日	01/07/2041	首次票面利率支付	01/07/2010	交付	可交换
首次支付购买价款		下次票面利率支付	07/07/2010		
发行日期	10/07/2009	最后票面利率支付	07/07/2040		
最低数额	1 000.00	面值数额	1 000.00		
蓝天法限制					
参考资料					
穆迪评级信息					
长期评级		Baa3，2009 年 10 月 6 日生效			
短期评级					
信用观察					
标普评级信息					
长期评级		BBB-，2010 年 2 月 9 日 08:41:24 时生效			
短期评级					

发行人全称：巴西联邦共和国　　提前赎回 / 偿债基金 / 可卖回条款

挂牌：　　符号：

买入价		报价			
价格（美元）	94.750	价格（美元）	95.350	支付日期	05/11/2 010
到期收益率（%）	6.001			久期	14.298
数量	186	到期收益率（%）	5.956		
最小数量	1	提前赎回收益率（%）	—	数量	64
		票面收益率（%）	—	递增量	1
		本期收益率（%）	5.899	最小数量	1
		最差收益率（%）	到期收益率（%）		

注：BondDesk 页面所有内容由 BondDesk Trading LLC 提供，不由 VBS 提供，Vanguard Brokerage Services 不对 BondDesk 数据的准确性负责。

资级别的债券。买入价与卖出价间的小价差，加上前面提到的与美国国债之间的小价差，均说明市场对这支债券的需求度很高。我没能确定出现这种情况的原因。但在写这本书时，市场对这些过去被看作风险太高的债券有着极高的需求度。

读者现在可以像研究美国企业债券一样，在 FINRA 网站上研究任何以美元为计价货币的外国债券，收集与这些债券有关的更多信息，了解其交易历史。

为什么要买以美元为计价货币的国际债券？

答案有两种可能。其一是购买存在升值潜力的高收益率债券，以此进行投机炒作。布雷迪债券最初均以美元为计价货币，评级也是垃圾级中的最低；但事实证明这是很优秀的投机机会。（当然，很多高投机性债券最终都会亏钱。）

需要注意的是，表 10.2 里显示的债券并没有那么高的收益率。由此带来的问题是：你所承担的风险是否得到了足够补偿。

其二是由于信用质量更高的国际债券收益率通常接近于美国的企业债券，所以这种债券主要吸引的是希望对应税债券投资组合进行多元化投资的个人。

购买外币债券

对美国的投资者来说，购买外币债券比购买美元计价债券的难度要大得多。我咨询过几家大型国际银行和拥有国际业务的经纪公司，希望了解购买外币债券的实操性。

我从美林证券（Merrill Lynch）得到的答复具有典型意义：如果你被看作“高净值”客户，经纪人就会想办法帮你获得外币债券。但你必须明确说明自己的需求，要非常明确地表明自己的要求和原因。美林证券的政策是劝阻（或者用经纪人的话说就是“不鼓励”）个人购买外币债券。美林证券的官方政策是建议投资者，如果有投资外币债券的意愿，最好通过投资债券基金的方式进行。例外情况可能包括居住在美国的外国人想用本国货币投资债券，或者在国外做生意的美国公民想要投资。这种情况下，美林证券会安排你与设在目标国家的分支机构联系。与此类似，如果你是拉丁美洲国家的有钱人，类似摩根大通银行这样的机构就能满足你的需求。但目前大多数时候，个人投资者很难买到外币债券。

外币固定利率定期存款

如果主要为了对冲美元贬值或者为了将外币加入投资组合而投资外币债券，

EverBank 这个在线银行是个很有意思的选择：你可以投资以外币计价的固定利率定期存款（CD）。这些就是世界货币定期存款（World Currency CD）。这种产品其实有着很长的历史。世界货币定期存款最早由一家名叫马克·吐温银行的小银行在 20 世纪 80 年代提出，这家银行在 2000 年被 EverBank 收购，EverBank 是一家完全的线上银行。

和很多定期存款一样，世界货币定期存款分为 3 个月、6 个月和 1 年期。如果银行破产，这些定期存款由联邦存款保险公司（FDIC）承保（截至 2013 年 12 月 31 日，每份定期存款的保额为 25 万美元）。但这些世界货币定期存款的特别之处在于，它们以外国货币为计价单位。EverBank 为投资者提供了大量选择。第一种选择是投资单一货币。目前可供投资者选择的主要是世界上的主流货币，比如欧元和日元；此外，投资者也可以选择较小国家的货币，比如捷克克朗和丹麦克朗，也可以选择投机性更强的货币，比如墨西哥比索和南非兰特。

另一种选择，则是购买与特定主题相关的一揽子货币。EverBank 目前提供几个选择，一种是大宗商品定期存款，与生产大宗商品的国家货币挂钩，比如澳大利亚、新西兰、加拿大和南非。另一种选择与汽油挂钩，被称为汽油定期存款。还有一种即将上市的产品是谨慎定期存款，投资对象是一揽子强势货币。

银行提供的货币及其组合经常发生改变。如果是以单一货币为计价单位的定期存款，最低投资限额为 10 000 美元，多种货币的最低投资限额则是 20 000 美元。

这些定期存款的利息以外币支付。有些外币定期存款的利率远高于传统定期存款。在我写这本书时，利率最高的是以南非兰特（3个月定期存款利率为4.88%）和墨西哥比索（3 个月定期存款利率为 4.04%）为计价货币的定期存款。显然，这些都是投机性货币。利率显得高，原因只是当时美元的定期利率还不到 1%。

强势货币的定期存款利率接近于美元存款利率，具体数字有可能非常低。比如日元，3 个月到 1 年的定期存款利率为 0（这不是笔误）；3 个月到 1 年的加拿大元定期存款利率稍微大方一点，为 0.10%。

读者可能想问了，为什么有人愿意投资这样的定期存款?

答案在于，不管是高利率还是低利率定期存款，决定总收益的主要因素并非存款利率，而是这些货币与美元之间的汇率变化。如果美元相对外币升值，定期存款就会出现资本损失。当然，如果美元相对外币贬值，定期存款就会获得资本利得。由于外币的价值经常发生剧烈且无法预测的变化，所以收益的变化也非常剧烈。注意，联邦存款保险公司为银行破产提供保险，但他们并不会对因为外币价值变化导致的定期存款市场价值损失提供保护。

外币 ETF

ETF 是投资者对冲美元贬值的另一种投资工具。第十四章将详细讨论 ETF 的结构与特点，不过在这里值得一提的是，投资者可以在银行买到多种多样的货币 ETF。

- 单一货币 ETF 的选择很多，包括澳大利亚、巴西、英国、加拿大、中国、欧盟国家、印度、日本、墨西哥、新西兰、俄罗斯、南非和瑞士的货币均是选择对象，未来也会推出更多外币 ETF。
- 多种货币 ETF 可以让投资者接触类似新兴市场地区和亚洲地区的货币。
- 更多投机性外币 ETF，包括杠杆 ETF，可以让投资者投资欧元及日元；而反向外币 ETF 则让投资者有机会双倍做空欧元和日元。这两种 ETF 的风险非常高（详见第十四章）。

那么，是否应该投资国际债券?

考虑到汇率变动的难以预测性会导致收益难以预测，由此带来了一个问题：我们真的有理由投资国际债券吗?

支持者提出了几种观点。第一种观点是多元化投资。这种观点的论证基础是，国际债券的总收益与美国债券的总收益间不存在关联。按照现代金融理论，持有收益不存在紧密关系的资产，即便各个资产本身的收益波动性很强，也能降低投资组合整体收益的波动性。尽管这种观点有一定道理，但只适用于规模极大、投资非常分散的债券投资组合，比如保险公司、养老基金等持有的债券投资组合。对仅持有少数债券甚至只有债券基金的个人投资者来说，多元化投资并非重点，特别是当他们为了安全、收入可预测而投资债券时尤其如此。

第二种观点认为，含有国际债券的投资者有可能获得更高的总收益。毫无疑问，在某些时间段里，与仅持有美国债券相比，国际债券能为美国投资者带来更高的美元总收益。事后我们总能找出这样的时间段。但约吉·贝拉[1]（Yogi

[1] 约吉·贝拉是美国著名的棒球运动员。——译者注

Berra）说过一句著名的话："预测是件非常有难度的事，特别是预测未来。"在国际债券的问题上，为获得更高的收益而选择合适的债券，意味着你对时机（何时购买国际债券）的判断必须正确。你也要选择正确的货币，或者选择合适的国际市场。有人可能提出，投资新兴市场债券可能得到更高的收益。但我们也看到，这是一个风险极高、波动性极强的市场。

第三种支持投资国际债券的观点，也是看起来与个人投资者最有关系的一种。这种观点认为，如果美元出现严重下跌，投资国际债券实际上是个人投资者对冲美元贬值的一种方式。有必要再次强调的是，预测美元汇率变动绝不是外行能做的事。尽管"专家"已经预测美元对很多外国货币一定贬值，但贬值的具体时间很难确定。很多外国投资者仍把美元看作储备货币。

最新的一种观点认为，美国为了解决 2008 年金融危机而推出的经济刺激计划与金融系统救市方案带来了巨大的赤字，而这一定会导致美元贬值。如果你认为这种观点有道理，如果你觉得有必要对冲这种可能存在的风险，这就是配置一定比例国际债券的最有说服力的理由。

但是，如果主要为了安全、为了可预测的收入而投资债券，投资国际债券就没那么有说服力了。假如你的投资组合规模很大，或者你认为自己掌握了足够信息、可以老练地炒作，这时在债券投资组合中配置一定比例的国际债券才显得合理。不管怎么样，目前投资国际债券最简单的方法，就是投资债券基金和 ETF，但只能占你投资总额的一小部分。如果你主要关注的是高收益率产品，那么有可能获得最高收益率的就是新兴市场债券。

获取国际债券的信息

美国的平面媒体上很少出现与国际债券有关的信息，国际债券通常只有在危机发酵时才会得到报道。但好消息是，我们可以在互联网上找到大量信息。

其中让人印象最为深刻的是 Investinginbindseurope 网站。这个网站是欧洲金融市场协会（AFME）、美国证券业与金融市场投资者教育基金会、AFME 的欧洲成员及欧洲做市商共同合作的结果。这个网站针对欧洲投资者，因此有五种语言版本（英语、法语、意大利语、西班牙语和德语）。美国居民也可以访问这个网站。

这个网站是 Investinginbonds 网站的姐妹网站，特意设计成了与 Investinginbonds

网站相似的形式。网站首页有着熟悉的“市场一览”栏目，页面上的图表设置、针对新手投资者使用的问题解答也与 Investinginbonds 网站相似。网站上的大部分信息是全新的，因为欧洲债券市场绝非美国债券市场的克隆版。

在这个网站上，你能找到欧洲国家的政府及企业发行的各种主流债券。这里也有其他网站的链接，也包括很多国家最大的债券发行机构的链接。首页顶部的“资源中心”里也有热链，包括欧洲央行和欧洲证券监管委员会的网站。

你可以在网上搜索众多发达欧洲国家发行的大量交易活跃债券的交易数据，也能搜索欧洲相对不发达国家（即“新兴欧洲”）的相关数据。我们可以在 BondMarketPrices 网站的“xTrakter”标题下找到这些数据。这里显示的是一个交易日结束后的汇总数据，而非实时数据。其中包括交易的最高价和最低价，也包括一些与价差有关的信息。

这个网站上有很多工具，比如汇率计算器，还有专门考察个人投资者是否适合投资债券的规则。注意，外国发行人与美国之间存在税务条约，很多外国债券存在税务强制扣缴，最高可高达 30%。

还有一个网站也含有大量外国市场信息，其中包括这些市场的股票数据及利率信息，这个网站就是彭博。彭博的专业终端上拥有大量全球市场新闻，很多出现在彭博专业网络上的文章及一部分数据也会在彭博网站上显示。彭博网站会发布国际债券的每日价格和收益率信息，包括加拿大、法国、德国、意大利、日本和英国的债券，期限从 30 个月到 30 年不等，具体取决于某个国家的债券期限结构设计。

总结

过去 10 年，国际债券市场出现了高速增长。由于世界上欠发达地区对资本的强大需求，加上其他发达经济体希望追赶美国，这个市场可能越来越重要。国际债券面临的风险与美国债券相同，即利率风险和信用风险。但货币风险是国际债券面临的更为重大的风险因素，而且预测国际债券总收益的难度非常大。

如果想投资外币债券，最佳方式就是投资相关的债券基金。基金可以分为三大类：共同基金、封闭式基金，还有最新的 ETF。这些内容将在后续章节中讨论。

THE BOND BOOK

03

第三部分

通过基金投资债券

债券基金属于共同基金大家庭中的后来者，很少有债券基金的诞生时间早于 20 世纪 80 年代。在那之后，债券基金出现了爆发式增长。在 80 年代的 10 年里，更多的钱流入了债券基金和货币市场基金，而非股票基金。情况在 20 世纪 90 年代出现了反转，部分原因在于股票市场进入了大牛市。但从 2009 年开始，整体趋势再次发生反转，资金开始以前所未有的速度流入债券基金：事实上，在 2009 年的大部分时间里，流入债券基金的资金量是流入股票基金的 10 倍之多。

究竟是什么原因导致债券基金出现了如此巨大的买入现金流？这个问题的答案并不明确。在 2009 年的大部分时间里，大多数债券基金获得了非常高的收益率；但在同一年，股票基金的收益率更高。更有可能的原因也许是，公众认为债券比股票更安全。经过 2008 年股市的惨痛损失后，投资者也许只想追求安全的投资。

如果这就是人们追捧债券基金的原因，那么现实有可能再次让投资者的期望幻灭。和股票基金一样，不同债券基金的安全性也各有千秋，潜在的总收益同样差别很大。

很多债券基金的广告宣传集中于两个主题：高收益率和本金安全。这些广告只会用小字做出声明，表示投资到债券基金的资产价值极有可能上升，也有可能下降。很多投资者没有意识到，即便投资得到美国政府担保的债券也有可能出现损失。悲剧的是，很多投资者都是在基金价值缩水时才意识到这个问题。有些债券基金的收益几乎和其他证券一样，不仅波动性强，而且难以预测。

本书这一部分的主要目的，是让读者在充分了解背景知识的情况下去评估债券基金。这些章节将会告诉你，哪些基金真能提供安全、可预测的收益，哪些基金的波动性强（上下波动）及其波动的原因，哪些基金可能提供更高收益及其风险何在。

我希望接下来的四章能为读者提供更多与债券基金有关的细节信息。第十一章是概览，读者可以了解投资基金与投资个别债券的区别、投资基金的成本，了解如何对基金进行研究。第十二章和第十三章探讨的是开放式基金（即普通的共同基金），讨论了不同债券的历史收益率及风险因素。第十四章讨论了另外三种债券基金：封闭式债券基金、单位投资信托，以及最新的债券基金，即交易所交易基金（ETF）。

第十一章
债券基金：概况

本章将讨论以下问题：

- 债券基金与单个债券的区别；
- 投资者能赚到多少钱——债券基金收益的衡量标准；
- 投资债券基金的成本开销有多少；
- 为什么债券基金的净值会上下波动；
- 挑选、购买及监控债券基金的一些指导原则；
- 税务问题与债券基金。

债券基金与单个债券之间的区别

债券基金的定义

债券共同基金本质上是开放式基金。每个基金由一个债券投资组合构成，由投资顾问（也就是管理公司）管理。对个人投资者来说，他们更熟悉的是所谓共同基金“大家庭”或集团。其中知名度较高的包括先锋（Vanguard）、富达（Fidelity）和普信集团（T. Rowe Price）等。

共同基金的每股价格——资产净值（NAV），每天都在变动。总结起来，开放式基金拥有以下三个主要特征。

- 投资者可以在任何交易日以收盘价即当天的资产净值购买或出售基金份额。
- 投资组合时刻处于变动状态，既因为投资者在购买、出售份额，也因为基金经理在购买、出售债券。
- 基金净值基本上每天都会变化，因此你持有的基金价值也会出现变化。

债券基金之间也有很多区别，其中最显著的区别就是它们会投资债券市场的不同板块。比方说，有专门投资企业债券的基金，也有专攻国际债券、市政债券等其他债券的基金。

不同基金的风险程度与潜在总收益也各不相同。风险更高的基金有时能带来更高的总收益。但总的来说，基金的风险越高，总收益就越难预测。本章及后续章节将讨论影响债券基金风险性和总收益的不同因素。

为什么债券与债券基金是完全不同的投资

尽管投资者可以通过投资债券基金或直接购买债券的方式投资债券市场的任意板块，但上述两种投资方式存在极为显著的差别。

最主要的区别在于，个体债券拥有明确的到期日，而债券基金没有。如果持有一支债券直至到期，不论那一天的市场主流利率水平如何，债券在到期日都将以票面价值赎回。假设没有发生违约事件，你就能100%拿回投在债券上的本金。你还能在持有债券期间赚到可预测的收入，这部分收入由票面利率以及票面利息再投资时获得的复利组成。

但债券基金却不是这样。债券基金由众多债券组成。尽管基金会持有一些债券直至到期，但基金的投资组合中的所有债券不可能在某一天同时到期。大部分债券基金是主动管理型基金，投资组合总是在变动。但这里需要注意一个要点，大多数债券基金会保留一个“不变”期限。举个例子，长期债券基金会一直保持长期状态，存续时间大约为 15 到 25 年。而且，短期债券基金的期限会永远保持在短期，也就是 1 到 3 年。因此，与债券不同，债券基金的净值并不会在某个日期自动恢复到票面价值。相反，基金的净值会因为多种因素而上下波动，比如利率、信用质量出现变化，再比如国际债券中的币值出现变化。

这就意味着，在购买债券基金时，你不可能知道自己有出售意愿时的基金净值会是多少。出售基金时的价格取决于当时债券市场的大环境。基金的出售价格可能高于也可能低于你的最初成本，具体由投资组合中的债券价格变化决定。尽管能随时出售持有的基金份额，但这并不等于你能以当初的购买价格卖掉基金（详见下文对利率风险的讨论）。

投资者能赚到多少钱

你能从债券基金中赚到多少钱，具体由三个数字衡量：资产净值、收益率和总收益。资产净值显示的是你的投资的每日价值；收益率衡量的是基金产生了多少价值（也就是利息收入）；总收益则是你从基金上获得的全部现金流之和。债券基金的营销卖点在于收益率，可总收益实际上才是最有意义的数字。首先，让我们明确这三个数字的真正含义。

资产净值

与其他共同基金一样，债券的每股均价即资产净值，每天都在变化。资产净值是基金在每个交易日结束时的净资产值。为了计算资产净值，每个交易日结束后都要计算基金的全部资产价值。算出净资产价值总额（TNA）后，再除以流通的份额总数，得到的结果就是当天的每股资产净值。资产净值的任何变化，都会直接反映在你持有的基金资产上。假设你拥有 1 000 份资产净值为 10 美元的基金（总价值为 10 000 美元），如果资产净值在第二天跌到了 9.95 美元，那么你所持有的资金价值就下跌到了 9 950 美元，比前一天少 50 美元。如果资产净值上涨 5 美分，你所持有的基金价值就会变为 10 050 美元。

尽管这个概念很基础，但我把这个概念摆在第一的原因在于，市面上普遍流传着一种错误观点，认为只要投资的基金专攻类似美国国债或其他政府担保债券等高信用质量的债券，你投入的本金价值就不会下跌。事实并非如此。债券基金并不是存款。尽管货币市场基金的净值永远保持 1 股 1 美元，但除了这个例外外，所有债券基金的净值都会上下波动，从而导致你所持有的基金价值上下波动。

如今，报纸不再每天刊登大部分债券基金的净值，但大部分报纸仍会登出大型债券基金的净值。我们每天也可以在相关网站上找到任何基金的收盘价。金融网站和 FINRA/market data 都会发布共同基金的净值（如果不能上网，每个基金都有一个免费查询电话）。你可以随时监控自己持有的基金价值。

债券基金收益率

投资债券基金时，你通常会在每个月月底收到利息。你可以选择接收现金，或者再投资购买更多基金份额。利息是资金收益的一部分，而衡量基金收益的数字正是收益率。

我们在讨论债券时已经了解到，买家的关注重点应该是到期收益率（YTM）。我们在第四章里看到，债券的到期收益率衡量的是持有债券直至到期时投资者所能获得的全部现金流扣除本金后的金额，同时利息也要以到期收益率进行再投资。换句话说，债券的到期收益率假定你会在一个已知日期了结投资，收回资本。但我们在前面提过，基金的投资组合中不存在一个所有债券同时到期并赎回的日期，因此也就不存在投资组合中的所有债券全部以票面价值赎回的日期。由于债券基金没有到期日，所以也无法报出到期收益率。但债券基金也会报出一个收益率，即 SEC 标准收益率。

SEC 标准收益率是基金过去 30 天实际收益率的简要汇总。到目前为止，SEC 标准收益率的最大组成部分，是基金在过去 30 天里积累的利息收入。此外，30 日 SEC 标准收益率也会计算投资组合中债券价格朝票面价值方向出现的细微上涨（折扣债券会出现的情况）或下跌（溢价债券会出现的情况）。SEC 标准收益率也能反映过去 30 天基金的支出情况，这些支出会从毛收入中扣除。由于 SEC 标准收益率只衡量债券基金过去 30 天产生的利息收入，因此债券的到期收益率和债券基金的 30 日 SEC 标准收益率不存在可比性。

设置 30 日 SEC 标准收益率的主要原因，在于这是一个标准化的计算方法，可以保证所有基金使用相同的公式计算收益率。在 1988 年采用 SEC 标准规则前，基金随意操控、虚高报价的情况并不少见。现在想要对比两支 GNMA 债券基金或两支市政债券基金，你只需要要求对方提供同一个 30 日时间段的 SEC 标准收益率，得到的数字完全具有可比性。

第二种衡量债券基金的收益率，就是股息率。股息率只计算前一个月派息的美元金额。股息率相当于债券的本期收益率，用分红收入除以价格就能算出。但与 SEC 标准收益率不同，股息率并不考虑个别债券的价格究竟是朝着票面价值上涨还是下跌。如果想对比不同基金，你需要了解对方给出的究竟是股息率还是 SEC 标准收益率。

收益率是债券基金的营销基础，是所有广告的卖点。但收益率并非决定总收益的唯一因素，其他因素也很重要。我们后面将看到，如果把主要关注点放在收益率上，你就会忽视影响总收益的其他同等重要甚至更重要的风险因素。

总收益

不管是股息率还是 30 日 SEC 标准收益率，债券基金的收益率是基金本期分红派息水平的一个标准。但这个标准最大的局限则是未能把因基金净值变化导致的本金价值变动考虑在内。如果长期持有，那么唯一能够准确衡量基金实际收益的标准，就是总收益。

债券基金的总收益包括：

- 派息；
- 分得的资本收益（如果存在）；
- 利息再投资产生的复利；
- 资产净值的增减。

净值变化会对总收益会产生重大影响。比方说，你要计算去年的总收益，假设基金的股息率为 5%，再假设基金净值在年底时下跌了 10%。后者意味着你在基金中投入的全部资产（包括远处投资和任何再投资的利息）的价值直接减少 10%。这一年的总收益将包括以下内容。

- 派发的股息：+5%。
- 本金损失：-10%。
- 总收益：-5%。

如果年初你在这个基金上投资了 10 000 美元，到年底时，你的投资（包括股息分红）价值大约为 9 500 美元。

如果假设基金净值上涨了 10%，那么总收益的计算就会变成如下情况。

- 派发的股息：+5%。
- 本金收益：+10%。
- 总收益：15%。

在这种情况下，如果年初在基金上投资了 10 000 美元，年底时你的投资总价值就会上升到 11 500 美元。无论基金价值上涨还是下跌，如果出售基金，价值的变化就会"变现"。如果不出售基金，那么价值的变化就"没有变现"。

注意，在上面的案例中，无论净值上涨了 10% 还是下跌了 10%，债券基金都仍然会使用大约 5% 这个收益率进行宣传（如果净值下跌，收益率报价可能还会上升）。可上述两种情况的总收益显然存在巨大区别，你的投资价值在年底时会发生什么变化也会受此影响。

研究债券基金时，无论信息来源是什么，你能看到的数据一般都是总收益，而非收益率。理解这个区别很重要，因为投资者有时会将总收益等同于收益率。错上加错的是，人们有时还把那个数字看作对未来收益率的预测。投资界有一句被说烂的话：过去的收益并不能保证未来的收益。我们在后面将看到，债券基金尤其如此。

两种方式显示的总收益

债券基金提供的数据通常包括期限长于 1 年的总收益，一般为 3 年到 10 年的总收益。

虽说如此，总收益也有其他几种统计方式。传统方式是假设所有利息收入——包括派发的资本收益均被用于再投资。

累积总收益只是将所有收益简单相加，其中包括利息收入、利息再投资获得的复利，以及基金净值的增减变化。10 年累积总收益就是把第 1 年到第 10 年的收益相加，得出最后的总额。

基金的收益情况也可以通过图表展示，表中会显示“年度”总收益。最常见的图表通常会列出特定时间段中的“平均年收益率”，而看到每一年的实际年收益率的情况比较少。图 11.1 表明，两者之间的区别具有重要意义。

图 11.1 用图 A 和图 B 两种方式表明了同一支基金在同一时间段（1999 年 12 月 31 日到 2009 年 12 月 31 日）的收益情况。

图 A 显示，这个基金在 10 年时间里的平均年收益率约为 4.8%。通过将 1999 年到 2009 年的所有年收益率相加，排除重合因素后再除以 10，就得出了以上数字。（注意，其他几个时间段，比如 3 年和 5 年，也有平均年收益率。实际的年度总收益只列出了最近一年的情况，也就是“10 年”那一栏中的数字。）

图 B 显示了基金每一年的实际总收益。这个图表明，2003 年和 2009 年的年度总收益率分别为 17% 和 14%，2001 年和 2008 年分别出现了接近 5% 和 10% 的损失，其他年份的收益大多为 5% 左右。换句话说，每一年的实际年度总收益的变化很大。

这两张图表明，为什么“平均”年度总收益率与“实际”年度总收益率之间存在重要区别。“实际”年度数据显示的是一支基金每个自然年的实际总收益情况。这些数据还表明，历史收益率的波动性很强，因此可以预测，收益率在未来也会出现很强的波动。但是，“平均”收益率拉平了收益率曲线。此外，只有当资产在计算“平均”数据的期间内一直处于基金中时，“平均”年化收益率这个数据才是准确的。换句话说，只有在图中所示的时间段内持有基金，3 年平均收益率才适用于你的投资。如果持有基金两年，你在这段时间里的实际收益率可能与 3 年平均收益率存在很大不同，尤其是在持有波动性极强的基金时。

图 A

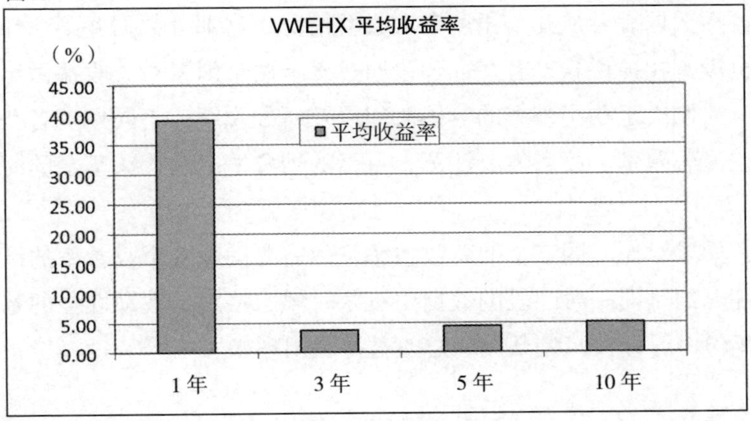

图 B

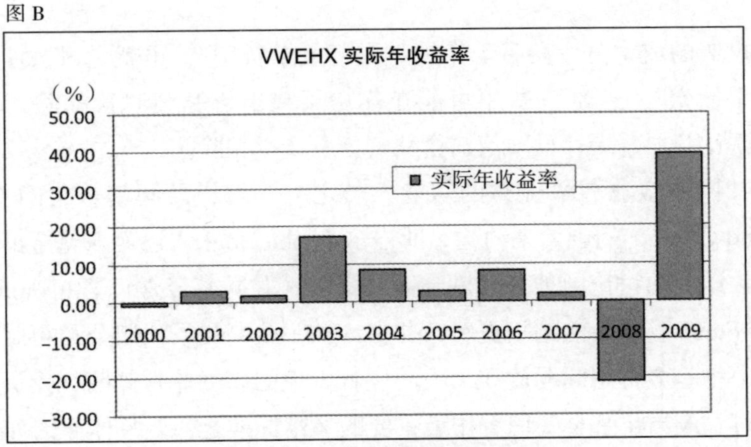

图 11.1 两种方式显示的总收益

不知道为什么，与债券基金历史总收益率有关的数据通常以“平均”收益率的形式得到展示，也许是为了“拉平”曲线。但实际收益率是准确性更高的数据，而且在我看来，用处也更大。实际收益率列在大部分基金的招股说明书中，通常也能在网上查到。晨星（Morningstar）和 FINR 网站也会列出实际收益率。注意，实际收益率通常不会表现为图表形式，而是以数据表的形式展现。

为什么收益率数据表会夸大收益情况

关于总收益，还有一点值得关注：不管显示的是平均收益率还是实际收益率，总收益率数据表会从几个角度夸大收益情况。这部分数据并不会扣除佣金或手续费，也没有扣掉税款。有些人建议通过以上两个因素对总收益做出调整。但公平地说，这取决于购买基金的具体时间以及所处税级，不同投资者获得的收益率可能存在显著差别。读者需要注意，自己的纳税情况及购买基金的时间都会影响总收益。

最后，如果对比不同基金的总收益率，你需要确保各个收益率的计算方法相同，而且计算的是同一时间段的数据。有些时候，特别是波动性强的基金，在波动较大的年份中，即便只差几周，总收益都会出现极大不同。

投资债券基金的成本

基金投资的成本分为两种。第一种是“股东费用”，也就是过去所说的“佣金”或“手续费”。这部分费用可能在你购买或出售基金时被扣除。第二种是“基金运营费用”，每天计算净值前会从资金资产中扣除。

作为共同基金业界最优秀的从业人员之一，先锋共同基金集团（Vanguard Mutual Fund Group）的创始人约翰·博格尔（John Bogle）已经对基金的费用问题进行过非常详细的讨论。他知名度最高的那本《共同基金常识》（Common Sense on Mutual Funds）不久前刚刚更新，并由约翰·威利父子出版公司再版。博格尔在这本书中将基金费用问题放在了中心位置。他的态度非常鲜明，投资者在选择债券基金时，应当将基金费用看作最重要的考察标准之一。具体原因如下。

什么是手续费

手续费是销售佣金。从创造各种手续费角度来看，共同基金行业真的颇有创造力。

最简单的手续费仍然是购买基金时支付的佣金。它们是一定比例的投资金额，并且在你购买基金时直接从总金额中扣除。标准佣金一般为 4% 到 5.75%。有些所谓的“低手续费”基金收费较低，在 1.5% 到 3.5% 之间。

但现在的情况比较复杂，有些基金会分级收费。比方说，如果投资金额不到 10 万美元，佣金可能为 4%；如果投资金额为 10 万到 25 万美元，佣金可以降至 3.25%；如果投资超过 25 万美元，费率可能进一步降至 2.5%。值得一提的是，有些收取手续费的基金，不仅会从最初投资额中扣除佣金，也会在后续每次投资时（包括再投资分红时）扣除佣金。

另一种形式的佣金在赎回基金份额时收取。这种手续费的名字很多，比如“退出费用”“后期费用”“延后销售费用”“赎回费用”“临时延后销售费用”等。如果持有时间短，这些费用通常较高。如果长期持有基金，这种费用就会逐渐减少。举个例子，如果持有基金仅 1 年，你可能需要支出固定的 6% 的退出费用；持有 2 年，这笔费用可能降至 5%；3 年则降至 4%；以此类推，直到 5 年或 7 年后这笔费用降为零。

此外，很多基金还增加了一系列介于佣金和年费之间的收费项目。这些费用让人更难招架，因为投资者要么根本不知道存在这些费用，要么不了解其真正的代价。现在有些基金向股东收取年费，用来宣传、出售新份额的营销费用。这些就是 12b-1 费用，是在常规的年度费用基础上额外收取的，并且从投资金额中直接扣除。对于无佣金基金来说，12b-1 费用最高为 25 个基点（1% 的 1/4），但现实中基本没有无佣金基金收取 12b-1 费用。有佣金基金的 12b-1 费用最高为 75 个基点（1% 的 3/4）。

让情况变得更加复杂的是，有些基金集团列出了大量费用和佣金。这些基金集团提供不同级别的基金份额，比如 A 级、B 级和 C 级。这些集团允许你选择自己偏爱的那颗“毒药”。A 级份额一般收取前置佣金（或者手续费）；B 级份额可能收取 12b-1 费用和延后销售费用；C 级份额可能不收前置费用或后期费用，但 12b-1 费用可能更高。每个基金集团的规则都不一样，但各种费用的名目正变得越来越多。

手续费如何蚕食总收益

假设你投资了一支收益率为 5% 的基金。让我们假定，你支付的手续费（或者佣金）为 5%。这会从两个方面导致你的总收益减少。第一，尤其是在低利率环境中，低至 3.75% 的手续费（这已经属于“低”手续费了）将会抵消全部或绝大部分的第一年利息收入。（显然，手续费越高，“损失”越多。）第二，5% 是从你的投资金额中扣除，实际上只有 95% 的本金真正得到投资。因此在持有基金的这段时间里，你能赚到利息的资金实际上变少了。

佣金对总收益的最终影响程度，部分取决于持有基金的时间长短。如果持有一支基金的时间为 1 年或 1 年以下，4% 到 5% 的手续费有可能吃掉整整一年的利息收入；4% 到 6% 的后续费用也有同样的效果。可如果你计划持有 5 年或更长时间，那么从长期来看，初始佣金可能会比相同比例的退出费用更便宜。如果基金表现良好，退出费用的收费基础每年都会随着持有基金的时间增加而增长。

让人意外的是，如果计划持有基金的时间超过 5 年，更昂贵的佣金形式可能是 12b-1 费用。比方说，你投资了一支年 12b-1 费用为 75 个基点（1% 的 3/4）的基金。如果持有这支基金 10 年时间，将年费乘以 10，最终的佣金成本等于 7.5%。这个数字实际上低估了这类费用的真实成本，因为如果你在基金中的资产每年都在增长，那么每年被收费的资产数额就会更大。

基金年度运营费用：费率

总的来说，基金开销指的是针对共同基金中的资产反复收取的所有费用。其中包括买卖基金的交易成本、管理者薪酬、管理费用、向股东寄送报告的邮寄成本——简而言之，就是与运营债券基金有关的全部成本。这些开销直接从投资到债券基金中的资金里扣除。如果用年度总开销除以基金中的资产总额，得到的结果就是“费率”。例如，如果一支基金拥有 10 亿美元资产，而基金的总管理支出为 1 000 万美元，那么运营费率就是 1%（1 000 万美元除以 10 亿美元，即 100 个基点）。如果总成本为 500 万美元，那么运营费率就是 1% 的 1/2（50 个基点）。运营费率通常以基点的形式表述。显然，如果其他因素相同，费率越低，基金的总收益越高。

不同基金的费率存在很大区别。低成本的领先者是先锋基金，他们旗下的债券基金年费率约为 20 个基点（1% 的 1/5）。一些基金集团中不同级别的份额，最高年费率大约为 50 个基点（1% 的 1/2）。比如普信集团的 Summit Funds 和富达的 Spartan Funds。我们看到的一支债券基金的总收益率报价，是扣除运营成本后的数据。

基金费用为什么很重要

购买有佣金基金有哪些优势或好处吗？

唯一的好处就是，如果买卖时面对的是经验丰富的经纪人，也许你能得到一些好的建议。

但你花钱买到的，其实也是老生常谈的论调。你可能觉得，收取佣金的或者年费更高的债券基金也许能为股东奉上比低费率债券基金更好的表现。你可能预期，收费的基金（也就是收取佣金的共同基金）会用较低的年费补偿股东。但现实却正好相反。从整体上看，不管哪种收费基金的投资者最终都会受到双重“惩罚”：他们会有一定比例的资产变为佣金损失，而且每年会从总收益中扣除更高的管理费用支出。

在目前的低利率环境中，长期美国国债的利率约为 4%，年度管理费用为 20~150 基点，真实的差距足以让人瞠目结舌。我们可以用以下例子进行解释。假设你在一支收益率为 4% 的基金上投资了 10 000 美元，一年的收益为 400 美元。费率为 20 个基点的基金将从 400 美元的利息收入中扣除 20 美元的年费，你的年利息收入就是 380 美元。而费率为 150 个基点的基金将扣除 150 美元，只留给你 250 美元。两者的差距达到 130 美元，相当于第一年总收益的约 32%。

显然，为了说明观点，我又用了一个存在显著差别的例子。但应该明确的是，尤其是长期持有时，费率的差别会对总收益产生非常明显的影响。

收费基金或者费率更高的基金的另一个更大的潜在缺点是，为了让自身的收益率相比低成本基金具有竞争力，高成本基金的管理人员必须采用风险更高的投资策略。投资债券时，只要愿意承受更多风险，一个人总能获得更高的回报。如果用体育做类比，高费率基金起步时就面临着巨大障碍。大多数时候，这意味着未来会出现不稳定的收益。某一年取得高收益后，后续几年通常就不会有那么出色的表现。

当然，成本只是构成总收益的众多因素之一。但很显然，投资高级别债券的低成本基金获得的总收益，总是高于高成本竞争对手。

所以我们得出的第一个显而易见的结论是，投资者应当只考虑费率低（低于 50 个基点）、不收任何佣金，且不收 12b-1 费用的债券基金。另外需要记住的是：如果收益相差不多，那么在有风险较低的低成本基金可选时，投资高成本基金显然是不合理的。

为什么基金的净值会上下波动

投资任何债券基金前，你需要考虑本金面临的潜在风险。本节讨论的就是投资债券基金时面临的最为显著的风险因素。

本书的这一部分将要讨论一些投资债券基金可能面对的重大风险。债券基金属于债务工具，所以也会面临个体债券所要面临的风险。但债券基金还要面对一些独特的风险。下面，就让我们一一了解。

利率风险

对大多数债券基金来说，最主要的风险就是利率风险。债券基金面对利率变动时的反应和债一样。如果利率上涨，基金净值就会下跌。如果利率下跌，基金净值就会上涨。

而净值上涨或下跌的幅度，与期限长短直接相关。债券基金投资的是收益率曲线中的某个特定部分：短期债券（3 年或更短），中期债券（3 年到 10 年），或长期债券（15 年到 25 年）。随着债券基金的平均期限变长，波动性也会越来越大。如果是期限极短的基金，净值的波动可忽略不计，但长期债券基金的净值波动可能非常大。债券基金的期限由投资组合中每支债券经加权后确定。因此，“平均加权期限”也被用来描述一个债券基金投资组合的期限。

对新手来说，这是债券基金投资中最让人头疼的一部分。一个广为流传的错误观念认为，投入到高信用质量债券（比如 AAA 级市政债券、GNMA 债券和美国国债）中的资金没有一点儿风险。就算反复说这话让读者感到厌烦我也要说：这只是信用质量得到了保障。对于投资高信用质量债券的基金来说，比如投资 GNMA 债券或国债，信用风险几乎等于零，但利率风险却是真实存在的。事实上，如果购买有意持有至到期赎回的债券，你可以忽视利率风险，因为你知道到期时债券的价值是多少。但是通过基金投资债券时，你绝对不能忽视这种风险。

此外，债券基金的利率风险并不像债券那样随着时间推移而减少。为了说明这个基本区别，假设你在考虑购买一支平均期限为 10 年的债券基金，还是一支期限相同的债券。每过一年，债券的期限就会减少一年；5 年后就会变成一支期限为 5 年的债券，7 年后则会变成期限为 3 年的债券。此外，随着距离到期日越来越近，不管利率怎么变化，债券的价格都会向着票面价值上涨（折扣债券）或下跌（溢价债券）的方向发展。而债券基金却保持着“不变”的期限（可能会发生细微的变化）。因此，只要持有基金，利率风险就一直存在，不会随时间减少。

久期：如何估算波动性

由于利率风险是导致债券基金波动（即净值上下起伏）的主要因素，所以在投资前，利率风险就是你需要考虑的核心因素之一。

让人意外的是，估算潜在波动性并非难事。购买债券基金前，你需要了解它的久期。过去人们觉得久期是一种难以理解的晦涩概念，但是现在几乎所有债券基金的分析研报中都会列出久期。晨星公司就会列出，它们在自己网站上的债券基金简报中也会列出相关数据。

我们在债券部分看到，久期是评估债券面对利率变化的反应时一种相对准确的衡量标准。债券基金也是如此。我们可以把基金的久期看作一个大概指标，可以用来确定基金净值在利率出现 100 个基点（1%）的变化时会上下出现大多幅度的波动。具体变化幅度大致与债券的久期相当。

让我们假设你持有一支投资长期国债的基金。假设这支基金的久期为 8 年，收益率为 6%。如果收益率上涨至 7%（出现 100 个基点的变动），基金净值就会下跌 8%，数字等同于基金的久期。

这种程度的变动并不少见，历史上还出现过幅度更大的变动。从 1998 年 9 月到 1999 年 1 月，美国长期国债的收益率从低点的 4.8% 上涨至高点的 6.7%，几个月时间里就出现了近 200 个基点的变动。因此，投资长期国债的债券基金净值大幅下跌，最大跌幅达到 15% 到 20%（每支基金的加价、久期及费率各有不同，具体的数字也各不相同）。

债券基金的平均加权期限与久期密切相关。但两支平均加权期限一模一样的基金，可能拥有不同的久期，具体要看基金投资的究竟是溢价债券、折扣债券、零息债券，还是金融衍生品或其他金融产品。总的来说，溢价债券久期变短，使得波动性变小。折扣债券和零息债券的久期变长，导致波动性增加。票面利率极低的通胀保值债券（TIPS）的波动性也很强。

一般来说，大多数债券基金的久期低于平均加权期限。下面是久期与平均加权期限关系的一些基本原则。

- 短期债券基金（1 到 3 年）的久期为 1 到 2 年，利率变化时的波动性较低。

- 久期变长，波动性也会变强。平均期限在 8 到 12 年的中期债券基金，久期为 4 到 5 年。
- 平均期限在 15 到 25 年的长期债券基金，久期为 6 到 8 年。
- 波动性最强的是投资零息债券的基金，这些基金的久期等同于平均期限。因此，久期为 25 年的债券基金，如果收益率出现 100 个基点（1%）的变动，其净值变动幅度可达 25%。

这些原则与我们在第四章里讨论的情况相似。此外，和债券一样，利率下跌时，基金净值的变化幅度会大于利率上涨时。不管怎么说，对于以利率风险为主要风险的债券基金来说，和其他信息相比，久期就是评估基金净值潜在波动性（及其潜在风险）的更为明确的指标。久期更好用的地方在于，这是一个前瞻型数字，这与总收益正好相反，后者只能告诉你过去发生了什么；久期能让你预测利率水平变化时自己会承受多少风险。

为什么有些基金会损失本金

在本书过去的版本中，我为这个概念起了“净值损耗”这个名字。现在我用的是“毁灭本金”这种说法，因为我觉得之前的名称不够劲爆，无法描述出有些债券基金采取的可能导致本金出现重大、有时甚至是灾难性损失的投资策略的危险性。

“毁灭本金”的意思指的是，净值的下跌代表着本金出现了永久性损失。这种程度的损失与主要因为利率变化而导致的净值改变存在重大区别。如果在利率为 5% 时买入了一支长期债券基金，你知道如果利率上涨至 6%，基金净值就会下跌。可如果利率回调至 5%，你有理由相信，那时基金的净值将再次回到自己购买时的状态。与此同时，你还能赚到利息收入和再投资分红后获得的复利。

然而，很多债券基金没能通过这个测试。经过几年后，对比过去利率相似年份的净值，结果可能会让你目瞪口呆——很多基金的净值可能远低于过去利率相似的年份。

一个强有力的案例，就是几年前用溢价债券填充投资组合的做法。基金经理是有意为之的，尽管他们明知当这些债券被提前赎回或者以票面价值或低于票面价值出售时都会导致本金出现损失，进而导致净值下跌。这些基金经理实际上为了拿更高的收益率做宣传而牺牲了本金。悲哀的是，很多向公众出售时以安全投资为卖点的应税债券基金，比如联邦机构债券基金和GNMA债券基金，恰恰是最滥用投资者信任的基金。

近些年来，很多重大基金投资灾难都与以“量化模型”或其衍生品为基础的“复杂”“高端”投资策略有关。金融衍生品第一次进入公众视野是在1994年，当时很多债券基金就是因为采用了这种投资策略才出现了众多损失。

首先，让我们先对金融衍生品做出定义。“衍生品”指的是价值衍生自其他工具的金融工具，它们不能独立定价。但这个名字非常笼统，其中包含了多种金融工具，公众对其中的一些很了解（比如期权和期货），其他的工具则非常复杂难懂，只有专业人员才了解。新的金融衍生品还在不断出现，悲剧的是，即便我都能理解，也不可能对每一个都进行详细讨论。

金融衍生品是管理债券基金投资组合的重要工具。但使用金融衍生品存在两种截然不同的方式。我们既可以用金融衍生品对冲损失，也可以为了增加收益率和总收益而使用它们。对冲会增加成本，但通常能减少风险。而使用金融衍生品增加收益，却是一把双刃剑。金融衍生品的本性就是放大损失或收益。当金融衍生品起到预期的作用时，收益就会明显放大。可金融衍生品经常朝着人们预料之外的方向发展，这就会带来巨大损失。

比方说，1992年和1993年一些市政债券基金收益颇丰，就是因为使用了“逆向浮动利率债券”这个金融衍生品（逆向浮动利率债券就是利率下降时价格上涨的浮动利率债券）。随着1992年和1993年利率下降，逆向浮动利率债券的表现如预期一般，为一些市政债券基金带来了大量收益。

但金融衍生品存在一个问题，即便经验最丰富的经理人，也无法预测是否会出现导致投资策略事与愿违的情况。当利率在1994年重新上升时，逆向浮动利率债券的价格大幅下跌。1992年和1993年投资逆向浮动利率债券而收益激增的市政债券基金，在1994年变成了最大的输家。（第十二章中有更多案例，表明低风险的基金市场就是因为金融衍生品而出现重大损失。）

想要避免这种灾难，难度不小。其中一个原因是，只要策略有效，基金经理就会受到追捧，大量资金也会涌入基金。问题在于，很多时候投资者并没有得到警告，同样的策略也有可能带来重大损失。

除此之外，我们可能在基金的招股说明书上找不到任何线索。一个值得关注的危险信号是，某支基金的收益率高于同一时间段的相似基金。你要想办法了解为什么这支基金的收益率更高。对任何声称采用“复杂”或“现金”量化策略或经济模型进行投资的基金都要保持怀疑心态。类似这样的说法暗示基金会利用金融衍生品增加收益率。要成为一个有见识的投资者，最重要的是，要小心任何听起来太过美好的承诺。如果你不喜欢或者不能真正理解某支基金的策略，那就换一支基金。

“抛售”风险

如果太多投资者想在同一天卖掉持有的基金份额，且市场上没有买家，这会导致什么情况？债券基金是否存在类似银行挤兑的风险？

和其他共同基金一样，债券基金允许投资者随时赎回份额。这套制度运转得很顺畅，因为大多数时候资金都能满足赎回需求。每天都会有新的资金流入基金，而且基金经理也会为了赎回而留出一些资金。大部分时候，每日的赎回份额不会对基金造成实质影响。

可如果出售数量多于购买数量时，会发生什么呢？基金经理这时别无选择，只能卖掉一部分基金持有的证券。市场疲软时，连平时流动性好的证券也会变得难以流动，也就是难以出售。基金经理被迫首先出售最优质、流动性最强的持仓。如果跌势延续，基金经理就会被迫以甩卖价格出售没人要的持仓。

本书上一版写到前面两段时，只是将其作为理论上的可能，可事实上却成为2008年债券市场的完美写照。

债券市场在2008年前也经历过几次大规模抛售，导致出现了重大损失。但在2008年前，大规模的抛售通常只出现于债券市场中某个遇到了麻烦的板块。其中两次最严重的抛售，涉及债券市场风险最高的板块。1989年和1990年，由于几乎一手创造垃圾债券市场的德崇证券倒闭，垃圾债券市场陷入混乱。在那段时间里，有些垃圾债券基金的净值在6个月中最多跌去了50%（也就是10 000美元投资跌去了5 000美元）。1998年，新兴市场债券基金大跌，这类基金的净值跌掉了50%甚至更多。

1994年和1999年，债券市场各个板块也经历了几次严重程度略低的抛售：在这两年里，国债市场利率上升，导致债券市场所有板块都出现损失。

但2008年的情况却是独一份。投资者蜂拥至国债这样的高质量投资对象，极大程度地推高了国债价格。但债券市场的其他板块却经历了大规模的抛售，可卖家找不到买家。这种买、卖的严重失衡导致价格大跌：买家不愿意承担任何风险。这导致债券市场很多板块承受了远远超过债券本身风险的损失。

不过有一个现实令人瞩目，尽管市场出现恐慌，尽管很多债券基金承受了巨额损失，但很多债券基金仍然保持“运营”。虽然市场陷入恐慌，但债券基金的投资者还是能够卖掉份额，只可惜在很多时候承受了重大损失。

当然，一旦销售浪潮退去，很多抛售从另一角度看又代表着投机机会。除非事后回忆，否则我们无从知晓市场下跌究竟何时能够结束，而且也不存在所有下跌最终都会反弹的保证。

信用风险

除了主要对投资级别以下债券进行投资的基金外（比如投资垃圾债券和新兴市场债券的基金），信用风险对债券基金持有者的影响不如对债券持有者那么大。从本质上说，债券基金属于多元化投资。基金规模越大，多元化程度通常越高。大多数大型基金持有十多支（有时甚至是上百支）债券。当债券属于投资级或者更高信用级别是，多元化投资就是重要的安全因素。很少有债券在总资产中的占比能超过一个较小比例（通常不到 2%）。此外，很多基金也会由内部信用分析师监控债券的信用质量，信用质量下滑的债券有可能在问题变大前就被出售。

这就是债券基金相比债券的一个明显优势：通过投资持仓集中于投资级别债券的债券基金，你可以在不触发显著信用风险的前提下提高收益率。因此，你没必要把投资对象局限于只投资信用质量最高的债券的基金（这与投资债券时类似）。不过需要注意的是，对比不同债券基金时，如果低成本、投资组合风险较低的基金能够提供相同甚至更高的收益率，你就没必要购买费率更高、风险更大的基金。

如果基金管理公司破产，你的钱怎么办？市面上是否存在基金保险？

投资者保护问题已经在 1940 年的《投资公司法案》中得到解决，公共基金仍受这个法案的监管。与公共基金有关的监管法案基本上让基金变得极不可能破产。

为了说明这个问题，我们有必要了解共同基金的结构。通常来说，一家管理公司（共同基金集团）管理着一组基金。每支共同基金和每家管理公司都是分离的实体，管理公司相当于投资顾问，管理着每支资金的资产，但管理公司并不实际持有这些基金的资产。实际上每支基金会专门设立一家公司或商业信托，一支基金的资产与管理公司的资产是彻底分离的。基金持有的证券由类似银行一样的托管人保管——再一次与管理公司无关。

这种结构是《投资公司法案》的强制要求，法案要求共同基金持有的证券必须由银行或其他获得批准的托管人保管。如果管理公司（共同基金集团）陷入财务困难，个别基金的资产仍由托管人保管，会继续独立于管理公司的资产。这些都是美国证券交易委员会的严格规定。因此，基金管理公司的财务问题不太可能影响共同基金的资产。

此外，《投资公司法案》规定，共同基金不得用基金资产作为抵押担保。因此，基金不太可能出现需要用基金资产偿还债务的情况，而这正是破产时一般会发生的事情。

不过需要注意的是，共同基金并不受证券投资人保护公司（SIPC）的保护。证券投资人保护公司覆盖的是证券，以及由经纪公司持有的现金（很多共同基金集团也有经纪商的业务，基金集团中的经纪商部门持有的证券受证券持有人保护公司的保护）。不过大多数共同基金集团也有“一揽子信誉保证”形式的保险，以保护受其管理的资产免受欺诈或员工渎职的侵害。

读者也要记住，基金没有任何针对市场风险的保护。如果基金因为经历投资的市场板块的大幅下跌而出现损失，除非你能证明自己关于基金的政策受到了故意误导，否则你不会得到任何赔偿。

挑选、购买及监控债券基金

我该购买债券基金还是债券

这是一个被经常提起的问题，但答案并不一定非此即彼。基金和债券在任何一个投资组合中都有生存空间，两者可以扮演不同角色。

基金的一些优势

与债券相比，基金具有一些优势。基金能让投资者更廉价、更高效地购买多元化的投资组合；基金非常方便，而且简化了收取和再投资分红的过程，同时也简化了交易记录。基金还提供了流动性；如果有意转售，总会有一个做好准备的买家等着你。

也许更重要的是，若是想投资需要很多专业技术的复杂债券，使用基金投资这样的债券无疑更加合理。因此，研究债券市场某一板块所需的专业能力要求越高，基金而非单个债券就越是更好的选择。比方说，如果想投资垃圾债券或国际债券（不管是高信用质量债券还是新兴市场债券），你都可以通过共同基金投资。因为抵押贷款担保债券和资产担保债券具有特别属性，加上某些企业债券非常复杂，所以通过基金投资这些债券也很有必要。

即便你觉得自己有能力购买国债或者市政债券，为了多元化核心持仓，你也应该在其中加入基金。

另外值得注意的是，从总收益角度出发，对于长期持有基金且将分红用于再投资的投资者，基金具有的一些特点可以提高总收益。相比个人投资者，大型基金都能以更低廉的成本购买证券。同时，共同基金每月都会分红。不管将分红用作消费还是再投资，每月分红都是一种优势。累积复利的频率越高，也能增加总收益。再投资于高于货币市场利率的产品也是如此。再投资利率越高（收益率更高的债券基金每月累积复利），从长期看就越能增加总收益。如果持有时间非常长（10 年或更长），不要忘了，利息及复利收入是总收益的最大组成部分。

债券的优势

债券基金的主要劣势在于，你不能确定出售基金时自己能否拿回全部本金。如果资本保值、获得合理的收入是你购买债券时考虑的重中之重（换句话说，如果不愿意损失任何本金，还想至少得到票面利率），你就应该购买债券。中期债券（5 到 10 年）的收益相当于长期债券的 80% 到 90%，而且波动性远小于长期债券。当然，期限区间也会因收益率曲线形状不同而有所改变。

若是想最大程度地确保资金安全，无论投资了 1 万美元还是 100 万美元，你都应当把资金投入由短期和中期国债（包括一定比例的通胀保值债券）组成的梯状投资组合中。这可以说是世界上最安全的投资方式了。前面提到过，购买债券（不是购买投资这些债券的基金）的主要优势在于，到期赎回时你肯定能得到全额本金。此外，你的总收益也不会被扣除基金费用。

总的来说，如果在你债券上的投资金额低于 50 000 美元（总额），而且买的不是国债或高质量短期市政债券，那么购买共同基金而非个别债券可能是更适合你的选择。特别是当你不能承受资金损失时，你应当将选择标准局限于投资于高质量债券（国债或最高信用质量的市政债券）的短期或中期债券基金上。如果你的投资组合规模很大，而且能以合适的价格购买个别债券（不需要支付大笔佣金），特别当你倾向购买并持有时，债券可能就是更合适的选择。

不过这些只是指导原则，现实中的每个选择都需要权衡利弊。基金和债券的区别足够明显，你可以做出最适合自己的选择。

最后还有一点非常重要。不要觉得保守管理的债券基金可以具有比对应债券市场板块好得多的表现。总的来说，基金并不会大幅跑赢市场。但这并不是批评基金，也不是淡化它们对个人投资者的作用。这么说只是表明，个人投资者应当意识到，他们投资的债券基金的表现很有可能与债券市场的总体表现持平。

波动性与总收益：短期与长期

我曾经强调过把潜在波动性看作风险因素的几个原因。最主要的原因在于，如果理解投资的潜在波动性，你就能避免不必要的损失。

投资债券基金时有一个简单的规则，绝不要为了短期持有而购买长期基金（或任何波动性强的基金）。如果你短期内（如 1 到 5 年内）需要用钱，净值发生重大变化显然比利息收入更容易影响你的总收益。

如果长期持有（10 年或更长），只要投资保守管理的基金，利息收入经过再投资后不断积累，由此带来的收入将成为总收益的重要组成部分。对此我们可以用久期的概念进行解释。理论上看，在债券基金的久期中的某一点上，净值的变化对总收益的影响将不再那么显著。比方说，如果持有一支久期为 8 年的基金，现金流与久期对应时就会达到这一点。如果利率在 8 年期间内上升，你可以用更低的价格购买基金份额，又能获得更高的利息收入。如果利率在 8 年期间内下降，你的基金的净值就会上涨。实际上，即便净值下跌，但因为再投资利率更高，利率上升最终能为你带来更高的总收益。

另外，即便长期持有，总收益也并不总能得到保障。如果出现类似 2008 年那样的灾难性跳水，特别是在接近持有期末时，可能导致你多年积累的丰厚收益功亏一篑。

最后也最重要的是，你需要考虑自己对波动性的承受能力。很多有关基金的文章建议投资者，要让投资符合自身的风险承受能力。但投资者经常高估自身的风险承受能力；真正出现损失后你才会意识到，自己的风险承受能力没有想象中那么高。如果不能接受确定程度的波动性和不确定性，就不要买波动性强的基金。暴跌可能让你产生恐慌情绪，导致你在最糟糕的时候卖掉持仓。

与债券基金有关的信息来源

现在的问题不是寻找信息，而是信息过载。金融媒体、杂志、报纸和时事简讯、电视上的金融频道以及互联网都在发布大量与共同基金有关的信息。其中大部分是股票基金的信息，偶尔有和债券基金有关的内容，通常也只是在某个板块表现尤其出色时才会出现。但糟糕的是，大部分信息只是噱头，用处不大。不过市面上也存在一些极好的信息来源，下面将做详细讨论。

为什么不是只买上一年收益最高的基金就行了

市面上发布的共同基金信息中，很大一部分是业绩最佳基金的排名。很多金融媒体会定期发布业绩最佳基金的排名，有些频率甚至高到每月或者每三个月发布一次。所以合理的问题就是：为什么不是只买上一年收益最高的基金就行了？

主要原因在于，对债券基金而言，过去的业绩不能用来预测未来的表现。总的来说，债券基金的表现跟随投资的市场板块而动。假如某一组基金在某一年的表现特别好，如果局势发生变化，这些基金的收益率也会发生改变。比方说，如果某一年利率上升，短期债券基金在那一年的表现就会非常出色。如果利率下降，长期债券基金或者投资零息债券的基金就会成为赢家。第二年大环境的变化将决定第二年的赢家和输家。

另一个需要注意的问题是，任何组别中表现最佳的基金，都有可能是那个组别中风险最高的基金。为了比投资相似债券的其他基金获得更高的总收益，基金经理必须承担更多风险。按照债券基金顶级专家迈克尔·理柏（Michael Lipper）的说法，如果基金经理想成为各自级别中的佼佼者，他就必须愿意承受第二年沦为倒数的风险。很少有基金的业绩能够年复一年地保持最佳。此外，你也很难从一份过往赢家的名单中预测下一年的赢家。

最后，业绩最佳基金的目标及投资策略可能不适合你的投资需求。如果业绩优秀的基金波动性强，而你需要稳定、可预测的收入，这些基金就不适合你。

相反，你只该寻找高评级的基金，寻找那些运营了至少五年（越长越好）的保守管理基金，最好是那种穿越牛熊市的基金。你应该寻找的是那些在熊市表现相对出色、在牛市表现说得过去的基金。总的来说，你要找的是表现稳定、风格相对保守的基金。这些基金的业绩一般很少在同类中排名前列，但每年都会被迈克尔·理柏或晨星排进同类别的前 20%。“保守管理”其实是比较主观的说法；但这种基金应当拥有审慎而非激进的风险应对策略，投资信用质量更高的证券，且费率较低。从长远看，这些基金最有可能保全本金和收入。

晨星公司

有关共同基金（包括债券基金）的信息，最常见的消息来源就是晨星公司。你很有可能已经在基金的广告或网站上见过晨星的名字。而晨星公司的众多优点之一，就是把个人投资者当作目标客户。

晨星公司最初靠发布共同基金的时事简讯起家。如今，它们掌握的信息涵盖所有投资交易品种。投资者目前可以获得两种形式的晨星信息：一种是印刷版简讯，每月出版一次；另一种则是在互联网上发布的信息。很多公立图书馆都能获得上述两种形式的信息。印刷版简讯会对主流共同基金进行详细的分析，其中自然包括债券基金。主流基金每年进行一次评审，那些一页式的总结包含了很多信息：比如基金目标、费率、平均加权期限、久期、对基金经理过往业绩的分析，以及过去 10 年（或新发基金自发行后）的实际年度总收益。晨星投资风格箱看起来略像井字圈叉游戏，这样的表可以总结基金面对利率变化及自身评级变化的敏感程度。

网上版本又分为两种：一种是免费网络版，另一种是需要支付月费的深度“高级”版本。“高级”订阅版的内容更为全面，而且每月都会更新。

“星”里有什么

晨星公司的分析中最受瞩目的就是“星级”：晨星公司会按照一星到五星对基金进行打分。这些年来，晨星公司也改变了评星的公式。目前，决定星级的主要因素是基金的表现：评级最高（五星）的是那些在定义非常严格的组别中排名前 10% 的基金。晨星公司在评星时也会考虑其他因素，也包括由晨星公司自己开发并专有的风险调整因素。

这些星级如今随处可见。任何得到晨星公司四星或五星评级的基金都会在自己广告中大做宣传。调查结果显示，很多个人投资者只会购买被晨星公司评为四星或五星的基金。

不管其他情况如何，读者需要注意债券基金星级评定的局限性。和其他债券基金一样，四星和五星的基金也会随所投资市场板块的变化而变化。比如五星基金清单中包括很多长期市政债券基金，这些基金会随着市场走强或走弱而上涨或下跌，同一板块的其他基金也是如此。更重要的是，晨星公司评定星级时采用的标准，并不一定能引导你选择最能满足自身需求的基金。

另外值得注意的是，晨星公司的数据库是有限的，很多债券基金并没有被纳入其中。此外，晨星公司也有自己的公式：它们以 12 个月期间内的派发数据（利息和资本收益）及 12 个月期间开始时的净值为基础进行计算。这种计算方式与 30 日 SEC 标准收益率的计算公式存在显著差异。因此，晨星公司发布的收益率可能与基金本身或其他消息来源（如迈克尔·理柏）的数据存在差别。

不过晨星公司确实提供了一些非常有用的信息。但我们不要只关注星级，还要关注费率、基金的久期、信用评级（这两个可以在晨星风格箱中找到），以及过去 10 年实际年度收益率。

股市报刊《巴伦周刊》《华尔街日报》使用迈克尔·理柏的数据库，编写各自的基金排名与收益情况。其他很多出版物，包括《纽约时报》和很多金融网站使用的是晨星公司的数据库。这可能会带来一些混乱，因为晨星和迈克尔·理柏对基金有着不同的分类标准。此外，迈克尔·理柏的数据库里还有很多没有获得晨星评级的基金。因此，有时你会看到不同的基金出现在顶级或绩优基金的排名中。此外，有段时间晨星公司没有以期限为标准区分不同基金，但现在在网站上却以这种方式进行区分。但使用晨星数据的报纸并不一定会标明这种差别。

最后需要注意的是，不管是印刷版还是网络版，很多金融出版物每周都会发布由迈克尔·理柏汇编的、按照不同目标分组的基金收益率列表和基金排名。债券基金的目标详见第十二章和第十三章。

迈克尔·理柏的“基金与 ETF 筛选器”

迈克尔·理柏公司开发出了一种与晨星完全不同的在线基金筛选器。这个筛选器使用了迈克尔·理柏包含所有基金的全部数据库，其中既有开放式和封闭式基金，也有股票和债券的 ETF。

想要研究基金，首先你需要选择基金类别和有意研究的基金种类，比如是债券基金、股票基金、开放式基金，还是ETF等。接下来，你需要输入包括以下所列的标准：

- 总费率；
- 总收益率（具体期间内，比如3年、5年等）；
- 稳定回报；
- 本金安全性；
- 税务效率。

这是一个完全量化的筛选器，但选择的标准暗示出了你不该考虑的基金。比如，如果你想寻找波动性低且能保本的应税债券基金，基金筛选器可能会推荐久期低、费率低、在选定持有期内交出稳定收益记录的基金。

从共同基金集团直接获得信息

共同基金集团提供了大量有用信息，这些都是免费信息，可以直接从共同基金处获取，使你研究基金不再需要漫长的过程，也许还能为你省去很多烦恼。

过去，共同基金集团大多通过招股说明书这种用生硬语言写成的文件提供与基金有关的资料，因为旧招股说明书的用语和格式均有专门法律规定。尽管招股说明书能够提供很多信息，但这种文件通常非常晦涩，难以理解。

好消息是，招股说明书已经做出了重大改变。1996年，美国证券交易委员会做出批复，让招股说明书变得更简单易读、更有用。很多基金集团如今发布的文件非常简短（2到4页），被称为“基金概述”，用来代替过去的招股说明书，其中含有大量购买基金前需要了解的核心信息。

此外，大多数基金集团的网站也能以简明扼要的形式提供与“基金概述”一样的信息。图11.2展示的就是先锋高收益率免税债券基金的一个例子。这个页面上含有基金目标、风险状况及过往业绩的简要信息。其中大部分信息的意思一目了然，请注意，业绩信息显示的是“平均”而非实际收益。“实际”年度收益数据放在了招股说明书的开头，这些信息也能在网上查到。

先锋基金

先锋高收益率免税基金（VWAHX）

产品概况

- 寻求免除联邦个人所得税的可持续的高现金收入。
- 最多 20% 投资于非投资级别证券。
- 通常能够提供先锋市政债券基金中最高的收益率，但也面临最高的本金波动风险。
- 维持美元加权平均 15 到 25 年的期限。

价格与收益率

截至 2009 年 6 月 9 日的价格	$10.46
变化（价格，收益率）	$0，0
截至 2009 年 6 月 8 日的 SEC 标准收益率	3.94%

基金信息

资产级别	长期债券	
类别	高收益率	
截至 2009 年 10 月 31 日的费率	0.20%	（比持仓相似的其他基金的平均费率低 82%）
最低投资额	3 000 美元	
基金号码	{0044}	
基金顾问	先锋固定收益集团	

潜在风险

平均年度业绩 ➲ 季度报表|月度报表

截至 2010 年 3 月 31 日

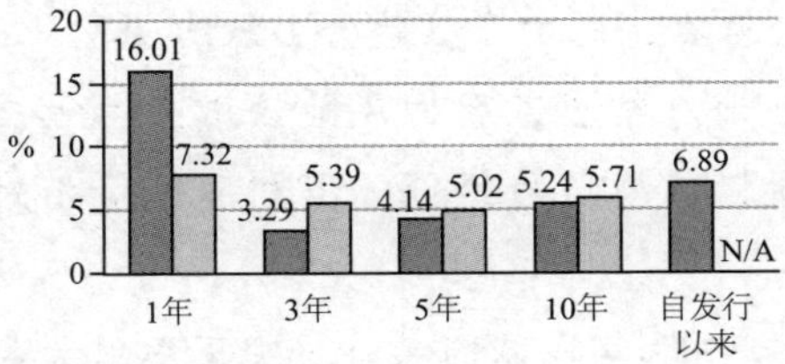

■ 高收益率免税投资
■ 巴克莱 10 年市政债券指数（基准）

10 000 美元的理论增长预测

截至 2010 年 5 月 31 日

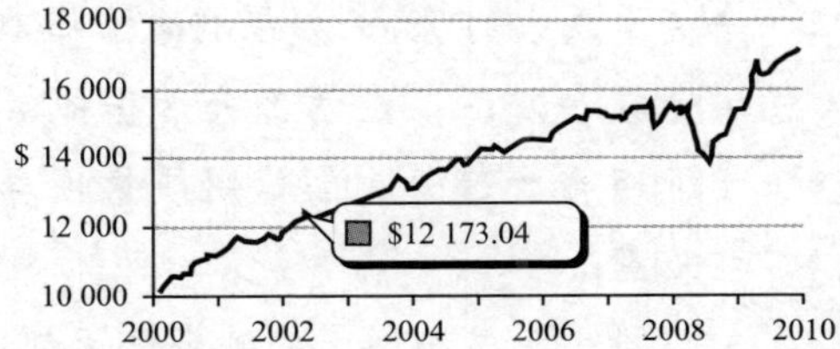

■ 高收益率免税投资

业绩数据仅代表过去，并非对未来业绩的保证。投资回报及本金价值将会发生变化，投资者的份额在出售时的价格可能高于也可能低于最初的成本。基金目前的业绩表现可能低于也可能高于本文件数据。点击查看最新的月度业绩数据，查看 SEC 标准收益率、收费及成本。

投资组合构成

以信用质量分类（所占基金的百分比）

截至 2010 年 4 月 30 日

	高收益率免税投资
评级	占比
AAA	17.3%
AA	27.4%
A	34.4%
BBB	13.7%
BB	0.3%
B或更低	1.8%
NR	5.1%
总计	**100.0%**

特点

截至 2010 年 4 月 30 日

基金总净资产	67 亿美元
持有债券数量	745 支
平均期限	9.8 年
平均久期	7.0 年

图 11.2　网上可查到的债券基金信息样本

评估案例中的这支基金，或者其他任何债券基金时，你需要关注以下几个核心问题。

- 确保自己能够理解基金的目标与核心政策，具体可见图 11.2 中的“产品概况”。
- 图 11.2 中的一些与基金有关的关键信息出现在“投资组合构成”中，这是对投资组合信用评级的分析。把数字加在一起后你会发现，投资组合中有 92.6% 的资产为投资级别或者更高（BBB 是最低等级的投资级别）。这个信息非常重要，因为前面讲过，很多名字中带有“高收益率”的基金，主要投资的是低于投资级别的债券。
- “特点”部分中的平均期限（9.8 年）和平均久期（7.0 年）也很重要。读者应该还记得，久期是基金净值在利率发生 100 个基点的变化时可能出现什么反应的粗略指标。也就是说，如果利率上升 100 个基点，基金净值就会下跌大约 7%；如果利率下降 100 个基点，基金净值就会上涨约 7%。
- 合在一起，以上两部分数据能够清晰地总结出基金的风险轮廓：由于投资组合大部分为高信用质量债券，所以信用风险很低，但利率风险相对较高。
- 招股说明书和网上的基金概述都应该列出购买或赎回基金时需要支出的费用。由于这些费用由基金投资者承担，佣金也被称为“股东开销”。真正的无佣金基金不会列出任何形式的股东开销。
- 基金概述中没有列出以基点形式表现的费率，也就是运营基金的管理支出：这并非佣金。基金集团（先锋）以低基金运营管理支出闻名。

除了基金概述，你还需要检查：

- 购买、赎回基金份额的流程；
- 接收或再投资分红的流程；
- 可用服务（支票权利；电话或网上购买、赎回份额；电话或网上转换权利）；
- 基金是否可用于税务延迟计划，比如 IRA 或基奥计划。

共同基金按规定还需要发布额外的文件，这些文件均可单独申请获得。其中一个是附加信息披露（SAI），这是纯技术性文件，可能比较难读。这个文件中含有很多信息，比如基金持有的全部债券清单和审计财务报表。购买基金后，管理公司会定期发送年度和半年度报告，报告中会讨论基金业绩与基金所投资市场板块的现状。

很多共同基金集团还会生产与各种主题相关的大量信息，比如 IRA 账户指南及资产分配、退休储蓄计划，还会配上详细的问卷调查。有些计划（共同基金集团免费提供）质量很高，可能会被金融顾问利用；他们可能一边从共同基金集团免费获得这些信息，一边向你收取使用费。

基金的所有信息如今都有印刷版和网络版。所有共同基金集团现在都有网站，其中很多网站设计得非常出色。最后，共同基金集团均设有免费电话，你可以和真人讨论任何问题，有些人确实能提供不小的帮助。

税务问题与债券基金

假设 3 年前你向“收益良好的”债券基金投资了 10 000 美元。今天，你以 20 000 美元的价格卖掉了这些基金。你需要交多少税？

你大概会说，很简单。买入价和卖出价相差 10 000 美元，这就是资本收益，会按照目前的长期资本税率交税。很显然，这个答案是错的。这也是一个很常见的错误。

想要计算个人税负，你需要确定自持份额的成本基础。这不仅包括你最初投入的资金，也包括用于再投资的分红，以及分派获得的资本收益。所有共同基金都会定期向股东发送列出了所有应税资本收益的报告，共同基金集团也会向国税局申报这些信息。而你作为股东，不管基金价值究竟上涨还是下跌，每年都必须在自己的纳税申报表中申报这些信息。每年，你应当以应税派发收益为基础纳税。

假设在你持有基金的 3 年里，每年收到的分红为 1 000 美元，并且连续两年获得了 500 美元的资本收益。分红与资本收益合计 4 000 美元。为了确定所持份额的“成本基础”，当出售基金份额时，你需要将全部派发收益（即分红与资本收益之和）加入到最初 10 000 美元的投资额中。此时成本基础上涨到 14 000 美元（不再是 10 000 美元）。由于你已经就 4 000 美元的利息收入和资本收益缴纳了税款，所以这时你的税负降低了。为了确定出售基金时需要纳税的金额，你要从售价（20 000 美元）中减去成本基础（14 000 美元）。你需要为 6 000 美元而不是 10 000 美元的资本收益纳税。

上面这段就是所谓“平均成本基础”的计算方法，这是出售共同基金份额、确定需要纳税金额时最常用的方法。计算基金的成本基础，特别是长期持有的基金，有时候很复杂，也很麻烦。有些共同基金集团现在会计算好成本基础，在发送定期年度交易概要时通报给投资者（但不会向国税局通报），但也有不这么做的共同基金集团。如果有出售长期持有基金份额的需求，你很有必要咨询基金集团是否会提供上述数据。

使用“平均成本基础”确定应纳税金额并不是强制义务，你也可以用其他方法确定应纳税款（比如指定特定份额用于出售）。如果投资组合规模很大，你需要咨询税务顾问，以确定哪种方法更合适。

如果只出售部分份额（而非所持全部份额），必须修改以上流程才能确定出售份额的成本基础。重要的是，你要记住所有派发收益，包括市政债券基金派发的非应税分红，都应该算入成本基础。这会提高你的成本基础，从而降低应纳税金额。

当你把资金从一支共同基金中调出、调入另一支共同基金时，即便两支基金同属一个集团，这个操作也会被视为应纳税的销售，从而产生应纳税额，而这既有可能是资本收益，也有可能是资本损失。此外，如果一个免税共同基金派发了资本收益，尽管这些基金的利息收入免税，无论适用于你的资本收益税率是多少，任何资本收益都需要纳税。

最后，持有债券本身也会带来税务问题，即便你只是持有，而且未出售。每支基金每年年底基本都会发布与分红及资本收益有关的准确税务信息。除非是市政债券基金，否则分红和普通收入一样需要缴纳联邦税；资本收益需要按照资本收益税率缴纳联邦税。

购买债券前了解资本收益派发时间表不失为一个好的选择。如果恰好在资本收益派发前购买了基金，即便持有时间只有一天，或者基金价值立刻下跌，你也会被征税。

账面损失和收益不会产生应纳税额，但为了调配资产或抵消资本收益，你可能想在账面出现损失时出售基金。与此类似，你也可能为了保护资本收益而出售份额。

如果持有共同基金，做好记录具有非常重要的意义。这里有一个简单的方法，就是将一支基金的所有文件放在一个文件夹里，持有基金期间一直保留。即便自己不做计算，会计也需要这些信息，才能为你准确计算应纳税额。

购买债券基金前可以提出的问题如下。

- 这支基金投资的是什么债券？基金目标及投资策略是什么？
- 基金的平均期限有多长？
- 基金中大部分债券的信用评级怎么样？
- 去年的总收益率是多少？过去 3 年的总收益率呢？过去 5 年的呢？
- 基金净值每年的变动情况怎么样？我能接受这种程度的波动吗？
- 基金的股息率是多少？ 30 日 SEC 标准收益率是多少？
- 这支基金有佣金吗？有退出费用吗？存在 12b-1 费用吗？
- 基金的年管理成本支出是多少？
- 基金的成立时间有多久？基金存在的时间是否足够长，是否拥有有意义的过往业绩记录？
- 这支基金的过往业绩与其他相似基金相比表现如何？基金持有人可以得到什么服务？

第十二章
货币市场基金与免税债券基金

本章将讨论以下债券基金的风险因素及过往业绩表现：

- 货币市场基金——应税与免税；
- 价格上下起伏的债券基金——“大众款”基金与投机性更强的基金；
- 免税债券基金——短期、中期、长期、高收益率。

挑选固定收益基金的过程，有可能让你陷入彻底的混乱与迷茫。截至2009年12月，不包括货币市场基金，迈克尔·理柏对固定收益基金的调查（对此类基金最全面的调查）表明，美国市场上有超过8 000支开放式基金（其中包括交易所交易基金和货币市场基金）。投资者究竟该怎么选择？

本章只是一个开始，以风险因素和潜在波动性为标准对债券基金进行了分类。这一章将讨论货币市场基金和免税债券基金的特点与平均年化收益率，这些基金的期限从1年到10年不等。应税债券基金的内容将在第十三章进行讨论。

首先，让我们了解这个行业中最古老的一类债券基金：货币市场基金。很多读者甚至不会把它看作债券基金。

货币市场基金

2008年前，我一直认为这部分内容不怎么需要修改。毕竟从诞生时起，货币市场基金便无处不在；而且直到2007年秋天前，人们普遍认为这类基金实际上没有风险。

什么发生改变呢？2008年9月，雷曼兄弟公司宣布破产。同一周的9月16日，历史最悠久的货币市场基金——主要储备基金（Reserve Primary Fund）被发现持有雷曼兄弟公司的债券，而这些债券一夜之间变得一文不值。在那一天，主要储备基金的每股净值正式“跌破1美元”，其资产净值（NAV）下跌至约97美分一股。与同时间段的股市和债市相比，这算不上特别重大的损失。但对存在价值就是每股价格从不会跌到1美元以下的货币市场基金来说，这就是一次剧烈地震。基金遭到机构投资者的挤兑，而基金在那一天中止了赎回。后来，为了向投资者还款，主要储备基金随后关闭又重启了资产变现。这支基金与美国证券交易委员会陷入大约一年的争端，不过经过几次收益派发后，到2010年6月底时，基金投资者收回了大约99%的原始投资额。

回到2008年9月，主要储备基金净值的下跌引发了恐慌：挤兑货币市场基金突然有可能变为现实。而且这样的挤兑可能给短期商业票据市场带来重大负面影响，因为商业票据市场的日常运营资金来源就是货币市场基金。

为了避免恐慌情绪蔓延，时任美联储主席的亨利·保尔森宣布为货币市场基金提供上限为25万亿美元的联邦担保。这一举措立刻取得效果，成功阻止了公众对货币市场基金的挤兑。联邦担保预计在2009年9月到期，最终也如期终止。

尽管恐慌情绪慢慢消散，但主要储备基金的失败催生了一些改变货币市场基金监管法规的提案。下文将讨论一些获得采纳的提案，以及一些仍在讨论中的提案。首先，我们将简单讨论货币市场基金的运营方式。

货币市场基金如何运作

货币市场基金是一种独特的固定收益基金。它们是唯一不会出现净值上下波动的基金，其净值始终保持一股1美元。货币市场基金的原理很简单。货币市场基金投资的是各种期限极短的债务工具，通常为3个月甚至更短。当这些债券到期时，它们就会被其他相似的短期债券替换。本金的价值不会改变，但利息收入却会因为利率变动而发生变化。自推出时起，货币市场基金就被看作最安全的投资之一。

货币市场基金属于最优质的固定收益基金，至今仍保持着超高人气。这种基金在市场上随处可见。在2010年5月我开始写这本书时，尽管当时的收益率极低，但流向应税债券基金的资金中，仍有大约70%流入了货币市场基金：当时的收益率低至每年5个基点，最高的机构型基金也不过30个基点。注意，这些资金有60%为机构资金：各种机构都在利用货币市场基金，在极短时间里配置资金。

从整体上看，货币市场基金是极为成功的一款产品。投资者和提供产品的公司都获得了收益。尽管大量资金集中在这里，但历史证明，这个市场几乎没出现过丑闻、欺诈，也没发生过多少损失。人们大概已经忘了一个事实，那就是在货币市场基金出现前，个人投资者的无风险投资选择，只能局限于法定利率极低的储蓄存款。货币市场基金的重大创新在于，它们让个人投资者接触到了过去专属于机构投资者的货币市场高收益率。在一个利率接近 0（有时甚至就是 0）的环境中，这种好处就像是天方夜谭。不过货币市场基金最重要的创新在于，这些基金为个人投资者提供了依靠最短期债券（平均期限为 3 个月甚至更短）获得最高收益的机会。

按照法律规定，货币市场基金的期限不得超过 90 天（2010 年底生效的新规定将这个期限缩短至 60 天）。有些货币市场基金偶尔会将期限限制在 50 天或更短，特别是存在利率上升预期时。由于期限短，货币市场基金面对利率变化时的反应也很快。利率上升，收益率也会上涨；利率下降，收益率就会下跌。利率上升时，这种快速反应就是优势，利率下降时就变成了劣势。

货币市场基金分为两种形式：应税与免税。两种都可以进一步细分。

应税货币市场基金

应税货币市场基金分为以下几个类别。

普通基金。这是货币市场基金中数量最多的一类。这类基金投资各种短期债务工具，包括短期国债、有保险的定期存款、公司发行的商业票据、联邦机构债券、回购（即隔夜贷款）、外国债务，还有种类不断增加的短期债务工具。

仅国债货币市场基金。这个类别的基金只购买国债。仅国债货币市场基金的收益率比投资公司发行的商业票据的货币市场基金低，具体差别取决于利率水平。但是，这类基金的利息收入免交州税。经过税务减免，这类基金的税后净收益率可能与多元化投资的货币市场基金接近，在州税率很高的地方尤其如此。对不愿意承受风险的投资者来说，这类基金的另一个优势就是持仓债券拥有无可挑剔的信用质量。

政府货币市场基金。第三类则是拥有“政府”标签的货币市场基金，这些基金不仅投资国债，也投资极短期的联邦机构债券。

经纪公司和共同基金集团都会提供应税货币市场基金。大多数共同基金集团至少提供一种应税货币市场基金；大型共同基金集团同时提供应税和免税货币市场基金，通常也会提供多个应税及免税货币市场基金供投资者选择。货币市场基金的最低投资限额通常较低，一般为 1 000 美元。银行也会提供等同于货币市场基金的产品，即“货币市场账户”。银行货币市场账户由联邦存款保险公司提供保险，保险赔偿上限为每个账户 10 万美元。经纪公司和共同基金提供的货币市场基金均被视为债券基金、受美国证券交易委员会监管，这些基金没有保险。

银行货币市场账户的收益率通常低于经纪公司的货币市场基金，主要因为这些账户拥有保险。可如果有保险能让你睡得安稳、少点担忧，那就无比把钱从储蓄账户中取出，投入有保险的货币市场基金。你不仅能提高收益率（相比储蓄存款），而且投资是 100% 安全的。货币市场账户的开户金额较低。不过需要注意的是，经纪公司提供的仅国债货币市场基金直接投资国债，因此与银行的货币市场基金一样安全，但收益率更高。此外，被“保险”的数额也没有上限。

应税货币市场基金的收益率与回报

货币市场基金的收益率报价采用了 SEC 标准收益率，以过去 7 日及年化利息收入为基础计算而来。这个数字既有可能是单利，也有可能是复利。过去，货币市场基金的收益率一般接近 3 个月期的国债收益率（读者应该还记得，3 个月就是货币市场基金的平均期限）。普通货币市场基金的收益率相对更高，而仅国债货币市场基金和银行货币市场账户的收益率略低。前面提到过，新的监管规定要求货币市场基金的平均期限不得超过 60 天。当这些监管规定生效时，货币市场基金的收益率将会接近于 2 个月期国债的收益率。

20 世纪 80 年代，货币市场基金的收益率特别高：1981 年时曾经短暂出现过 20% 的收益率。从 20 世纪 90 年代到 2008 年，货币市场基金的收益率最高可达 6%，却也曾低至 2%。从金融危机爆发，2008 年 9 月美联储降低贴现率开始，货币市场基金的收益率降至历史最低水平，其中一部分的收益率不到 10 个基点，很多基金的收益率实际上等于零。

不要忘了，短期利率就是 0 到 15 个基点，每年管理基金的费用超过了利息收入。那些投资商业票据的基金也是如此，而投资商业票据的基金的利息收入还要高于那些仅投资国债的基金。为了防止收益率变负，很多基金公司开始减少管理费用。尽管如此，从 2009 年起，大约有 63 支货币市场基金退出市场，或者与其他基金合并。如果超短期利率不上升，将会有更多基金被迫退市。但在我写这本书时，美联储是否会提升短期利率仍无定论。

在其他“正常”时期，货币市场基金的收益率一般会集中在一个较小的区间，彼此之间相差不超过50个基点。然而，有些货币市场基金的表现会大幅落后于平均水平。读者大概能够想到，关键点就是费率。低成本产品的领先者是先锋基金，它们的货币市场基金的费率一般在15个基点到30个基点之间，不同基金之间各有区别。其他基金集团的费率平均为50个基点，但也有部分达到100个基点。

免税货币市场基金

免税货币市场基金同样分为两大类。

普通免税货币市场基金。这类基金投资于全美各地的免交联邦税的短期债务工具。

单州免税货币市场基金。这类基金仅投资一州发行的债务工具，免交所在州的州税，同时免交联邦税。

免税货币市场基金由共同基金集团发行。这种产品仍然很受投资者欢迎：在免税债券基金的投资总额中，约有40%到45%流入了货币市场基金。尽管自2008年起这类基金的收益率非常低（远低于10个基点），但很少有资产退出这些基金。免税货币市场基金的监管法规与应税货币市场基金类似。

到目前为止，这些基金拥有几乎完美的安全记录。还没有免税货币市场基金净值跌破过1美元。但读者需要注意，不存在任何保险为这些基金提供保障。

想确定究竟是应税还是免税基金更适合自己，你需要进行一些简单的计算。你需要计算出税后净收益率，具体计算方法与市政债券相同（见第七章）。尽管没人喜欢交税，除了处于高税级的个人外，应税基金的税后净收益率通常比免税货币市场基金更高。这是因为，极短期免税债券的收益率非常低。此外，你还需要计算，确定单州免税货币市场基金是否适合自己。适合与否取决于你的联邦税级和所在州的税率。

货币市场基金的安全性究竟如何

在2008年之前，这是一个看上去很愚蠢的问题：货币市场基金被视作基本没有风险的产品。形成这种观念的部分原因在于货币市场基金有极为严格的监管法规。货币市场基金按要求需要大量多元化投资，而且基金可购买的证券种类也有限制。严格的监管在短期带来了令人眼馋的安全记录。

然而，即便在2008年之前，应税货币市场基金偶尔也会持有违约的短期公司债券，比如1990年、1994年和1999年。公众对货币市场基金的信心，主要建立在基金净值不会“跌破1美元”的信念之上。为了防止公众信心受挫，出问题的货币市场基金的母公司会通过买入违约债券的方式承受损失。

但问题仍然存在：为什么会发生这些潜在损失？在前面的案例中，出问题的基金经理只为了稍稍提高基金的收益率，就购买了风险更大的债券。毫无疑问，有些就是为了对高费率进行补偿。

由于2008年发生的金融危机，一些新的监管法案被提上日程，这些提案的目的都是为了提高货币市场基金的安全性。以下提案已经得到采纳。

- 平均加权期限从90天降至60天。
- 可投资的商业证券的最低信用级别被调高。
- 基金中至少10%的资产必须是1日期限的资产。
- 基金中至少30%的资产必须投资于一周到期的资产。
- 基金需要更频繁地申报资产净值。

还有一份提案仍在考虑中，也就是允许货币市场基金的价格“浮动”。到目前为止，这是最有争议的一项提案。支持者认为，如果投资者存在基金净值偶尔可能跌破1美元的心理预期，真出现这种情况时就不会导致恐慌情绪。反对者则认为，允许价格浮动将事实上摧毁现有的货币市场基金，使其转变为超短期债券基金。人们主要担心，货币市场基金可能为了提高收益率而承担过多风险。

你应当将多大比例的资金投入到货币市场基金中

因为安全性和便利性，货币市场基金已经成为替代银行储蓄账户和支票账户的不二之选，人们也可以把货币市场基金用作储备活动现金、以备不时之需的工具。但在很长一段时间里，货币市场基金的收益却显著低于股票或其他长期债券及债券基金。此外，尽管本金很安全，但货币市场基金的收益风险极高，而且也存在显著的再投资风险。由此产生了两个问题：是否应该在投资组合中保持固定比例用于配置货币市场基金？如果答案是肯定的，应该配置多少？

与其他投资手段相比，货币市场基金的吸引力因利率水平及收益率曲线不同而有所区别。如果收益率曲线是平向或反向的，货币市场基金的收益率可能高于长期债务工具，但持续时间通常非常短。货币市场基金的总收益偶尔也会高于其他债券投资。当长期债券利率上升时就会出现这种情况，比如1994年和1999年。整个1999年，所有货币市场基金都获得了正的总收益，而大多数长期债券基金的收益却为负数（各种长期债券基金的总收益下跌近10%到12%）。

我并不是建议投资者在担心债市或股市时，为了“捕捉市场时机”而把资金全部投入到现金类产品（比如货币市场基金）。没有证据表明每个人都总能成功地“捕捉市场时机”。但这确实表明，大多数投资者应当将一定比例资产配置于安全性极高的投资上，比如货币市场基金或超短期固定收益证券，以便在股市或债市分别或同时出问题时平稳度过困难时期。有些金融顾问认为，退休人员用于投资现金类产品的金额，至少应该等于自己一年的总支出。

如果将时间拉长，货币市场基金的实际收益率很难追得上通胀率。除非只占投资组合的较小比例（不能超过20%），否则货币市场基金不适合作为长期投资。

总结起来就是，为了在短期内把资金存在某个地方，如果安全是第一诉求，你应该投资仅国债货币市场基金或者有保险的银行货币市场账户。普通货币市场基金（如果处于高税级，那就是免税货币市场基金）的安全性略差，但能带来更高的总收益。

最后，让我们了解一下过去这些年里货币市场基金的业绩表现。表12.1显示了普通和仅国债应税货币市场基金的平均年度总收益，以及免税货币市场基金的平均年收益率。平均年收益率分别显示了截至2009年12月31日，2008年和2009年持有期为5年及10年的基金收益率。

表12.1　持有期为5年和10年的应税及免税货币市场基金在2008年和2009年的平均年度总收益率（数据截至2009年12月31日），其中包括全部派发收益、分红及假定用于再投资的资本收益

	2008年（12/31/2007-12/31/2008）	2009年(12/31/2008-12/31/2009)	5年（12/31/2004-12/31/2009）	10年（12/31/1999-12/31/2009）
普通货币市场基金	2.04%	0.17%	2.66%	2.47%
美国国债货币市场基金	1.12%	0.03%	2.26%	2.25%
免税货币市场基金	1.69%	0.16%	1.80%	1.76%

表中的收益率在一定程度上是在提醒读者，正常情况下，货币市场基金的收益率和总收益只是略高于零。这样的收益率能够吸引投资者的关注还有两个原因。

- 第一，如表 12.1 所示，从长期来看，普通货币市场基金的平均年收益率略高于仅投资国债的基金（但需要注意的是，仅国债货币市场基金的费率非常低，因此其总收益可能会高于普通货币市场基金）。
- 第二，从税负角度出发，对于处于 25% 税级的人来说，免税货币市场基金的 5 年期和 10 年期平均年度总收益会高于应税基金（对处于 25% 税级的人来说，1.89% 相当于 2.52%）。

最后，当我们考察其他风险更高的长期债券基金时，所有货币市场基金的总收益都可以用作参考标准。我们将在后面看到，尽管大多数长期基金的总收益率都会高于货币市场基金，但其中一些波动性更强、风险更高的基金偶尔也会落后于货币市场基金。

除货币市场基金外的其他选择

如果想在较长时间里将大一笔钱投入到安全性极高的债务工具，市面上也有一些非货币市场基金可以选择，这样的投资组合能在不显著增加风险的同时提高你的收益率。其中一个选择就通过“国债直达”（详见第六章），投资短期国债和短期票据（2 年或更短）的组合。另一个选择是投资 3 个月、6 个月或 1 年期的定期存款（CD），它们的收益率通常高于银行的货币市场基金账户（经纪公司会在全美范围内购买有保险的高收益定期存款）。此外还有一个选择，就是投资所谓的“巨型定期存款”，这种投资的最低限额约为 10 万美元。大多数经纪公司也会在全美各地购买高收益率的巨型定期存款，随后再转卖给个人投资者（巨型定期存款的收益率和其他货币市场基金一起刊登在报纸上）。不过需要注意的是，尽管定期存款有保险，而且收益率高于货币市场基金，但提前出售可能会受到利息损失。

免税货币市场基金账户不存在对等的产品。可行的替代方案是购买在 1 年或更短时间内到期的高信用质量免税债券；或者购买 1 年内或更短时间内到期的免税债券，比如税务预期债券（TAN）和收入预期债券（RAN）；也可以购买平均加权期限不到 2 年的超短期债券基金。

及时了解货币市场基金信息

平面媒体对货币市场收益率的报道非常零散，而且总是变动。网络上货币市场基金最全面的信息，包括收益率、不同类型的基金，以及如何寻找最高的收益率，都可以在 imoneynet 网站上找到，《巴伦周刊》也会在周末发布一些来自这个网站的数据。

价格上下起伏的债券基金："大众款"基金与投机性更强的基金

不论针对固定收益证券市场的哪个部分，投资者均可以购买基金或单独的证券。市面上有专门投资市政债券的基金，也有专门投资国债、企业债券、GNMA 债券、国际债券和新兴市场债券等各种债券的基金。

前面提过，除了货币市场基金，所有债券基金的价格都会上下波动，有些波动幅度小，有些幅度很大。本章及下一章将会详细讨论这种现象的成因，哪些债券基金的波动性更小及其原因，以及哪些债券的波动性最大及其原因。进行这些分析的目的，就是让读者了解不同种类债券基金的潜在总收益率及波动性。

债券基金的名称中包含什么信息

有几个因素导致这个问题变得更加复杂。第一，外界对某类债券基金，比如垃圾债券基金，并不存在对整个类别风险的一般共识。作为主要评级机构的美国证券交易委员会和美国投资公司协会（Investment Company Institute）均试图创设一套评级系统，想为个人投资者购买债券基金时承受的风险设计一些参考指标。截至目前，各方意见尚未达成一致。

第二个让问题复杂化的因素在于，债券基金市场上并不存在一个得到普遍认同的分类机制。债券基金的两大数据提供商晨星和理柏有着不同的分类方法。分类的另一种说法是"基金目标"。因为更为全面，所以我使用的是理柏的数据库和分类标准。

投资债券基金还有一个更为神秘的问题是，如何准确对某支债券基金做出分类，有时并不一定能找出明确的答案。这是因为很多债券基金的名称含混不清，没有明确指出基金究竟投资的是什么债券。

首先，基金的名称可能极为笼统，使人无从了解基金所持证券的种类、期限、信用质量以及主要风险因素。归根结底，名称是一种营销工具，就是为了吸引投资者。此外，还有一些可能因此混乱的情况，所谓"政府"或者"仅政府"基金就是最典型的例子。这些基金可能主要投资的是国债或 GNMA 债券，也有可能投资联邦机构债券或零息债券，或者投资上述债券的组合。不论哪种情况，基金名称暗示了最高的信用质量和极低的风险。可我们也知道，利率风险对政府债券的影响力，并不亚于同等期限的其他债券。后面必要时，我也会举出基金名称混乱的其他例子。

其次，很多债券基金不只投资一个债券市场板块。基金的名称偶尔能显示出这个特点，比如带有"多板块"或"总收益"标签的债券基金。可即便基金名称中提到了某个债券市场板块，那也并不等于基金只投资这个板块的债券。无论名称是什么，很多债券基金会投资各种期限、信用质量有高有低的多种债券。为了能以高收益率作为卖点，也为了提供总收益，很多债券基金也会投资少量信用质量较低但收益率更高的债券，比如高收益率债券、金融衍生品，甚至可能包括股票。这种操作可能在市场情况好时提高总收益，但也会在市场走弱时导致基金加速下跌。另外，这些低信用质量债券有可能不会出现在基金的基本信息中。

迈克尔·理柏的分类定义（迈克尔·理柏的用词是"目标"）相对小得多。迈克尔·理柏会根据自身制定的标准，确定一支基金属于哪一种类（对基金经理来说这很重要，因为迈克尔·理柏的评级在一定程度上决定了他们的薪水！）。即便这些定义有着量化标准，却仍证明了仅以名称来确定基金的特点是一件极有难度的事情。迈克尔·理柏的大致分类标准是，如果想被分进某一个类别，那么基金中应当有 65% 的债券属于这个类别。比方说，如果一支基金被分类为企业债券基金，那么基金持有的债券中有 65% 应当是企业债券。但这也意味着，基金有多达 35% 的债券不是企业债券。有些基金持有的不属于特定类别债券的比例更高。

实践中，共同基金集团对基金的定义比迈克尔·理柏更为松散。最典型的就是拥有"高收益率"和"高收入"标签的基金，不同共同基金集团的定义各不相同。有些基金集团将自身期限最长的基金定义为"高收益率"或"高收入"基金，是为了表明基金因为投资长期债券而拥有高收益率，但这些高收益基金的信用质量可能非常出色。其他基金集团的"高收益率"或"高收入"基金指的是投资较低信用质量、因此收益率较高的基金。（还要注意，即便是迈克尔·理柏的分类中也存在重合的情况。）

为了确定不同债券基金的风险因素指标，我把迈克尔·理柏的分类又分入了两个基本类别："大众款债券基金"和"投机性更强"基金。

“大众款债券基金”最容易描述，理解起来也最简单。对于这些基金，利率风险（即期限长短）就是基金波动性和总收益的最主要决定因素。所有期限较长的市政债券基金都可以被归入“大众款”基金，很多应税债券基金也可以被归入这一范围。大众款基金既可以投资国债或联邦机构债券，也可以投资多种投资级别债券。

我把第二类称为“投机性更强”基金的原因，是因为它们的风险因素更加复杂。这类基金即便处于同一组别中，不同年份、不同基金的总收益波动也是最大的。这类债券基金包括垃圾债券基金、国际债券基金、新兴市场债券基金和多板块债券基金。所有应税债券基金，不论属于大众款还是投机款，都会在第十三章进行讨论。

迈克尔·理柏一般将基金分为两大类：应税基金和免税基金。在这一章里，我们会讨论免税基金。从名称中就能看出，这些是投资免交联邦税债券的基金。

大众款基金：估算波动性

对于这一类基金，总收益（派发收益加任何价格的改变）和价格的波动性（即每份基金价格的上下波动程度）与资金投资组合的平均期限长度直接相关。出现这种情况的原因有二个。假设有一个正常的“向上”收益率曲线，期限越长，派息收益率越高；期限越短，派息收益率越低。因此，平均期限较长的基金，收益率通常高于期限较短的基金。

但获得更高收益率，通常也要付出代价。这里的代价就是，平均期限更长的基金，每个份额的价格面对利率变化时，上下波动的幅度会比期限较短的基金大得多。我们在前面提到过，债券基金面对利率变化时的反应与债券基本相同。

我们可以用久期估算债券基金的潜在波动性，相关内容已经在第四章和第十一章中进行了详细讨论。久期衡量的是债券面对利率变动时敏感性。其基本原则是，利率水平每变化 100 个基点（1%），基金净值上涨或下跌幅度等同于久期的数字。假设一支基金的久期是 8 年，如果利率从 6% 上涨至 7%（也就是 100 个基点），基金净值就会下跌约 8%。利率出现同等级别的下跌，就会导致基金净值出现相同程度的上涨。

这些数字都是约数，正如我们在第四章里说过的那样，具体数字因利率水平不同而有所区别。利率较低时，净值的变动幅度更大。比方说，和利率从 8% 上涨到9%相比，利率从4%上涨至5%的百分比变化幅度更大。同时，利率下跌时基金净值的变化幅度也会大于利率上涨时。基本原则是，久期虽然是约数，但在估算债券基金潜在波动性时很有用。

如果持有时间很短（1到2年），特别是在利率波动性很强时，和利息收入相比，基金净值的变化通常是决定总收益的主要因素。因此短时间持有长期基金时，总收益就会变得难以预测。利率下降时，基金净值就上涨，总收益就会因此高于利息收入；利率保持不变，基金净值不会出现变化，总收益就等于利率收入；利率上升，基金净值就会下跌，这时的总收益有可能低于利息收入。

如果长期持有，比如持有10年或更长时间，长期基金的总收益率应当高于短期基金。部分原因在于，经过很长时间后，基金总收益的主要组成部分将变为收益部分（派发收益，加上利息收入再投资后获得的复利）。由于长期债券基金的利率风险更高，在类似20世纪70年代利率以不可阻挡之势飙升的年代里，长期债券基金就会变为糟糕的投资选择。在我写这本书时，利率水平很低，长期利率未来有可能开始上升。但没有人知道上升的幅度会是多少，也没有人知道何时开始上升。我们在后面也会看到，类似2008年这种极端糟糕的年景，有可能显著减少甚至导致过去10年极为出色的投资收益全部蒸发。

市政债券基金

如前所述，所有市政债券基金都可以归入“大众款”基金。市政债券基金是最早出现在市场上的债券基金之一，其中一些诞生于20世纪70年代。20世纪90年代后半段，由于股市进入大牛市导致债券吸引力减弱，市政债券基金的人气出现回落。但不管怎么说，债券基金中仍有大约1/4的资产配置于市政债券。这类基金最大的吸引力就是利息收入免交联邦税（但如果居住在发行债券所在州的话，你需要缴纳州税）。市政债券的多元化程度低得多，同质性远高于应税债券。市政债券也是债券市场中唯一一个由个人投资者主导的市场板块。

深入讨论市政债券基金前，让我们先仔细看看表12.2和表12.3。表12.2展示的是截至2008年12月31日、持有期为5年的市政债券基金在2008年的总收益。表12.3展示的是截至2009年12月31日、持有期为10年的市政债券在2009年的总收益。（这里的总收益指的是平均年复合总收益率，包括再投资所有派发收益与资本收益，也包括价格的变化。）

加入持有期出于几个考虑，让我先说明自己想用这些表格说明什么。

- 首先，我想说明这两年（2008 年和 2009 年）的总收益均为异常情况。在 2008 年（恐慌年），除国债外，债券市场的所有板块均遭遇了灾难性的损失；2009 年几乎是 2008 年的反转，债券市场的很多板块都获得了巨额收益。
- 我还想说明，波动性极强年份的收益，不管是上是下，对总收益的影响时间可以长至 10 年。这一点很重要，比如了解长期的平均年收益率时就有重要意义。
- 最后，我还在 2008 年和 2009 年加入了“仅本金收益率”，以说明利率变化对基金净值的影响。“仅本金收益率”只表明了净值变化的百分比，并未考虑分红收入。

表 12.2　截至 2008 年 12 月 31 日，市政债券基金的平均年度总收益率：所有派发收益、分红及资本收益均用于再投资

	2008（12/31/2007-12/31/2008）	2008（仅本金）	5 年（12/31/2003-12/31/2008）	10 年（12/31/1998-12/31/2008）
短期（1 到 2 年）	0.12%	−3.35%	1.66%	2.85%
中期（2 到 5 年）	−1.79%	−5.37%	1.85%	3.35%
普通型	−9.09%	−12.80%	0.53%	2.44%
单州（平均）	−7.09%	−10.63%	−1.11%	2.83%
高收益率	−25.11%	−29.07%	−2.48%	0.57%

表 12.3　截至 2009 年 12 月 31 日，市政债券基金的平均年度总收益率：所有派发收益、分红及资本收益均用于再投资

	2009（12/31/2008-12/31/2009）	2009（仅本金）	5 年（12/31/2004-12/31/2009）	10 年（12/31/1999-12/31/2009）
短期（1 到 2 年）	5.25%	2.94%	2.53%	3.20%
中期（2 到 5 年）	10.75%	7.08%	3.39%	4.60%
普通型	16.85%	12.01%	2.91%	4.59%
单州（平均）	15.52%	—	3.02%	4.57%
高收益率	30.80%	23.16%	1.48%	4.42%

让我们基于迈克尔·理柏的分类，简单了解一下各种市政债券基金。

- 最大的子类别是“普通型市政债券基金”。普通型市政债券基金是多元化的市政债券基金：可以按债券类型分类（一般责任债券和岁入债券），按地理位置分类（包括来自很多发行免税债券的州），也可以按信用质量分类（不过迈克尔·理柏规定，普通市政债券基金中至少有 65% 的资产应当用于投资级别债券）。
- 高收益率市政债券基金至少将投资组合的 50% 配置于低评级市政债券。这个规定就是高收益率市政债券基金与普通市政债券基金的区别。换句话说，迈克尔·理柏的高收益率基金配置的大多是低于投资级别的债券。
- 短期、中短期和中期市政债券基金的加权平均期限均短于长期债券基金。短期市政债券基金的平均加权期限为 3 年或更短，中短期市政债券基金的平均加权期限为 3 到 5 年，中期基金的这个数字则是 5 到 10 年。这些基金在其他方面也很多元：地理位置、投资的债券种类和信用级别都有差别。
- 单州市政债券基金主要投资某一个州发行的债券。这些基金免交联邦税，同时也免除发行州居民的州税和地方税。迈克尔·理柏为 27 个州列出了单州基金。其中大部分为长期基金，但现在一些较大的州，比如加利福尼亚州和纽约州，也会发行中期和中短期基金。

这些表格有什么意义

想要理解表 12.2 和表 12.3，首先要明白，绝大多数所谓的“普通型”或“全国型”免税债券基金都是长期基金。这些基金面临的最大问题就是利率风险。唯一非长期的市政债券基金，就是那些被明确界定为短期的基金，即“短期”和“中期”基金，这些基金面临的利率风险要小得多。但 2008 年终将被历史铭记，在那一年，持有任何稍微有一点儿风险的债券，不管是利率风险还是信用风险，最终都会遭受损失。实际上在 2008 年，尽管低评级免税债券的违约率远低于企业债券，但免税“高收益率”债券基金的损失程度还是几乎与高收益率企业（即所谓“垃圾”）债券基金相当。

分析表 12.2 和表 12.3 时，以下几个情况非常突出。

- 如表 12.2 所示，不论是普通型基金还是单州基金，损失最大的是平均加权期限最长、风险最大的基金，还有高收益率基金。

- 到目前为止，表现最差的是“高收益率”基金（别忘了，迈克尔·理柏的“高收益率”指的是至少将50%的资产配置于低于投资级别的债券，比如烟草债券或私人企业债券）。这类基金在2008年出现了市政债券基金历史上从未出现过的损失：平均亏损率高达25%（-25%）。表现较好的“高收益率”基金的收益率为-12%到-13%。而投资风险最高的债券的基金承受的损失让人瞠目结舌：其收益率为-30%到-50%。
- 另需注意，普通型（长期）基金和高收益率基金承受了极其巨大的损失，导致过去10年出众的总收益被直接抹平。表12.2表明，截至2008年12月31日，高收益率基金过去10年的整体10年平均总收益率下跌到了勉强超过零的程度（平均复合年收益率为0.57%）。
- 2008年，很多普通型基金和单州免税基金出现了几乎等同于高收益率基金的损失（但整体一平均，这些损失就消失了）。有必要再次强调的是，出现这些损失的主要原因是很多普通型基金属于长期基金。
- 局势在2009年出现了大逆转。如表12.3所示，高收益率基金和长期基金（包括普通型基金和单州基金）在2009年均取得了巨额收益（高收益率基金的平均收益率为31%，普通型基金的平均收益率为17%）。可即便收益如此丰厚，到2009年12月31日时，不管持有时间为5年还是10年，以上两类基金的平均总收益率还是低于风险较低的中期基金。
- 2008年和2009年表现最好的，都是平均加权期限在5到10年的中期基金。从表12.2中可以看出，这类基金的平均年度总收益率在2008年几乎没有变化（有些表现更好的中期基金2008年甚至还获得了少量收益），这在2008年已经算是相当出色的表现了。表12.3也表明，中期基金在2009年获得了接近11%的平均总收益。无论持有期是5年还是10年，不论在2008年12月还是2009年12月，中期基金均获得了最高的平均总收益率。
- 到期基金（期限为1到2年的基金）相当于安全港。这类基金中表现更好的一部分，甚至在2008年也取得了正的总收益，2009年时同样触底反弹。从1998年到2008年的10年，这类基金的平均年度总收益率事实上比高收益率组还要高（短期基金的平均收益率为2.85%，高收益率组同时间段的平均收益率只有0.57%）。从1999年到2009年的10年，由于高收益率基金在2009年收益颇丰，高收益率基金的平均年度总收益率也超过了短期基金。从表12.3中可以看出，短期基金的平均年度总收益率为3.2%，而高收益率基金的对应数字为4.42%。

- 2008年的损失和2009年的正收益，背后的主要原因均是基金净值的变化。表12.2中的仅本金收益率表明，高收益率基金净值的平均损失接近30%，普通型和单州基金的损失接近13%。到了2009年，“仅本金”一栏显示，高收益率基金的平均收益率为23%，普通型基金则是12%。表12.2和表12.3也表明，期限越短基金净值的变化幅度就越小。

最后还需要注意很重要的一点。虽然我只在表12.2和表12.3里列出了“仅本金”收益率，但这个概念会不断出现在后续与债券基金有关的内容中。对期限较短的“大众款”债券基金而言，净值的变化要么可以忽略不计（期限最短的基金），要么非常微小（中期基金）。对长期基金来说，净值变化才是导致总收益变动的最主要原因，特别是在如今利息收入处于历史性低点的时候。

更多与挑选市政债券基金有关的内容

让我们继续深入了解市政债券基金的各个细分种类。

普通长期免税债券基金

普通长期免税债券基金可谓这个行业的“老兵”，其中一部分诞生于20世纪70年代，至今仍是市政债券基金的最大组成部分。这些基金的地域分布非常广。但债券基金行业有一个“不可告人的秘密”，那就把收益率当作卖点推销基金。普通债券基金投资的是平均加权期限最长的债券（一般为16年到25年），久期通常为6年到10年。不管年景是好是坏，这么长的久期都是导致基金波动的最主要原因。年景好时，利率下降，这么长的久期就会进一步放大基金净值的上涨。可当利率上升时，这么长的久期也会进一步放大基金的损失。

风格最为激进的基金，也就是收益率最高的基金，投资的也是长期债券。为了进一步提高收益率，这些基金可能也会加入少量的低信用质量债券。因此，基金净值的短期变动变得极难预测，而且变动幅度可能非常夸张。2008年，有些管理风格激进的长期市政债券基金出现的损失接近于高收益率免税基金。管理风格更为保守的长期基金投资的主要是拥有高信用质量的债券，久期通常也会更短，一般在7年以下。这些基金的波动性比较低，因为管理风格更保守的基金通常能为长期投资者更好地保护本金，并以更低风险实现更高的总收益。

免税高收益率债券基金

前面提过，“高收益率”这种说法容易产生混乱。对应税债券基金来说，“高收益率”指的是投资低于投资级别债券的基金。尽管名字相似，但市政债券基金的“高收益率”与企业发行的“高收益率”债券或垃圾债券并无可比性。免税高收益率基金投资的是风险更高的免税债券（比如烟草债券、养老院债券、类似机场债券的私营企业债券、无评级债券等）。这类基金投资的债券，信用质量集中在投资级别或者更低。但这和企业垃圾债券完全是两回事。即便是信用质量最低的市政债券，违约率也非常低。

此外，并不是所有“高收益率”债券基金投资的都是同一信用质量范围的债券：很多名称中带有“高收益率”字样的基金，主要投资的是高信用质量债券，只不过选择的是期限更长的债券。只有风格最激进的基金，才会把投资重点放在信用质量最低的债券上。想要评估高收益率基金的信用质量，关键要看投资组合的构成。如果基金中有 50% 的资产配置于投资级别甚至更高信用评级的债券，那么无论名称是什么，基金的信用风险都很低。

按照迈克尔·理柏的标准，这类基金被限制为至少有 50% 的资产需要配置于低于投资级别的债券。投资信用质量最低的债券，这显然是风格最为激进的市政债券基金。也有一些基金会在投资组合中加入一些金融衍生品。

因为这些原因，免税高收益率基金也是收益范围最广的市政债券基金。比方说在 2008 年，表现最高的高收益率市政债券基金的损失在 15% 到 18%，而表现最差的此类基金损失高达 30% 到 50%。

投资拥有最高 SEC 标准收益率报价的债券基金时，还有一个危险值得注意：2008 年底时，一支高收益率市政债券基金——奥本海默·罗切斯特市政债券基金报出了 13.8% 的收益率。尽管报出的收益率这么高，但这支基金在 2008 年的总收益出现了近 50% 的损失。如果算上 2008 年的利息收入，那么这支基金的净值下跌幅度超过了 60%。2009 年初购买基金的幸运投机者则能够获得相当丰厚的利润，因为 2009 年的总收益率超过了 50%。可抛开 2009 年的超额收益，截至 2009 年 12 月 31 日的 10 年持有期平均年化总收益率只有 2.29%，只比免税货币市场基金的平均年收益率高出几个基点，而且低于超短期免税基金的平均年收益率。

短期和超短期债券基金

有些优质的基金集团提供平均加权期限只有 1 到 3 年的市政债券基金，这些超短期债券基金的久期为1到2年。尽管其中一些基金拥有行业内最悠久的历史，但这类基金所占比例仍然较小。

设计这类基金的原理是，设置上述期限能比货币市场基金获得更高的收益率，而极短的久期减弱了波动性。同样需要注意的是，这些基金的久期极短，基金内所有债券都会在 3 年内到期变现，因此本金的风险极其微小。但这类基金存在一个缺点，就是再投资风险比长期基金高得多。

这些基金通常都能实现目标。它们的波动性远低于长期基金，如表 12.2 所示，超短期债券基金在 2008 年也取得了正的总收益。在 1994 年和 1999 年利率上升导致长期债券基金显著下跌的年份里，超短期债券基金同样取得了正的总收益。表 12.3 也表明，由于基金净值保持稳定，超短期债券基金在 5 年和 10 年持有期内的平均年度总收益率也超过人们的想象，与长期债券基金相当接近。

但是，与货币市场基金相比，超短期债券基金的表现有时就不那么乐观了。大多数时候，超短期免税债券基金的总收益和收益率都会高于免税货币市场基金。但偶尔有时候，如果短期利率上升，短期债券基金的净值就会下跌，导致免税货币市场基金的收益率和总收益至少有可能在很短的时间里超过超短期债券基金。

假设你的目标是在本金承受最小风险的同时，获得比货币市场基金更高的收益率和总收益，超短期市政债券基金无疑是合适的选择。当利率不稳定，且利率未来发展趋势不清时，这类基金尤其具有吸引力。

不过在我写这本书时，这类超短期债券基金的利率还不到 1%。当短期利率上升时（这种情况有可能在一两年内发生），超短期债券基金的净值可能因此下跌。由于利率非常低，任何程度的净值下跌都有可能变为当年的净损失。因为这些基金的久期很短（大多数为 1 到 2 年），损失本金的风险并不是特别高。但在现有环境下，货币市场基金在一段时间内也许是更好的选择。毕竟，当短期利率上升时，货币市场基金的利息收入也会提高。

有保险市政债券基金

我没有在表 12.2 和表 12.3 中加入有保险市政债券基金的信息，原因在于，我们在第七章里看到过，主流债券保险公司已经被降入远低于投资级别的等级，而且大多数有保险债券如今都以基础评级为基础交易，很多时候这些基础评级都比保险公司的评级高。可以明确的是，人们不再认为债券保险能够提供任何程度的保护。一些共同基金集团已经将自身的有保险债券基金与普通债券基金合并，但有些有保险债券基金仍继续存在。

除非债券保险重新成为市政债券市场的有力组成部分，否则没必要因为有保险就购买市政债券基金。如果高信用质量是你挑选市政债券基金的主要标准之一，那么选择投资类似 AAA 级或 AA 级高信用质量债券的基金即可，这比投资"有保险"债券基金能带来更高的信用质量。想进一步提高安全性，你应当选择久期不超过 5 年的中期基金。

2008 年与 2009 年的债券基金收益：一些反思

从现实角度出发，2008 年和 2009 年都是异数：这两年的收益率均远超"正常"范畴。

市政债券市场出现过几次糟糕的年景，比如 1994 年和 1999 年。但 2008 年却最为严重——毫无疑问，那是市政债券历史上损失最为惨痛的一年。但不要忘了，2008 年的损失并非源自利率的长期、持续上升（1994 年和 1999 年是这个原因）。2008 年出现重大损失，根源是 2008 年的一些特有因素：债券保险公司的崩溃；前所未有的信用价差导致低信用评级债券承受了远超实际风险的损失；最重要的是，买家与卖家的严重失衡——除非以跳楼价抛售，否则卖家几乎找不到买家。

总而言之，2008 年某些市政债券基金（尤其是高收益率和长期债券基金）出现了前所未有的损失。但这些损失是在极不寻常的环境下出现的，这种环境放大了所有实际风险。

一边是市政债券价格的大幅下跌，另一边的国债收益率出现同等程度的下降，如果从期限相同的市政债券与国债的收益率比较来看，两个因素叠加导致市政债券变得极其廉价。我在前面讲过，位于收益率曲线远端时（也就是 10 年或更长期限），如果市政债券收益率相当于国债的 85% 到 95%，我们可以认为市政债券的价格很便宜。2008 年 12 月时，收益率曲线上任意一点的市政债券与国债的收益率之比都在 150% 到 300% 之间。要知道，市政债券的收益率接近等于国债的 100% 的情况都很少见，上述情况仅仅持续了几天。尽管 2008 年 12 月的收益率比可谓闻所未闻，但那却是持续了几个月的跌势的终点。

局势最终迎来了强势反弹。2009 年，市政债券基金几乎反弹了整整一年。

2009 年底，市政债券与国债的收益率比重回传统的“正常”水平。如果看过有文章说与国债相比，市政债券出奇的“便宜”（我偶尔还能看到这种文章），你得明白，那是 2008 年底的情况。而局势在 2009 年已经出现了 180 度反转。市政债券和市政债券基金可能还是适合你的投资，但这两者不再出奇的便宜了。事实上在我写这本书的时候，因为 2009 年的收益，市政债券甚至比国债还要贵。

总结

市政债券基金最受欢迎的时期是 20 世纪 80 年代末和 90 年代初，那也是这类基金收益率最高的时候。在那段时间里，从税后净收益角度出发，市政债券基金为个人投资者带来了几乎比其他所有债券基金都要高的总收益率。出现这么高的收益率，原因主要有两个：一是 20 世纪 80 年代大多数时候和 90 年代初的利率水平普遍很高，二是那些年存在利率逐渐下降的大趋势。此外，从整体上看，市政债券基金大多能很好地保护本金。管理水平出色的债券基金应该能够持续这种趋势。

但读者不该认为，某支市政债券基金的表现会比对应的债券市场板块好很多。总的来说，市政债券基金的收益情况基本与对应债券市场保持一致。利率显著上升时，即便管理质量最高的市政债券基金，其净值也会下跌，有时还会出现大幅下跌。即便不太可能出现 2008 年那么夸张的损失，但在利率上升的大环境中，净值下跌也会蚕食总收益。虽说长期债券基金的经理可能会在一定程度上缩短或延长期限，以保护免税债券基金市场下跌的影响，但这种期限的变化其实很小。期限出现重大变化，将会给基金的收益率带来巨大影响。而收益率正是市政债券基金吸引投资者的主要卖点之一。

表 12.2 和表 12.3 均列出了这类基金整体的平均总收益率。显然，并非所有市政债券基金都是一样的。管理最好的基金拥有高于平均的总收益；管理最差的基金，表现也差得多。同一类基金中（比如高收益率基金或中期基金），总收益的差别在一定程度上和我们在上一章进行过的分析有关，比如费率和信用质量。

但总收益的差别也与基金管理风格有关，与基金是否为了提高收益而投资风险更大的债券或金融衍生品有关。总收益差别最大的情况出现在管理风格最为激进的基金中。

我在本书早前的版本中提过，尽管基金净值有时因为利率突然上升而出现大幅下跌，但从长期持有的角度来看（持有时间为 10 年或更长），长期基金和高收益率市政债券基金的总收益从均数看都能超过期限较短的基金。这种情况能否延续，完全取决于长期利率的发展。

除利率之外，还有一些因素也会影响到市政债券和市政债券基金。其中能抑制债券市场发展的，就是长时间的经济衰退或慢于预期的经济复苏。在我开始写这本书时，媒体上全是州政府和地方政府遭遇财务危机的新闻。长时间的经济衰退会带来很多降级倒退，但这并不意味着会有更多市政债券发生违约。即便 20 世纪的大萧条时期，市政债券的违约也非常低。可不管怎么说，降级、衰退以及更多与降级、衰退有关的消息，都会对市场起到抑制作用。

另一方面，可能导致市政债券需求量增加的因素，就是联邦层面的税负增加。这会让市政债券在更多的投资者面前变得更有吸引力，而更大的需求总能转变为市场的价格支撑。

我在书中始终强调，由于波动性极强，长期市政债券基金和高收益率免税基金的风险和波动性都比中期或短期基金高。寻求最高收益的投资者应当谨慎，确定是否应该把大部分资金投入到长期债券或长期债券基金上。在现有环境下，将一定比例的固定收益投资组合配置于短期债券或短期债券基金，或者类似 1 年或 2 年定期存款及国债这样的短期现金或现金等价物，不失为谨慎的选择。

第十三章
应税债券基金

本章将讨论以下问题：

- “大众款”应税债券基金——短期、中期与长期基金；
- 通胀保值债券基金；
- GNMA 基金；
- 投机性更强的债券基金——垃圾债券基金、多板块债券基金、国际债券基金和新兴市场债券基金；
- 其他与债券基金有关的内容——指数基金与参与放贷基金。

与市政债券基金相比，应税债券基金的组成更为多元化，自然也更难进行分类和定义。想了解应税债券基金的大致规模，首先不妨考虑美国投资者能够接触到的各种应税债券：企业债券、联邦机构债券（美国政府和外国政府发行）、联邦机构债券、抵押贷款担保债券和资产担保债券。再想想，每种债券又可以按照短期、中期和长期分类。应税债券也可以按照信用质量划分，从无可挑剔到垃圾级别，再到违约级别。最后还需要考虑的是，很多应税债券基金投资不止一种债券，而且为了提高收益率，很多基金会利用各种金融衍生品对冲或提高总收益。读者大概能意识到，为什么应税债券基金的分类难度比免税债券基金要大得多。我们在后面也会看到，由于管理策略的多样性，应税债券基金的总收益率并不像免税债券基金那样明确。

我把应税债券基金分为两大类。第一类是“大众款”基金，具体定义可见上一章——即主要风险源自平均加权期限和基金的平均信用质量。这类基金既投资各种企业债券和联邦机构债券，也投资抵押贷款担保债券和资产担保债券。

我把第二类基金称为“投机性更强”的基金。这也是波动性最强的债券基金，收益率的差别非常大。这类基金中包括垃圾债券基金、国际债券基金和新兴市场债券基金。

讨论这些分类前，首先我们还是要解决基金名称的问题。有些名称可以让你非常精准地了解基金的投资组合信息。比如“长期国债”或“短期企业”，都明确点出了基金的主要持仓以及期限范围。可很多应税债券基金并没有这么清晰明确的名称。事实上，很多名称有故意误导投资者的倾向。比方说，“政府”债券基金投资的可能是美国国债、联邦机构债券、GNMA 债券、零息债券的任意组合。其实很多“政府”债券基金（包括名称中带有“仅政府”字样的基金），主要投资的是 GNMA 债券。有些基金名称，比如“企业”“收益”和“高收益”，意思更含糊不清。这些基金可能持有企业债券、国债、联邦机构债券、GNMA 债券等各种以不同形式组合的债券。你无法从这些名称中看出基金实际上持有什么债券。更重要的是，你从名称中根本看不出基金的平均加权期限或投资组合的信用质量。实际上有些打着“收益”招牌的基金不仅投资债券，也投资股票。购买这些债券基金前，你必须要了解基金持有的究竟是什么债券，确定这些债券的信用质量和基金的期限与久期。如果做不到这一点，你就无法确定自己究竟会承受多大的风险。

国内“大众款”应税债券基金

“大众款”应税债券基金投资于各种最低为投资级别的美国债券。不过有必要再次强调的是，有些基金只看名称很难确定基金的持仓类型和期限（除非有着“仅国债”这样明确的名字），很多这一类债券基金的投资范围很广，其中包括企业债券、联邦机构债券、抵押贷款担保债券，可能还包括特定期限的国债。（我再次使用了迈克尔 · 理柏的分类，因为迈克尔 · 理柏的分类在基金集团和财经媒体中的适用范围最广。整理表格时我删去了一些小类别。）

这类基金面临的主要风险，还是我们的“老朋友”：由平均加权期限和久期决定的利率风险。迈克尔 · 理柏按照自身制定的标准，通过以下期限对基金做出了分类：

- 超短期基金（90 天到 1 年）；
- 中短期基金（1 到 3 年）；
- 中期基金（5 到 10 年）；
- 长期基金（10 年或更久）。

表 13.1 显示的是截至 2009 年 12 月 31 日，持有期分别为 5 年和 10 年的“大

众款”应税债券基金在2008年和2009年的平均总收益率。（总收益率是以所有分红及资本收益全部再投资为前提，同时加上份额价格变化后计算出的平均年化复合总收益率。）由于总收益率经过年化平均，所以除国债外，所有应税债券基金在2008年的损失和2009年的收益形成了鲜明对比。

表13.1 截至2009年12月31日，持有期为5年和10年的“大众款”应税债券基金在2008年和2009年的平均年度总收益率情况（所有派发收益、分红及资本收益均用于再投资）

	2008年（12/31/2007-12/31/2008）	2009年（12/31/2008/-12/31/2009）	5年（12/31/2004-12/31/2009）	10年（12/31/1999-12/31/2009）
超短期（1年或更短）	−5.96%	5.28%	2.05%	2.88%
短期美国国债（1到3年）	6.57%	0.65%	3.69%	4.22%
美国联邦机构债券	−3.04%	4.37%	3.47%	4.00%
短期投资级别（1到3年）	−5.77%	9.61%	3.02%	3.88%
中期投资级别（5到10年）	−4.43%	12.89%	3.90%	5.51%
长期美国国债（长于10年）	19.92%	−6.47%	4.76%	6.24%
A级企业债券	−5.88%	15.18%	3.47%	5.45%
BBB级企业债券	−8.84%	21.13%	4.04%	6.11%

接下来，我们会从期限最短的类别开始讨论，以期限最长的基金结尾。

超短期基金

这种基金投资的是超短期即90天到1年的投资级别债券。超短期基金被宣传为安全性堪比货币市场基金，且收益率更高。期限短显著降低了基金的利率风险，再加上高信用质量，这些基金就像对标的免税基金一样，应当为投资者带来适当且安全的收益。现实中确实有一些超短期基金能做到这一点。

但与对标的市政债券基金不同，有些超短期或短期企业债券基金却做出了令人失望或者说极其惨淡的业绩，有些基金的表现堪称灾难。读者可能猜到了，导致基金表现不佳的罪魁祸首，就是基金经理试图利用“复杂”投资策略提高总收益。

这类基金的灾难表现并不只是这些年才出现的。迈克尔·理柏将两种本书前一版讨论过的债券剔除出了这个类别，就是因为这些基金最初尽管以极低风险为卖点，收益率却极为糟糕。第一种是所谓的“短期世界多市场基金”，这种基金在 20 世纪 90 年代初很受欢迎。这些基金在推出时采用了双规策略：他们会投资短期外币债券，这些债券的收益率高于同等期限的美国债券；同时通过对冲外国货币的方式消除货币风险。由于推出时国外短期债券的利率高于美国债券，加上美元贬值，所以这些基金最初的收益颇高。两个原因导致这些投资策略失效：第一，外国债券的利率开始下跌；第二，美元兑外币开始升值。随着损失越来越大，资金逐渐退出了这些基金。

第二种同样在20世纪90年代风靡一时、号称货币市场基金的低风险替代品，就是投资 ARM（可调整利率抵押贷款）债券的基金。这些基金同样交出了令人极为失望的成绩单。这种基金目前仅剩几支，而且管理的资产都很少。

如果决定投资期限极短的债券基金，你需要了解基金的期限和信用质量。这一类基金总是定期发生灾难性损失，这也清楚地表明，在债券的世界中，只要愿意承受更多风险，你总能获得更高回报。可如果寻求的是安全稳定的收益，那就不要冒着损失本金的风险，去投资增加了自己不理解的所谓“结构性”证券或金融衍生品的基金。没人知道这样的基金什么时候会暴雷。

当然，如果你想投资国债，最简单的办法就是按照第六章提到的方法，通过“国债直达”直接购买国债。由于国债不存在信用风险，所以无需分散投资。如果购买短期国债并持有至到期赎回，你就能全额拿回本金。

短期美国联邦机构债券及国债基金（1到3年）

这是表 13.1 中列出的第二类基金，这类基金投资的是期限略长于超短期基金的债券——1 年到 3 年的债券。表 13.1 列出了两种属于这种期限长度的基金：仅国债基金，也就是全部投资国债的基金；美国联邦机构债券，其投资对象包括联邦机构债券。

尽管这类基金只占较小比例，但数量理应继续增加。这类基金的收益率变化范围相当小，如表 13.1 所示，其中大部分基金在表中所示的每个阶段，不管是 2008 年还是 2009 年，也不管持有期是 5 年还是 10 年，都取得了正的收益。这类基金的利率风险较低，而且信用质量较高。

2008 年，在短期国债收益率暴跌导致基金净值飙升的情况下，短期仅国债基金的平均总收益率超过了 6%，远超其利息收益。但到了 2009 年，由于国债收益率上涨，短期仅国债基金的总收益只是刚刚超过零。不过2008年的高收益拉高了5年和10年持有期的平均数。

如果利率保持稳定，美国联邦机构债券的收益率和总收益率应当高于仅国债基金，这种情况也是一般模式。比如按照表13.1的情况，联邦机构债券基金在2009年取得了正的平均年度总收益率（接近4.5%），使得这种基金无论是5年还是10年持有期，总收益率都与仅国债基金接近。

短期和中期投资级别基金

这两类基金投资各种信用评级为投资级别或更高的债券。短期和中期基金的主要区别在于，短期基金投资的是期限为3年或更少的债券，而中期基金投资的是期限为5年到10年的债券。

短期类基金中，有不少基金的名称中带有“低久期”或“短期”字样。有必要再次强调的是，这些基金希望在不承受过多风险的前提下，创造比货币市场基金更高的收益率，同时确保收益波动处于较低水平。这类基金面临适度的利率风险，信用风险同样适度。如表13.1所示，由于投资级别债券在2009年出现了强势反弹，这类基金在2009年获得了不同寻常的高收益率（平均为9.61%）。短期基金的5年和10年总收益也是正的，但低于中期投资级别基金（见后文）。

不过需要注意的是，这类基金在2008年交出了负的平均年度总收益，平均损失达到5.77%。具体到这一类别中的各支基金，收益范围则比平均数显示得广泛很多。约有半数此类基金在2008年取得了正收益率；但位于后半部分的基金至少出现过一次灾难性的损失：其中一支基金的损失高达69%（因为投资了次级抵押贷款债券），还有几支基金的损失超过了25%。大多数处于后半部分的基金出现的损失比较小，损失一般在5%到10%。但后半部分基金出现的损失加在一起，还是拉低了整个类别的平均数。

中期投资级别基金（5年到10年）

中期投资级别基金理应获得更多关注。在我写这本书的时候，这是整个应税债券基金中规模最大的一类：约有40%应税债券基金的资产集中于中期投资级别基金。导致这种情况的原因之一是存在两个超大的应税债券基金：太平洋总收益基金（Pimco Total Return Fund），这是市场上最大的债券基金（也是最大的共同基金，资产总额超过 2 200 亿美元）；以及先锋总收益债券指数基金（Vanguard Total Return Bond Index Fund），资产总额接近 800 亿美元。不过这一类中也包含大量小规模的债券基金（2009 年此类基金的总数为 580 支）。

中期投资级别基金是很有吸引力的一类基金。这类基金的平均加权期限为 5 到 10 年；不过即便是平均加权期限为 10 年的基金，其久期也低于 5 年，所以基金只会面临较低的利率风险。这类基金的总收益，以巴克莱资本美国综合债券指数（Barclays Capital U.S. Aggregate Index）为基准，其中很多基金要么密切追踪该指数的变化，要么以指数为基础稍作变化。比如先锋总收益率基金就是这样，密切追踪指数（持有超过 7 000 支债券）。太平洋总收益基金追踪的是美国规模最大的指数，但也会加入一些不在指数内的债券，以便提高总收益。比方说在我写这本书时，太平洋总收益基金加入了一些国际债券和新兴市场债券。以上两支基金的长期业绩都很扎实，但先锋基金无佣金，而太平洋总收益基金收取 3.75% 的佣金，因此计算总收益也需要将佣金考虑在内。

如表 13.1 所示，多元化投资程度很高的中期基金在 2008 年出现了平均 4.5% 的损失，再次反映了除国债外其他所有债券都在 2008 年出现价格下跌的现实。不过表 13.1 也显示，这类基金在 2009 年取得了正的平均年度总收益率——随着投资级别债券那一整年的强势反弹，这些基金的平均收益率接近 13%。此外，2009 年的强势表现也提高了 5 年和 10 年持有期的平均年度总收益率。

还有一点，和市政债券一样，中期投资级别应税债券基金也是一种完美组合：5 年和 10 年持有期的总收益率均几乎与期限更长的基金（管理水平较高的基金）相等，而且高于那些波动性更强的长期基金（10 年或更长，详见下文）。

但要注意的是，由于这类基金数量极多，所以不同基金的总收益差别也很大。处于前 50% 的基金再次做出了优秀得多的表现，而且总收益也比后 50% 的基金更为稳定。2008 年，这一类中表现最差的一些基金出现了超过 20% 的损失；其中一支基金因为投资了次级抵押贷款，出现了高达 84% 的损失。此外，这类基金收益率的波动性更大。比如在 2009 年取得了非常高收益率（+35%）的一支基金，2008 年出现了 15% 的损失。

长期应税基金（10 年或更长）

这是投资级别应税组别中期限最长的基金，平均加权期限为 10 年或更长。

这类基金的利率风险高于其他“大众款”应税基金。

首先要了解的是仅国债基金，这种基金主要投资长期国债。

这种基金的总数相对比较少。我们从表 13.1 中可以看出，2008 年，长期国债基金的平均总收益率接近 20%。取得这么高的收益，主要原因是 2008 年金融恐慌期间，投资者蜂拥而至，争抢信用质量高的产品。但到了 2009 年，随着长期利率上升，这种基金出现了平均 6.5% 的损失。但 2008 年的高收益提高了这些基金截至 2009 年 12 月 31 日的 5 年和 10 年持有期的平均年度总收益率。

长期组别中的另外两类基金是 A 级企业债券基金和 BBB 级企业债券基金。A 级企业债券基金投资的主要是评级为 A 或更高级别的债券（换句话说，是投资级别中最高的 3 个等级）；而 BBB 级基金投资的是刚到投资级别或更高级别的债券（也就是投资级别中最高的 4 个等级）。BBB 级基金中债券的信用质量较低，这虽然让债券的选择范围更广，但信用风险也会更高。

2008 年，当风险问题变为焦点后，A 级企业债券基金取得了比 BBB 级基金更好的平均年度收益率（A 级的平均损失接近 6%，BBB 级的平均损失接近 9%）。在风险更高的基金获得更高收益的 2009 年，BBB 级企业债券基金的平均收益率达到 21%，对比之下，A 级企业债券基金的平均收益率为 15%。风险更高的基金在 2008 年出现了更大的损失，也在 2009 年获得了更高的收益，就是说，这些基金的波动性更强。无论持有期是 5 年还是 10 年，长期国债基金均取得了最高的平均年度收益率（5 年期为 4.76%，10 年期为 6.24%），但这显然是 2008 年抢购高信用质量产品的热潮导致的。

总结：“大众款”应税投资级别债券基金

我们当然想对上述几类基金做出一些总结，但很显然，金融危机决定了 2008 年的总收益，导致投资者蜂拥抢购国债这种高信用质量产品，进而导致其他债券的价格大幅下跌。反过来，决定 2009 年总收益的，又是风险更高的债券的强势反弹。这两年的总收益扭曲了长期债券基金的平均年度收益数据。

但从某种程度上说，2008 年和 2009 年只是这类基金收益情况的两个极端。投资企业债券的债券基金对整体经济和股市情况的敏感程度几乎与利率相当。原因之一在于，如果经济下行是可预期的，那么很多企业债券就会被降级。因此，持有大量企业债券的基金净值就会下跌。只要经济前景不佳或存疑，就会发生所谓“向高质量资产转移”的现象。投资者放弃低信用质量产品，涌向国债或其他信用质量较高的债券。

最后，尽管和市政债券一样，我们总是需要权衡债券基金的收益率和风险，但其中的“甜点区”似乎就是中期投资级别债券基金。这些基金的收益率几乎等同于长期或风险更大的基金，但波动性小得多。债券的期限越长，或者信用质量越低，基金的风险也会相应越高。

那些长期免税债券基金存在的问题，长期应税债券基金同样存在。如果短期持有，总收益的决定性因素是利率变化导致的基金净值变化，而非基金的各种收益。由于潜在波动性强，购买长期应税债券基金就该长期持有，除非你做好了承受较大波动性的准备。需要再次强调的是，除非你确定就是在赌利率可能下降，否则不要只为了 1 年或更短的持有期购买长期应税债券基金。

除非自己处于非常低的税级，否则应税债券基金主要适合用避税账户进行的投资。对于不处于避税账户内的资金，需要记住的是，仅国债基金可免交州税。这样的基金能否比其他债券基金（无论是否应税）为你带来更高收益率，取决于你所处于的税级和所在州的税收情况。

通胀保值债券基金

我们从名称中就能看出，这些基金投资的主要（有时甚至是 100%）是通胀保值债券（TIPS，具体内容详见第五章）。无论一支此类基金是否将 100% 的资产投资于通胀保值债券，这支基金都会拥有无可挑剔的信用质量。尽管如此，这些基金的波动性非常强，从而反映出了其所有投资债券的波动性。表 13.2 显示了这类基金截至 2009 年 12 月的平均年度收益情况（总收益率是平均年化复合总收益率，所有派发收益和资本收益均用于再投资，也包含每份额价格的变化）。

平均算下来，通胀保值债券基金的期限和久期相当于中期债券基金。可如果对比通胀保值债券基金与中期联邦机构债券基金或仅国债基金的总收益，你就会发现完全不同的收益模式。如表 13.2 所示，与持有国债而在 2008 年净值飙升的基金不同，这类基金在 2008 年平均出现了接近 4% 的损失。但同样与国债基金不同的是，通胀保值债券基金在 2009 年取得了平均 10.75% 的总收益率（由于利率上升，长期国债基金在 2009 年出现了损失）。通胀保值债券基金的收益可能源自公众害怕发生通货膨胀，但目前来看，这种担忧是毫无理由的。

表 13.2 截至 2009 年 12 月 31 日，通胀保值债券基金在 2008 年和 2009 年的平均年度总收益率，以及 5 年和 10 年持有期的平均年度总收益率（所有派发收益、分红和资本收益均用于再投资）

	2008 年（12/31/2007-12/31/2008）	2009 年（12/31/2008-12/31/2009）	5 年（12/31/2004-12/31/2009）	10 年（12/31/1999-12/31-2009）
通胀保值债券基金	-4.14%	10.75%	3.56%	6.77%

通胀保值债券基金大约在 2000 年被引入市场。当时这种基金的数量很少，而且规模也很小。因为早期的收益情况让人失望，所以投资者最初对这类基金热情不高。到了 2002 年，这些基金的平均总收益率飙升到大约 16%。这极大地带动了市场热情：基金数量翻倍至超过 100 支，资金也开始大量涌入。

在那之后，通胀保值债券基金的总收益出现剧烈波动。一般来说，当社会达成高通胀预期的共识，或者这些基金的高收益率持续一段时间后，大量资金就会涌进通胀保值债券基金。但在总收益表现不佳时，资金也会流出通胀保值债券基金。

上述资金流动反映了公众对此类债务工具存在一种根本性误解。显然，投资者在 2003 年蜂拥至通胀保值债券基金，就是希望能获得像 2002 年那么高的收益率。但 2002 年出现高收益（16%）的原因是那年的利率水平变动，同时市场对通胀保值债券的需求度很高，导致债券的价格显著上涨。获得这么高的收益，原因显然不是利息收益（约为 2.5% 到 3%）或追踪通胀率的通胀调整收入（大约为 2.5%）。

因为通胀保值债券基金收益率每年都在变化，所以财经媒体和网站对这类基金的讨论，通常围绕“时机”进行：现在是投资通胀保值债券的好时候吗？未来六个月通胀保值债券比其他债券创造更高收益率的概率有多高？悲剧的是，很少有人会在事后评估自己当初预测的准确性。这些观点不管在什么时候都无关紧要。投资通胀保值债券基金的主要原因还是为了防御通货膨胀，而不是追求短期内获得比其他债券基金更高的收益。

通胀保值债券基金自诞生以来的波动情况再次表明，这些基金并不适合做短期投资选择。可如果从长期角度出发，情况就不一样了。需要记住的是，利息收入追随通胀调整而动。因此，如果存在通货膨胀，通胀保值债券基金的价格就会提高，反映出通胀调整的情况。同样根据通胀调整而变动的利息收益也会因此增加。来自通胀保值债券基金的总收益究竟高于还是低于投资传统国债的基金，完全取决于通胀率。

与购买债券相比，购买通胀保值债券基金是否存在优点？因为我不知道的原因，财经媒体把债券和债券基金当作可以互换的债务工具，但这并非事实。首先，假如你持有通胀保值债券直至到期赎回，至少你能收到等同于债券最初面值的资金；更有可能的情况是收到经过通胀调整后的本金价值。与此相对，通胀保值债券基金与其他“开放式”债券基金一样，不存在“到期日”。也就是说，不存在一个全部投资组合到期的日子。由于基金投资组合中的债券波动性极强，你不可能知道自己有意出售基金时价格究竟会是什么样子。最后，购买通胀保值债券成本最低的方法，就是通过“国债直达”直接购买。任何基金，包括那些费率很低的基金，都会扣除相应费用，导致总收益降低。

这类基金的优点之一，就是能解决再投资问题。通胀保值债券基金通常每季度派发一次利息收益。它们也会派发通胀调整收益，这种收益和利息收益一同派发，也是一个季度一次。不过需要注意的是，尽管利息派发与其他债券基金一样，但通胀调整价值却以基金净值为计算基础。两种收益都可以用于再投资，购买更多的份额。和购买通胀保值债券一样，你的利息收入和通胀调整收入都有可能被征税。基金会提供一份表格（1099-DIV），将应纳税额告知你和国税局。

注意，在2009年，有些通胀保值债券基金历史上第一次整年没有派发任何收益：基金中债券的利息收入被“通胀调整”抵消，由于发生了事实上的通缩，通胀调整变成了负数。

还有最后一点值得注意：很多通胀保值债券基金只持有通胀保值债券。这些基金的名称中一般加入了“通胀指数”或“通胀保护”字样。可为了获得更高的收益率，有些通胀保值债券基金在投资组合中加入了其他投资。其中包括外国政府发行的通胀保值债券，也包括大宗商品和高收益率（垃圾）债券，或者任何基金经理认为能够追踪通货膨胀或增加收益的资产。这样的基金通常会在名称中加入类似“真实回报”或者“真实收益”的字样。所以在购买任何与通胀相关的债券基金前，第一步是了解投资组合的具体情况。

如果决定通过基金投资通胀保值债券，你的第一选择应当是无佣金且年费低的基金，另一种选择是投资只持有美国发行的通胀保值债券的ETF基金。

GNMA（或其他抵押贷款）基金

GNMA 基金主要有两个卖点：股息率高（GNMA 债券的收益率一般追随抵押贷款利率，这个利率通常高于长期国债利率），以及无条件的政府担保，从而消除了信用风险。但有些 GNMA 基金的买家可能会震惊地发现，高信用质量并不意味着消除市场风险。

表 13.3 列出的是截至 2009 年 12 月 31 日，投资不同种类抵押担保债券的基金在 2008 年和 2009 年，以及持有期分别为 5 年和 10 年的平均年度总收益率（总收益率是平均年化复合总收益率，所有分红及派发的资本收益均用于再投资，同时考虑基金份额的价格变化）。

表 13.3 显示了两类投资抵押贷款担保债券的基金的总收益情况：规模较大的一组主要投资 GNMA 债券。规模小得多的另一组基金被迈克尔 · 理柏列为"抵押贷款基金"，这些基金主要投资的似乎不是 GNMA 债券，其中一些在投资组合中至少持有一定比例的次级抵押贷款金融衍生品，这些基金在 2008 年出现了大幅下跌。因此，这两类基金的总收益率存在巨大差别。

表 13.3　截至 2009 年 12 月 31 日，GNMA（及其他抵押贷款担保债券）基金在 2008 年和 2009 年，以及 5 年和 10 年持有期的平均年度总收益率（所有派发收益、分红和资本收益均用于再投资）

	2008 年（12/31/2007-12/31/2008）	2009 年（12/31/2008-12/31/2009）	5 年（12/31/2004-12/31/2009）	10 年（12/31/1999-12/31/2009）
GNMA 基金	5.24%	8.01%	5.07%	5.70%
美国抵押贷款基金	−1.61%	9.10%	3.67%	5.02%

我在这里再次采用了迈克尔 · 理柏的分类。迈克尔 · 理柏明确规定，GNMA 基金必须至少将 65% 的资产投资于 GNMA 债券；抵押贷款基金则需要将至少 65% 的资产投资于各种非 GNMA 债券的抵押贷款担保债券。还需注意的是，很多主要投资 GNMA 或其他抵押贷款担保债券的基金并不会在名称中加入"GNMA"字样，也不会暗示自己持有抵押贷款资产。很多基金自称为"政府""政府收益"或"仅政府"基金。

主要投资 GNMA 债券的基金，其利率一般比同时期的 30 年抵押贷款利率低

50 个基点。前面提过，GNMA 基金持有的资产可能不只是抵押贷款担保债务。

需要注意，5 年和 10 年持有期的平均年度收益率均因为 2008 年而提高；主要投资 GNMA 债券的基金在那一年获得了正收益，而大部分应税债券基金的价格都出现了下跌。需要记住的是，GNMA 债券拥有美国政府的无条件担保，而这种担保正是基金在 2008 年和 2009 年获得正收益的关键因素。

然而 GNMA 基金的总收益也存在上下起伏。20 世纪 80 年代，GNMA 债券基金吸引了大量资本。事实上，当时一支资产总额超过 140 亿美元的 GNMA 基金不仅是规模最大的债券基金，也是共同基金历史上规模最大的基金之一。在那之后，由于在几年时间里表现不佳，GNMA 债券的吸引力逐渐下降（至少延续到 2008 年）。总的来说，当利率保持稳定时，GNMA 基金因为（相对）较高的派息收益率，也能有不错的表现。但在波动性强的市场环境中，GNMA 基金的总收益率通常难以让人满意。如果利率上升，GNMA 基金的净值也会和其他债券基金一样出现下跌。可如果利率急速下降，GNMA 债券基金可能因为大量的提前偿付而表现惨淡。在 20 世纪 80 年代和 90 年代的大部分时间里，GNMA 基金的平均年收益率略低于中期应税债券基金，远远低于长期企业债券基金。GNMA 基金在过去几十年的收益率之所以具有吸引力，还是因为 2008 年和 2009 年取得了正收益。

和 GNMA 债券相比，GNMA 基金具有几个优势。基金的最低投资限额较低（基金为 1 000 美元，债券为 25 000 美元）。同时，基金的规模使得投资者获得的现金流与债券相比，可预测性更强。因此，GNMA 基金可以减少一部分投资 GNMA 债券的危害。此外，GNMA 基金的投资者也能自动将利息和提前偿还的抵押贷款用于再投资，且再投资利率高于货币市场基金收益率，从而提高了总收益。最后，和个人相比，GNMA 基金能以实惠得多的价格买到 GNMA 债券。

由于收益率高是 GNMA 基金的主要卖点，所以有些管理水平不高的基金可能会在宣传时夸大收益率。不过美国证券监管委员会的监管法规增大了虚假宣传的难度。不管怎么说，你要意识到，不同 GNMA 基金的总收益率各不相同（从好到坏，什么都有）。表现最好的 GNMA 基金会控制总收益，也就是说，它们宣传时的收益率不一定是最高的。购买 GNMA 基金前，一定要查看基金历史和相对其他 GNMA 基金的总收益率情况。

如果考虑通过基金投资 GNMA 债券，为了理解这种复杂的债务工具，请务必阅读书中与抵押贷款担保债券有关的章节。

投机性更强的基金

这类基金的收益差别最大，而且总收益波动性最强，也最难以预测。这类基金的风险因素更为复杂，和前面几类基金相比也更难做出定义。这类基金既在不同时期取得过最高总收益率，也曾经出现最大的损失。属于这一类别的债券基金每年的总收益率变化极大，不同基金之间的差别也非常大。

业界对其中一些基金的风险存在很大争议，特别是在长期持有时。如果你喜欢“主动出击”，如果有意投机，不妨继续阅读。

垃圾债券基金

垃圾债券基金的历史可谓跌宕起伏。1999 年 12 月 31 日，这类基金持有的总资产超过 1 000 亿美元。那时，垃圾债券基金是应税债券基金的最大组成部分，持有资产占全部应税债券基金资产的近 40%！在我写这本书的 2010 年春天，垃圾债券基金仍然持有大量资产（约 700 亿美元）；但从资产在全部应税债券基金所占比例来看，垃圾债券基金的资产在总量中所占比例已经缩水到不到 10%。这个市场出现相对缩水表明，尽管以高收益率为卖点，但这类基金为投资者带来的却是令人失望的回报。

所谓的垃圾债券基金，投资的是低于投资级别的企业债券。这样的信用评级意味着发生违约的可能性很大。垃圾债券基金是唯一一种主要风险来源为信用质量的债券基金。垃圾债券基金通常拥有所有国内债券基金最高的收益率报价。前些年里，垃圾债券与国债的价差，曾低至 250 个基点（2007 年到 2008 年金融危机爆发前），高至 2008 年末惊人的 2 000 多个基点（实际收益率相差超过 25 个百分点）。

这类基金就是高收益率不一定能转化为高总收益率的最好证明。第八章对垃圾债券的历史进行了简单讨论，所以没必要在这里重复。可以确定的是，从诞生时起，垃圾债券基金就存在超高收益率和超低收益率交替出现的情况，而且两种情况持续的时间都很长。

表 13.4 列出了截至 2009 年 12 月 31 日、高收益率垃圾债券基金在 2008 年和 2009 年，以及 5 年和 10 年持有期的平均年度总收益率。（总收益率是平均年化复

合收益率，所有派发收益和资本收益均用于再投资，且计算份额价格的变化）。

表 13.4 极其清晰地展示出了这类基金的波动性。2008 年，垃圾债券基金的平均累积损失接近 26%；但 2009 年的平均累积收益达到了 46.4%，这也是这类基金历史上最高的平均累积收益率。尽管 2009 年取得了超高收益，但截至 2009 年 12 月 31 日，垃圾债券基金 5 年（4.36% 的收益）和 10 年持有期（4.8% 的收益）的平均年收益率却低于波动性远不如垃圾债券基金的其他债券基金，比如中期联邦机构债券基金（如表 13.1 所示，10 年持有期的平均总收益率为 5.51%）和 GNMA 债券（如表 13.3 所示，10 年持有期的平均总收益率为 5.7%）。

表 13.4　截至 2009 年 12 月 31 日，高收益率（垃圾）企业债券基金在 2008 年和 2009 年，以及 5 年和 10 年持有期的平均年度总收益率（所有派发收益、分红及资本收益均用于再投资）

	2008 年（12/31/2007-12/31/2008）	2009 年（12/31/2008-12/31/2009）	5 年（12/31/2004-12/31/2009）	10 年（12/31/1999-12/31/2009）
高收益率（垃圾）企业债券基金	-25.86%	46.41%	4.36%	4.80%

需要注意的是，如果以 2008 年 12 月 31 日为限计算 5 年和 10 年持有期的总收益率，结果就会差很多。从 2003 年 12 月 31 日到 2008 年 12 月 31 日的 5 年里，高收益率（垃圾）企业债券基金的平均年化复合总收益率是 -1.5%，10 年持有期的年化复合收益率只有 1.2%，低于那段时间无风险的货币市场基金收益率。

有必要再次强调的是，不同垃圾债券基金，收益率的差别很大。你可以预测任何投资了垃圾债券的债券基金都有可能遭遇一些违约事件。可由于垃圾债券的风险程度不一，有些具有一定投机性，有些则直接违约，所以投资这类债券的基金呈现出的风险水平也不相同。风格更激进的基金投资的是风险最大、信用评级最低的债券；而风格更保守的高收益率基金投资的则是垃圾债券市场中排位较高的债券。

比如在 2008 年，一支垃圾债券基金出现了 78% 的损失，另有几支基金的损失在 35% 到 57% 之间。与此形成对比的是，即便是在灾难性年景中，有些垃圾债券基金也能获得 8% 到 9% 的收益，还有些会出现少于 10% 的损失（这在 2008 年已经是很优秀的表现了）。

垃圾债券繁荣发展时，风格激进的基金通常能获得最高的收益。可当收益惨淡时，激进基金就会出现更惨重的损失。激进基金损失本金的可能性更高，而保守基金的波动性相对较低，表现也更为稳定。而且保守基金通常也有更好的长期表现。

最后需要记住的是，某一年的超高收益（比如 2009 年）提高了长期的复合收益率。反过来，平均下来的数字也会掩盖各年份之间的剧烈波动。

买，还是不买

支持持有垃圾债券基金的主要理由在于，由于这些债券的收益与其他类型的债券，比如国债或 GNMA 债券不一定存在关联，所以持有垃圾债券可以满足大型投资组合的多元化需求。可如果你的目标是资本保值，且投资组合规模较小（比如少于 10 万美元），那么因为大幅下跌引发的损失有可能过于惨重，导致投资组合几年内都无法弥补损失。

另一种支持垃圾债券基金的观点认为，正是波动性让这类基金被称为极好的投机对象。但想抓住市场时机却极其困难，垃圾债券市场也不例外。显然，与垃圾债券基金表现有关的一个关键因素，就是垃圾债券与 10 年期国债之间的价差。当价差很大时，比如 2008 年的情况，即便碰巧撞上了没人愿意持有垃圾债券的时期，那也是购买垃圾债券的好时候。但有必要再次强调的是，市场可能持续下跌数年，所以即便当市场看上去“很便宜”时，损失也有可能越来越大。

悲剧的是，历史表明，高收益率基金上涨时，资金流入量就会显著增加；下跌时，大量资金又会纷纷流出。换句话说，就是追涨杀跌——而这正是投资亏损的典型模式。以上资金流动传达出的信息是，个人投资者倾向于在垃圾债券与国债价差低、风险高的时候涌入垃圾债券基金，又会在价差变大、风险实际上降低时因为出现重大损失而恐慌出逃。

不管怎么说，如果你有意投资垃圾债券基金，如果存在分散投资的迫切需求，加上分析个别垃圾债券对专业能力的要求极高，共同基金就是投资垃圾债券最现实的选择。债券基金中的分散投资策略在一定程度上能为不可避免的违约提供一些保护，但你仍需仔细考虑基金的历史和管理风格。

为了阻止“热钱”进出垃圾债券基金，有些无佣金基金集团会对持有时间不到一年的投资者收取 1% 的费用。在 20 世纪 90 年代初的恐慌时间里，很多共同基金集团执行了“告知潜在投资者垃圾债券基金投机性强”的政策，有些还将这些政策延续至今。

至此，我们可以做出如下总结。

- 如果以安全、可预测性为目标投资债券，或者主要为了收益而投资债券，垃圾债券基金的投机性对你来说过强，不值得冒这样的风险。
- 如果拥有债券投资组合的规模大、具有多元性（总额超过30万美元），如果能在较长时间内承受较大的损失，你可以考虑垃圾债券——特别是在垃圾债券与国债价差很大时，但比例不要超过投资组合的20%。
- 由于多元化投资的迫切需求，加上分析垃圾债券对专业能力的要求很高，所以债券基金就是个人投资者投资垃圾债券最现实可行的方法。
- 投资前，一定要调查垃圾债券基金的历史和管理风格。

多板块债券基金

这类基金最常见的名称是“战略”基金，有时候也会以“多板块”基金的名称示人。以下引用了迈克尔·理柏对这一组基金的定义：“通过将资产配置于不同固定收益证券板块（除非为防守目的，否则一个板块不超过65%），包括美国和外国政府发行的债券，且有相当比例的债券信用评级低于美国的投资级别。”

换句话说，多板块基金以获得最高总收益率为管理目标，他们会从自己认为最有升值空间、短期内有可能获得最高总收益率的任何债券中做出选择。这些基金的经理可以自由地从任何板块中挑选债券，也可以挑选来自任何国家的任意期限的债券。很多这样的基金会投资远低于投资级别的债券（也就是垃圾级别），而且地域不限于美国，也包括新兴市场的垃圾债券。其中一些基金严重依赖数学、量化模型，有些可以使用杠杆工具（买卖期货和期权）。这样做自然是希望给予基金经理投资高风险产品的自由，而具有高收益潜力的债券也能为他们带来远高于平均水平的收益率。

（总收益率是平均年化复合总收益率，其中所有因派发而得的分红及资本收益均用于再投资，同时计算任何份额价格的变化。）

如表13.5所示，这些基金的收益模式与非国债应税债券基金类似：2008年亏损，2009年盈利。这类基金的平均累积损失比高收益率（垃圾）债券基金低（这类债券损失了14.3%，高收益率基金的损失25.86%）。但2009年的收益也远低于高收益率基金：这类基金在2009年取得了28.17%的收益，而高收益率基金则是 46.41%。与垃圾债券基金类似，多板块债券基金 5 年和 10 年持有期的平均总收益率分别为 4.64% 和 5.9%，仅仅略高于波动性很低的其他基金，比如中期基金或 GNMA 债券基金。

表 13.5　截至 2009 年 12 月 31 日，多板块债券基金在 2008 年和 2009 年，以及 5 年和 10 年持有期的平均年度总收益率（所有派发收益、分红及资本收益均用于再投资）

	2008 年（12/31/2007-12/31/2008）	2009 年（12/31/2008-12/31/2009）	5 年（12/31/2004-12/31/2009）	10 年（12/31/1999-12/31/2009）
多板块债券基金	−14.31%	28.17%	4.64%	5.90%

列出这类基金的平均年度总收益率时，我心存疑惑。从某种程度上说，这类基金唯一的共同点，就是基金经理可以自由地选择他们认为有投机机会的方向。不同基金有着完全不同的投资策略。因此，这一类别中不同基金的总收益率也存在巨大区别。比方说在 2008 年，表现最好的基金获得了大约 9% 的收益，而表现最糟糕的基金则出现 36% 的损失。除非分析基金经理的过往业绩和管理风格，否则我们根本无法预测这类基金的未来走势。

当然，有些基金经理可能在不只一年时间里取得成功。但糟糕的是，你有多大可能预测到究竟是谁来管理自己的基金？而且管理时间有多长？我的建议是，除非你对某个基金经理特别有信心，否则还是避免选择这类基金。市场上还有很多更有吸引力、风险因素更为直接、总收益率也容易预测的其他产品。

投资外国债券的债券基金

少量投资外币债券的债券基金 1985 年被引入市场。从那之后，这个板块的规模和重要性不断提升。在我写这本书的时候，正值国际证券最受追捧的时期。原因之一在于，很多专家预测美元可能贬值。还有很多专家预测，除美国之外的经济体有可能更快地结束衰退，或者表现强于美国。我不会预测以上预言能否成真。但可以明确的是，读者会看到越来越多配置更高比例外国证券（包括外国债券）的建议。

正如我们在第十章讨论过的那样，国际债券市场极为多元化。其中既有以各种货币发行的债券，也有不同政府、超国家机构和企业发行的债券，而且在市场各地的资本市场中交易。反过来，这就意味着基金经理可以从数不清的选项中做出选择，创造国际债券投资组合。

国际债券基金，尤其是主要投资外币债券的基金，决定其总收益的是美元与外币之间汇率变化导致的基金净值的改变。投资外国债券就是对赌美元。美元弱势时，外国债券基金的净值就会上涨；美元强势时，这些基金的净值就会下跌。由于汇率在其中起到了决定性作用，因此相关债券（或债券基金）用外币计算获得正收益、用美元计算却出现损失的情况并不少见；反之亦然。但需要注意的是，汇率变动极难预测，而且汇率可能突然发生剧烈的变化。

迈克尔·理柏明确划分了以下三种国际债券基金：

- 全球债券基金（Global Debt Funds）；
- 国际债券基金（International Debt Funds）；
- 新兴市场债券基金（Emerging Market Debt Funds）。

国际债券基金中最大的两类分别是全球债券基金和国际债券基金，这也是我们首先要讨论的内容。

让我们先从迈克尔·理柏的定义入手。

- 全球债券基金投资至少三个国家的债券，其中一个国家可能是美国。这些债券既可以美元为计价货币，也可以外币为计价货币。
- 国际债券基金主要投资由外国发行人发行的债券，除非市场走弱，否则不会投资美国的债券。

换句话说，全球债券基金的投资对象中包含美国的债券。我们可以猜测，这么做是为了降低美国投资者面临的收益波动。国际债券基金则基本不包含美国债券。从其他角度出发，投资的结构使得这两种基金具有极强的灵活性，鲜有其他基金能够媲美。有些基金投资很多国家的债券；有些专门选择某个地区，投资位于特定区域的发达国家，比如欧洲国家的债券。一些基金可以使用杠杆和金融衍生品，另一些不能使用。因此，这两种基金极为多元化。另外需要注意的是，这两种基金的期限都不明确，不过一般投资的都是中期或长期债券。全球和国际债券基金中既有表现强势也有表现弱势的基金。

表 13.6 显示的是截至 2009 年 12 月 31 日、国际及全球债券基金在 2008 年和 2009 年以及 5 年和 10 年持有期的平均年度总收益率（总收益率是平均年化的复合总收益率，所有分红及资本收益均用于再投资，也计算份额价格的变化）。

表 13.6　截至 2009 年 12 月 31 日，全球及国际债券基金在 2008 年和 2009 年，以及 5 年和 10 年持有期的平均年度总收益率（所有派发收益、分红及资本收益均用于再投资）

	2008 年（12/31/2007-12/31/2008）	2009 年（12/31/2008/-12/31/2009）	5 年（12/31/2004-12/31/2009）	10 年（12/31/1999-12/31/2009）
全球债券基金	−5.09%	15.23%	4.10%	6.18%
国际债券基金	2.00%	10.84%	3.90%	6.30%

我们很难对全球债券基金和国际债券基金做出概括性的总结。如表 13.6 所示，包含美国债券的全球债券基金 2008 年比国际债券基金的表现更差（−5% 与 2%）。但如果观察 5 年和 10 年持有期，两种基金的平均总收益率很接近，而且这两种基金的总收益率均略高于长期美国债券基金。

国际债券在 1985 年首次上市时，美元当时正在贬值。而且美元随后连续贬值了三年，导致国际债券基金的总收益率飙升。但在美元升值时，可想而知，国际债券基金大幅下跌。

这个模式还在延续。美元下跌时，这些基金就有出色的表现。美元上涨时，这些基金的表现就很糟糕。

我们在第十章里讲过，国际债券由评级机构做出信用评级。可能也是因为这个原因，国际债券的收益率通常与期限及信用质量相似的美国应税债券接近。此外，由于 2008 年爆发了全球性的金融危机，国际债券基金整体并没能成为投资者的避难所。

仍有必要强调的是，这种基金的平均年度收益率具有误导性。不难想象，表现最好的基金与表现最差的基金的总收益率存在重大差别。比如在 2008 年，表现最好的全球债券基金取得了 8% 到 10% 的收益率，而表现最差的基金则损失 20% 到 40%。悲剧的是，选择一支过去获得过最佳总收益率的基金，并不能保证这支基金未来还能获得同样出色的表现。

不管研究哪一种基金，你都需要注意一个重要因素：基金是否在美元和外币之间对冲。对冲可以降低波动性，可只要美元贬值，对冲之后还是会导致收益减少。如果主要为了对冲美元贬值而投资了外国债券基金，你需要寻找一支经理不做对冲的基金。这能让你“更纯粹地”对冲美元。

如果使用晨星发布的信息研究基金，需要注意晨星没有国际债券基金和全球债券基金的细分，两者被归入了一个大类。

新兴市场债券基金

新兴市场债券基金诞生的时间更晚，1995 年以前市场上还几乎没有这类基金。但这类基金的规模可能因为两个原因而出现了快速增长。第一，新兴国家整体需要筹集大量资本，以满足其自身因资本扩张和基础设施建设而产生的资金需求；第二，这些基金收益率比较高，甚至比垃圾债券基金还高。

迈克尔·理柏对“新兴市场债券基金”的定义是：至少有 65% 的资产投资于新兴市场的债务工具。新兴市场债券的信用评级一般低于投资级别，通常被认为具有高度投机性。

这类基金与国际债券基金的最大区别就是信用质量。新兴市场债券属于国际债券中的垃圾债券。决定这些债券信用评级的主要因素是发行国通常是欠发达国家，而且存在“地理政治”风险——也就是不稳定的政府和不稳定经济的另一种说法。表 13.7 显示的是截至 2009 年 12 月 31 日，新兴市场债券基金在 2008 年和 2009 年以及 5 年和 10 年持有期的平均年度总收益率（总收益率是平均年化的复合总收益率，所有分红及资本收益均用于再投资者，也计算份额价格的变化）。

表 13.7　截至 2009 年 12 月 31 日，新兴市场债券基金在 2008 年和 2009 年以及 5 年和 10 年持有期的平均年度总收益率（所有派发收益、分红及资本收益均用于再投资）

	2008 年（12/31/2007-12/31/2008）	2009 年（12/31/2008-12/31/2009）	5 年（12/31/2004-12/31/2009）	10 年（12/31/1999-12/31/2009）
新兴市场债券基金	−17.46%	32.49%	7.23%	11.09%

如表 13.7 所示，2008 年和 2009 年的收益模式看起来很眼熟：2008 年的累积平均总收益率为 −17.5%；而 2009 年取得了显赫收益，累积平均年收益率达到 32.5%。但我们从表 13.7 中也能看到，截至 2009 年 12 月 31 日的 10 年持有期的累积平均年度总收益率为 11.09%，远高于其他应税债券基金。新兴市场债券基金截至 2009 年 12 月 31 日的 5 年期平均年度总收益率超过了 7%，同样也是所有应税债券基金中最高的。

读者自然想知道，收益这么高的原因是什么？这种基金的总收益率未来能否继续高于其他应税债券基金？迅速了解一下这种基金的历史，也许能让你找到答案。

首先，需要注意的是，这些基金的历史都不长：1995 年以前，市场上很少能见到新兴市场债券基金。

其次，有点巧合的是，如果看截至 2009 年 12 月 31 日的 10 年持有期，那么计算这些基金净值的起点，正好是 1998 年金融危机刚刚开始时——而且碰巧撞上了俄罗斯债务违约危机。新兴市场债券基金因此出现了重大损失。

不管怎么说，新兴市场债券基金在 1999 年 12 月 31 日到 2009 年 12 月的 10 年里还是取得了相当瞩目的成绩。这些基金的“传奇”表现，开始于第十章里提到的布雷迪债券。但还有一个因素同样重要，那就是这些债券最初交易时的利率特别高——比布雷迪债券高出 20 个百分点以上。随着布雷迪债券取得成功，这类基金的收益率开始下降，但仍保持相对高位，与投资级别债券的价差超过 500 或 600 个基点。此外，随着价差缩小，基金净值出现上涨。另外需要注意的是，如果投资的是布雷迪债券，导致基金收益率出现变化的原因就不是外币与美元之间的汇率变动。读者应该还记得，我们在第十章中讨论过，布雷迪债券是以美元发行的债券。

和垃圾债券一样，这些债券也有高峰和低谷期。在 1997 年和 1998 年的新兴市场债务危机期间，新兴市场债券基金的损失让人瞠目结舌：几个月内就出现了 50% 甚至更大的损失。这些基金投资组合中的一些债券，出现了债券基金历史上最为惨重的损失。比如俄罗斯政府债务违约后，俄罗斯债券的价值就跌到了近乎为零的程度。

当然，出于投机目的，下跌往往意味着机会。新兴市场债券在 1999 年就取得了傲人的收益。

2001 年到 2003 年发生了可谓沧海桑田般的变化。首先，随着一些发展中国家的债券从垃圾级提至投资级别，新兴市场债券的信用评级大幅提升。与此同时，美国的利率跌至历史低点，很多过去回避这一市场的投资者无法抗拒高收益率和信用评级调升的诱惑。这些因素共同作用，最终导致新兴市场债券基金在获得显著资本收益的同时，收益率相比过去也低了很多。

新兴市场债券基金在 2008 年也没能避免灾难性的损失，但不同基金的总收益仍然存在重大差别。有些表现较好的基金 2008 年实际上取得了约为 8% 到 10% 的正收益，而表现最差的基金损失则在 20% 到 30%。

我们在第十章里提过，公众对新兴市场债券的观念正在改变。有些过去被视为投机性极强的国家，现在已经被看作高速增长地区。其中包括“金砖”国家（巴西、俄罗斯、印度和中国），以及拉丁美洲国家，尤其是那些出口大宗商品的国家。其他被看好的还包括前波罗的海国家，还有一些中欧国家（也被有些人称为“新兴欧洲”）。这样的新观点强调的是这些国家的增长潜力，而不是其虚弱的资本市场及地理政治风险。此外，越来越多的新兴市场债券不再被看作单一市场：评价债券的标准是发行国的经济状态。

可矛盾的是，对新兴市场更乐观的新观点，反而可能导致这类债券基金的回报率接近发达国家债券的基金。决定新兴市场债券基金未来收益的一个关键因素，将是这些国家的信用评级和债券收益率。如果评级调升，就会更多新兴市场债券得到升级，其债券的收益率也就越会接近于投资级别的债券。这些债券的价格与交易情况也就会越接近其他国际债券。这时，汇率风险将成为总收益率的决定性因素。

2005 年前，新兴市场债券基金的总收益率总是高于新兴市场的股票基金，原因之一在于其超额的股息率。同样显得矛盾的是，随着新兴市场国家的债务评级调升，或者在公众眼中的风险变小，这些债券的股息率将会继续下降（我们可以在表 10.2 中找到证据——那张表格显示出墨西哥和巴西的债券与美国国债的价差很小，而且收益率相对较低）。过去影响这些基金表现的这个因素未来也会消失。

最后，“新兴市场债券”这种说法未来可能逐渐消失，或者用法发生改变，被用来指代可能面临违约或重组的外国债券。比如在我写这本书时，新的债务危机可能正在酝酿，公众开始怀疑一些国家偿还主权债务的能力。不过这些引起担忧的国家是希腊、葡萄牙和西班牙。有人也在猜测未来这些国家的债务会不会遵循布雷迪债券模式进行“重组”。

不管过去业绩如何，也不管公众对其未来发展前景普遍做出怎样的预测，新兴市场债券基金都该被看作投机性极强的投资，你只能量力而行，投入的资金应在自己能够承受的损失范围内。人们在理解这个市场的风险上仍然做得很糟糕。如果这个市场对你有吸引力，你可以研究一支此类型的债券基金，但一定要谨慎。

总结：国际债券基金与新兴市场债券基金

总结起来就是，任何投资外国债券的基金，其总收益率均无法预测。这些基金的风险更高，而且根源在于汇率波动固有的不可预测性。

支持者认为，投资国际债券基金也许可以降低债券投资组合的总风险，因为这些债券并不与美国的债券保持同步。事实证明，有时候确实如此，有时候并不是这样（前面提过，2008 年就不是这样）。我认为最有道理的说法是，国际债券是针对美元贬值的一种对冲。如果回头再看，国际债券确实在美元贬值且其他以美元计价的资产表现惨淡时有过表现极好的几年（对以美元为基础的投资者而言）。但不要忘了，想要成功，基金经理必须选出合适的外国货币。因此，不同国际债券的总收益率存在很大不同。

你该如何挑选国际债券基金？

假设你想投资一支国际债券基金，你该采用什么标准？这里并不存在标准答案。不同基金在不同年份里的收益率存在显著差别。

基金的对冲策略是一个核心因素。但汇率变动方向不同，同一个策略也会带来不同结果。当美元面对其他货币出现大幅贬值时，与采取对冲策略的基金相比，不对冲货币风险的基金会获得更高收益。

对于新兴市场债券投资组合，基金经理必须足够精明（或者运气好），才能选出在那一年会有出色表现的市场。没有基金经理能够年复一年地持续选出赢家。

最后需要注意的是，这类基金的费用通常很高——一般在 1.5% 到 2%。此外，按照晨星的排名，有些排名更高的基金属于有佣金基金。如果一支基金的佣金率为 5%，按照目前的利率，就相当于抵消了投资第一年的全部收益。让我们简单算一算两年的收益情况：假设投资组合在两年里平均每年收益率为 10%，即总收益率 20%，扣除 5% 的佣金和 3% 的手续费，两年后，你的净收益率就是 12%，或者一年 6%。即便如此，你的收益率也被夸大了，因为还没有计算分红或资本收益所要缴纳的税款。

其他基金

参与放贷基金

这是一种混合式基金，准确地说不是开放式基金。这种基金某种程度上类似于封闭式基金，但本质上仍是混合式基金，不属于其中任何一类。这类基金在债券市场中仍然只占很小比例。参与放贷基金的独特之处在于，投资于这种基金的钱每个季度只能在某一天里赎回。

这些基金的叫法很多，比如优惠利率基金、浮动利率基金、收入信托，或者包含上述说法的各种组合。这些基金投资于银行贷款，特别是那些具有“次级”特点的贷款，即其收益率更高的原因主要是承担了更多的信用风险。这些贷款期限相对较短，一般不到两年。这些基金的利率会定期按照与基准利率——一般是伦敦银行同业拆借利率（LIBOR）的价差而重设。设计这种基金的理论基础是，即便利率变动，可是因为期限较短，所以本金价值不会出现大幅下跌。

因为以上原因，人们把这些基金看作比货币市场基金收益率更高的一种备选。实际上，不管是互联网还是金融报刊网站上的文章，偶尔都会把这种基金认定为“明星基金”，或者看作专供聪明投资者操作的特别信用市场的一角。

我在本书中反复强调过，更高的利率通常意味着更大的风险。这类基金也不例外。我没有列出这类基金的平均总收益率，因为我觉得这是一个不值得冒的风险。这类基金在 2008 年出现了巨额损失，平均损失超过了 25%。尽管收益率在 2009 年出现了反弹，但截至 2009 年 12 月 31 日的 10 年持有期的平均年度总收益率略低于 3%，几乎低于所有投资级别的债券基金，也仅仅略高于无风险的货币市场基金（截至 2008 年 12 月 31 日的 10 年持有期内，平均年度总收益率实际上还是负的，损失接近 1%）。如果你想投资安全的资产，何必因为投资这种基金而承受风险呢？

债券指数基金

迈克尔·理柏和晨星都没有将债券指数基金单独列为一类。不过不同债券指数基金根据平均加权期限及所投资的债券种类，被分入了不同类别。在股票指数基金领域走在前列的先锋基金，同样在债券指数基金上成为了领先者。而债券指数基金这个概念被不断推广，很多债券基金集团都开始向投资者提供这种基金。

和股票指数基金一样，债券指数基金属于被动管理，以反映特定基准指数的情况。所有指数基金都具有两个优势：费率低和资产周转率低。人们预测，长期持有的债券指数基金的总收益率，将会高于大多数主动管理的债券基金，原因就是因为这些基金追随基准的总收益率，而且管理基金的费用支出较低。

从某种程度上说，债券指数基金是终极大众款基金。这种基金的风险因素非常简单明了，可以总结为两类：基金的平均加权期限（或者久期）及其信用质量。历史最悠久的指数基金也是规模最大的指数基金，即先锋全债券市场指数基金，我们在前面讨论中期债券基金时曾经简单讨论过这支基金。这支基金追踪的是巴克莱美国综合债券指数，平均加权期限为 8.8 年，久期为 5 年，该基金因此属于中期基金。不过市场上如今已经出现了大约 90 支债券指数基金。先锋集团出品的数量最多，大约有 28 支；富达紧随其后，有 10 支。这些指数基金追踪的是不同债券指数。

指数基金是颇有吸引力的选择。这些基金的风险水平很容易预测，只需要了解基金的久期，再按自身投资预期——也就是准备持有基金多长时间——做好管理即可。你可以选择一支久期接近于自身预期数字的基金，选择一支久期与能够降低利率风险的持有期数字接近的基金（详见本书久期部分内容）。信用风险理论上很小，基金净值被蚕食的风险也很小。

当然，指数化概念不仅在很多基金集团中得到推广，而且也被推广到了终极的指数基金：交易所交易基金（ETF）。这些内容将在第十四章与 ETF 有关的部分详细讨论。

零息债券基金

本书上一版讨论过这个内容。从名字中可以看出，这类债券基金投资的是将在同一天到期的零息债券。这类基金的名称中通常带有“目标”字样，“目标”指的是零息债券到期的日期。此类债券基金如今大部分已经消失。之所以提到这类基金，只是因为目前有些基金的名称中仍带有“目标”字样，但这与零息债券基金完全不同，这些所谓的生命周期基金投资的主要是股权，“目标”代表的是投资者的年龄。

购买债券基金时该做和不该做的事

购买债券基金前，你应当清楚地了解基金的目标和政策。如果阐述基金目标的内容全是深奥的术语，或者不够明确，你应当要求基金负责发布信息的人做出澄清。比方说，如果某支基金的目标写成“基金将购买远低于投资级别的投机性债券”，你要明白，基金将要投资的是垃圾债券。如果基金目标写的是“将购买中等偏上及高信用级别的债券”，你需要询问信用评级的具体信息。确保自己能够理解基金目标中描述的风险因素。就算基金近期表现非常出色，你也要认真对待风险因素。不过要记住，描述基金政策的语言通常非常宽泛，这使得基金经理可以拥有足够的自由来应对市场的变化。

如果你主要为了可靠、稳定的收入而投资债券基金，你需要找到那些存在时间足够长、经历过债券牛市和熊市的基金。选择时的核心标准，依旧是无佣金、低费率、无 12b-1 费用，且有保守管理记录的基金。寻找那些熊市时下跌不多但牛市时表现也不是特别好的基金。如果这种基金在所在类别中排行靠前（位于迈克尔·理柏或晨星排名的前 25%），你就找到了一支长期拥有稳定表现的基金。

记住，挑选基金时永远存在权衡。期限更长通常能带来更高的收益率，但其波动性也会更强。期限更短，基金的波动性较小，但收益率也较低。

债券基金的平均期限决定了基金在面对利率变化及利息收入变动时价格的上涨或下跌幅度。一般来说，期限较长的基金分红收益高于期限较短的基金，但份额价格的变动幅度也会更大。期限较短的基金的每份价格更为稳定（上下幅度较小），但利息收入较少。

让我们总结一下购买债券基金时的一些基本原则。

- 如果用的是不到一年就需要用的钱，就不要购买价格可能发生波动的基金，你无法预测赎回时的价格是多少。
- 如果投资的主要目的是收益及本金安全，就不要购买拥有最高收益率报价的长期债券基金（也就是风险最大的基金）。相反，应当坚持选择中期（或更短）且投资于高信用质量债券的基金（不论应税与否）。
- 对新入市场的投资者来说，如有可能，务必购买无佣金、费率低且无 12b-1 费用的基金。
- 购买基金前，确保自己了解基金投资的究竟是什么债券，了解基金的期限，最好能确定基金的久期。

- 不要将超过20%的债券投资组合配置到长期债券基金、国际债券基金或垃圾债券基金上。除非你的债券或债券基金投资组合规模很大（最少为20万美元），且拥有极强的多元性，否则你不适合持有以上任何一种基金。
- 债券越复杂，分析时对专业技能的要求就越高，你就越应该购买相关基金，而不是个别债券。基金是个人投资者持有国际债券、GNMA债券、垃圾债券和企业债券最有效的方式。
- 如果你想把税务延迟（或避税）用的资金投入到固定收益证券，应税债券基金就是很合适的选择。出于这个目的，你可以考虑高质量的企业债券、GNMA债券或企业债券基金。如果资金不在税务延迟或税务优惠账户中，你需要自行计算，确定究竟是应税还是免税债券基金能够带来更高的税后净收益率。

总结

前面的讨论表明，过去30年，特定类型的债券基金（长期债券基金、中期债券基金、市政债券基金、垃圾债券基金）获得了很高的总收益。那段时期的大部分时间里，这些基金的总收益率也与基金的期限直接挂钩。期限最长的债券基金总收益率高于中期债券基金，而中期债券基金的总收益率又高于货币市场基金。

读者自然想知道：长期债券基金的总收益率会继续高于短期债券基金吗？我们可以用“是的，但幅度有限”来回答这个问题。如果长期持有，长期基金理应能比短期基金取得更高的总收益率，原因就是股息率更高。由于计算复利，再加上分红的再投资利率更高，长期基金的总收益率理应高于短期基金。长期持有时，债券基金的收益部分，也就是利息收入与复利之和，应当在总收益中占据最大比例。

但能否真正发生上述情况，还取决于市场利率。如果利率波动幅度相对较小，或者从现有水平下跌，那么期限最长的基金的总收益率仍然会大幅高于短期基金和货币市场基金。可如果利率上升，或者连续几年大幅波动，那么短期持有的长期债券基金的总收益率就会变得极难预测，总收益率也有可能不会高于短期或中期债券基金。正像2008年的情况，短期持有时（1到2年），某一年出现大幅下跌将会给过去10年的高收益造成极大损害。

自助债券基金

如果你投资债券的主要目的是不愿承受损失本金的风险，并且想获得稳定的收益，那么最安全的方式就是自己着手研究如何购买。你既可以买国债，也可以买市政债券。如果是国债，你可以按照自身需求，购买期限在1年到5年的任何债券组合。由于国债不存在违约风险，你不需要为了消除信用风险而分散投资：即便债券投资组合中只有一支美国国债，也不存在违约风险。通过“国债直达”购买国债，“山姆大叔”不收年费、不收佣金，会一直为你保留账户。你也可以用市政债券打造出一个非常安全的投资组合。坚持选择短期（1到3年）的债券。你可以购买任何AAA级债券或预先再融资债券（比如由托管国债担保的优质市政债券，这种债券比AAA级市政债券还要安全），或者有保险的市政债券，也可以搭出一个“债券梯”（“债券梯”的内容见第十五章）。

最后，债券基金的黄金时代是20世纪80年代。那时总收益率极高的原因，是80年代后半段利率下降为高利息债券带来了巨大的资本收益。但需要注意的是，大约从20世纪80年代初开始的过去30年是前所未有的债券牛市。此外，过去30年利率的波动水平也是前所未见的。进入2010年，利率水平远低于过去30年的任意时间段。因此，所有债券基金获得的总收益率也会比过去30年低。而且现在的总收益率更难预测：毕竟，利率不太可能从现有水平继续下降了。而长期利率出现任何实质性的提高，至少在最初都会导致长期债券基金净值下跌。

当然，利率也可能以当前水平为基础上升。如果你因为利率上升的前景而高兴，不要忘了：如果收益率相比现在出现显著上升（比如上升200到300个基点），就会导致长期债券基金的本金出现重大损失（最多可达25%到30%）。

分析债券基金的5分钟快速清单

你不必因为投资债券基金而过度担心，按照以下分析债券基金的5分钟快速清单进行分析即可。你能对债券基金进行5分钟真正有意义的分析吗？读完这本书，你就会知道在投资债券基金前需要了解哪些风险因素或“地雷”。下面就是你可以采取的步骤（花 5 分钟或者更短时间就能做完）。

- 从基金网站或晨星那里下载（或者寻找）基金的资料（说明书）。
- 从以下角度估算基金的波动性。
  - 过去几年债券的最高价和最低价。
  - 久期。记住，利率每上升或下降 1%（100 个基点），久期的数字就是基金净值上涨或下跌的数字。如果久期不到 5 年，利率风险相对较小。久期不到 3 年，利率风险很小。久期超过 5 年，每多 1 年，利率风险都会显著增加。
  - 过去几年基金的实际收益率，图表或数字形式均可。每年的波动情况究竟如何？
- 不管你是否了解基金中持有的债券，你都需要了解这些债券信用质量的分布情况：如果基金投资组合中有 50% 或者更多部分投资的是高信用质量的债券，比如 AAA 级或 AA 级，或者是拥有美国政府隐性或显性担保的债券（比如国债、GNMA 债券或联邦机构债券），基金就拥有很高的信用质量。如果有 50% 或者更多部分投资的是信用质量较低、低于投资级别的债券，基金的信用质量也会较低。较低的信用质量意味着较高的信用风险：信用质量越低，风险就越大，潜在波动性也会越强。
- 寻找以下几个问题的答案。
  - 费率是多少？低于 50 个基点吗？那还不错。低于 25 个基点吗？那就更好了。
  - 是否存在佣金或 12b-1 费用？如果有，那太糟糕了。如果没有，很好。
  - 了解基金在 5 年和 10 年持有期的业绩记录。你希望找到一支收益稳定的基金，排名最好能处于所属类别中的前 25%（可以在晨星或其他网站上查到这些信息）。

不管你相不相信，这份清单总结到了所有关键点。

第十四章
封闭式基金、交易所交易基金和单位投资信托

尽管截至目前开放式共同基金是基金市场中占比最大、最为人熟悉的一种，但投资者绝非只能接触到这一种基金。还有两种基金的诞生时间实际上比开放式基金还要早，那就是封闭式基金和单位投资信托（UIT）。最近还出现了一种新型基金，即交易所交易基金（ETF）。

所有债券基金都存在一些共同风险，其中最主要的就是利率风险和信用风险。但每种债券基金也各有一些专属于它们的特点。在这一章里，我将重点关注每种基金的特有特点。

首先，让我们了解一下封闭式债券基金。

封闭式债券基金

封闭式基金（CEF）可以说是处于基金市场中神秘又专业的一个角落里。封闭式基金既可以投资股票，也可以投资债券。截至 2010 年 4 月，美国市场上大约有 600 支封闭式债券基金，控制的资产价值 1 120 亿美元；与开放式基金余额 4.8 万亿美元的资产相比，封闭式基金的规模显然小得多。其中有略多于一半的封闭式债券基金投资的是市政债券。但封闭式债券基金中也有投资各种其他债券的应税债券基金，比如投资企业债券、联邦机构债券和国际债券的应税债券基金；还有参与放贷基金，也就是主要投资低信用质量浮动利率债券的基金。

封闭式债券基金与开放式债券基金存在一些共同点。两种债券基金均以持续管理的形式投资债券组合，而且两种基金的期限通常都保持相对稳定。因此，与具体的债券不同，债券基金不存在一个投资组合统一的到期赎回时间。这两种基金也面临着所有债券都会面临的风险，也就是利率风险和信用风险。

但相似点也仅此而已。封闭式债券基金的主要魅力在于更高的收益率，而这源自封闭式债券基金的独特结构。但在债券世界中，想获得更高的收益率意味着

也要付出更多代价，也就是要承受更大风险。封闭式基金也不例外。封闭式债券基金风险的主要表现形式就是高波动性，而这源自能够放大收益和损失的结构。接下来，让我们了解一下具体原因。

基金净值与市场价格

封闭式基金与开放式基金的一个重大区别，就是份额结构。开放式基金发行的份额没有数量限制。当投资者购买开放式基金的份额时，基金就会发行新份额，新加入的资本可以让基金购买更多的证券。反过来，如果投资者卖出份额，基金必须出售证券才能让投资者赎回份额，所以投资者出售份额会导致投资组合规模缩小。每个交易日结束后基金会计算资产净值（NAV），也就是基金中全部证券的总市值除以份额数量（再扣除一小部分费用）。

封闭式基金在设立时，会发行数量固定的份额。由于投资组合得到持续管理，所以投资组合的具体构成可能发生变化，但基金份额的数量却保持不变。与开放式基金不同，封闭式基金的份额发行后可以在美国三大主要股票交易所交易（少量封闭式基金也会在太平洋交易所和加拿大交易）。此外，封闭式基金的份额类似于股票。封闭式债券基金价格的决定因素与股票很像：就是由公众对某支股票的需求决定的。

每个交易日结束后，和开放式基金一样，封闭式基金也会计算投资组合中的债券市值，再用市值除以份额数，得到的就是基金净值。封闭式基金的份额因此拥有两个价值：一个是每个份额的净值，另一个是每个份额的市场价格，市场价格可能高于也可能低于其净值。

由于封闭式基金的价格在一定程度上由市场对基金的需求度决定，所以这些基金的价格可能独立于基金中债券的价值而发生变动。如果市场需求度高，不管基金中债券的价值怎样变化，基金的价格都会上涨。事实上，有些时候封闭式基金的价格和基金中资产的价格会朝着完全相反的方向发展。也就是说，基金净值下跌时，基金份额的价格可能会上升；反之亦然。

查看封闭式基金（不管是股票还是债券封闭式基金）的收益表时，你会看到两个价格。第一个价格是基金净值，对封闭式基金来说，净值不只是每一份额的价格，也是基金持有的债券的市场价值。你也可以把净值当作基金中债券的清算价值。第二个能看到的数字就是市场价格，也就是封闭式基金在二级市场上最近一次的交易价格。

如果份额的市场出售价格高于净值，基金就是溢价销售。如果出售价格低于净值，基金就是折价销售。

理解这个区别，对理解封闭式基金与开放式共同基金的不同具有重要意义。这个区别会在封闭式基金的报价上得到反映。封闭式债券基金收益率的报价方式一般类似于表 14.1。

从左到右，这个表格可以告诉你以下信息：

- 基金的名称；
- 投资组合中债券的资产净值；
- 封闭式基金上一次换手时的每份额市场价格（有时也称收盘价格）；
- 市场价格与净值相比是溢价还是折价；
- 基金的收益率（以市场价格为计算基础，更多有关收益率的内容详见下文）。

表 14.1　封闭式基金份额信息列表

基金名称	股票交易所	净值（美元）	市场价格（美元）	溢价 / 折价	12 个月收益率（05/31/2010）
XYZ	N	3.95	3.78	−4.5%	10.0%
ABC	N	11.84	12.28	3.7%	7.0%

由于封闭式基金像股票一样交易，你可以像买卖、追踪股票一样买卖、追踪封闭式基金的价格。这种基金的佣金结构与股票相同，可以在任何能够交易股票的地方（不管是线上还是线下）进行交易。

溢价与折价

除了市场需求（或者需求匮乏），还有什么原因能够导致封闭式基金以高于或低于净资产价值的价格交易呢?

有意思的是，这个问题的一种答案是，这种现象没有足够清晰的解释。很多封闭式基金似乎总是以低于净值的价格交易，具体原因不明。但有一个例外需要注意，这个例外与基金发行时的每份额市场价格有关。

封闭式基金最初发行时，每份额通常以净值交易。但创设每个份额、将基金推向市场的这个过程实际上存在一些隐藏费用。通常，一家管理公司宣布将发行封闭式债券基金，基金将用来购买债券（比如某国或某一州的免税债券），而基金的结构设计会让收益率超过某个数字，比如5%。收集到资本后，管理公司就会买入债券投资组合。但一般来说，承销商收费一般为5%到8%。也就是说，如果你在发行时购买了一支封闭式债券基金，那么净值中约有5%到8%属于隐藏的佣金和承销费用：投资者每1美元仅有92美分到95美分被真正用于购买债券。

基金开始交易后，承销商一般会在一段时间内（可能是几周或几个月）对基金的价格做出“支撑”。但在那之后，很多封闭式基金开始以低于净值的价格交易。

市场对封闭式基金的需求处于持续变动状态。正是因为这个原因，即便那些以低于净值的价格交易的封闭式基金，折价幅度也在不断变动。如果出现抛售，折价幅度就会变得更大。如果市场对某种债券的需求增加，折价幅度就会变小，封闭式基金甚至会以超过净值的价格溢价销售。我们在后面会看到，决定封闭式基金是否具有吸引力的一个核心因素，就是它们究竟是溢价还是折价销售，以及折价销售时的折价幅度。

对没有经验的买家来说，糟糕的是，和气生财的经纪人最有可能在封闭式债券基金刚刚上市时了解到相关信息，而那时正好是这些基金价格最贵的时候。因此，在发行时购买封闭式基金从来都不是明智的做法。

杠杆与收益率

封闭式基金，尤其是投资债券的封闭式基金最吸引人的地方，就是它比投资同一债券市场板块且期限与信用质量相似的开放式基金拥有更高的收益率。更高的收益率源于封闭式基金的两个特点。

封闭式基金折价销售时，折价本身就能带来更高的收益率。为什么会这样？只需要简单的数学计算就能明白。假设你买了一支交易价格比净值低10%的封闭式基金。当你购买这支基金时，实际上你用90美分买到了价值1美元的债券。进一步假设这个投资组合的收益率是5.5%；用90美分买到价值1美元的投资组合，你的收益率就会提高到6.1%。这样你就会获得比直接按照市场价值购买债券更高的收益率。

但封闭式基金也能通过第二个且威力更强的工具提高收益率，也就是利用杠杆。所有封闭式债券基金中，约有 85% 使用杠杆，市政债券基金的这个比例达到 95%。

对个人投资者来说，用保证金类比杠杆可能更容易理解这个概念。杠杆就是为了购买长期债券而以短期利率借钱，长期债券的利息通常更高。杠杆的数量各不相同：常见的杠杆率一般是基金总净资产的 30%。借贷成本与高利息收益之间的差额，提高了平均每份额的收益。

当收益率曲线急速向上倾斜时，短期利息与长期利率的差额最大，杠杆提高收益率的效果最好。市政债券的收益率曲线通常很陡峭。另一个核心因素是融资杠杆的成本。当一支基金能以低廉的成本进行杠杆融资，且长期利率很高时，这无疑是最好的情况。这实际上制造出了一个循环：封闭式基金的收益率比开放式基金高很多，更多投资者因此受到吸引，从而导致基金价格上涨。

然而，当收益率曲线为水平状态，或者融资杠杆成本增加时，杠杆策略就会引火烧身。对于使用杠杆的基金，以上情况会带来双重损害。一般来说，如果借贷成本上升，基金收益率就会下降。不高兴的投资者就会卖掉基金份额，封闭式基金的市场价格就会因此下跌。

杠杆能放大利润和损失，而这就是封闭式债券基金的市场价格波动性比一般的开放式共同基金剧烈得多的主要原因。

当市场情况变差时（这可能由多个因素导致，比如短期利率上升导致借贷成本增加，或者长期利率上升导致基金净值下跌），基金就会遭受双重甚至三重打击：

- 分红缩水；
- 净值下跌；
- 投资者出售份额导致基金市场价格跳水。

发布封闭式基金数据的网站不仅会披露封闭式基金是否使用杠杆，也会披露杠杆率。不同类型的杠杆之间可能还有区别。重要的是杠杆的总量：如果信息中提到了不止一种杠杆来源，你需要把各种数据加起来计算。

“不完全是收益率”

很多投资者主要是因为更高的收益率而购买封闭式债券基金。但和其他债券投资一样，你需要理解收益率数字的真正含义，了解自己投资基金到底能赚到多少钱。

封闭式基金的收益率报价，是用基金派发收益除以市场价格计算出来的，这显然是当期收益率，与个别债券的到期收益率报价没有可比性（由于基金整体不存在统一的到期赎回日期，而且唯一的现金流就是当期的派发收益）。这个收益率也不能直接与开放式债券基金的 SEC 标准收益率报价对比，后者包含了债券价格向票面价值变动时价值的少量改变。

但封闭式基金的收益率报价方式与其他基金存在重大区别。“不完全是收益率”这种说法是投资顾问托马斯·赫兹菲尔德（Thomas Herzfeld）提出的，他的每月简讯中都会专门提到封闭式基金。他提出这种说法，是在警告投资者，收益率报价可能不能准确地衡量封闭式基金的投资收益。这是因为基金的收益并不完全由利息收入组成。封闭式基金可能会派发资本收益——通常一年派发不超过 1 次。这些派发收益和资本收益一样，需要交税。

此外，有些基金还有所谓的“管理”支出政策。也就是说，每个月都会有一定数额的资金被派发出去。如果基金创造的收益低于这个数额，基金就会返还一部分本金（被基金确定为“从实缴资本中派发”）。这样的派发实际上是返还一部分你支付的资金，所以绝不是“收益”。有些基金仍然保留着相当激进的管理支出政策，实际上他们返还的本金比收益还高，这样的基金在经过一段时间后都会将基金的资本变现。如此激进的支出政策不可延续，算得上一种危险信号。

但基金的报价中并不会区分封闭式基金派发收益的来源：所有的派发都会被计算在一起，都被看作收益，计入收益率报价。让这个问题变得更加复杂的是，高收益率报价可能导致市场对基金的需求度上升，导致基金可能以高于净值的溢价价格进行交易。

此外，封闭式基金并不存在类似开放式共同基金那样标准化的 SEC 标准收益率计算公式，可以在计算出不同封闭式债券基金的收益率后直接对比。显然，因为投资组合没有统一的到期日，且收益率报价仅包含派发收益，这里也不存在可以和债券的到期收益率进行对比的数据。（注意，进入纳税期后，为了方便纳税，基金会向股东发出详细的派发收益来源清单。）

最后要注意的是，封闭式基金的收益率报价可能发生改变。收益率既有可能上涨，也有可能下跌。分红增加的原因通常是融资杠杆成本降低，或长期利率上升。分红下降的原因通常是融资杠杆成本提高，或者长期利率下降，也有可能是利率下跌导致老债券被提前赎回。这时，报价服务机构通常会立刻对报价做出调整。

收入比率

封闭式基金按照规定，还需要计算并发布另一个收入数据，也就是收入比率。基金的收入比率是用其净投资收入（扣除费用）除以基金净值算出的。收入比率可能不同于收益率报价，有时候二者甚至存在巨大差别。可由于计算时的分母是基金净值，收入比率一般比基金实际收益的收益率报价更为准确。悲剧的是，收入比率数据一年中只以年报和半年报的形式发布两次，而且发布时数据通常已经过时。比方说，如果发布的收益率数字低于收入比率，你就可以确定分红减少了，因为收入比率具有滞后性。

警告：如果一支基金吸引你的是高收益率报价，你需要尤其小心那些具有激进管理支出政策的基金。如果收入比率显著低于派发收益率，那就是个值得关注的危险信号。你需要确定大额派发收益的来源究竟是什么。赫兹菲尔德在最近的一份简讯（2010 年 5 月）中提到了一个特别糟糕的案例：一支基金的收入比率仅有 0.79%，却有 14% 的高收益率。“派发”的利息收入在每份额中只占 0.06 美元，而 2.09 美元是返还的资本，也就是把你的钱还给了你自己。更给伤口上撒盐的是，这支基金的交易价格相比净值溢价了 44%。

为了更高的收益而追求封闭式基金的投资者，应当寻找那些收入比率持续保持在高位的基金，而不是派发收益率高的基金。

派发收益可能每月进行一次，但有些基金为了减少费用会每个季度派发一次收益。和开放式基金一样，再投资派发收益也不是自动进行的。不过有些经纪公司也会单独设置再投资派发收益的项目。如果你购买了一支封闭式基金，且愿意一直持有并再投资派发收益，你就需要向经纪商或基金咨询再投资的各种选择。

封闭式基金何时具有吸引力

首先，确保你购买的是以低于净值的折扣价交易的封闭式基金，折价幅度越高越好。

为什么？

前面提过，如果封闭式基金以低于净值的价格折价交易，你就能以低于在二级市场直接购买的价格，买到基金持有的资产，因此也就能比直接购买债券获得更高的收益率。

同时，如果以较大的折价幅度购买了封闭式基金，当每份额价格上升到等于或高于净值时（比如溢价），这时出售封闭式基金就能让你获得资本收益。注意，即便是幅度较小的折价，也能提高每份额的市场价格。

因为波动性，很多投资者把封闭式基金看作投机工具，而非收益工具。这些投资者关注的是获得资本收益的可能性。

获得资本收益的机会源于折价幅度的改变，以及份额价格的波动。折价幅度变小时，或者基金价格接近基金净值时，投资者就能获得利润。最理想的交易就是以较大幅度的折价购买封闭式基金，在封闭式基金变为溢价时出售。

可这条建议简单得甚至具有了欺骗性。我们在前面提过，杠杆会放大损失和收益。如果市场变差，折价幅度变大会导致重大损失。只要利率显著上升就会出现这种情况，比如 1994 年和 1999 年，还有 2008 年金融危机期间。

交易封闭式基金的专业人员为了获得资本收益，开发出了利用市场价格变动的交易策略。比方说，这一领域领先的专家托马斯·赫兹菲尔德建议，购买任何封闭式基金前，为了确定基金的平均折价幅度，你需要追踪基金在一段时间内的价格。他的建议是，只在基金的折价幅度至少超过平时的 3% 时才能购买基金。但这个策略也不是万无一失。确定底部从来就不是一件容易的事。急速下跌时，折价幅度会不断扩大，基金的价格也会持续跌至比之前的低点更低的位置。

封闭式基金偶尔会变成“开放式”。发生这种情况时，基金的价格会上涨至与投资组合中债券的净值相等的程度。如果基金以折价购买，这就能为你带来意想不到的收益。可如果溢价（或者在发行时）购买，你就会出现资本损失。我们没有办法预测哪支基金会变成开放式基金，但这种情况确实会偶尔发生。

波动性与总收益率

封闭式债券基金发布的总收益率数据，会明确表明收益的计算究竟以基金净值还是市场价格为基础。不管怎么样，总收益包含所有派发收益，同时以所有派发收益用于再投资为前提。

由于这类基金的波动性特别强，我不会展示多年的收益情况。相反，在

表 14.2 中，我展示了 2008 年和 2009 年的平均总收益率。

表 14.2 显示的是分别以基金净值和市场价格为基础算出的收益率。读者大概能想到，表 14.2 展示的收益率波动幅度很大，既在 2008 年出现了重大损失，又在 2009 年获得了超额收益。但这类基金的平均数据掩盖了不同基金之间总收益率存在巨大差别的事实。因为这个原因，表 14.2 也囊括了表现最好的基金和表现最差的基金的收益情况，同样都分别以净值和市场价格为基础计算得出。比方说，表 14.2 显示，在市政债券板块中，以市场价格计算出的平均收益率为 −22%，而表现最好的市政债券封闭式基金（同样以市场价格计算得出）的收益率为 8%。而表现最差的市政债券封闭式基金则出现了 48.6% 的损失。

表 14.2　分别以市场价格和净值（所有派发收益均用于再投资）为基础计算出的封闭式基金在 2008 年和 2009 年的平均总收益率[1]

		平均		最佳		最差	
		净值	市场价格	净值	市场价格	净值	市场价格
2008 年	市政债券基金	−17.7%	−22.1%	5.4%	8.25%	−46.9%	−48.6%
	应税债券基金	−25.3%	−23.45	9.0%	24.7%	−65.3%	−70.2%
	外国债券基金	−19.5%	−22.7%	6.7%	7.9%	−38.8%	−43.1%
	参与放贷基金	−46.9%	−43.8%	−38.9%	−35.9%	−58.9%	−55.4%
2009 年	市政债券基金	29.4%	45.7%	67.3%	92.6%	3.0%	0.56%
	应税债券基金	40.6%	50.1%	104.1%	122.7%	−18.5%	−28.1%
	外国债券基金	34.6%	51.6%	68.5%	106.2%	1.7%	17.9%
	参与放贷基金	77.1%	84.4%	108.2%	130.6%	58.8%	39.2%

以上情况并非例外，更多数据显示，2008 年 7 支表现最好的市政债券封闭式基金获得了 0 到 8.25%（以市场价格为基础计算）的总收益率，而排名倒数 10 支债券则出现了超过 40% 的损失。另外还要注意，以净值和市场价格计算出

[1] 注意，在表 14.2 中，为了稍作简化，我使用了赫兹菲尔德研究的数据，他将封闭式债券基金分为四大类：参与放贷基金、应税债券基金、市政债券基金和外国债券基金。很多报纸使用的是迈克尔·理柏的分类，其分类与开放式债券基金一模一样，数量也比赫兹菲尔德的分类多。不过管理公司发布封闭式基金收益率时仍采用前面提到的传统方法：分别以净值和市场价格计算收益率，同时考虑市场价格针对净值究竟是溢价还是折价，以及以前 12 个月派发收益计算出的收益率。

的平均总收益率之间存在明显的差别，这种差别不止体现在平均数上，也存在与单独的基金中。比如在 2008 年，表现最好的一支基金——纽文选择期限基金（Nuveen Select Maturity Fund），按照净值计算出现了 3.66% 的损失，但按照市场价格计算则盈利 6.57%。

表 14.2 表明，应税封闭式基金的收益率差别更大（以市场价格为基础计算），2008 年的平均收益率为 -23.4%；但在同一年，表现最好的基金获得了 24.7% 的收益，而表现最差的基金的损失则高达 70%。最后，如表 14.2 所示，所有封闭式基金都从 2008 年的亏损转变为了 2009 年的盈利，最大的变动发生在参与放贷基金上，它们在 2008 年的平均损失（以市场价格为基础计算）接近 44%，但 2009 年的平均收益高达 84%！

让人震惊的是，有些在 2008 年表现最差的市政债券封闭式基金来自类似纽文和太平洋这种声誉极佳的基金集团（有几支太平洋市政债券封闭式基金甚至在几个月里停发分红）。这些封闭式基金 2008 年的损失接近 50%，但又在 2009 年取得了极高的收益。事实上，2009 年太平洋公司的几支基金如果以净值为基础计算，收益率仅略高于 50%；但以市场价格为基础计算，收益率就会超过 70%。

关于市政债券封闭式基金，最后还有值得注意的一点。2010 年 6 月，市政债券封闭式基金的收益率仍然高得超乎寻常。很多市政债券封闭式基金仍从一个不同寻常的机制中获益，这种机制为提高收益率创造了近乎完美的环境。前面提过，95% 的市政债券封闭式基金都是有杠杆的。市政债券在 2010 年的收益率曲线继续保持不同寻常的陡峭形态。但更重要的是，约有 57% 的市政债券封闭式基金仍然为拍卖标价市政债券（auction rate municipal security）配有杠杆，拍卖标价市政债券是一种长期市政债券。2008 年前，上述债券的利率会在每周拍卖时按照短期债券利率进行重设。因此，这些拍卖标价债券实际上被等同于超短期债券。但在 2008 年，由于拍卖流产，这个市场彻底陷入停滞。按照销售规定，如果拍卖流产，发行人有义务支付惩罚性利率。可问题是，在我写这本书时，这些惩罚性利率始终保持极低水平，比 50 个基点的年利率还要低很多。所以发行人能够一边支付着惩罚性利率，一边继续以极优惠的利率进行杠杆融资。

对市政债券封闭式基金来说，上述情况导致它们在一段时间里一切都顺风顺水。投资市政债券的封闭式基金可以继续以每年不到 50 个基点的成本获得杠杆融资，同时向投资者交出极具吸引力的高收益率。但这也创造了一种潜在风险。

如果未来短期利率上升（这种情况注定会发生），杠杆融资的借贷成本必然上涨，进而导致螺旋式的下跌。

封闭式基金的波动性

读者应该能够从表 14.2 中推测出，尽管很多投资者主要因为高收益率才购买封闭式基金，但这些基金极强的波动性意味着总收益率会很不稳定，只关注收益率就会错失大局。前面讲到过，使用杠杆会放大收益和损失，市场情况的改变可能导致价格剧烈波动。这通常属于大赚或大亏式的投资。当市场情况发生改变时，封闭式基金的市场价格可能突然间发生剧烈波动。短短几个月内市场价格变动 20% 的情况并不少见。2008 年，封闭式基金在几周时间里就出现了巨幅下跌。尽管 2008 年和 2009 年都是不同寻常的年份，但封闭式基金的市场价格在那两年里出现的波动幅度却并非前所未见。在利率持续走高时，比如 1994 年和 1999 年，很多封闭式基金也出现了暴跌。

总结：封闭式基金

封闭式债券基金的卖点就是收益率高于开放式债券基金或债券。

好消息是，在市场环境好时，封闭式债券基金确实能向投资者提供更高的收益率。但投资者承受的代价就是更强的波动性（因为使用了杠杆），总收益也因此变得难以预测。如果你属于买入并持有型投资者，你只有做好了接受基金市场价值可能出现大幅波动的心理准备后，才能为了高收益而购买封闭式基金。此外，你应该寻找收入比率高于收益率的基金，这样的封闭式基金波动性会小于同类别的其他基金。

另外需要注意的是，公开的收益率数据可能无法准确反映你获得的收益；原因在于除利息外，其他派发收益中包含资本收益（需按资本收益率交税），也包括返还的实缴资本（返还的是你自己的钱）。专业服务公司发布的收益率中，计算了所有派发的收益。最后，在市场环境不好时，你的分红可能会被削减。

至于什么时候是购买封闭式债券基金的最佳时机，我们可以简单地做出如下总结。

- 绝对不要在刚发行时购买封闭式基金。
- 只在基金交易价格显著低于净值时购买，那时的收益率也很有吸引力。

- 按照托马斯·赫兹菲尔德的建议，你也可以追踪一支封闭式基金的折价模式，并且只在折价幅度大于普通幅度时购买，在折价幅度显著缩小时出售基金。
- 确保自己了解封闭式基金的支付政策和收益率的真实含义。

购买封闭式基金时可以提出的问题如下。

- 我是在发行时购买的吗？如果是，承销价差是多少？
- 每份额净值是多少？
- 基金是溢价还是折价销售？
- 这支基金的平均折价幅度是多少？
- 这支基金使用杠杆吗？如果使用，杠杆率是多少？使用了哪种杠杆？
- “收益率”报价是多少？最近的“收入比率”是多少？基金是否有“管理支出”政策？如果有，偿还本金数额与收入比率的关系是什么？
- 投资组合中有哪些债券？平均期限与信用质量是什么？

交易所交易基金（ETF）

交易所交易基金（ETF）是债券基金领域的最新面孔，也是我写这本书时市场上的“抢手”基金。

这类基金的历史非常短。巴克莱全球投资者公司（现在的贝莱德公司）2002 年 7 月在美国发行了 4 支固定收益的 ETF。尽管股票 ETF 已经在市场上交易了几年时间，但那却是最早一批债券 ETF。其中 3 支希望追踪国债指数，第 4 支追踪的则是企业债券指数。市场最初对债券 ETF 的反应很冷淡，但从 2008 年开始，固定收益 ETF 的数量迅速增长。在我写这本书时，市场上已经有超过 100 支债券 ETF，还有更多 ETF 计划推出上市。这些基金投资于各种各样的债券，但不管宣传声势如何浩大，在我写这本书时，债券 ETF 在债券基金大家庭中仍仅占很小一部分，总资产约有 1 160 亿美元，而开放式债券基金的总资产约有 4.8 万亿美元。

债券 ETF 最初被设计成追踪债券指数，但后来出现了更加复杂的结构，比如杠杆 ETF 和反向杠杆 ETF（下文会详解这些内容）。

由于债券 ETF 的历史很短，还无法对这种基金进行概括总结。在本书的这一部分中，我会讲述 ETF 与其他债券基金相比的独特之处，这就是 ETF 的基础知识。我还会设法消除公众已经形成的与这种基金有关的一些错误观念。最后，我会讨论如何使用 ETF。

ETF 的基础知识

和所有共同基金一样，ETF 内部是各种证券组成的投资组合。如果是固定收益 ETF，就是债券投资组合，ETF 的份额代表的是投资组合的所有者权益。

ETF 最不同寻常的一部分，是它们的组成及交易方式。ETF 的投资组合由一揽子证券组成，所有 ETF 会按照投资者的需求，持续创造新的份额或赎回老的份额。

这些证券在两个层面上交易。机构交易者（主要是大型经纪商）被称为“授权参与商”（简写为 AP），会持续买入、卖出大量证券，以“创造”或赎回 ETF。尽管这些“证券篮”中可能含有数百支证券，但 ETF（至少在股市中如此）中的证券在电子交易平台上可以做到即时交易。这些证券篮被称为“最小申购、赎回单位（creation unit）”。只有 AP 才会得到授权，只有它们才能交易最小申购、赎回单位。

此外，投资者需要在二级市场购买或出售 ETF 份额，这些份额像普通股票一样，在美国的三个主要证券交易所里交易。投资者购买 ETF 份额时，就像购买其他基金份额一样，他们购买的是一定比例的基础证券篮。但 ETF 的份额是灵活的，AP 可以为了满足投资者的需求而创设或赎回份额。

ETF 从三个层面进行定价。ETF 的一个份额像股票一样，有一个市场价格。ETF 的市场价格和股票一样，一天之中也会随着需求变化而不断变化。但 ETF 中的证券也有市场价值，即资产净值（NAV），这个数值会在每天结束后计算。和封闭式基金一样，ETF 的净值也有可能不同于其市场价格。ETF 还有第三个价值，也就是指示性最佳投资组合价值（IOPV）。IOPV 是基金净值的日内估值——IOPV（而非市场价格）每隔 15 秒就会更新。IOPV 是对变动中基金净值的估算，计算依据是前一天的净值与当天利率变化方向和幅度之和；更准确地说，是债券 ETF 中的债券与国债的价差。由于 IOPV 是估算值，所以不一定能反映基金净值的真实变化，有些定价机构使用各自专有的公式计算 IOPV。最后要记住的是，绝大多数债券 ETF 追踪一个指数。因此，评估一支 ETF 收益情况的标准，是 ETF 收益与其追踪指数的接近程度。

AP 可以通过 ETF 中的证券与 ETF 份额价格之间的价差而套利。比方说，如果市场对 ETF 份额的需求度很高，ETF 的份额价格可能被捧高，使其可能高于 ETF 中证券的实际价值。这给了 AP 机会与动力去购买 ETF 中的证券，创设新的 ETF 份额，再在二级市场出售这些份额并获利。与此相反，如果出售压力较大，ETF 的份额价格就会低于其中证券的价值，AP 就可以折价购买并赎回 ETF，再出售其中的证券并获利。

对个人投资者来说，ETF 的创设与赎回过程可能与他们无关。当你购买或出售 ETF 的份额时，和其他基金一样，你购买或出售的是基金的份额。由于出售 ETF 和出售股票一样，所以佣金也和股票一样，属于为你定制的佣金。

投资者可能觉得困惑的是，债券 ETF 居然在证券交易所交易。但 ETF 投资组合中的债券，却和其他大多数债券一样，在柜台交易。而这是 ETF 定价中的一个重要因素。流动性及买卖债券的成本会影响创设债券 ETF 的成本，从而影响债券 ETF 的定价。此外，尤其是债券市场中存在流动性价差的板块，比如市政债券、垃圾债券和新兴市场债券，交易这些证券以创设或赎回 ETF，在现实中可能需要几个小时才能完成。如果买盘和卖盘间存在不平衡，或者出现某种恐慌情绪，上述过程需要的时间可能更长。后文讲到债券 ETF 的定价与交易时，我们会继续讨论这个话题。

债券 ETF 的基本结构

债券 ETF 的基本结构等同于股票。大多数 ETF 追踪一个指数：它们的成分可以反映所追踪指数的情况。和其他指数基金一样，大多数债券 ETF 为被动管理基金。

设置这种结构的原因很简单。到目前为止，指数基金不论在股市还是债市均拥有漫长而成功的历史。从历史上看，相比主动管理型基金，股票和债券指数基金的表现都更为出色：它们的收益高于 85% 的主动管理基金，部分原因在于被动管理比主动管理低得多的费率。

债券 ETF 也面临着与其他债券基金和债券相同的风险，也就是利率风险（与期限长度相关）和信用封信。但债券 ETF 也有一些特别之处。以下是“大众款”债券 ETF 的一些基本特点，顺序不分前后。

- 绝大多数债券 ETF 追踪一个指数。为了持续追踪这个指数，债券 ETF 的投资组合每个月需要重新调整一次。
- 由于投资组合不断调整，债券 ETF 的期限保持不变。这里的不变期限比开放式基金更为僵硬，因为主动管理的基金可以根据利率水平的预期变化而对久期做出调整。
- 由于久期相对不变，所以利率风险也保持相对不变的状态。对长期 ETF 来说，利率风险很大；而短期 ETF 的利率风险可忽略不计。
- 大多数债券 ETF 每月支付利息。和其他债券基金一样，债券 ETF 不存在一个投资组合统一到期赎回的日期。因此，ETF 的收益率报价与债券的到期收益率不具有可比性。债券 ETF 使用的一个标准化收益率是 30 日标准收益率，这个收益率可与开放式债券基金的 30 日 SEC 标准收益率进行对比。
- 由于债券 ETF 的投资组合每 30 日需要调整一次，所以派发收益每过 30 日就有可能出现变化。因此类似晨星这样的服务机构发布的 ETF 收益率数据可能不能反映最新的派发情况。投资者可以在提供 ETF 的网站上找到更准确的数据。
- 债券 ETF 的费率极低，通常为 9 到 60 个基点——低于绝大多数但并非全部的开放式基金。债券 ETF 中如果大部分是流动性高的债券（比如国债），费率就会最低。如果持有的是流动性较差的债券，比如市政债券、垃圾债券和外国债券，债券基金的费率就会较高。比较少见的 ETF，比如杠杆 ETF（后文会做详细讨论）的费率最高，最高可达 95 个基点。
- 由于债券 ETF 的佣金与股票相同，所以债券 ETF 的佣金低于很多开放式有佣金债券基金。但从百分比来看，如果你的计算是定期少量购买，比如用类似 401k 的避税账户购买，投资 ETF 的成本就会增加。此外，如果你每月将分红用于再投资，费率取决于你使用了哪家经纪公司，你可能需要每月支付佣金。（有些经纪商对每个月的利息再投资不收取佣金，具体需要咨询经纪商。）
- 报纸上的每日债券 ETF 信息非常粗略，一般是如表 14.3 一样的列表。每支股票也会显示这些基本信息。从左到右，信息分别如下。
  - ETF 的名称：ISharesiBoxxFd。

– 代码：LQD。
– ETF 在前一日收盘时的价格（市场价格）：107.29。
– 与前一交易日相比价格的变化（%）：+0.49%。
– 以市场价格为基础计算的 ETF 市场回报率（%）。

表 14.3　常见的债券 ETF 信息

ETF	代码	收盘价（美元）	价格变动率（%）	收益率（%）
ISharesiBoxxFd	LQD	107.29	0.49	3

注意，大部分报纸只会列出大型 ETF 的信息。这些信息过于简单，使人们难以了解 ETF 的真实情况，下文则是一些更有用的数据。

债券 ETF 的定价：指数漂移与流动性

在我写这本书时，基本没有存在时间超过两年的债券 ETF。由于很多债券缺乏流动性，所以债券 ETF 的发展速度比股票 ETF 慢很多。

为了提高 ETF 的流动性，债券 ETF 都以所锚定的债券市场细分中流动性最强、交易最活跃的债券为投资对象。由此产生了几个指导原则。很多债券 ETF 将投资对象限定在大型发行人发行的、至少为投资级别的债券。此外，很多债券 ETF 并不想复制其所追踪的指数，它们使用了取样技术（即“最优化”）。比方说，目前规模最大的市政债券 ETF——iShares S&P National Municipal Bond Fund（MUB）截至 2010 年 6 月 30 日共持有 839 支债券，而其基准指数实际上由 7 550 支债券构成。

在债券市场中流动性较差的板块里，ETF 会想办法把持仓限定在该板块中流动性最强的债券上，比如市政债券，容纳进 ETF 的债券必须满足最低票面数额要求（最少有 1 亿美元的债券仍在流通），类似烟草、医疗、航空和住房这些存在信用风险的债券会被排除在外。这些要求意味着 ETF 持仓会集中于该板块中信用质量较高的债券。

理论上说，AP 的套利交易可以让债券 ETF 的市场价格接近于其投资组合的净值，同时也能与 ETF 追踪的指数保持接近。尽管有些债券 ETF 确实是这种情况，但并非所有债券 ETF 皆是如此：有些 ETF 偶尔溢价或折价，其他则在大部分时间里都是溢价或折价交易。

为什么当债券市场相对稳定时债券ETF仍然会溢价或折价交易？我们可以找到几个原因。要记住，尽管ETF的份额在证券交易所交易，构成ETF的债券仍在柜台购买。债券的买入价/卖出价差会反映在ETF的市场价格上：流动性较差的债券受到的影响尤其明显，这些债券的买入价/卖出价差通常在150到200个基点。简单解释就是，AP交易债券的成本被纳入进了债券ETF的市场价格中。但ETF的净值却以ETF中债券的买入价（较低价）为基础计算。因此，当买入价/卖出价差较大时，大多数时候债券ETF会以高于净值的价格交易。还需要记住的是，指数并没有任何费用。因此，创设份额、调整ETF投资组合的费用必然导致ETF的表现低于指数。

但在市场剧烈波动时，比如2008年金融危机期间及2009年，所有价差都会扩大。AP购买债券、创设ETF，或者为了赎回份额需要出售债券时，他们就会负担更高的成本。

当债券市场相对稳定时，交易活跃的债券ETF就会形成某些专业人士口中的“流动层（liquidity layer）”，也就是不需要AP创设或赎回“最小申购、赎回单位”也会有大量ETF份额得到交易。不管因为出售压力大还是需求度高，当市场处于波动状态时，为了创设新的ETF份额而寻找债券，或者为了满足投资者出售ETF的需求而出售债券就会变得极为困难甚至近乎不可能，而债券市场中流动性最强的板块受到的影响最大。2008年金融危机期间，当很多债券无法交易时，很多债券ETF也无法购买所需的债券，或者为它们需要出售的债券找到买家。因此，尽管债券ETF仍在交易（有时还是仅有的仍在交易的债券投资工具之一），但交易价格反映了所在债券市场板块的波动性。如果债券稀缺，AP就不得不以高价购买债券；如果没有买家，债券就不得不以极低的价格出售。不管怎么样，这时债券ETF都不能追踪指数。

因为这个原因，尽管处于债券市场中流动性较高板块的ETF价格一般能够紧跟指数，但其他板块的ETF价格通常会偏离指数和基金净值。ETF发起人如今采用的一种衡量标准，就是看指定时间段里ETF价格在50个基点内（也就是1%的一半）波动的天数。不以净值定价而以50个基点作为ETF市场定价门槛，本身有些武断，对那些买入价/卖出价差较大的债券尤其如此。不要忘了，买入价/卖出价差会被纳入创设ETF份额的成本中。对流动性极强的债券，比如国债，当买入价/卖出价差远小于50个基点时，在多数市场情况下，ETF的交易价格通常与基金净值相差不到50个基点。而对类似高收益率债券这种买入价/卖出价差一般为200个基点的债券，大多数ETF的交易价格与净值相差就会超过50个基点。

我因此想到了一个问题，类似2008年和2009年的市场剧烈波动，会对不同债券ETF的溢价和折价产生什么影响？我联系了贝莱德公司，提交了一份它们发起的ETF清单，想知道它们能否提供这类信息。幸运的是，我从它们那里得到了表14.4展示的数据，其中显示了一些ETF（既有处于流动性较强板块的债券ETF，也有处于流动性较差板块的债券ETF）在2008年和2009年的最大溢价和最大折价。

注意，表14.4也列出了每支ETF每年交易价格在净值上下50个基点范围内波动的天数，也列出了对应债券市场板块的买入价/卖出价差。

我为制作这个表格选择了两种ETF。表14.4的前五支ETF（AGG、SHY、TLT、TIP和LQD）的规模不仅是所有债券ETF中最大的，也是交易最活跃的债券ETF。最后三支（HYG、MUB和EMB）属于各自板块（分别是垃圾债券、市政债券和新兴市场债券）中规模最大的ETF之一。

表14.4中的如下几个事实很突出。

- 在2008年和2009年的大部分时间里，与债券投资组合的净值保持最接近状态的（可以从交易价格在净值上下50个基点范围内波动的天数看出）是两支国债ETF——SHY和TLT。这两支ETF的买入价/卖出价差也最小。
- 尽管市政债券市场缺乏流动性，且买入价/卖出价差较大（1.5%），MUB（目前仍是规模最大的市政债券ETF）在2008年和2009年的溢价率与折价率仍低于5%。
- 其他ETF——EMB（新兴市场债券ETF）、HYG（垃圾债券ETF）、LQD（投资级别企业债券ETF），在2008年和2009年都曾出现过相对于净值的两位数的溢价率或折价率。可能让人意外的是，表14.4中折价幅度最大的是2008年的LQD——折价幅度接近11%。这张表中溢价幅度最大的是2009年的EMB。
- 还需注意，2008年和2009年，EMB和HYG的交易价格在净值上下50个基点范围内波动的天数，全年也不到25天。让人略感意外的是，主要配置投资级别企业债券的LQD的交易价格在2008年和2009年在净值上下

表 14.4　2008 年和 2009 年一些 ETF 的溢价与折价情况

相对净值的溢价 / 折价百分比								
		2008 年		2009 年		与净值相差 50 个基点内的天数		
基金 / 基准	代码	最大溢价（%）	最大折价（%）	最大溢价（%）	最大折价（%）	2008 年	2009 年	债券买入价 / 卖出价差（%）
iShares Barclays Aggregate Bond Fund	AGG	2.21	−8.86	3.65	−0.23	164	129	0.750
Barclays Capital U.S. Aggregate Index iShares Barclays 1–3 Year Treasury Fund	SHY	0.29	−0.30	0.17	−0.13	252	252	0.035
Barclays Capital 1–3 Year Treasury Index iShares Barclays 20+ Year Treasury Bond Fund	TLT	1.71	−1.55	0.90	−0.82	234	231	0.200
Barclays Capital 20+ Year Treasury Index iShares Barclays TIPS Fund	TIP	3.19	−2.65	1.77	0.04	198	196	0.400
Barclays Capital U.S. Treasury Inflation Protected Series Index (Series L)								
iShares iBoxx$ Investment Grade Corporate Bond Fund	LQD	4.07	−10.97	4.24	−1.08	53	43	1.500
Markit iBoxx$ Liquid Investment Grade Index iShares iBoxx$ High Yield Corporate Bond Fund	HYG	12.71	−8.41	12.76	−3.23	24	19	2.000
Markit iBoxx$ Liquid High Yield Index iShares S&P National Municipal Bond Fund	MUB	4.23	−2.22	3.22	−1.45	136	138	1.500
S&P National Municipal Bond Index iShares JPMorgan USD Emerging Markets Bond Fund	EMB	11.68	−9.88	13.49	−3.09	17	24	2.000
JPMorgan USD Emerging Market Bond Index								

50个基点范围内波动的天数，分别只有53天和43天。

市场回报与ETF净值或指数的贴合程度究竟怎样？表14.5对此做出了解释，其中显示了表14.4中的ETF在2008年和2009年的净值回报、市场回报和指数回报。

表14.5表明，表14.4中ETF的市场回报对追踪基金净值和指数回报最为紧密的，是那些2008年和2009年折价和溢价幅度最小的ETF。

- 需要再次强调的是，国债ETF最接近指数及净值回报。
- 指数和净值回报与市场回报差别最大的，又一次是HYG和EMB。HYG在2008年的表现实际上好于指数，其损失为17%，指数损失接近24%；但HYG在2009年的表现却比指数差很多，收益率为28%，指数收益率则达到44%。(2009年的糟糕表现也许可以用市场对垃圾债券的高需求度解释。AP不得不花高价购买债券，这对业绩产生了负面影响。) EMB的市场回报与指数和净值回报的差别虽然小于HYG，但同样非常显著。

表14.5 自推出时起，部分ETF在2008年和2009年的净值、收益、市场回报及指数回报

代码		净值回报（%）	市场回报（%）	指数回报（%）
AGG	2009	5.1	3.1	5.9
	2008	5.9	7.9	5.2
	自9/22/2003上市时起	5.1	5.2	5.4
SHY	2009	0.5	0.4	0.8
	2008	6.6	6.6	6.7
	自7/22/2002上市时起	3.3	3.3	3.4
TLT	2009	−21.5	−21.8	−21.4
	2008	33.8	33.9	33.7
	自7/22/2002上市时起	7.4	7.4	7.4
TIP	2009	11.4	9.0	11.4
	2008	−2.5	−0.6	−2.4
	自12/4/2003上市时起	5.5	5.5	5.6
LQD	2009	12.1	8.6	12.8
	2008	−0.3	2.3	1.0
	自7/22/2002上市时起	5.9	5.9	6.2

（续表）

代码		净值回报（%）	市场回报（%）	指数回报（%）
HYG	2009	40.7	28.5	44.5
	2008	−23.9	−17.1	−23.9
	自 4/4/2007 上市时起	3.1	2.8	3.9
MUB	2009	10.6	7.3	12.2
	2008	−0.9	1.1	−2.8
	自 9/7/2007 上市时起	4.9	4.9	4.9
EMB	2009	27.7	18.0	28.7
	2008	−11.8	−4.4	−11.7
	自 12/17/2007 上市时起	5.9	7.2	7.7

总结一下，表 14.4 表明，这些 ETF 在 2008 年和 2009 年交出了最大溢价和最大折价。但这些情况是偶发的，不是常态。2008 年和 2009 年都是债券历史上最为动荡的年份，由此导致溢价和折价反常地高。不过因为表格中的 ETF 规模很大，且交易活跃，我们应当认为这些折价和溢价具有代表性。

表 14.4 和表 14.5 均表明，持有期短（一年或更短）或在市场剧烈波动时，只有流动性最好的债券 ETF 才能追踪净值回报和指数回报。对于溢价销售的债券 ETF，特别是溢价幅度高的 ETF，投资者应当谨慎。

但要注意，表 14.5 也显示了 ETF 自上市时起的净值回报、市场回报和指数回报，这些数字与 2008 年和 2009 年存在巨大差别。在从 ETF 上市时起到 2010 年 6 月 30 日这个更长的时间段里，即便是流动性最差的债券 ETF，其净值回报、指数回报和市场回报之间的差别也小得多。但还要注意，上市日期不同也会影响表 14.5 中显示的各个回报率。

债券 ETF 的优势与劣势

前面提过，过去一年债券 ETF 的数量大幅增加，还有更多的 ETF 在筹备中。这些债券 ETF 配置最多的资产，是流动性更好的债券，比如国债、通胀保值债券、各种应税债券及投资级别的企业债券。不过目前也有专门投资高收益率（垃圾）债券、市政债券、国际债券和新兴市场债券的 ETF。

第一个问题是，与其他债券基金相比，债券 ETF 是否是更好的投资选择？

ETF 的结构与其构成本身具有一些优势。第一个就是透明性。ETF 的管理公司每天都会发布债券投资组合持仓情况，它们也会发布与净值回报和指数回报对比的溢价及折价的详细信息。我在第十一章里写过，很多较老的开放式债券基金存在的一个问题，就是难以确定基金的持仓，导致基金的风险因素也不明确。ETF 每天都会发布投资组合的信息，也会追踪一个指数。所以投资者不需要猜测。不过这里也有一个例外。有些管理公司的 ETF，比如先锋集团的 ETF，就与开放式共同基金共同属于一个级别、追踪同一指数。这样的 ETF 不会每天发布持仓情况。

第二个优势就是低成本，但这个优势显得不那么明显。尽管投资 ETF 的累积成本通常低于很多开放式债券基金，尤其低于那些费率高的开放式基金，可只有明确具体的基金才能做出准确对比。需要记住的是，投资 ETF 的成本不只是费率，还有购买基金的佣金成本。定期少量投资会导致总成本按百分比增加。投资无佣金、低费率的基金，从长期看可能比投资 ETF 成本更低。

出于对比，先锋集团有追踪同一指数的开放式基金和 ETF。先锋的一个筛选器可以让投资者对比追踪相同指数的 ETF 和开放式基金的投资成本。基于投资数额与时间的不同，优势有时在 ETF 一边，有时在开放式基金一边。

另需注意，很多 ETF 为被动管理，这能降低管理费用支出。但这并非专属于 ETF 的特点。我们在第十二章里也提到过费率低的被动管理式债券指数基金。此外，主动管理型基金的经理有时可以通过降低基金的久期、对抗信用质量变差的方式降低风险。

与其他债券基金相比，债券 ETF 可能具备的第三个优势，就是很多 ETF 投资的都是流动性更强、信用质量更高的债券。ETF 的收益率一般低于投资信用质量降低的债券基金。但经过一段时间后，这些 ETF 的波动性会低于很多投资高风险债券的开放式基金。

新奇的 ETF：警告，前方有危险

从很多角度看，ETF 就是为满足机构投资者的需求而设计的产品。如今，ETF 让个人投资者也能用上一些机构投资者才能用到的投资策略。

至于这是不是一个值得推荐的策略，就另当别论了。

个人投资者通过 ETF 可以使用的策略之一，就是“做空”。做空股票需要从他人手中借股票，同时希望在股价下跌后买入股票归还他人。如果基金份额下跌，投资者可以在较低价位购回份额，做空策略就成功了。做空既可以用来投机，也可以用来对冲头寸。ETF 出现前，投资者很难甚至几乎不可能对冲类似市政债券一样的头寸。有些交易商试图利用国债的期权对冲，但我们知道，国债的走势并不总与债券市场其他板块保持一致。

如今，投资者可以利用 ETF 对冲债券基金头寸或投机。比方说，假设你有一份市政债券的庞大投资组合。如果你预测未来利率会上升，与其卖出核心投资组合中的债券（或债券基金），你不如考虑做空某支规模较大的市政债券 ETF。这种策略的一个优势，就是你的债券投资组合能够持续获得收益。

但做空永远存在风险。做空的时机必须非常精准，而且套期保值（对冲）比率也必须非常精准。我之所以提到做空的可能性，只是因为 ETF 提供了这种可能。但我并不提倡这种做法，坦白地说，描述做空的具体策略也不在本书的内容范围内。

当然，做空也可以纯粹用于投机，而这样的风险是对冲的两倍。无论做空什么，你要面对的风险都是价格上涨而非下跌。如果开放式基金价格持续攀升，你就有可能出现损失。本书前面也多次提到过，预测利率变化方向的难度非常大。

另一个因 ETF 而变得可能的技术，是“以保证金买入”。“以保证金买入”指的是为了购买更多证券而借钱的投资方式。这种策略的目标是，股票价格的增长速度超过了借钱的成本。这里的风险在于，如果股价下跌，即便只是暂时下跌，经纪商也有权强平你的持仓。有必要再次强调的是，这是一个风险很大的投资策略。

无论做空还是以保证金买入，都是很有风险的投资策略。但有少数名称中带有“杠杆”或“反向杠杆”字样的 ETF，本身就自带风险。这两种 ETF 目前所占比例虽然很小，但因为公众对其风险因素不够理解，所以在这里仍然值得一提。

杠杆 ETF（也称 Short ETF）——这里的“Short”指的不是久期短，而是指做空策略[1]——希望获得数倍于所追踪指数的收益。举个例子，两倍杠杆就是希望获得两倍于指数的收益，三倍杠杆就是希望获得三倍于指数的收益，以此类

[1] Short 在英语中既有“短的”意思，也有“做空”的意思。——译者注

推。反向杠杆 ETF 希望获得与所追踪指数相反的结果。比方说，如果指数上涨，反向杠杆 ETF 就会被设计成下跌。反向杠杆 ETF（也被称为“终极做空”基金）的设计目的，就是获得两倍或三倍于反向所追踪指数的收益。

所有杠杆 ETF 和反向杠杆 ETF 均使用非常复杂的投资策略，比如互换、期权和远期合同。杠杆和反向杠杆 ETF 都被设计为对冲或投机工具，主要面向有经验的交易人员。

需要再次强调的是，创造这些 ETF 就是为了满足机构投资者的需求，个人投资者使用这些 ETF 非常危险。之所以如此危险，原因在于这些 ETF 的目标持有时间就是一天——有时甚至还不到一天，杠杆 ETF 每天都会重设。如果长期持有，这些 ETF 的收益情况就会显著偏离指数。因为复合杠杆的原因，这些 ETF 的表现就像“打了鸡血”一样。上涨时，这些 ETF 能够获得超高的回报；可在下跌时，本金的损失仿佛掉进了黑洞一样看不到头。由于风险太高，加上使用难度极大，FINRA 对杠杆和反向杠杆 ETF 发出了警告。有些经纪商的网站也效仿 FINRA 的做法，对这些基金的极端风险发出了警告。

ETF 与封闭式基金的对比

如果拿 ETF 与封闭式基金对比，两者有哪些共同点？

两者最大的共同点，就是 ETF 和封闭式基金都像股票一样，在证券交易所交易。但封闭式基金是主动管理型基金，而大多数 ETF 属于被动管理，且追踪一个指数。因此，ETF 的费率远低于封闭式基金。

这两种基金都会列出市场价格的基金净值，后者就是基金投资组合的价值。两者都可以以高于或低于净值的价格交易。但封闭式基金一般是折价交易，而 ETF 折价则会被看作反常现象。此外，封闭式基金交易价格可能长时间高于或低于净值。ETF 也可以溢价或折价交易，而且在市场流动性极度匮乏时，溢价或折价幅度可能非常大（见表 14.4）。但 AP 的套利交易可以让 ETF 的价格与净值接近。表 14.5 也表明，如果长期持有，超额的溢价和折价似乎都会消失。封闭式基金的投资者将大折价看作获取资本收益的好机会，债券 ETF 可能也有这种效果。

封闭式基金的杠杆与杠杆 ETF 完全不同。封闭式基金使用杠杆，提高派发给股东的利息。而杠杆 ETF 的目标则是希望获得数倍于所追踪指数的总收益，想实现这个目标，必须用上复杂的金融衍生品。杠杆 ETF 的波动性极强，而且无法预测，危险性也因此更高。

如果宽泛地总结一下，封闭式债券基金的结构强调的是通过杠杆获得高收益率，ETF 强调的则是低费用和透明性。当封闭式债券基金在净值出现重大折价时，这可能正是颇有吸引力的投机机会。而投资高信用质量、低久期的 ETF，从长期来看，对购买并长期持有的投资者来说也许是更好的选择。

债券 ETF 的最佳用途是什么

很多有关 ETF 的讨论重点强调的是投资者有迅速接触债券市场高度投机板块的机会。有些债券 ETF 确实能为个人投资者提供机会，让他们接触过去难以接触或接触成本太高的投资机会，比如外国债券或外汇。

但 ETF 真正的优点在于低成本和透明性。使用债券 ETF 能让投资者搭建风险明确的低成本债券投资组合。通过购买不同期限（或久期）的 ETF，个人投资者可以搭建一个专门满足个人需求的投资组合“梯”。最适合这种投资组合的 ETF 是那些信用质量高、风险相对较低的 ETF，比如低久期或中期、高质量债券 ETF。

未来即将出现的一些变体

目前市场上的大部分 ETF 符合我们在前面讨论的模式。它们追踪一个指数，有些可能追踪的是新的指数，比如景顺集团就宣布，它们将会设立一支追踪建设美国债券的 ETF。未来还会有更多 ETF 开辟新的领域。

再比如贝莱德公司，它们已经推出了六支到期日在 2012 年到 2017 年的市政债券 ETF。投资组合到期时，债券将被赎回，现金将派发给股东。设计这些 ETF 的目的，是希望它们的业绩走势更像个体债券。不过需要注意的是，当投资组合重新调整时（和其他 ETF 一样，这些 ETF 也会定期调整），股息率会随着利率变化而不同，而且基于买入的价格，清算价格可能高于也可能低于你最初的购买价格。但除了 2008 年那样灾难性的一年外，清算价格一般与买入价格相差只有几个百分点。

毫无疑问，如果这类拥有到期日的 ETF 能够吸引投资者，那么与此类似的基金也会出现在债券市场的其他板块。此外，考虑到市场上存在推出新 ETF 的热潮，未来也会出现新型的 ETF。

总结：交易所交易基金

在我写这本书的时候，各个基金集团似乎在互相比拼，推出了越来越多的 ETF。为什么会出现这种情况，原因尚不明确。ETF 是一种低成本投资，可想而知，它们对基金集团来说是低利润产品。换句话说，基金集团从 ETF 上赚不到多少钱。

根据晨星的统计，目前全部 ETF 中有 85% 的资产集中在三大基金集团——贝莱德、道富公司（State Street）和先锋。先锋是三家中唯一一个拥有与 ETF 对标的开放式基金的集团。

现在还不清楚 ETF 未来的竞争环境会发展成什么样子。目前，ETF（以及封闭式基金）的资产只是传统债券基金所有资产的一个零头。如果 ETF 取得成功，未来它们可能会吸引走一些传统开放式基金的投资者，而竞争导致所有基金的费用均出现下降的情况也不是没有可能发生。

但目前还无法确定 ETF 的未来发展趋势。首先，如前所述，很多债券 ETF 的价格既不追踪自身投资组合的净值，也不追踪指数。特别是在流动性较差的债券市场板块，很多 ETF 在很多时候，会以高于或低于净值及其所追踪的指数的价格销售。

另需注意，很多 ETF 的上市时间是 2009 年——对大部分债券市场板块来说，那是年景极好的一年。有些上市于 2008 年（对很多债券来说是极其惨淡的一年）的市政债券 ETF 遇到了前文描述过的麻烦，比如价格与指数或投资组合的净值出现巨大偏离。2009 年上市的 ETF 在动荡时期——比如利率持续上升，或者类似高收益率债券这样的流动性较差的债券市场整体陷入停滞——究竟会有怎样的表现，仍有待观察。

最后，尽管 ETF 的优点包括透明性和低成本，但从长期看，ETF 的业绩表现能否超越一些它们模仿的低成本、无佣金、保守管理的开放式债券基金，目前也有待观察。

从哪里获得 ETF 的信息

大多数财经网站都能找到一些与 ETF 有关的信息。晨星也推出了一个 ETF

网站，其中肯定包含有用的数据。

但在我写这本书时，ETF 相关信息的最佳来源，还是创设 ETF 的管理公司的官方网站。这样的网站上有与 ETF 各方面有关的详细信息：既有投资组合构成情况，也有 ETF 追踪的指数，还有 ETF 的历史业绩。对于债券 ETF，你需要搜寻以下基础数据。

- 追踪的是哪个指数。
- ETF 的市场回报率是多少，与对应的指数回报和基金净值回报相比如何。
- 债券市场波动期间的溢价和折价情况（或业绩表现数据）。
- ETF 交易价格与净值相差不超过 50 个基点的天数。
- 投资组合中的总资产。
- 加权平均期限：投资组合中债券的平均期限，以债券在基金中所占百分比或久期为基础算出。
- 股息率：最新的 30 日 SEC 标准收益率。
- 投资组合中的资产数额。
- 费率。
- 如果有意交易投资组合，平均日成交量是多少。

购买固定收益 ETF 时可以提出的问题如下。

- 追踪的是哪个指数？
- 投资组合持有的是流动性更强还是更差的债券？如果是流动性较差的债券，所属债券市场板块的买入价 / 卖出价差是多少？
- 过去几年追踪指数的 ETF 的市场回报率是多少？
- ETF 的交易价格通常高于还是低于其追踪的指数或其净值？
- 投资组合中的资产规模有多大？这是一支交易活跃的 ETF 吗？

单位投资信托（UIT）

单位投资信托是本章要介绍的第三种债券基金。这种基金通过经纪公司或银行这样的经纪商销售，购买者通常需要缴纳约 5% 的佣金。单位投资信托鲜少有人关注。在我写这本书时，只有少数几个基金集团，比如凡 · 坎彭（Van Kampen）和纽文，仍有还在流通的单位投资信托产品。

购买单位投资信托时，你买到的是一个多元化的证券投资组合。但这个投资组合与开放式债券基金和封闭式债券基金存在很大不同。单位投资信托的核心特点是，一旦设立，其投资组合就会保持无管理状态。除了少数例外，几乎没有债券会被加入或剔出投资组合。由于投资组合保持无管理状态，随着临近到期日，其价格就会逐渐上涨到接近票面价值的水平。

单位投资信托的投资组合通常比债券基金小很多，多元化程度也差很多，最少可能只有 10 支债券。尽管投资组合指定了一个到期日，但那只是其中期限最长的债券的到期日。投资组合中的每个债券可能在不同时间到期，整个时间段可能长达 10 年。单位投资信托中的各支证券也会面临提前赎回风险。随着投资组合中的债券逐一到期或被提前赎回，本金就会返还给股东。届时，随着债券到期或提前赎回，不同比例的投资组合就必须进行再投资。

债券市场的大多数板块都存在单位投资信托，比如企业债券、联邦机构债券和市政债券，而且期限从中期到长期不一。发起人包括凡·坎彭、克莱默（Claymore）和第一信托（First Trust）。投资者要想在到期前出售单位投资信托，难度要大于出售共同基金。特别是市场下行时，单位投资信托的流动性就会变得很弱（也就是出售难度大、成本高）。

另外，尽管单位投资信托存在当期收益率和到期收益率（YTM），但计算到期收益率时使用的公式必须考虑投资组合中债券的不同到期日。因此，单位投资信托的到期收益率与个别债券同样不具有可比性。

经纪商将单位投资信托的一些特点看作优点。比如每月支付收益，假设投资组合不变，每月的收益都是固定的。此外，由于单位投资信托不是主动管理，所以也不存在管理费用。理论上说，这能让单位投资信托比信用评级和期限相似的共同基金拥有更高的收益率。

这些观点的说服力并不怎么强。所谓收益率优势可能是种假象，单位投资信托也有可能投资了信用质量较低的债券。而且票面利率只是在投资组合中的第一次有债券到期或提前赎回前是固定的。因此，随着不同债券逐一到期（或提前赎回），每月收到的票面利息也会发生改变，而且股东只能以未知利率再投资返还的本金和票面利息。

除此之外，单位投资信托的投资组合还处于无管理状态。当所持债券的信用质量恶化时，单位投资信托无法为投资者提供保障。你购买的是一个不会改变、没有经理的投资组合。

最后，因为每个单位投资信托都不相同，所以必须谨慎仔细地考察每一个投资组合。由于单位投资信托的卖点是收益率，所以为了能报出更高的收益率，有些单位投资信托也会耍些花招。比方说，它们可能购买存在提前赎回风险的高票面利率债券，或者购买信用质量存在问题的债券。华盛顿公共电力供应系统（WPPSS）因为在其投资组合中加入了工程项目债券而广受批评，这个投资组合最终违约，导致股东直接承担了大量损失。

与共同基金相比，单位投资信托的唯一优点就是，因为投资组合保持固定而存在一个最终到期日，并且随着越来越多的债券临近到期，单位投资信托的价格也会逐渐接近票面价值。对于没有足够资金购买多元化投资组合但又怀揣基金到期时能够拿回本金希望的投资者来说，单位投资信托可能具有一定吸引力。

总结：单位投资信托

总的来说，相比个体债券，单位投资信托具有相对多元化的特点；但与共同基金相比，单位投资信托的优势便基本不复存在。由于最初的佣金较高，所以只有计划长期持有时才应该考虑单位投资信托。

购买单位投资信托前可以提出的问题如下。

- 单位投资信托持有的是哪些证券？
- 投资组合的期限有多长？
- 投资组合的信用质量怎样？
- 如果投资组合报出了相对较高的收益率，其中有很多债券是溢价债券吗？债券被提前赎回的可能性有多大？
- 佣金是多少？
- 如果需要在单位投资信托到期前出售，你可以卖给谁？
- 作为出售者，你是否准备好随时回购单位投资信托？会以什么价格回购？

THE BOND BOOK

04

第四部分

管理债券投资组合和资产配置

第十五章解决的是管理债券投资组合的问题。这一章中讨论了管理大型债券投资组合的专业人士用到的一些技术，个人投资者也能轻松上手，比如到期日搭配法（maturity matching）或打造投资组合“梯”；此外还回顾了本书其他部分提过的一些概念，比如如何寻找低估债券。

第十六章讨论的是资产配置，也就是如何在投资周期内把你的钱分配于不同的资产类别，比如股票、债券及类似房地产之类的其他产品。这是财经领域被讨论的最多的话题。很多专家认为，资产配置是最重要的投资决定，也是决定投资者财务状况的核心因素。但对这个问题的共识，似乎总是跟随近期投资环境的变化而出现变动。根据过去 20 年投资界的共识及实际表现，第十六章讨论了应该把投资组合中的多大比例投入债券上。

第十五章 管理债券投资组合

本章将讨论以下问题：

- 我什么时候需要钱——“到期日搭配”；
- 投资组合结构——“梯子”与“杠铃”；
- 寻找具有吸引力的买入点；
- 互换；
- 以总收益为目标来管理债券投资组合。

如果投资债券，不管是直接购买债券，还是通过债券基金投资，只要持有债券的数量超过一支，你就拥有了一个债券投资组合。本章第一部分将讨论几个可以安全提高总收益率的策略，第二部分讨论了应该将多大比例的投资组合配置到债券上。

不管怎样投资债券，开始时都要需要问自己几个问题：资金的最终用途到底是什么？我是为了特殊需求存钱吗，比如给儿子攒大学学费？钱应该投入应税还是免税债券？专业人士开发出的一些策略，个人投资者在管理投资组合时也可以使用。我们将在下文详细讨论。

我什么时候需要钱

假设你是为了特别目的而存钱（比如买车）。如果在相对较短时间里需要用钱，比如两年或更短时间，那么最适合你的选择，就是那些价格波动性不大的证券。这就把你的选择局限在了货币市场基金、定期存款，或者类似短期国债一类的短期票据上。在我写这本书时，这意味着你的年化收益率几乎等于零，或者远低于 1%。

读者可能想知道，为什么我不推荐收益率更高的长期债券，毕竟我们可以在需要用钱之前享受到更高的收益率。原因有二：第一，你无法确定自己需要用钱时能否完整拿回本金，因为你不知道出售债券时会有怎样的利率水平；第二，我们在第二章里讲过，出售债券时的佣金成本非常高，特别是流动性较差的债券，经纪商会告诉你，个人投资者会在出售债券时支付大量佣金。

“到期日搭配”，也称“子弹型投资组合”

然而，如果需要用钱的时间距离现在比较远，比如2~10年，你就有了不同的选择，也就是专业人士所说的“到期日搭配”（也被称为“子弹型投资组合”）。你可以购买一支到期日与资金需求时间接近的证券。个人投资者一般会为度假、买车或者孩子的大学学费而存钱。简而言之，你知道自己需要多少钱，也知道何时需要这笔钱。

购买在自己需要钱时到期的债券，可以让你沿着收益率曲线（假设是正常的向上倾斜曲线），挑选出比短期现金等价物收益率更高的债券进行投资。如果需要用钱时利率上升，这种结构也能消除可能损失本金的风险。

子弹型投资组合本身并不能决定你所选择的证券类型。比方说，你在5年后需要用钱，你可以买一支5年期国债、一支5年期提前还款市政债券、一份5年期银行定期存款，或者一份5年期的零息国债。如果利率特别诱人（也就是特别高），那么消除了再投资风险的零息债券就是很不错的选择。

对于拥有庞大投资组合的长期投资者来说，还有一种选择，就是“加权期限”结构。这种结构的基本理念，就是选择期限不同的债券。但总的来说，你选择的债券结合在一起的久期，应当与你需要用钱的目标时间接近。这能保护债券投资组合，使其本金免受重大损失。而且期限经过加权，也能让你捕捉到收益率曲线上具有吸引力的买入点。比方说，一种可能的方案是偏重期限与需要用钱的时间相符的债券；追求最大化收益的投资者，可以同时偏重长期债券和较短期的提前还款债券。后面会讨论这种策略的演变形式。

投资组合结构

我在这本书里推荐过，你应当将债券投资组合中的较大比例配置于中期债券。

对于主要以获得稳定收益或降低整体投资组合波动性为目的的投资者，从长期来看，中期债券一直是非常好的选择。不过具体决策还取决于你的目标是什么，你也可以把选择进一步细化。

“梯子”

有一种极为保守的投资组合设计结构，被称为“搭梯子”。“搭梯子”时，你需要把资金分别投入到不同期限的债券上，一般为短期和中短期债券。举个例子，你可以购买一支1年期债券、一支3年期债券和一支5年期债券；每支债券投入基本相等的资金量。每支债券到期赎回时，你可以用自己投资组合中期限最长的债券替换到期债券；在这个案例中，就是用5年期的债券去替换。

你的投资组合会以以下方式发展。

- 最初的投资组合：第一年开始时，你买了一支1年期债券、一支3年期债券和一支5年期债券。这个投资组合的平均加权期限为3年。
- 第一年结束时：1年期债券到期，你用一支5年期债券替换。但较老的债券距离到期日减少了一年。你现在有一支2年期的债券、一支4年期的债券和一支5年期的债券。这个投资组合的平均加权期限为3年。
- 第三年结束时：你的3年期债券到期，再用一支5年期债券替换。现在，你拥有一支2年期债券、一支3年期债券和一支5年期债券。这个投资组合的平均加权期限为3年。

这种投资组合结构最初是为严谨管理大型债券投资组合而设计的。债券梯变得越来越受欢迎，范围后来也扩大到期限更长、平均久期比前面的例子更长的债券。比如你主要为了获得收益、为了更长持有期而投资，这时你一般应该选择期限相对较长的债券梯。举个例子，你可以购买2年期、3年期、5年期、7年期和10年期的债券组合。这种投资者的平均期限约等于最长期限的一半。不过为了保持保守管理，梯形投资组合的平均期限应当维持在5年或更短时间。另一方，如果你极度厌恶风险，而且关注的重点是保护本金安全，你就应该搭建一个类似前面案例那样的平均加权期限较短的债券梯。

无论债券梯的平均加权期限究竟是多少，梯形结构本身都具有一些优点。不论利率水平如何都按计划替换到期债券，这有点类似股票中的“平均成本投资法”，即在不同价位买入股票，除非倒霉到家，否则你总能碰上合适的买入点。与此同时，债券梯可以针对多种风险提供保护。将投资组合的平均加权期限控制在短期到中期水平，可以保护投资组合的本金价值免受利率风险的影响。持续持有直至到期以票面价值赎回也有同样的效果。最后，如果利率上升，你就以更高的利率投资了债券，总收益因此得以增加。

考虑到我在写这本书时利率的未来发展方向极不明确，对于任何持有超过10万美元债券投资组合的人来说，债券梯无疑是个合理的选择。

如今，几乎所有经纪商的网站上都配有软件，能够自动设计可以满足你的需求的债券梯。软件可以计算投资组合的平均加权期限和久期，也能列出投资组合的现金流情况。

哑铃型投资组合

这是"到期日加权"的另一种变体，也是更为激进的债券梯。

之所以得名哑铃型投资组合，是因为约有半数投资组合配置的是短期债券（不到两年），而另一半为长期债券（20 到 30 年）。这种投资组合里没有中期债券。但长期与短期债券结合在一起，就会出现一个平均加权期限为中期的投资组合。这种投资组合的收益低于直接购买中期债券的收益。

机构投资者选择哑铃型结构的主要原因在于，他们认为从长期看利率将会下降。如果确实如此，长期债券的价值就会上涨。如果猜测正确，机构投资者就有机会通过出售较长期债券并将资本收益"变现"的方式提供总收益。如果猜错，至少他们可以将短期债券用作缓冲，从而对赌博进行对冲。

当然，预测利率走势的难度总是很大。对个人投资者来说，如果想将债券投资组合集中于债券（收益率更高），哑铃型结构就是合理的选择。在投资组合中纳入大量短期债券可以对冲风险。但你需要注意，这种策略也可能会事与愿违。比方说，假设短期利率下降，长期利率上升。当收益率曲线剧烈倾斜、长期利率上升而短期利率下降时就会发生这种情况。在这种时候，哑铃型投资组合就会遭受双重打击。长期债券的本金价值下跌，与此同时，短期债券的收益率也在下跌。

寻找具有吸引力的买入点

我们知道，利率会上下波动，有时会创造出极好的买入（或者卖出）机会。我在下面列出了几种抓住上述机会的方法。

利用收益率差寻找低估债券

债券市场的不同板块并不总是同步发展。任何一段时间里，某些板块的债券相比其他板块的债券可能显得“很便宜”。债券会因为不同原因而变得廉价，比如某一板块债券的供应量激增（比如企业债券或市政债券的供应量大增），会导致这个板块的收益率上升。此外，有些板块的债券会周期性地“失宠”，而这同样会导致这一板块的收益率上升。我能想到两个例子，一个是垃圾债券市场的周期性崩盘（详见第八章），以及 2008 年发生在除国债外的所有债券上的断崖式下跌。

寻找低估债券时的一个有用方法，就是改变收益率差的大小。所谓收益率差，就是某种债券与期限相似的国债的收益率之差。只要某类债券与国债之间出现足够大的价差，这类债券对投资者就有可能具有吸引力。重点当然还是放在期限上。本书第五章讨论过收益率差，在高收益率（垃圾）债券和市政债券部分也讨论过这个问题。

如果在上述临界点购买债券，你有机会获得两种收益。第一，当收益率差扩大时，国债收益率将会高于正常情况。此外，当收益率差回归正常水平时，你手中被低估的债券的价格就会上涨。我们在第五章里提过，《华尔街日报》《金融时报》和《纽约时报》的财经版会定期发布与价差有关的数据。不过总的来说，确定买入时机并不是一件容易的事。包括债券市场在内的市场，整体上都存在惯性。某个债券市场板块的价格可能已经很便宜了，但价格有可能继续下跌。可如果你认为自己是价值投资者，你就该养成定期了解自己投资的债券市场板块收益率的习惯，以便在合适的买入点出现时抓住机会。

当然，这类机会的起点，都要追溯到 2008 年 12 月。事实上，在那个时间节点，除了国债，几乎所有债券都出现了这种机会。

个人投资者最容易把握的一个机会，就是市政债券与国债出现了不同寻常的价格。一般来说，市政债券与国债的收益率比通常只会在出现类似修改税法或供应量大增这些因素时发生变化。2000 年前，当收益率比超过 85%（即市政债券收益率为 10 年或更长期国债的 85% 以上）时，对大多数处于高税级的个人来说，这就是市政债券具有吸引力的一个信号。收益率比超过 90% 通常意味着买入点，因为处于前 15% 税级的投资者的税后净收益更高。而 100% 的收益率比就非常夸张了。直到 2008 年，以上水平的收益率比持续时间从未超过几周。

可能因为债券保险公司在 2008 年遭到降级，市政债券与国债的收益率比在那一年超过了 100%，而且一直持续到 2008 年秋天。2008 年秋天，市政债券的价格开始螺旋式下跌。2008 年 12 月，市政债券与国债的收益率比达到了前所未有的程度：在收益率曲线的任何位置，这个数字都在 150% 到 300% 之间。即便市政债券的价格从 2009 年初开始上涨，但市政债券与国债的收益率比恢复到 2008 年前的“正常”值，也花了将近一年时间。

导致 2008 年 12 月出现前所未有的收益率比的原因有两个。第一，是投资者蜂拥至国债这样的高质量债券板块，导致这类债券的收益率大跌。第二，对冲基金因为迫切需要现金而无差别地抛售市政债券，加上机构买家消失，导致市政债券的收益率上涨至与其风险水平不相当的程度。

如果市政债券的收益率高于国债，比如市政债券的收益率是国债的 115%，如果这个比率日后回归常规水平，比如降至 85%，这就使市政债券的收益率下跌了约 30%。价格会因此出现相似程度的上涨（30%）——对于市政债券这一平常没有波澜的债券市场板块来说，这是非常夸张的资本收益。这种时候，所谓的跨界买家就会进入市场。一方面，他们看到了更高的收益率；但另一方面，他们进入市场的主要原因是预期收益率比率恢复到正常水平后将导致市政债券大幅增值。在出现闻所未闻的收益率比的 2008 年 12 月，当收益率曲线任意一点上的市政债券收益率均达到国债的 200% 到 300% 时，那些足够精明、敢于购买市政债券的投资者，都在市政债券价格反弹、收益率比回归正常的 2009 年获得了惊人的收益。但在我写这本书的时候（2010 年），市政债券与国债的收益率比已经恢复到了金融危机前的水平。

不过收益率传达出的也是双向信息。价差极大也许意味着买入机会，而价差缩小则暗示风险在增加。如果市场对某一类债券的需求量增加，这类债券的收益率就会下降。不断缩小的价差在某个时间点就会变成危险信号：这是在警告投资者，某类债券已经变得过于昂贵。没有人能确定具体的时间点，就像股票可以长期被高估或低估一样，债券价差也可以长期处于不正常状态，有时甚至会持续数年。但只要发现收益率差处于历史性低位，你就可以预测，未来一定会出现回归常态的走势。

我们在第八章里提过，垃圾债券的价差几乎变成了反向指标。20 世纪 70 年代和 80 年代初，在垃圾债券变得家喻户晓前，国债与垃圾债券的收益率差约为 400 个基点。随着垃圾债券的人气越来越高，收益率差逐渐缩小到约 200 个基点。缩小的收益率差是一个信号，提醒买家垃圾债券的收益率不再高到能够弥补高风险的程度。从那之后，收益率差定期扩大，2008 年金融危机期间创造了新纪录——远超 2 500 个基点。当然，垃圾债券在 2009 年出现了强势反弹。在我写这本书时，垃圾债券与国债的价差再次显著缩小，但还没有缩小到创纪录的水平。

即便不以价差作为买卖债券的标准，关注价差也能让你清晰地了解某类债券在某个时间段里是否具有吸引力，或者明确这类债券的风险水平。关键在于追踪债券与国债的价格：价差扩大意味着价格变得便宜；价差缩小意味着价格上涨，但风险也在增加。

收益率曲线形状改变

我在第五章解释过，不管是什么债券，收益率曲线都是确定买入点的最基本的工具。大部分时候，国债的最佳买入点是中期，即 5 年到 10 年期限的债券；市政债券的最佳买入点略长于国债。这些短到中期债券的收益率相当于长期债券收益率的 80% 到 90%，但波动性却小得多。

不过偶尔也会出现反常情况。如果养成了对比收益率的习惯，你就能看出反常现象。比方说，从 1988 年到 1989 年，国债的收益率曲线出现了陡峭的反向倾斜。2 到 5 年期国债的收益率曾在较短的一段时间里攀升至 9%。但市政债券收益率没能如此陡峭地反向倾斜。如果你在那段时间里想投资短期债券，同时考察了国债和市政债券的收益率曲线，除了处于最高税级的投资者外，国债的税后净收益都会远高于市政债券。这就让 2 到 5 期的国债具有了双重吸引力：你既能买到最安全的债券，又能获得更高的收益率——这当然是一个不同寻常的诱人机会。

历史数据

让我引用本书第一版里写过的一段话。

如果你对收益率历史有一些基本了解，只需要阅读每日财经新闻，相对地你就能知道哪个债券市场板块可以提供更高价值。比方说，30 年期国债的收益率在很长时间以来很少超过 9%（1979 年到 1982 年是例外，当时达到了 15%）。2 年或 2 年期以上的国债，收益率很少超过 9%。

目前，即便有 9% 的收益率，也只是出现在信用质量极低的债券上。我需要对上面的说法做出修改：如果看到国债收益率上升到 7% 或 8%，无论专家们怎么说，快买！注意，零息国债相对更高的收益率这时具有双重吸引力，因为这些收益率中包含了再投资利率；如果持有至到期赎回，这些债券也都拥有担保。放到大环境里看时不要忘了，在目前的股市牛市开始前，股票的历史年化收益率约为 10%。

互换

互换债券时，你是用一支债券替换了另一支债券，而不是获得现金收益。20 世纪 70 年代，互换曾经是很多长期债券持有者每年的例行公事。进行这些互换的目的，通常是产生税损。每年因利率上升导致本金被蚕食时，互换就是弥补这种损失的一种方式。或者按照华尔街人士的说法，就是“把坏事变成好事”。

20 世纪 80 年代，大多数长期债券的持有者获得了资本收益，没有出现资本损失。正是因为这个原因，每年例行公事般出售债券的现象大幅减少。另外，就算税损仍然存在，显著降低的所得税等级（最高税级为 39%，与此相对，20 世纪 70 年代的这个数据是 70%）也降低了税损的价值。但 1994 年和 1999 年债券市场的惨淡行情，让为了税损而互换再度流行起来。

如果 2010 年后利率进入稳步上升时期，互换可能再次成为投资者管理税务负担的重要工具。如果针对高净值个人的税率提高，互换也会变得更有价值。另外需要注意，除获得税损外，还有以下原因可能发生债券互换。

- 信用质量升级（大环境好的时候，不同信用评级债券的收益率差缩小时）。
- 为了提高分红收益（可以增加债券期限，或降低债券信用质量）。
- 为抓住预期中利率水平变化的机会（按照收益率曲线做空或做多）。

放在不同时期，互换既可以被看作提升基本债券投资组合的方式，也可以被当作一种提高总收益率的方法。

不管目的究竟是什么，互换总有好坏之分。评估互换的主要难点在于交易成本不明确。和购买债券一样，债券互换时你得到的是净价，而加价幅度仍然处于隐藏状态（记住，参与互换的两支债券都存在加价）。在涉及长期债券的大型交易中，加价基本等于本金的 2% 到 3%，也就是每 10 万美元加价 2 000 到 3 000 美元。

除佣金外，互换还有其他成本。为了评估互换，你需要对比互换债券的总票面价值、年票面利率收益、信用评级和期限。比方说，你持有一支票面价值 50 000 美元、评级为 AAA、期限为 15 年且票面利率为 5% 的市政债券。每年你能收到 2 500 美元的利息收益。再假设，你收到了债券互换的报价。互换将包含以下成本：

- 你得到的报价是一支信用评级较低的债券（比如你获得的互换报价是一支评级为 A+ 的债券）；
- 利息收入一年减少 300 美元；
- 互换债券的票面价值比现在持有的债券低（比如 47 000 美元对 50 000 美元）；
- 互换债券的期限更长，为 20 年，而现在持有在债券期限为 15 年。

上述每一条都意味着成本增加。想要确定是否有必要互换，你需要对比两支债券的全部现金流、期限和信用质量。

债券互换时另一个需要考虑的就是税务问题。如果与虚抛规则冲突，就不允许为了产生税损而互换债券。这里的基本规则是，为了税损而出售证券后的 30 日内，不得重新买回同一支证券。但这只是虚抛规则的基本要素。因为虚抛规则非常复杂，安全起见，你需要咨询税务会计师。

互换并不限于债券，你也可以为了税损而互换债券基金。债券基金的互换成本更容易计算，特别是无佣金债券基金。不需要对仓位做出重大改变，你就能互换两支相似的基金（比如卖掉一支中期基金，换进一支长期基金；反之亦然）。因为两支基金不一样，所以你不会违反虚抛规则。

但在进行债券基金互换时，你也需要注意几个问题。由于债券基金每月都会产生利息收入，这就会把适用虚抛规则的时间从 30 天延长到 60 天。此外，共同基金集团可能会对每年交易的数量做出限制。如果能省下大笔税款，也许更换基金集团对你来说是值得考虑的选择。

以总收益为目标管理债券投资组合

我们在本书有关债券收益率和总收益的部分讲过，管理总收益时需要考虑债券的全部收益，包括交易成本、资本收益（具损失）和再投资利率。也就是说，你需要最小化交易成本，最大化再投资利率，还要保护本金安全。

以下总结了一些最大化总收益率的指导原则。

- 为最大程度地减少交易成本，你得货比三家。在拍卖时直接购买国债，尽量在首次发行时购买市政债券。
- 购买期限合适且加价低的债券，也就是购买信用质量高的中期债券。经常在 FINRA 网站、Investinginbonds 网站查看价格数据，做一个掌握各种信息的投资者。
- 购买并持有，而不是高频交易，因为出售债券时的佣金成本非常高。
- 如果是投资债券基金的新人，你应当把选择限制在无佣金、低费用且无 12b-1 费用的基金上。因为费率低、佣金少，ETF 也是投资基金时不错的选择。
- 如果你投资的债券不限于国债，你需要定期了解这些债券与期限相似的国债之间的收益率差。只有在这些债券与国债的价差大到足以弥补额外风险时才出手购买。
- 有些债券通过基金购买才是最经济实惠、最有效的投资方式，比如抵押贷款担保债券、垃圾债券和国际债券。
- 如果购买债券，期限越长，你对信用质量的要求就该越高。
- 如果投资数额大，就不要小批量地投资。一次最好至少购买 25 000 美元的债券。小批量、多次购买会增加交易成本，不仅购买时的成本增加，而且转售时的成本更高。
- 如果长期投资，比如为了退休储蓄而用税务延迟账户投资，再投资利率就是非常重要的一个因素。这是因为，在长时间里，经过利滚利，复利在总收益中所占比例最大。提高再投资利率能够带来更高的复利收入。为了以更高的利率进行再投资，你可以考虑把利息投入到收益率更高的债券基金上（比如中期债券基金），而不是用于投资货币市场基金。
- 如果你讨厌风险，你应该把大部分债券投资组合配置在 2 年到 5 年期的国债和 5 年到 10 年期的市政债券，这是风险与收益的最佳组合。

我该购买什么债券

本书其他部分在分析不同固定收益证券时，已经对其特定用途做过说明。显然，随着利率发生变化，你的选择也会变化，市场上也会不断推出新的产品。

表 15.1 针对不同目标，总结出了一些有代表性的选择。

表 15.1　我该投资什么

现金等价物	短期投资（1 年到 5 年）
货币市场基金（应税）	中期国债
货币市场基金（免税）	零息国债
短期国债	提前还款市政债券
定期存款	最长 5 年的市政债券
长期使用（长于 5 年）	长期使用（长于 5 年）
（针对应税收入）	（税务延迟账户）
中期国债或长期市政债券	应税零息债券
	建设美国债券（BAB）或基金
高现金流（本期收益）	中期投资级别基金或 ETF
溢价市政债券	长期债券：联邦机构债券或高质量企业债券
GNMA 债券基金	长期或应税债券基金
封闭式债券基金（折价购买）	
设立退休“年金”	针对提前赎回的保护（或锁定高收益率）
I 型（储蓄）零息债券——按照年份连续到期	大折扣零息债券
在利率上赌博	针对通胀的保护
零息债券	通胀指数国债（TIPS）或 I 型（储蓄）债券
为资本升值（投机）	为孩子的大学学费攒钱
垃圾债券（或债券基金）	I 型或 EE 型债券
新兴市场债券（或债券基金）	零息市政债券
	对冲美元贬值
	国际债券（或债券基金）
	货币 ETF

第十六章
投资组合

本章将讨论以下问题：

- 资产配置；
- 再论债券；
- 目前的环境与债券市场；
- 你该将投资组合的多大比例配置于债券；
- 结论。

投资组合

这是本书的第三版。过去两版上市时，都撞上了公众对股票和债券的态度发生大转变的时期。

本书第一版出版于 1990 年，那时正值始于 1982 年的股市大牛市。不过因为 1987 年发生过股市崩盘，所以整个 20 世纪 80 年代的股市仍很动荡，债券在那个 10 年也是如此。80 年代开始时，10 年期国债的利率仍在上升，直到 1982 年达到接近 16% 的峰值。在那之前，利率上升给债券市场带来了毁灭性打击。但 1982 年，利率开始逐步下降。到 80 年代末时，债券拥有极其出色的收益率（按照伊博森研究公司的数据，长期联邦机构债券在那个 10 年的平均收益率接近 13%）。这么高的收益率源于那个 10 年极高的利率，以及因为利率下降而带来的大量资本收益。

本书的第二版写于 1999 年。有些读者可能还记得，债券市场在 1999 年的收益极其惨淡。整整一年，利率不断上升，由此导致各种债券都出现了重大损失。雪上加霜的是，1999 年是股市的丰收年。事实上，1999 年是道琼斯指数第一次迈过 10 000 点大关。股市正处于长达 17 年的大牛市之中；因为始于 1982 年的牛市，股票的平均年化收益率高达 18% 到 20%。1987 年股市的崩盘在事后被看作最后一个优质的买入机会。专家们宣传，一个新时代才刚刚拉开序幕。社会一致认为，个人投资者应该把全部资产投入股市，债券市场被看作不流通资本聚集地。

现在快进到 2009 年。过去十年，我们见证了股市的两次特大熊市：第一次发生在 2000 年，第二次发生在 2008 年——两次熊市最高峰时，类似标普 500 和道琼斯工业平均指数这样的大盘指数的暴跌幅度都曾达到 50%。有些指数的情况更糟（比如纳斯达克指数 2000 年达到 5 400 点的高点，而最近的高点出现在 2010 年，只有 2 500 点左右）。尽管股市在 2009 年强势反弹，但从 1999 年 12 月 31 日到 2009 年 12 月 31 日的 10 年里，以标普 500 为基准的指数实际上出现了负收益（平均年收益率为 -2.72%）。同一时期，不管选择哪个指数，债券市场的收益率都显著高于股市。比如一个以巴克莱资本美国综合指数（第十二章里提到，一些债券指数基金追踪这个指数）为基础的指数的年平均收益率为 6.33%。累积收益的对比就更明显了：巴克莱美国综合债券的累积收益率为 87.59%，与此同时标普 500 则出现了 24.1% 的损失。

在我写这本书时，公众对股票及债券的态度，与 10 年前相比出现了 180 度的转变。过去几年，流入债券基金的钱比流入股票基金的钱更多，而且差距前所未有的悬殊——流入债券基金的钱差不多是流入股票基金的 10 倍（这不是笔误）。此外，在这么多资金流入债券基金的同时，股市正在经历强势反弹。

显然，市场已经向债券大幅度倾斜，但是，应该如此吗？

和往常一样，未来前景仍不明确。金融发展史表明，不同年代的收益率存在重大差别。实际上，过去 30 年的发展证明，以当前共识或刚刚过去的历史表现为基础做出的预测，特别是对未来走势的预测，向来错得离谱。

债券市场的收益率能否继续超越股市呢？简单地说：有可能。但更重要的是，没人知道准确答案。前 10 年的历史表明，想用水晶球预测未来、以此为基础进行投资，结果是多么危险。

资产配置

投资智慧中的一个关键点，就是资产配置（也就是将多大比例的投资组合投入到股票、债券等不同的资产类别上）很大程度上决定了你的投资回报。市场发生轮动时，应该在多大程度上改变你的资产配置？

按照这种方式提问，答案就很明显了。本书第一版中提到了一种非常简单的资产配置计划：60% 配置于股票（主要投资指数基金），40% 配置于债券（主要是国债，2 到 5 年期）。对年龄较大的投资者或者厌恶风险的投资者，我建议调换以上比例：60% 投资债券，40% 投资股票指数基金。这种配置方案的原理非常简单。债券方面，2 到 5 年期国债的信用风险为零，而且只有轻微的利率风险。如果通过“国债直达”购买，你就能拥有零交易成本的债券投资组合。股票一边，宽基指数基金的表现好于 80% 到 85% 的主动管理型股票基金。对手头更宽裕的投资者，我建议用中高质量市政债券替换一部分国债，这种投资组合的风险会略微上升。

1999 年时，我不觉得有必要改变以上配置方案。即便 1999 年在我修订这本书时债券“失宠”，我也不认同新时代专家们的观点。我觉得全股票型的投资组合的走势太难预测，而且对大多数投资者来说，债券仍可拥有一席之地。我总结出了以下基本问题（这里直接引用了上一版的内容）。

问题很简单，你愿意付出多少，去赌过去所有的财经历史规律不再适用于未来？更重要的是，如果新时代专家们判断错了，股市回报的波动会在多大程度上影响你的生活质量？

在我写这本书时，重要的问题仍然是，2001 年和 2008 年股市崩盘是否要求我们调整资产配置策略？

2008 年灾难性的衰退之后，公众对资产配置有了一些新的态度，也出现了一些新的流行语。有些财经顾问强调，要把激进的股票投资策略转变为保护本金。还有人关注的是寻找“决定回报”策略。这种投资策略的设计目的，是不管市场走向如何都要创造正面的回报。采用这种策略的经理会告诉你，跑赢基准是一个毫无意义的目标：如果市场下跌 50%，你会因为自己的资产只下跌 30% 而高兴吗？绝对回报策略的首要目标，就是保全本金，第二目标就是在任何投资环境下都获得正的收益。

悲剧的是，很多绝对回报策略使用了复杂的量化模型，名称中大多带有“市场中立”或“多空”字样。我不是这方面的专家，但坦白地说，我对所谓复杂策略一直持有怀疑态度。你可以问自己：这些复杂策略在过去 10 年中的表现究竟怎么样？另外，前面提到的资产配置模型中的债券部分，至少可以在 1999 年到 2009 年极大地平衡股市暴跌造成的亏损。

再论债券

显然，资金在 2009 年和 2010 年涌入债券市场，反映出投资者在寻找安全的避风港。考虑到股市在 2000 年到 2010 年间出现了剧烈波动，加上人们越来越强调保护本金，选择债券的理由似乎更充分了。

尽管如此，我们还是要在大环境下分析这个问题。

选择债券的主要原因没有变化。首先，债券能够提供稳定的收入流，票面利率目前仍处于历史性低位，约为 1.5% 到 2%。

第二，债券及其产生的现金流，可以支撑你度过股市的低潮期。如果你的投资组合主要由股票组成，如果你在股市收益率低的时候需要现金，你别无选择，只能割肉清仓。更糟糕的是，如果必须在股市暴跌时或刚刚经历暴跌后出售股票，比如 2008 年的情况，你就会遭受重大损失。

更重要的是，债券与股票的收益没有关系。美国曾经长期存在（比如 20 世纪 30 年代）债券收益率高于股票的情况。想象一个伞式或草帽式的投资组合，每一部分投资都有各自成熟的季节，但这个季节各不相同。最近一个最有说服力的案例，就是 2000 年到 2009 年期间，债券的年化收益率超过了股票。这个历史性证据表明，尽管股票和债券的总收益率均难以预测，但同时投资债券和股票可以降低投资组合的波动性与总风险。

目前的环境与债券市场

尽管前面写了那么多，但夸大债券的利好也不明智。

首先，我们在这本书里已经多次强调，对于在债券市场中寻求安全性的投资者来说，重要的是要记住，并不是所有债券都一样安全。2008 年大多数债券遭受沉重打击的事实就是最好的证明，说明债券市场几乎没有哪个角落是完全安全的。目前，我们已经明确了哪些板块的风险最小，比如短期国债和货币市场基金这样的现金等价物，超短期国债和超短期高质量市政债券。如果想获得更高收益，却继续保持低风险，那么你可以投资短期到中期国债（不超过 7 年），或者短期到中期的信用质量极高的债券或债券基金（期限在 8 年之内，或者久期低于 4 年）。

当然，你也可以找到收益率更高的债券投资。但要记住，收益率增加，风险也会增加。长期债券，即便信用质量最高，比如国债，也要承受利率风险。比如可以反映长期国债总收益情况的巴克莱 iShares 20+ 国债基金（TLT），在 2009 年就出现了 21.5% 的损失。信用质量较低的债券还要面对本书前面章节提过的各种风险。类似垃圾债券、新兴市场债券甚至主权债券周期性的大跌，也会给投资了这些债券的投资组合带来灾难性影响。

另外，在我写这本书时，最安全的固定收益证券的收益率处于历史最低点：联邦基金利率为 0 到 25 个基点，6 个月期国债的贴现率不到 25 个基点，连 2 年期国债的利率都不到 1%。此外，这些利率短期内不太可能大幅提高。（记住，2009 年债券基金获得超高收益率，主要原因是长期债券或风险更大的债券从 2008 年的暴跌中反弹，导致基金净值大幅提高。）

美联储很有可能在未来一两年内提高联邦基金利率和贴现率。届时，其他相对短期的债券（1 年、2 年，也可能包括 5 年）利率也会提高。对于投资短期国债、货币市场基金和短期存款的投资者来说，这是好消息；但长期利率是否提高，目前仍无定数。本书其他地方提过，2004 年到 2006 年，美联储 7 次提高了短期利率，但长期利率却在下降。此外，如果长期利率确实提高，仍在流通的长期债券和债券基金的价格就会下跌——这就意味着长期债券或债券基金的总收益率将降为中等偏差程度。

简而言之，最安全的债券的投资者获得的收益率极低，而且这种情况有可能会持续好几年。风险更大的债券（信用评级较低，或者是长期债券）的前景很难预测。经济形势将是利率及信用质量较差债券的总收益率发展方向的决定因素。

有些专家表示，这种形势会“逼迫”投资者投资股市和债券市场中风险更大但潜在收益更高的板块。可如果说过去 10 年证明了什么的话，那就是更高的风险不一定总能转换为更高的回报。过去 10 年，更高的风险通常转换为更大的损失。

所以，可怜的投资者到底该做什么？

这里仍然没有明确的答案。如果你已经退休，或者接近退休，那么最关键的目标就是保护本金。即便按照我的建议，坚持选择高质量、短到中期的债券或债券基金，也只意味着低廉但安全的收益，但我认为别无选择。

对那些为了资产增值而投资的年轻投资者来说，上面这个问题就更难回答了。首先要记住的是，没有什么能够永远保持下去。但过去 10 年教会了我们另一件事，那就是投资的主要目标其实类似于医学专业学生的“首先，不要作恶”的希波克拉底誓言。保护本金永远是最重要的目标。在投资领域，这意味着投资的第一规则就是不要遭受灾难性的损失（投资的第二规则就是，不要忘记第一规则）。

保护本金有两层意思。第一，要避免重大损失。我们在第三章里提过，你需要 100% 的收益，才能弥补 50% 的损失。如果平均一年的收益率为 10%，你需要 10 年、每年 10% 的收益，才能从 50% 的损失中恢复元气。而且在第 10 年结束时，你的净资产并没有增加，你只是回到了起点而已。第二，如果你能避免重大损失，剩下的工作交给“复利”就可以了：如果不明白，那就再看一遍第四章。

保护本金的另一个关键点是，避免出现剧烈波动。波动具有两面性。当资产价值向上波动时，没人会有怨言，可向下波动既痛苦又可怕。很多投资者高估了自身对损失的承受能力。很多时候，投资者会在出现重大损失时因为恐慌而出售资产，却又在市场回暖时重新买回。这就是追涨杀跌——而这就是标准的投资失败的模式。但对进出共同基金的资金流动情况进行分析后可以看出，追涨杀跌就是投资者的典型行为。

此外，尽管损失承受能力一般被看作心理特征，但现实生活中这也有着更现实的含义。如果你的预算很紧张，损失就意味着你无法偿还抵押贷款，或者不能购买日用品。

总结一下就是，尽管目前最安全的债券收益率非常低，可如果你无法承受任何损失，你就应该继续投资那些极其安全的债券：也许可以搭建 2 年、5 年和 7 年期国债的债券梯，以此提高收益率；或者投资信用质量高、期限不超过 10 年的市政债券；也可以投资短到中期的高质量债券基金。从保护本金的角度出发，“因为安全性高的债券收益率太低，所以投资者必须投资风险更大的债券”的观点，是站不住脚的。

你该将投资组合的多大比例配置于债券

上面说了那么多，但无论怎么强调保护本金，大多数投资者仍会有资产增值的需求。你该把多少投资组合配置于债券？这个问题不存在统一的答案。具体要根据跟人的年龄、投资组合规模及风险承受能力而定。

对大多数投资者来说，经过谨慎选择的债券投资组合，可以成为安全资产的核心组成部分。尤其是对于年轻的投资者，前面提到的模型依旧适合：40% 投资于债券，剩余投入到股票或其他增值性投资工具上。

我在本书较早的版本中建议，投资组合中用于增值的部分，应当投入到多元化的股票指数基金上。ETF 的出现极大地扩充了我们的选择。如今，市场上不仅有大量追踪美国市场指数的 ETF，也有追踪国际市场的 ETF；而且追踪的对象不只是股票，还包括大宗商品、外汇、房地产和其他很多金融衍生品。个人投资者现在可以轻松地投资很多过去过于晦涩、过于难懂且过于昂贵的资产。在本书的前两个版本中，我把增值性资产限制在股票上，尤其是指数基金。现在再看，这些建议显得过于保守，而且过时。显然，对既有时间又有兴趣研究的投资者来说，将一些新型产品纳入增值性投资组合中不失为一个好的选择。

但我还是要敦促投资者，一定要遏制住冲动，不要漫无目的地追逐自己不能理解的资产。不要怕麻烦，要花时间去真正理解一个产品。如果你时间有限，或者没有兴趣把太多时间花在研究金融问题上，那就坚持购买那些简单直白、自己能够理解的产品。记住，宽基指数基金与很多追踪专门化、细分基准的 ETF 的风险性存在很大差别。

我没有足够的能力，无法评估如今市面上各种各样的选择——我也不准备这么做。但在自己的生活中，我定下了一个规则，只投资那些不复杂、风险因素相对直接的资产。这条规则对我很有用。我一直认为，做出任何重大投资决定前，最重要的问题不是“我觉得自己从这笔投资上能赚到多少钱”，而是“如果我错了会怎么样”，以及“损失会对我的生活水平产生什么影响”。

这是否意味着你只能获得低收益？这种投资不会给你带来举世瞩目的回报，但随着时间推移，你能够得到扎实、稳定的收益。传奇投资人沃伦·巴菲特曾说：“绝不要追随无法用一个信封背面写清楚的投资策略。”我愿意遵循这个建议。

对年龄较大的投资者，或者已经退休的投资者，情况就比较复杂了。对高净值退休人群来说，一个主要投资国债和高质量市政债券的全债券投资组合，也许既能提供稳定的收入，也能保护本金。可对于无法承受损失的退休人群而言，最佳策略可能还是投资安全性最强的债券。

在目前债券收益率低的大环境下，依靠固定收益、手头不够宽裕的退休人群面对的局面就很困难了，投资较安全的债券可能无法带来足够的收益。但不管怎么说，越是不能承受损失，无论是股票还是债券，你的投资选择就越应该保守。

总结

2009年春天，我开始思考如何修订第二版，写作这本书的第三版。当时，2008年9月爆发的金融危机的影响仍未消散。金融危机期间，除了国债，其他所有债券都遭受了损失，有些还承受了灾难性的打击。坦白地说，我认为在那之后，债券市场彻底改变了。我以为自己要写一本与彻底改变的债券市场有关的书。

2009年证明，我的这个想法是错的。几乎所有遭受沉重打击的债券市场板块，都在2009年出现反弹。尤其让我感到意外的是，高风险债券取得了历史性的高收益，特别是那些高收益率债券。不过投资级别企业债券和市政债券同样出现了强势反弹。

但2008年金融恐慌的阴影仍然高悬于债券市场。短期国债利率仍处于历史性低位（2年期国债收益率不到1%，3个月或更短时间到期的国债收益率只有10个基点到25个基点）的原因，正是金融恐慌。投资者反复涌入、购买国债这种高质量债券的行为，本身也是金融恐慌的证明。有人说，直到国债收益率至少短期国债收益率上升超过一个百分点并保持下去，金融恐慌才会真正结束。

还有一些重大问题，仍会继续影响利率水平和发展方向。在美国，这些问题包括房利美和房地美这些仍处于美国政府托管下的机构，以及当美联储出售超过1万亿美元从银行及其他金融机构买入的“有毒”债券时利率的发展情况。

此外，金融危机引发的经济衰退，也导致州政府和其他市政债券发行人陷入财政极度紧张的状态，这些在未来也势必会得到媒体的广泛报道。在我写这本书时，美国和其他国家的债市及股市新闻上，全是主权政府（希腊、西班牙、意大利，甚至可能包括英国）债务问题的消息。这几乎复制了2008年金融危机之初的情况：可能发生的违约威胁着多个国家的银行系统。

总结一下便是，股市和债市都不乏问题，金融危机的余威仍在，金融危机发生时还同时出现了经济衰退。尽管如此，安全性较高的债券还是挺过了恐慌期，之后仍然保持着良好状态。

这是我第三次为这本书写“结论”。三个版本的结论中有一个共同的主线：

市场在之前的每个时期都出现了剧烈波动；而且每一次，水晶球都无比模糊。目前，尽管超短期利率未来一两年基本可以确定会上调，但长期利率未来怎么发展，目前仍不可知。利率可能上升，也有可能像日本一样，在很多年里保持着接近现有利率的水平。

有一件事是肯定的，过去 20 年，利率在几个月内的变动幅度，比 1979 年前几年时间的变动幅度都要大。如果有人问我，债券市场未来会怎样，我会引用一个有关股市的著名说法：它会波动。由于利率固有的不可预测性，如果你主要为了安全及可预测的收益投资债券，我仍然相信，最好的选择就是远离最长期和最短期的债券，坚持选择相对直接简单的高信用质量债券。

不管怎样，我希望这本书能够帮助读者构建出一个既能满足自身经济需求又适合自己风险承受能力的债券投资组合。

最后还是要说一句：祝大家都能赚到钱。

版权声明

The Bond Book, Third Edition, Annette Thau

ISBN -13: 9780335235902

Copyright © Annette Thau

All Rights reserved. No part of this publication may be reproduced or transmitted in any form or by any means, electronic or mechanical, including without limitation photocopying, recording, taping, or any database, information or retrieval system, without the prior written permission of the publisher.

This authorized Chinese translation edition is jointly published by McGraw-Hill Education and Posts and Telecom Press Co., Ltd. This edition is authorized for sale in the People's Republic of China only, excluding Hong Kong, Macao SAR and Taiwan.

Translation Copyright © 2020 by McGraw-Hill Education and Posts and Telecom Press Co., Ltd.

版权所有。未经出版人事先书面许可，对本出版物的任何部分不得以任何方式或途径复制传播，包括但不限于复印、录制、录音，或通过任何数据库、信息或可检索的系统。

本授权中文简体字翻译版由麦格劳-希尔教育出版公司和人民邮电出版社有限公司合作出版。此版本经授权仅限在中华人民共和国境内（不包括香港特别行政区、澳门特别行政区和台湾地区）销售。

版权© 2020由麦格劳-希尔教育出版公司与人民邮电出版社有限公司所有。

本书封面贴有McGraw-Hill Education公司防伪标签，无标签者不得销售。

北京市版权局著作权合同登记号：01-2020-6820